KiWi

1886

Das Buch

Nach ihrem gefeierten Debüt »Das geträumte Land«, für das sie den PEN/Faulkner Award erhielt, beweist Imbolo Mbue mit »Wie schön wir waren« erneut ihre erzählerische Brillanz, gepaart mit einem Gespür für die großen Themen unserer Zeit. Mbues zweiter Roman ist eine meisterhafte Untersuchung dessen, was passiert, wenn die Profitgier des Westens, gepaart mit dem Gespenst des Kolonialismus, auf die Entschlossenheit einer Gemeinschaft trifft, an ihrem angestammten Land festzuhalten – und auf die Bereitschaft einer jungen Frau, alles für die Freiheit ihrer Mitmenschen zu opfern.

Die Autorin

Imbolo Mbue ist in Kamerun aufgewachsen. Sie hat an der Rutgers University und der Columbia University studiert. Ihr Debüt »Das geträumte Land« wurde 2017 mit dem renommierten PEN/Faulkner Award ausgezeichnet und war ein New-York-Times-Bestseller. Imbolo Mbue lebt in New York.

Die Übersetzerin

Maria Hummitzsch, geboren 1982, studierte in Leipzig, Lissabon und Florianópolis Übersetzung, Psychologie und Afrikanistik. Sie übersetzt aus dem Englischen und Portugiesischen, u. a. Beatriz Bracher, Shani Boianjiu und David Garnett.

Für meine schönen, schönen Kinder

Das Volk, das im
Finstern wandelt, sieht ein
großes Licht, und über denen,
die da wohnen im finstern Lande,
scheint es hell.

Jesaja 9:2

Wir hätten wissen müssen, dass das Ende nahte. Wie hätten wir es nicht wissen sollen? Als auf einmal Säure vom Himmel regnete und die Flüsse sich grün färbten, hätten wir wissen müssen, dass unser Land bald tot sein würde. Andererseits: Wie hätten wir es wissen sollen, wo sie doch nicht wollten, dass wir es wussten? Als wir auf einmal strauchelten und wankten, zitterten und abknickten wie zarte Ästchen, erzählten sie uns, bald sei es vorbei, schon in Kürze werde es uns allen besser gehen. Sie baten uns zu Dorftreffen, um darüber zu sprechen. Sie erzählten uns, wir müssten ihnen vertrauen.

Wir hätten ihnen ins Gesicht spucken und ihnen entgegenschleudern sollen, was sie in Wahrheit waren: Lügner und Barbaren, skrupellos und böse. Wir hätten ihre Mütter und Großmütter verfluchen, ihre Väter beleidigen und dafür beten sollen, ihren Kindern möge unsagbares Leid widerfahren. Wir hassten sie, und wir hassten ihre Treffen, doch an jedem dieser Treffen nahmen wir teil. Alle acht Wochen gingen wir zum Dorfplatz, um ihnen zuzuhören. Wir starben. Wir waren hilflos. Wir hatten Angst. Diese Treffen waren unsere einzige Chance auf Rettung.

An den festgesetzten Tagen rannten wir nach der Schule nach Hause, wild entschlossen, so schnell wie möglich unsere Aufgaben zu erledigen, damit wir kein einziges Wort bei dem Treffen verpassten. Wir holten das Wasser vom Brunnen, scheuchten die Ziegen und Hühner in den Bambusstall im Hof, fegten die Blätter und Zweige vor der Haustür zusammen. Nach dem Abendessen wuschen wir die Eisentöpfe und stapelweise Schüsseln; verließen unsere Hütten lange vor der Zeit, für die das Treffen einberufen war. Wir wollten da sein, bevor sie mit ihren feinen Anzügen und den polierten Schuhen auf den Platz stolzierten. Auch unsere Mütter eilten zum Versammlungsplatz, genau wie unsere Väter. Ihre Arbeit im Wald hinter dem großen Fluss ließen sie unverrichtet liegen, an ihren Händen und den nackten Füßen klebte giftige Erde. »Die Arbeit wartet auch bis morgen auf uns«, sagten unsere Väter, »aber was die Männer von Pexton zu sagen haben, das erfahren wir nun mal nur heute.« Selbst wenn sie nach stundenlanger Schinderei unter der gütigen, aber unbarmherzigen Sonne kaum noch Kraft in den Knochen hatten, gingen sie zu den Treffen, weil es wichtig war, dass wir alle kamen.

Nur Konga, unser Dorfirrer, nahm nicht an den Treffen teil. Konga, der nichts von unserem Leid ahnte und den im Leben nicht ängstigte, was war oder was kam. Während wir uns beeilten, schlief er auf dem Schulhof, schnarchte und sabberte, wenn er sich nicht gerade hin und her warf, sich kratzte oder mit geschlossenen Augen vor sich hin murmelte. Gefangen wie er war, allein in einer Welt, in der die Geister regierten und der Mensch sich dieser Herrschaft gegenüber hilflos sah, wusste er nichts über Pexton.

Beinah vollkommen still saßen wir auf dem Dorfplatz, während sich die Sonne für den Tag von uns verabschiedete, und bemerkten gar nicht, wie durch die Schönheit ihres Untergangs unser Schmerz aufbrach. Wir schauten zu, wie die Männer von Pexton ihre Aktenkoffer auf dem Tisch ablegten, den unser Dorfoberhaupt Woja Beki für sie hingestellt hatte. Sie kamen immer zu dritt: Für uns waren sie der Runde (sein Gesicht war so rund wie ein Ball, mit dem wir nur zu gern ein bisschen gekickt hätten), der Kranke (seine Anzüge schlackerten an ihm herum, weshalb er aussah wie einer, der an einer fleischraubenden Krankheit litt) und der Anführer (er war fürs Reden zuständig, die anderen beiden fürs Nicken). Bei uns wurde getuschelt, als bei ihnen die Aktenkoffer aufschnappten, sie sich gegenseitig Unterlagen reichten und sich hinter vorgehaltener Hand ins Ohr flüsterten, um ihre Lügen abzusprechen. Wir hatten nirgendwo dringender zu sein, also warteten wir und hofften auf gute Neuigkeiten. Dann und wann flüsterten wir uns etwas zu, fragten uns, was sie wohl dachten, wenn sie kurz verstummten und zu uns schauten: zu unseren Großvätern und Vätern auf den Hockern ganz vorn, jenen mit toten oder sterbenden Kindern in der ersten Reihe, unseren Großmüttern und Müttern dahinter, die Babys an der Brust beruhigten und uns böse anblitzten, wenn wir unter dem Mangobaum einen falschen Laut von uns gaben. Unsere jungen Frauen seufzten immer wieder und schüttelten den Kopf. Unsere jungen Männer im hinteren Bereich standen wutschnaubend da und pressten die Kiefer aufeinander.

Wir atmeten ein, warteten, atmeten aus. Wir dachten an jene, die an Krankheiten gestorben waren, für die es weder Namen noch Heilmittel gab – unsere Geschwister und Cousins und Freunde, die an dem Gift im Wasser und dem Gift in der Luft und an dem vergifteten Gemüse und Obst aus der Erde umgekommen waren, jener Erde, die an dem Tag, an dem Pexton mit dem Bohren begann, vergiftet worden war. Wir hofften, die Männer würden uns in die Augen schauen und etwas für uns empfinden. Wir waren Kinder, genau wie ihre Kinder, und wir wollten, dass sie das erkannten. Falls sie das taten, verrieten ihre Mienen es nicht. Sie waren da, damit Pexton ein reines Gewissen behielt; sie waren nicht unseretwegen da.

Woja Beki ging nach vorn und dankte allen für ihr Kommen.

»Liebes Dorf«, sagte er und entblößte die Zähne, die keiner sehen wollte, »wenn wir nicht sagen, was wir wollen, kriegen wir es nicht. Wenn wir nicht rauslassen, was in uns rumort, werden wir unter Verstopfung leiden und sterben, richtig?«

Wir antworteten nicht; es interessierte uns nicht, was er zu sagen hatte. Wir wussten, dass er einer von ihnen war. Wir wussten seit Jahren, dass wir ihm nichts mehr bedeuteten, obwohl er unser

Anführer war und von denselben Ahnen abstammte wie wir. Pexton hatte sich seine Mitarbeit erkauft, im Gegenzug hatte er ihnen unsere Zukunft zugeschanzt. Wir sahen mit eigenen Augen und hörten mit eigenen Ohren, wie Pexton seine Frauen mästete, seinen Söhnen Jobs in der Hauptstadt verschaffte, ihm Umschläge mit Geld zusteckte. Als sich die Hinweise mehrten, stellten unsere Väter und Großväter ihn zur Rede, aber er überzeugte sie, ihm zu vertrauen, erzählte ihnen, er habe einen Plan: er tue das alles, weil er unser Land zurückholen wolle. Er vergoss zwei Tassen Tränen und schwor beim Geist unserer Ahnen, dass er Pexton genauso hassen würde wie wir, ob sie das denn nicht merkten? Unsere jungen Männer taten sich zusammen, um ihn zu töten, aber unsere alten Männer fanden es heraus und drängten sie, ihn zu verschonen. Es habe schon genug Tote gegeben, sagten unsere alten Männer; wir hätten schon genug Grabstellen aufgebraucht.

Woja Beki sah uns weiter an, sein hässliches Zahnfleisch lag noch immer frei. Hätten wir es doch bloß nicht ansehen müssen, aber man kam nicht dran vorbei. Wenn man ihm ins Gesicht schaute, war es das Erste, was man sah: Zahnfleisch so schwarz wie die dunkelste Stunde der Nacht, durchsetzt von verschiedenen Tönen Pink; schiefe braune Zähne, dazwischen klaffende Lücken.

»Liebes Dorf«, fuhr er fort, »selbst ein Schaf weiß, wie es seinem Herrn sagt, was es will. Darum haben wir uns heute hier versammelt, um das Gespräch wieder aufzunehmen. Wir danken den freundlichen Vertretern von Pexton, dass sie erneut gekommen sind, um mit uns zu reden. Boten sind gut, aber warum sollten wir sie nutzen, wo wir doch selbst Münder zum Reden haben? Es hat viele Missverständnisse gegeben, aber dieses Treffen bringt uns einer Lösung für das gemeinsame Leid hoffentlich näher. Nach heute Abend können Pexton und wir hoffentlich weiter in Richtung Freundschaft gehen. Denn Freundschaft ist eine gute Sache, nicht wahr?«

Wir wussten, wir würden sie niemals Freunde nennen, aber manche von uns nickten.

Im Schein der abnehmenden Sonne sah unser Dorf fast schön aus, unsere Gesichter dämmerten fast frei von Angst. Unsere Großväter und Großmütter wirkten sorglos, aber wir wussten, dass sie das nicht waren. Sie hatten viel gesehen, aber etwas wie das hatten sie noch nie gesehen.

»Wir hören nun den ehrenwerten Herrn Vertreter von Pexton, der extra aus Bézam gekommen ist, um erneut mit uns zu sprechen«, sagte Woja Beki, bevor er wieder seinen Platz einnahm.

Der Anführer erhob sich, machte ein paar Schritte auf uns zu und blieb in der Mitte des Dorfplatzes stehen.

Mehrere Sekunden lang starrte er uns an, den Kopf geneigt, das Lächeln so bemüht herzlich, dass wir uns fragten, ob wir irgendetwas ausstrahlten, das uns gar nicht bewusst war. Hoffentlich würde er uns etwas sagen, das uns in Gesang und Tanz ausbrechen ließe. Hoffentlich würde er uns sagen, dass Pexton beschlossen habe, zusammenzupacken und die Krankheiten mitzunehmen.

Sein Lächeln wurde breit, dann schmal, landete direkt auf unseren Gesichtern, während er unser Schweigen las. Offenbar zufrieden legte er los. Was für ein wunderbarer Tag. Welche Freude, wieder in Kosawa zu sein, sagte er. Was für ein herrlicher Abend mit dem Halbmond in der Ferne, der perfekten Brise und diesem einträchtigen Gezwitscher. Das seien doch nicht etwa Spatzen? Was für ein traumhaft schönes Dorf. Er danke uns für unser Kommen. Es sei wunderbar, uns alle wiederzusehen. Und wie viele kostbare Kinder es in Kosawa gebe, unglaublich. Bitte, wir müssten ihm glauben, dass die Leute in der Zentrale betrübt seien über das, was uns passiere. Sie würden hart daran arbeiten, die Sache in Ordnung zu bringen und alle wieder gesund und glücklich zu sehen. Er sprach langsam und lächelte ununterbrochen, als würde er uns die guten Nachrichten überbringen, nach denen wir uns so sehnten.

Wir sahen ihm zu, ohne auch nur zu blinzeln, und hörten uns die Lügen an, die wir schon kannten: Dass wir den Menschen, die bei Pexton das Sagen hatten, am Herzen lägen. Dass wir den großen Männern in der Regierung Seiner Exzellenz am Herzen lägen. Dass Hunderte Menschen aus der Hauptstadt ihn gebeten hätten, uns ihr Mitgefühl auszusprechen. »Jedes Mal, wenn sie von einem eurer Toten erfahren, trauern sie mit euch«, sagte er. »Bald ist es vorbei. Es wird Zeit, dass euer Leid ein Ende hat, nicht wahr?«

Der Runde und der Kranke nickten.

»Pexton und die Regierung sind eure Freunde«, sagte der Anführer. »Wir in Bézam denken an euch und arbeiten hart für euch, das dürft ihr auch an den allerschlimmsten Tagen nicht vergessen.«

Unsere Mütter und Väter wollten wissen, wann genau unsere Luft, unser Wasser und unser Boden wieder sauber seien. »Wissen Sie, wie viele Kinder wir beerdigt haben?«, rief ein Vater. Er hieß Lusaka; er hatte zwei Söhne beerdigt. Wir waren auf der Beerdigung von beiden Jungen und hatten uns schluchzend über ihre Körper gebeugt, die dunkler aussahen als zu Lebzeiten, schön gemacht mit weißen Hemden, die bald schon eins sein würden mit ihrem Fleisch.

Lusakas verstorbener jüngerer Sohn Wambi war so alt gewesen wie wir, war mit uns in eine Klasse gegangen.

Zwei Jahre war Wambis Tod jetzt her, aber noch immer dachten wir an ihn. Im Rechnen war er der Klügste gewesen, und auch der Stillste in der Klasse, außer wenn er gehustet hatte. Alle zusammengerechnet waren wir seit Hunderten von Jahren am Leben, aber noch nie hatten wir jemanden husten hören wie ihn. Wenn der Husten einsetzte, tränten ihm die Augen, krümmte sich sein Rücken, musste er sich irgendwo festhalten. Es war traurig mitanzusehen, mitleiderregend, aber auf dieselbe Weise lustig, wie wenn ein runder Mann auf den Hintern plumpst. Weiß dein Vater nicht, wo es zum Medizinmann geht?, sagten wir dann immer und lachten das sorglose Lachen gesunder Kinder. Wir wussten nicht, dass schon bald auch ein paar andere von uns husten würden. Wie hätten wir uns vorstellen können, dass uns so etwas passieren würde? Dass manche von uns trockenen Husten und Ausschlag und Fieber bekämen – als Vorboten unseres Todes? Bleib uns bloß weg mit diesem fiesen Husten, sagten wir immer zu Wambi. Aber es war nicht nur ein fieser Husten, fanden wir später heraus. Die schmutzige Luft hatte sich in seiner Lunge festgesetzt. Nach und nach machte sich das Gift in seinem Körper breit und wuchs sich zu etwas anderem aus. Ehe wir uns versahen, war Wambi tot.

Als wir rings um seinen Sarg standen, brachten wir das Abschiedslied für ihn kaum heraus, so erstickt waren unsere Stimmen von den Tränen. Manche von uns mussten von ihren Vätern nach Hause getragen werden, so schwach waren wir. Innerhalb von fünf Monaten nach Wambis Tod waren zwei von uns tot. Wer überlebte, hatte Angst, der Tod sei nah; wir waren sicher, die Nächsten zu sein, obwohl wir manchmal Angst hatten, die Letzten zu sein. Alle Kinder im selben Alter wären schon tot und wir hätten keine Freunde mehr in unserer Größe, mit denen wir im Regen die Zunge herausstrecken und die Tropfen kosten, keinen mehr, mit dem wir auf dem Dorfplatz spielen oder um die saftigste Mango kämpfen könnten.

Jedes Mal, wenn wir Fieber bekamen oder jemand in unserer Nähe hustete, dachten wir an unsere verstorbenen Freunde. Wir hatten Angst, dass jemand in unserer Hütte die Krankheit kriegen würde, die wie ein Dieb im Dunkeln gekommen war, nun vor jeder Hütte hockte und auf eine Chance wartete, hineinzugelangen. Wir sorgten uns um jeden Einzelnen, auch wenn die Krankheit die Körper von Kindern am liebsten mochte. Wäre die erste Person in unserer Hütte erst mal krank, befürchteten wir, würde sie die Krankheit an die nächste Person weitergeben, und diese Person an die nächste, und über kurz oder lang würde unsere gesamte Familie erkranken und sterben, einer nach dem anderen, oder vielleicht alle auf einmal, aber wahrscheinlich eher einer nach dem anderen, die Älteren vor den Jüngeren, sodass wir vielleicht erst dann sterben würden, wenn wir alle anderen beerdigt hätten. Unsere Ängste ließen uns nachts nicht schlafen.

Wir hassten es, dass Angst uns in den Schlaf wiegte und Angst uns wieder weckte, wir den ganzen Tag Angst atmeten, ein und aus. Unsere Mütter und Väter sagten, wir bräuchten keine Angst zu haben, der große Geist werde uns leiten und beschützen, doch ihre Worte trösteten uns nicht, denn der große Geist hatte auch die anderen Kinder geleitet und beschützt, und was hatte es ihnen gebracht? Trotzdem nickten wir jedes Mal, wenn unsere Eltern uns auf diese Weise Mut zusprachen – unsere Väter beim Gutenachtsagen, unsere Mütter in den frühen Morgenstunden, wenn wir schreiend aus einem Albtraum hochschreckten –, wussten wir doch, dass sie logen, damit wir beruhigt wären und keine Albträume hätten, damit wir ausgeschlafen erwachen und nach dem Frühstück zur Schule sprinten würden, sorglos und fröhlich, wie wir es hätten sein sollen. Wir wurden immer dann an die Lügen unserer Eltern erinnert, wenn es wieder einen neuen Todesfall gab, mal in unserer Hütte, mal in der Hütte nebenan, manchmal Kinder, die jünger waren als wir, Babys und Kleinkinder, die nur am Leben genippt hatten, immer Kinder, die wir kannten. Wir waren jung, aber wir wussten: der Tod ist blind.

»Bitte, Sie müssen etwas tun«, rief eine unserer Tanten dem Anführer zu, ihr Baby schlaff im Arm. Es war das Gift, das Baby war zu rein für das verschmutzte Wasser aus dem Dorfbrunnen, die toxischen Stoffe, die von Pextons Ölfeld durchgesickert waren. Einer unserer Väter fragte, ob Pexton uns in der Zwischenzeit sauberes Wasser schicken könne, wenigstens für die Kleinsten. Der Anführer schüttelte den Kopf; er kannte die Frage schon. Er holte tief Luft und setzte zu seiner Standardantwort an: Die Bereitstellung von Wasser falle nicht in Pextons Zuständigkeit, aber weil wir dem Anführer am Herzen lägen, würde er in der Zentrale mit ein paar Leuten sprechen, die unsere Bitte der Wasserbehörde vortragen und hören würden, was man dort dazu sage. Habe der Anführer beim letzten Mal nicht dasselbe gesagt?, wollte einer der Großväter wissen. Wie lange daure es in Bézam, Informationen von einer Behörde zur anderen weiterzugeben? Sehr lange, antwortete der Anführer.

Da weinten einige unserer Mütter. Wie gern hätten wir ihre Tränen getrocknet.

Unsere jungen Männer schrien: »Dann marschieren wir eben nach Bézam und brennen die Zentrale nieder. Dann tun wir Pexton eben genauso weh wie Pexton uns.«

Die Männer von Pexton grinsten nur. Sie wussten, die jungen Männer würden das nicht tun. Wir alle wussten, dass Seine Exzellenz unsere jungen Männer töten lassen würde, wenn sie es wagen sollten, Pexton anzugreifen, und unser Dorf dann noch geschwächter wäre.

Wir hatten es schon miterlebt.

Erst im Jahr zuvor hatten wir gesehen, wie sechs unserer Männer nach Bézam aufgebrochen waren, Wasser und gedörrte Lebensmittel in ihren Taschen aus Bast. Die Gruppe, die von dem Vater von einer von uns angeführt wurde – der einen von uns namens Thula –, versprach dem Dorf nichts Geringeres, als von der Regierung und von Pexton die Zusicherung einzuholen, dass man unser Land wieder in den Zustand vor Pextons Ankunft zurückversetzen werde. Tag für Tag warteten wir an der Seite unserer Freundin Thula auf die Rückkehr ihres Vaters und der anderen Männer, alle unsere Nachbarn oder Verwandten, drei von ihnen mit kranken Kindern zu Hause. Als sie zehn Tage später nicht zurück waren, beschlich uns die Angst, man habe sie ins Gefängnis gesteckt. Oder Schlimmeres. Eine zweite Gruppe von Männern reiste nach Bézam, um die Sechs zu suchen und nach Hause zu holen, doch sie kam mit leeren Händen zurück. Monate später kamen die Männer von Pexton zum ersten Mal zu einem Treffen mit dem Dorf. Als unsere Ältesten den Anführer bei diesem ersten Treffen fragten, wo denn unsere verschwundenen

Männer seien, sagte er, er wisse von nichts, Pexton mische sich nicht ein, wenn es um den Verbleib der Bürger unseres Landes gehe, es sei denn, es handle sich um Arbeiter von Pexton.

An jenem Abend im Oktober 1980 erinnerte uns der Anführer erneut daran, auch diesmal mit einem Lächeln, dass Pexton unser Freund sei und wir trotz der Opfer, die wir erbringen müssten, eines Tages zurückschauen und stolz sein würden, dass Pexton sich für unser Land interessiert habe.

Er wollte wissen, ob wir sonst noch Fragen hätten.

Hatten wir nicht. Jegliche Hoffnung, die wir zu Beginn des Treffens vielleicht gehabt hatten, hatte sich verflüchtigt und unsere letzten Wörter mitgenommen. Der Anführer lächelte noch einmal und dankte uns für unser Kommen. Der Runde und der Kranke ließen ihre Aktenkoffer zuschnappen. Ihr Fahrer wartete in einem schwarzen Land Rover an unserer Schule auf sie, um sie zurück nach Bézam zu bringen, zurück zu ihrer Familie und ihrem Leben mit all den sauberen Gütern und Luxusartikeln, die wir nie würden herbeizaubern können.

Woja Beki erhob sich und dankte uns ebenfalls. Er wünschte uns eine gute Nacht und erinnerte uns daran, in acht Wochen zum nächsten Treffen zu kommen. Er bat uns, bis dahin gesund zu bleiben.

An den meisten Abenden hätten wir den Dorfplatz verlassen und uns nach Hause begeben.

Auf dem Weg durch die Dunkelheit hätten wir kaum miteinander gesprochen, so überwältigt von unerbittlicher, erdrückender Verzweiflung. Wir hätten unsere Schritte langsam gesetzt, die Köpfe gesenkt, zerknirscht, uns Hoffnungen gemacht zu haben, beschämt von unserer Bedeutungslosigkeit.

An jedem anderen Abend hätte uns das Treffen daran erinnert, dass wir nichts gegen sie unternehmen konnten, sie uns aber alles nehmen konnten, weil wir ihnen gehörten. Ihre Worte hätten nur verfestigt, dass wir nicht ungeschehen machen konnten, dass unsere Regierung uns drei Jahrzehnte zuvor, an einem Tag, dessen Datum wir nie erfahren werden, während eines Treffens in Bézam, bei dem keiner von uns anwesend war, an Pexton übergeben hatte. Ihnen auf einem Blatt Papier unser Land und unser Wasser ausgehändigt hatte. Wir hätten nur noch akzeptieren können, dass wir jetzt ihnen gehörten. Hätten uns eingestehen müssen, dass wir vor langer Zeit bezwungen worden waren.

Aber an diesem Abend, dem Abend, als die Luft verdächtig ruhig und die Grillen seltsam still waren, begaben wir uns nicht nach Hause. Denn gerade als wir aufstehen und uns voneinander verabschieden wollten, hörten wir ein Rascheln im hinteren Teil der Versammlung. Wir hörten eine Stimme, die uns befahl, sitzen zu bleiben, das Treffen sei noch nicht vorbei, es fange gerade erst an. Wir drehten uns um und erblickten einen Mann, groß und hager, verfilztes Haar, bekleidet nur mit einer löchrigen Hose. Es war Konga, unser Dorfirrer.

Er keuchte, als wäre er vom Schulhof zum Dorfplatz gerannt. Anders als sonst war er überschwänglich und lebhaft, nicht dieser lethargische Typ, der im Dorf herumlungerte, mit unsichtbaren Freunden lachte oder die Faust gegen Feinde erhob, die außer ihm keiner sah. In der einsetzenden Dunkelheit sahen wir das Glühen in seinen Augen, die Aufregung, als er ganz nach vorn eilte, in seinem Rausch nahezu schwebte. Wir schauten einander an, zu verblüfft, um zu fragen: Was macht er denn da?

Noch nie hatten wir den Anführer so fassungslos erlebt wie in dem Moment, als er sich an Woja Beki wandte und fragte, was Konga wolle, warum ein Irrer das Ende des Treffens störe? Noch nie hatten wir Woja Beki so sprachlos erlebt wie in dem Moment, als er den Kopf wandte, um Konga anzusehen.

Vor uns allen stand eine völlig veränderte Version unseres Dorfirren.

Als besäße er alle Autorität der Welt, blaffte Konga die Pexton-Männer an und befahl ihnen, sich zu setzen, ob sie nicht hören würden, was er sage? Ob sie so viel Dreck in den Ohren hätten, dass seine Stimme nicht zu ihnen durchdringe? Das Treffen sei noch nicht zu Ende, es fange gerade erst an.

Der Anführer, den Kongas Dreistigkeit in Rage versetzte und den nun der mitgebrachte Anstand aus Bézam verließ, blaffte zurück und fragte, wie ein Irrer es wagen könne, so mit einem Vertreter von Pexton zu sprechen. Konga kicherte, ehe er antwortete, er könne sprechen, mit wem er wolle und wie er wolle. Eine Antwort, die den Anführer dazu veranlasste, sich bei Woja Beki zu erkundigen, warum er herumstehe wie ein Idiot und diesen unverschämten Spinner gewähren lasse. Konga räusperte sich, holte alles hoch und spuckte dem Anführer etwas zwischen die Beine, das in unserer Vorstellung ein dunkelgelber Schleimbatzen war.

Wir hielten den Atem an. Wusste Konga, wer diese Männer waren und was sie mit ihm anstellen konnten?

Der Anführer starrte Konga an. Dann uns. Dann wieder Konga. Er bedeutete seinen Lakaien, sich die Aktenkoffer zu schnappen. Alle drei Männer nahmen ihre Koffer und wandten sich zum Gehen. Wir holten tief Luft, froh, das Drama zu einem Ende kommen zu sehen, doch das Gefühl der Erleichterung verwandelte sich in eine noch größere Ratlosigkeit, als Konga das Trio fragte, wie es gedenke, nach Bézam zurückzukommen. Die Vertreter von Pexton drehten sich um, verdutzt, wenn nicht gar erschrocken.

Was dann geschah, hätte keiner von uns je erwartet. Keiner von uns hätte sich je vorstellen können, das Konga vor den Pexton-Männern und vor dem Dorf die Hand in die Hose schieben würde. Unsere Mütter und Großmütter hielten sich die Augen zu, aus Angst, er habe etwas vor, das eine Frau nicht mitansehen sollte, die Sache, von der man uns gesagt hatte, auf keinen Fall hinzuschauen, wenn Konga sie vor uns mache.

Wir ließen die Augen offen und beobachteten, wie Konga mit leicht geöffnetem Mund etwas in seiner Hose streichelte, wieder und wieder, maßlos übertrieben. Vorsichtig zog er etwas heraus. Er hielt es hoch und fragte die Männer, ob es ihnen gehöre. Wir rissen die Augen auf, genauso wie die Männer. In dem golden glänzenden Ding in der Hand des Irren erkannten sie ihren Wagenschlüssel.

Noch ehe wir uns von der Enthüllung erholten, fragte Konga die Pexton-Männer, wo ihr Fahrer sei. Der Fahrer wartete während der Treffen im Wagen, wenn nun aber Konga den Schlüssel in der Hand hielt, wo war er dann? Konga sagte nichts. Mit einem Grinsen teilte er den Männern lediglich mit, dass der Schlüssel in seiner Hand tatsächlich der Wagenschlüssel sei und ihr Fahrer nicht länger auf dem Schulhof auf sie warte.

Plötzlich redeten alle auf einmal. Was passierte gerade? Was tat er da?

Woja Beki stammelte nur noch, verbeugte sich vor dem Anführer, versicherte ihm, dass Konga nur das Spiel eines Irren spiele. Konga, müsse der Anführer bitte verstehen, könne ohne Verstand nicht ermessen, dass die ehrenwerten Herren Vertreter keine Spielchen spielten; dem Fahrer gehe es natürlich gut, er erwarte sie sicher am Wagen; Konga werde ihnen den Schlüssel natürlich sofort übergeben; er bitte den Anführer um Entschuldigung, im Namen des gesamten Dorfes; man habe den Gästen gegenüber keinesfalls respektlos wirken wollen; die allerbesten Wünsche für die Heimreise nach Bézam; ganz Kosawa sei ihnen dankbar, dass sie erneut gekommen seien, denn …

Konga befahl Woja Beki, den Mund zu halten und zur Seite zu treten.

Wir hätten am liebsten gejohlt. Wir wären am liebsten auf und ab gesprungen und hätten geklatscht, aber das taten wir nicht – wir wurden gerade Zeugen von etwas Außergewöhnlichem, und dessen Verlauf wollten wir auf keinen Fall stören.

Konga hob den Blick zum Himmel, wie um sich an die Sterne zu wenden.

Als er den Blick wieder senkte, teilte er den Pexton-Männern mit, dass sie heute nicht mehr nach Bézam zurückkehren würden. Der Anführer, der Kranke und der Runde sahen einander an und lachten, belustigt von dem Gedanken, dass ein Irrer ihnen drohte, sie gefangen zu nehmen. Wir fanden es auch irgendwie lustig, aber wir lachten nicht, denn Konga sagte es noch einmal, diesmal langsam und bestimmt: Meine Herren, Sie werden die Nacht hier bei uns in Kosawa verbringen.

Er meinte, was er da sagte, das hörten wir an seinem Ton, und das hörte jetzt auch der Anführer, denn er lachte nicht mehr. Verwirrt schaute er uns an, fragte uns, was hier vor sich gehe, wovon der Irre spreche, und klang erst flehentlich und dann fordernd; fest entschlossen, eine Antwort zu erhalten, völlig gleich wie.

Wir sagten kein Wort.

Voller Zorn starrte der Anführer auf Konga. Wut entwich aus seiner Nase, aber er musste sich zusammennehmen. Die Stimme leicht erhoben, ermahnte er Konga, welches Spiel er auch spiele, es sei jetzt vorbei und an der Zeit, den Schlüssel auszuhändigen, er würde ungern Gewalt anwenden, der Abend würde sonst böse enden, was er nicht wolle, da Kosawa Pexton am Herzen läge, darum solle Konga ihm jetzt schnell den Schlüssel aushändigen, damit die Sache vergeben und vergessen werden könne.

Wir rechneten nicht damit, dass Konga auf ihn hören würde, aber wir hätten auch nicht erwartet, dass er den Anführer eine halbe Ewigkeit begaffen, verhöhnen und dann ausgiebig verlachen würde.

Der Anführer wandte sich an Woja Beki, dieser senkte rasch den Kopf.

»Nimm ihm den Schlüssel ab«, schrie der Anführer unser Dorfoberhaupt an.

Woja Beki rührte sich nicht. Uns war klar, warum der Anführer Woja Beki darum bat. Der Anführer durfte seine ehrenwerte Stellung auf keinen Fall dadurch herabsetzen, dass er oder einer seiner Männer sich in einen Kampf mit einem ungehobelten Irren verwickeln ließen.

»Nimm diesem Idioten den Schlüssel ab«, schrie der Anführer erneut.

Woja Beki blieb wie angewurzelt stehen, vielleicht voller Scham, sehr wahrscheinlich voller Angst, dem großen Mann aus Bézam in die Augen zu sehen.

Was dann folgte, hatten wir in unserer Fantasie schon lange selbst tun wollen – einige von uns hatten es im Traum getan und waren grinsend erwacht –, aber es machte den Schock nicht kleiner, als Konga, ohne zu lachen, vor Woja Beki trat und ihm ins Gesicht spuckte. Wir kicherten, schnappten entsetzt nach Luft, kniffen die Augen leicht zusammen. Ohne den Kopf zu heben, wischte sich Woja Beki die Spucke von den Lippen. Der Anführer, inzwischen ein wild gestikulierendes Bündel aus Wut und Verblüffung, würdigte Woja Beki keines Blickes und brüllte erneut herum, schrie alle an, dem Irren den Schlüssel abzunehmen, irgendwer solle ihm auf der Stelle den Schlüssel besorgen, andernfalls hätte das ernsthafte Konsequenzen.

Nicht einer von uns tat oder sagte etwas.

Keiner von uns nahm es auf sich, dem Anführer zu sagen, dass Konga nicht berührt werden durfte. Wir machten keine Anstalten, ihm zu sagen, dass wir Konga, egal, was er täte, wie sehr er uns auch demütigen, verletzen oder ängstigen würde, nicht berühren konnten, weil wir Menschen mit seinem Leiden nicht berühren. Wir sagten dem Anführer nicht, dass seit Jahrzehnten keiner von uns Konga berührt hatte und keiner es je tun würde, denn wer einen Irren berührte, zog den schlimmsten aller Flüche auf sich.

Wenn sich der Anführer mit uns hingesetzt hätte, hätten wir ihm Kongas Geschichte erzählt, die Geschichte, die unsere Eltern uns immer wieder erzählten, wenn wir uns über Konga lustig machten, jedes Mal, wenn sie uns irgendwo im Dorf dabei erwischten, wie wir hinter seinem Rücken Grimassen schnitten, über sein verfilztes Haar spotteten, sein einziges Paar Hosen, seine dreckigen Fingernägel. Wir hätten dem Anführer erzählt, Konga sei nicht als Irrer geboren, sondern, auch wenn man es bei seinem jetzigen Anblick kaum glauben mochte, früher ein stolzer, schöner Mann gewesen.

Wenn der Anführer gefragt hätte, hätten wir ihm erzählt, dass lange vor unserer Geburt, als unsere Eltern so alt waren wie wir, Dutzende junge Frauen aus unserem Dorf davon geträumt hatten, Kongas Frau zu werden und ihm Söhne zu gebären, die später einmal genauso wohlgeformt und hochgewachsen wären wie er. Seine Eltern, inzwischen längst verstorben, hatten von den Enkeln geträumt, die ihnen ihr einziges Kind schenken würde. Konga war damals ein ausgezeichneter Bauer, ein ausgezeichneter Jäger und ein noch besserer Fischer gewesen. An jedem beliebigen Tag erzählten uns unsere Eltern, Konga könne es in allem weit bringen, er sei dazu bestimmt, ein schönes Leben zu haben. Aber dann, an einem heißen Tag, klagte er plötzlich, er würde ununterbrochen Stimmen hören. Sie würden ihn auslachen, erzählte er seinen Eltern, ihn beschwören, sich umzubringen, ihm sagen, er werde ewig leben. Sie erschienen ihm nachts im Traum und tagsüber in Gestalt von Männern, Frauen und Kindern aus dunklen Sphären, die so lange im Grab gelegen hatten, dass kaum noch Fleisch an ihnen hing. Sie wirkten entschlossen, ihn nie mehr gehen zu lassen, bedrängten ihn in einer Sprache, die er nicht verstand, belagerten ihn, sobald er sich zum Essen setzte, und verfolgten ihn durchs Dorf.

Seine Eltern suchten unser Dorfmedium auf, das sagte, man könne nichts tun; ein rachesüchtiger Geist habe sich Kongas Verstand bemächtigt, zur Strafe für ein Unrecht, das ein Vorfahre Jahrhunderte zuvor begangen habe. Konga werde den Rest seines Lebens Buße tun. Der Geist könne nicht besänftigt werden. Den Eltern, so das Medium, bliebe nur, die Tür ihrer Hütte offen zu lassen, damit Konga die Hütte betreten und verlassen könne, wie er wolle. Außerdem riet ihnen das Medium, eine Matte vor die Hütte zu legen, damit Konga sich einen geeigneten Platz im

Freien suchen könne und es in den Nächten bequem habe, in denen die Stimmen ihn schlafen ließen.

Als wir geboren wurden, schlief Konga schon seit zwanzig Jahren unter freiem Himmel. Da seine Eltern verstorben waren und ihm keine Geschwister hinterlassen hatten, die ihn hätten ernähren können, wechselten unsere Mütter sich ab, ihm Essen und Trinken unter den Mangobaum zu bringen. An manchen Tagen aß er das Essen und trank das Wasser; an anderen ließ er es stehen, bis die Fliegen es sich holten, die Ameisen hindurchmarschierten, die Ziegen aus Versehen die Schüsseln mit den Resten umstießen und unsere Mütter seufzend ihre Schüsseln einsammelten, nur um ihm das nächste Mal, wenn sie an der Reihe waren, wieder Essen zu bringen. Die meisten Tage saß er halb nackt unter dem Mangobaum, kratzte sich am ganzen Körper, der nur bei Regen mit Wasser in Berührung kam, und pulte sich große verkrustete Stücke aus der Nase. Hin und wieder sang er ein romantisches Lied, die Augen geschlossen, als hätte er früher einmal die Hauptrolle in einer großen Liebesgeschichte gespielt. Manchmal richtete er weise Worte an seine unsichtbaren Freunde oder schimpfte mit irgendwelchen Spinnern, die außer ihm keiner sah, die Arme wild fuchtelnd in der Luft, das Gesicht verzerrt, um laut auf irgendetwas hinzuweisen, das außer ihm keiner verstand. Er kam zu jeder Hochzeit und jeder Beerdigung, beobachtete das Treiben aus der Ferne, ohne je zu tanzen oder zu weinen, aber zu den Dorftreffen kam er nie. Wenn ein Treffen anstand, blieb er auf dem Schulhof, ohne Interesse an unserer misslichen Lage. Wir dachten, er wäre unfähig, wütend auf irgendwen zu sein, abgesehen von den Stimmen in seinem Kopf und dem Geist, der ihn zugrunde gerichtet hatte. Wir dachten, er bekäme von nichts und niemandem irgendwas mit, abgesehen von seinen unmittelbaren Bedürfnissen und den Phantomen, die ihn verfolgten.

An diesem Abend aber, mit dem Wagenschlüssel in der erhobenen Faust, sahen wir, dass er fähig war zu Wut auf Menschen, einer Wut, die sich zeigte, als er dem Anführer sagte, dass der Anführer ihm nichts könne.

Der Anführer, der es leid war, eine Menge anzuschreien, die nicht reagierte, unterbrach sein Fluchen und seufzte. Er schüttelte den Kopf. Offenbar verstand er allmählich, dass wir Konga den Schlüssel niemals abnehmen würden und dass er in einem dunklen Dorf, weit entfernt von der Pexton-Zentrale, nichts gegen einen Irren unternehmen konnte. Wir empfanden kein Mitleid mit ihm – wie auch, der Rausch beim Anblick seiner Verzweiflung nahm uns völlig ein. Konga, der neben ihm stand, sang jetzt und drehte sich im Kreis. Er winkte mit dem Schlüssel vor den Augen der drei Männer, trippelte so fröhlich herum wie ein Bräutigam an seinem Hochzeitstag, sagte immer wieder, dass die Männer die Nacht bei uns verbringen würden, viele Nächte vielleicht – oh, was für eine besondere Ehre.

Der Anführer winkte seine Männer heran und flüsterte ihnen ins Ohr. Der Runde und der Kranke nickten, als er sprach, alle drei blickten immer wieder zur Seite, während sie vermutlich an einer Strategie tüftelten, um an ihren Schlüssel zu kommen, einem Plan, der sie ohne größere Erniedrigung davonkommen ließe.

Offensichtlich zufrieden mit ihrem Plan und überzeugt von dessen Stärke, machten sie einen Schritt auf Konga zu, ohne zu ahnen, welcher Fluch sie und ihre Nachfahren bis in alle Ewigkeit gefangen halten würde. Wir beugten uns vor. Die Männer von Pexton taten noch zwei Schritte. Konga führte den Schlüssel zum Mund.

»Keinen Schritt weiter«, sagte er, »sonst schlucke ich ihn runter.«

Wir hielten den Atem an. Er würde es tun. Das wussten wir. Auch die Männer von Pexton müssen es verstanden haben, denn der Kranke taumelte, und das Gesicht des Runden wurde noch kugeliger, und plötzlich sahen sie alle aus wie Kinder in einem dunklen, bösen Wald.

Wir richteten unsere Aufmerksamkeit auf Woja Beki, der die Sprache wiedergefunden hatte und Konga beschwor, keine Schande über unser Dorf zu bringen. Eine halbe Ewigkeit flehte er ihn an, nannte ihn den Sohn des Leoparden, den Besitzer einer Stimme, melodischer als Musik, den Träger eines Strahlens, intensiver als das der Sonne. Er erinnerte Konga daran, wie sehr man ihn liebe, wie gesegnet wir uns durch ihn fühlten, welche Freude am Tag seiner Geburt in Kosawa geherrscht habe, welch …

Der Anführer schnitt ihm das Wort ab und herrschte ihn an, nicht solchen Unsinn zu reden; aus seiner Stimme war jegliche Höflichkeit gewichen. Sie klang schrill, als er mit Blick auf seine Lakaien, die noch immer bei jedem Wort nickten, schrie, dass das alles absurd sei, völlig absurd, woraufhin Konga erwiderte, der Anführer solle erst einmal klarstellen, was genauso absurd sei, und der Anführer antwortete, die Vorstellung, dass ein Irrer ihn, den ehrenwerten Herrn Vertreter von Pexton nicht nach Hause fahren lasse, sei die genaue Definition von absurd.

Konga bog sich vor Lachen. So hypnotisiert, wie wir waren, sah man in unseren Gesichtern nicht die kleinste Regung. Woja Beki riss uns aus dieser Trance, als er näher trat und mit zittriger Stimme fragte, ob wir weiter nur still dasitzen und zusehen wollten, wie Konga unsere Gäste beleidige – Gäste, die mehrere Stunden Fahrt auf sich genommen hätten, um uns zu versichern, dass unsere Sorgen bald ein Ende fänden.

Niemand antwortete ihm.

»Wenn unsere ehrenwerten Gäste morgen früh nicht in ihren Büros erscheinen«, fuhr Woja Beki fort, »kommen abends Soldaten, um sie zu suchen. Das wird nicht schön, wenn die Soldaten kommen, das verspreche ich euch. Sie werden uns nicht fragen, warum wir nichts getan haben, um Konga zu stoppen. Sie werden sich keine Gedanken darüber machen, dass Konga nicht zu kontrollieren ist. Sie werden uns einfach bestrafen. Sie werden uns niedermetzeln, jeden Einzelnen von uns.«

Wir schauten einander an.

»Glaubt ihr mir nicht?«, sprach Woja Beki weiter. »Hat uns nicht erst letzten Monat die Nachricht erreicht, dass Soldaten ein ganzes Dorf niedergebrannt haben, weil ein in Rage geratener Mann aus dem Dorf dem Steuereintreiber den Schädel gespalten hat? Wo sind die Bewohner dieses Dorfes heute? Sind sie nicht verstreut und schlafen in den Hütten ihrer Verwandten auf dem blanken Boden? Würden sie sagen, der Leichtsinn eines Mannes rechtfertigt, dass sie ihr Zuhause verloren haben? Und warum sollten die Soldaten nicht auch unser Dorf niederbrennen? In unserem Land gibt es Gesetze und Konsequenzen: Wir werden es teuer bezahlen, wenn wir unseren Freunden hier nicht den Respekt zollen, den sie verdienen. Ich flehe euch an: Lasst nicht zu, dass uns das Gleiche passiert. Bitte, lasst meine Worte nicht ungehört verhallen. Irre oder nicht, den Soldaten ist das egal. Sie werden uns mit ihren Kugeln durchlöchern, auch die allerkleinsten Kinder.«

Die Pexton-Männer nickten, offenbar zur Warnung, dass es genauso käme.

Als uns dämmerte, welches Schicksal uns bevorstand, hätten wir mit unserem gesammelten Schweiß einen ausgetrockneten Brunnen füllen können. Wir wussten, was Waffen anrichten konnten, aber wir hatten nie in Betracht gezogen, durch Kugeln zu sterben.

Einer unserer Großväter stand auf und richtete das Wort an Konga, der grinsend die Hüften wiegte. »Bitte«, sagte er, »wir wollen keine Soldaten im Dorf. Bitte, Konga Wanjika, Sohn von Bantu Wanjika, ich flehe dich an, gib diesen Männern ihren Schlüssel. Dein Vater war mein Cousin zweiten Grades, und ich spreche zu dir in seinem Namen. Bring nicht noch mehr Leid über uns. Lass den Schlüssel fallen, ich hebe ihn auf und reiche ihn weiter. Hol ihren Fahrer her, ganz egal, wo du ihn versteckst.

Und dann wollen wir uns eine gute Nacht wünschen und nach Hause gehen.«

Wir dachten, Konga würde den Rat eines vom Alter erleuchteten Mannes annehmen, der schon ein langes Leben hinter sich hatte und zwischen Recht und Unrecht zu unterscheiden wusste. Wir dachten, unser Dorfirrer würde sich daran erinnern, dass es unsere Pflicht war, den Ältesten zu gehorchen und die Worte der Weisen zu achten, eine Lektion, die wir von klein auf lernen. In unserer Wolke der Verblüffung vergaßen wir, dass sein verlustig gegangener Verstand auch sämtliche Lektionen mit sich gerissen hatte, von diesem rachsüchtigen Geist zersetzt und ihm zu den Ohren hinausgezogen. Wir vergaßen, dass er jetzt mehr wie ein Neugeborenes als ein Erwachsener war, ohne ein Bewusstsein für Zeit, ohne ein Bewusstsein für die Vergangenheit und die Zukunft, lediglich in Besitz eines vagen Bewusstseins für die Welt der Geister, der wir alle entstammen und zu der wir zurückkehren würden. Wir wurden daran erinnert, dass er definitiv nicht bei Verstand war, als er den Schlüssel zurück in die Hose schob und lachte.

»Gib ihnen den Schlüssel«, schrie eine unserer Mütter. Alle anderen Mütter stimmten mit ein. »Bitte«, sagten sie, »wir wollen nicht, dass die Soldaten kommen. Wir flehen dich an.«

»Wollt ihr nur dasitzen und zusehen, wie ein Irrer Schrecken über eure Familien bringt?«, sagte der Anführer zu unseren Vätern und Großvätern in den ersten Reihen und schaute von einem zum nächsten. »Seid ihr bereit, seinetwegen zu sterben?«

Gut möglich, dass die Soldaten schon auf dem Weg nach Kosawa seien, sagte er wiederholt. Wir sollten seine Worte als letzte Aufforderung begreifen, dem Irren sofort den Schlüssel abzunehmen, andernfalls stünde uns ein blutiges Gemetzel bevor.

Unser angsterfülltes Gemurmel wurde immer lauter. Wir sahen deutlich, was vor uns lag. Wir sahen unser Dorf ausgelöscht, vergiftet und hingerichtet. Wir sahen in Konga unseren Untergang.

Wir wollten nichts zu tun haben mit seinem Irrsinn.

Der Anführer zeigte auf unsere jungen Männer in den hinteren Reihen und bat vier Freiwillige nach vorn, vier starke junge Männer, die Konga den Schlüssel abnehmen würden.

Keiner trat nach vorn. Wir wollten ein Blutbad vermeiden, aber dafür einen Irren berühren? Woja Beki trat dicht an den Anführer heran und flüsterte ihm ins Ohr.

»Soll das ein Witz sein?«, fragte der Anführer, dem eine Mischung aus Schrecken, Mitleid und Abscheu ins Gesicht geschrieben stand. Woja Beki schüttelte den Kopf. Der Anführer schaute uns an, als hätte man ihm gerade verraten, dass wir aus einem anderen Königreich kämen, einem Königreich mit Gesetzen, die nicht das Geringste mit denen der normalen Menschen zu tun hätten. »Wie könnt ihr so etwas glauben?«, rief er mit in die Luft gerissenen Armen. »Man stirbt nicht, wenn man einen Irren berührt. Das hat es noch nie gegeben, niemals. Versteht ihr?«

Aber wie sollten ihm Gesetze heilig sein, die man ihm nicht ins Herz gebrannt hatte?

»Beschafft mir sofort den Schlüssel«, sagte er entschieden, »oder ihr alle werdet es morgen bereuen.«

Woja Beki holte tief Luft. Er schaute zu unseren jungen Männern im hinteren Bereich und sagte mit einer Stimme, die klang, als habe er sie geliehen und müsse sie nun sorgsam behandeln, um sie auch ja nicht beschädigt zurückzugeben, die Zukunft Kosawas laste nun auf ihnen.

»Eure Väter können nicht kämpfen«, sagte er. »Eure Mütter sind alt, eure Ehefrauen sind Frauen, eure Kinder sind schwach. Wenn ihr nicht tut, was Recht ist, wer dann? Ich verspreche euch, wenn ihr weiter nur rumsteht und zulasst, dass Konga uns Leid zufügt, wird der Wind bald Lieder über ein Dorf singen, das vernichtet wurde, weil seine jungen Männer Feiglinge waren.«

Einer der jungen Männer trat nach vorn. Mit einer Stimme so zittrig wie Woja Bekis bot er seine Hilfe an. Seine Frau schrie auf, flehte ihn an, es nicht zu tun. Auch seine Mutter flehte mit brüchiger Stimme. Sein Vater wandte sich ab.

Woja Beki nickte und schickte ihm ein zaghaftes Lächeln, ein Zeichen der Dankbarkeit.

Drei weitere Männer traten vor. Wir machen es, sagten sie.

Macht es nicht, schrien Stimmen über den Platz. Macht es, riefen andere. Wollt ihr, dass sie und ihre Nachfahren auf ewig verflucht sind?, riefen die Gegner, von denen sich viele erhoben. Wollt ihr, dass wir alle morgen früh getötet werden?, antworteten die Befürworter genauso aufgebracht. Es muss eine andere Lösung geben. Es gibt keine andere Lösung.

Der Streit war in vollem Gange. Laut und erbittert und schrill.

Wenn wir uns heute gegen sie erheben, haben wir die Chance, wieder frei zu sein, sagten die einen. Wenn wir so zu Freiheit gelangen, werden wir dafür sterben, sagten die anderen. Wir müssen ihnen zeigen, dass wir auch Menschen sind. Die Soldaten werden uns erschießen. Der große Geist will uns über Konga ausrichten, dass wir kämpfen können und kämpfen sollen. Kämpfen? Womit denn? Na, mit dem, was wir haben. Was haben wir denn außer Speere? Wir haben Macheten und Steine und Kessel mit heißem Wasser. Wie könnt ihr ernsthaft glauben, wir hätten auch nur die geringste Chance? Konga hat uns gezeigt, dass wir sehr wohl eine Chance haben. Konga ist irre. Vielleicht täte uns ein wenig von seinem Irrsinn gut. Wie könnt ihr so etwas sagen? Wir waren einmal ein mutiges Volk, das Blut des Leoparden fließt in unseren Adern. Wann haben wir das aus den Augen verloren? Morgen werden wir alle sterben. Wollt ihr das?

Alle standen und schrien durcheinander; keiner hörte zu. Konga und der Anführer erhoben die Faust. Die vier jungen Männer standen zwischen ihnen, nicht sicher, auf wessen Seite sie waren. Wir Kinder weinten fast alle, doch in dem Chaos, das unser Leben nun war, gingen die traurigen Laute unter. Manche von uns hatten Angst, der Tod käme am nächsten Tag, manche hatten Angst, die Krankheit brächte den Tod im nächsten Monat.

Wir alle kannten die Wahrheit: Der Tod war nah.

Als wir schon glaubten, das Treffen würde niemals enden, erhob sich Lusaka, der Vater unseres verstorbenen Freundes Wambi, und ging nach vorn. Er klatschte in die Hände, um für Ruhe zu sorgen. Das Stimmengewirr nahm ab, und er klatschte weiter, bis sich alle gesetzt hatten und schwiegen.

Er war einer der friedvollsten Männer in Kosawa und ergriff selten das Wort; wenn er es tat, hörten alle zu. Durch den Verlust seiner Söhne wirkte er geschrumpft, kleiner als früher, aber seine Weisheit war offenbar gewachsen.

»Wir kommen heute nicht zu einer Einigung«, sagte er und entlockte allen, abgesehen von wenigen Müttern und Vätern, Großmüttern und Großvätern, zustimmendes Gemurmel. »Ich möchte euch einen Vorschlag unterbreiten, damit wir den Streit fürs Erste beenden. Erlaubt mir, dass ich diese Männer mit zu mir nach Hause nehme, und erlaubt Konga, dass er mit ihrem Fahrer und ihrem Schlüssel macht, was er will. Ich werde ihnen ein Bett geben, und meine Frau gibt ihnen morgen früh zu essen. Wenn sie gegessen haben, werde ich ihnen die Gräber meiner Söhne zeigen, die an dem Gift von Pexton gestorben sind. Ich werde ihnen das Grab von jedem Kind zeigen, das wir beerdigt haben, und sie werden die Gräber zählen, damit sie die genaue Zahl kennen und sie nie vergessen. Dann werden wir sie als Gefangene hierbehalten, und ich werde sie bewachen, bis ihre Chefs aufhören, uns zu töten.«

»Gefangene?«, sagte der Anführer. »Für wen hältst du dich, dass du uns …«

»Wie kommst du darauf, dass Pexton uns in Ruhe lässt, wenn wir seine Männer gefangen nehmen?«, schrie einer unserer Väter.

»Und wie lange sollen wir sie bitte schön gefangen halten?«, meinte ein anderer.

»Du bist kränker im Kopf als Konga, wenn du glaubst, wir könnten die Leute in Bézam irgendwie steuern.«

Der Tumult setzte wieder ein. Alle redeten durcheinander, keiner hörte zu. Die Männer von Pexton und Woja Beki schauten uns an, als hätten wir völlig den Verstand verloren. Mehrere unserer Großväter standen auf, um Lusaka zu tadeln: Wie könne er nur so naiv sein und glauben, Pexton würde sich unseren Drohungen und Forderungen beugen? Was ließe ihn glauben, es würde sie interessieren? Und was würden wir tun, wenn am morgigen Tag die Soldaten kämen, mit genug Kugeln für jedes lebende Wesen in Kosawa?

»Wenn die Soldaten kommen«, sagte Lusaka, »sagen wir ihnen, wenn sie auch nur einen von uns töten, töten wir diese Männer hier.«

»Und was, wenn es ihnen egal ist?«, rief eine Mutter. »Wenn sie zulassen, dass wir die Männer töten, und sie dann uns töten? Interessiert es Pexton, ob diese Männer leben oder sterben?«

»Oh ja«, antwortete Konga, der mit seiner donnernden Stimme alle zum Schweigen brachte. »Pexton lässt niemals zu, dass seinen Männern was passiert, denn Pexton liebt seine Männer.«

Die meisten unserer Großväter nickten zustimmend, als hätten sie Beweise dafür gesehen.

Wir glaubten es auch, denn jetzt war offensichtlich, dass der große Geist Besitz von Konga ergriffen hatte. Da er irre geworden war und sämtliches Wissen über die jüngste und ferne Vergangenheit verloren hatte, konnte er nicht wissen, was Pexton für seine Männer empfand, darum musste es der große Geist sein, der durch ihn sprach. Daran zweifelten wir keine Sekunde. Der große Geist war unter uns, und er forderte uns auf, mutig zu sein. Jene von uns, die geweint hatten, wischten sich die Tränen von den Wangen. Unsere Väter und Mütter tuschelten miteinander, nickten und seufzten erleichtert.

Lusaka klatschte erneut in die Hände, um alle zum Schweigen zu bringen. »Es ist ganz einfach«, sagte er matt. »Wenn Pexton nicht aufhört, unsere Kinder zu töten, dann töte ich diese drei Kinder von Pexton mit bloßen Händen.«

Niemand auf dem Platz gab einen Laut von sich.

Lusaka wünschte allen Gute Nacht und machte sich auf den Weg zu seiner Hütte.

Konga befahl den vier jungen Männern, sich die Pexton-Männer und Woja Beki zu schnappen und Lusaka zu folgen. »Wagt es ja nicht, mich anzufassen«, sagte der Anführer. Die jungen Männer aber wagten es.

Jeder packte einen der Männer, jeder der Männer wehrte sich auf seine Art: der Anführer schlug wild um sich, seine Lakaien traten und boxten in die Luft. Woja Beki fuchtelte mit dem Finger und herrschte die jungen Männer mit gefletschten Zähnen an, sofort loszulassen, erinnerte sie, dass er ihr Anführer sei, das Blut des Leoparden in ihm am dicksten fließe, er die Befehle gebe und sie das besser nicht vergessen sollten. Konga bat um Verstärkung, er brauche vier weitere Männer. Acht eilten nach vorn, unter ihnen der Onkel unserer Freundin Thula – ein junger Mann namens Bongo, dessen Eifer, unserem Leid ein Ende zu bereiten, jeden von uns beeindruckte, da er selbst noch gar keine Kinder hatte. Jetzt, wo es die Gefangenen mit zwölf Männern zu tun bekamen, kämpften sie weniger und fluchten mehr. Ihre Stimmen wurden leiser. Das Wimmern der Frauen und Kinder von Woja Beki war nun hörbar. Zwei seiner Kinder gingen in unsere Klasse. Wir machten keine Anstalten, sie zu trösten; wir mochten sie schon seit Langem nicht mehr.

Konga dankte uns für unser Kommen und teilte uns mit, dass das Treffen offiziell beendet sei. Er wünschte uns Gute Nacht. »Morgen«, sagte er, »wird alles anders.«

Manche von uns gingen ängstlich nach Hause. Manche von uns schwebten, glücklich und leicht. Unsere Freundin Thula, die an ihren verschwundenen und wahrscheinlich toten Vater dachte, ging mit gesenktem Kopf, ihren kleinen Bruder Juba an der Hand, ein Kind, das an dem Gift von Pexton gestorben und durch die Gnade des großen Geistes wieder lebendig geworden war. Hinter ihnen, mit langsamen Schritten, gingen ihre Mutter und die Mutter ihres Vaters, die sicher hofften, bald Antworten zum Verbleib ihres Mannes und Sohnes zu erhalten. Wie jede andere Familie in Kosawa auch, wünschten sich die Nangis endlich Erlösung von ihrem Schmerz. An diesem Abend waren wir alle trotz unserer Angst voller Hoffnung.

Morgen kommen die Soldaten, und vielleicht sind wir bei Sonnenuntergang tot.

Morgen gibt sich Pexton geschlagen, und wir dürfen leben bis ins hohe Alter.

Wir versuchten, nicht über unsere Zukunft nachzudenken. Wir wollten an diesem Abend festhalten, solange wir konnten, uns diesen Optimismus bewahren, der plötzlich über uns gekommen war, dieses leise Versprechen eines Triumphs. Wir wollten von demselben Wahn ergriffen sein wie Konga und die flüchtige Ekstase der Furchtlosigkeit genießen, in freudiger Erwartung unseres Lebens als Eroberer.

Sie hatten vorzeitig ihren Sieg über uns verkündet. An diesem Abend erklärten wir ihnen den Krieg, und am Morgen darauf erwarteten wir ihre Ankunft.

Sie hätten wissen müssen, dass man uns nicht leicht besiegt.

THULA

Die Hütte ist warm, aber ich klappere mit den Zähnen. Meine Gedanken winden sich, zwingen mich zu der Vorstellung, wie eine Kugel mir den Bauch aufreißt und das Blut rausschießt. Wie viele Kugeln bräuchte es wohl, um mich zu töten? Wie würde ich als Leiche aussehen? Mein Leben lang war der Tod zugegen, und trotzdem macht er mir Angst. Das Unerklärliche an ihm beunruhigt mich. Wie jemand da sein und nicht da sein kann, noch Teil unserer Welt, aber schon woanders, mit einer für Frischluft unzugänglichen Nase, mit für immer geschlossenen Augen, einem auf ewig versiegelten Mund, ein Mensch, aber nur ein Ding. Ich hasse diese Welt, aber ich möchte sie auch nicht vorzeitig verlassen. Ich möchte lange leben, möchte sehen, was das Leben mir nach einer verkorksten Kindheit bietet, aber ich weiß, dass der Tod danach giert, mich zu holen. Die Reise, die Papa und mich wieder vereint, beginnt vielleicht schon morgen. Das eine Mal, nach der Beerdigung einer meiner Freundinnen, fragte ich Papa nach dem Übergang von dieser in die nächste Welt, wie einsam und gefährlich er sei, und Papa sagte, der Übergang sei bei jedem anders, je nachdem, was für ein Leben man geführt habe; Worte, die mich nicht trösteten. »Du stirbst noch ganz lange nicht, Thula«, sagte Papa. Eine Lüge, das wussten wir beide. Denn wer kann einem anderen Menschen versprechen, dass er lange lebt?

Mama bindet das Seil fest, das unsere Eingangstür geschlossen hält. Ihre Hände zittern, als sie einen Knoten nach dem anderen macht, anscheinend überzeugt, dass eine fest verschlossene

Bambustür das Eindringen der Soldaten verhindert. Sie beeilt sich, um das Gleiche mit der Hintertür zu machen. Juba und ich sitzen mit unserer Yaya, im Wohnzimmer; Juba auf ihrem Schoß, ich auf dem Hocker neben ihr. Mit der einen Hand streicht sie Juba über den Kopf, mit der anderen umfasst sie meine Schulter. Abgesehen von den Geräuschen, die Mamas Anstrengungen machen, ist es still in unserer Hütte. In ganz Kosawa ist es still.

»Kommt, ihr Lieben«, sagt Yaya liebevoll, »gehen wir schlafen. Wir müssen uns ausruhen für das, was der Tag morgen bringt.« Derart in Ruhe gehüllt, habe ich sie nicht mehr erlebt, seit Papa fort ist. »Wenn irgendwer kommt, um uns irgendwas zu nehmen, geben wir es her, selbst wenn es unser Leben ist.«

»Bongo und alle anderen Männer schärfen gerade ihre Macheten«, sagt Mama, als sie wieder ins Wohnzimmer tritt. Ihre Stimme bebt. »Wenn diese Soldaten glauben, sie könnten einfach kommen und …«

»Aber Mama, die Soldaten haben Waffen«, sage ich und kämpfe mit den Tränen. Bevor Papa uns verließ, ermahnte er mich, nur zu weinen, wenn es gar nicht anders gehe. »Wie helfen uns da Macheten?«

»Jakani und Sakani machen das schon«, erwidert Mama.

Ich stelle keine weiteren Fragen. Die Zwillinge – unser Dorfmedium und unser Medizinmann – können Sachen, die sind einfach unglaublich. Sie sind jenseits von normal, aber sie sind sterblich; auch auf sie wartet der Tod.

»Heute schlafen wir alle bei mir im Zimmer«, sagt Yaya, die in die Ferne starrt. »Wir träumen den gleichen Traum, vielleicht einen Traum, in dem wir Papa und Big Papa sehen.«

Wieder schweigen wir, lauschen der Stille draußen. Yaya steht als Erste auf, stützt sich auf ihren Stock. Juba und ich folgen ihr. Ohne uns den Mund auszuspülen oder die Schlafsachen anzuziehen, legen wir uns zu ihr, einer rechts und einer links. Mama schläft auf dem Boden, hat niemanden neben sich, der sie tröstet, jetzt, wo Papa fort ist und die Tradition es ihr verbietet, je wieder das Bett mit einem Mann zu teilen. Juba und Yaya gleiten in den Schlaf – ihr Atmen geht in leichtes Schnarchen über –, aber Mama und ich werden sicher wie fast alle in Kosawa die ganze Nacht wach liegen; echten Frieden schenkt das Leben nur den ganz Jungen und den ganz Alten. Meine Gedanken lassen sich nicht aufhalten, sie spulen vor zu dem Moment, wenn die Soldaten Mama und Yaya und Juba vor mir töten. Wie lange werde ich wohl in der Luft hängen zwischen dieser und der nächsten Welt, bevor ich mich inmitten meiner Verwandten wiederfinde, die mich hoffentlich willkommen heißen und mir beibringen werden, in ihrer Welt zu Hause zu sein. Mögen sie mir helfen, die wenigen guten Sachen dieser Welt zu vergessen. Vielleicht wird es ganz leicht, mich an das Land jenseits aller Vorstellungen zu gewöhnen. Papa und Big Papa sind schon da, Mama, Yaya, Juba und Bongo werden mich dorthin begleiten. Wir werden wieder zusammen sein, aber zuerst müssen wir sterben.

Mamas und Papas Ermahnung, nie auch nur in die Nähe des großen Flusses zu gehen, ist meine allererste Erinnerung. Wie hätte ich ohne ihre Warnung wissen können, dass Flüsse normalerweise nicht mit Öl und Giftmüll überzogen sind? Wie hätten meine Freunde und ich ohne unsere Eltern und ihre Geschichten von einem sauberen Kosawa und dem Schwimmen in sauberen Flüssen wissen sollen, dass der gelegentliche Rauch, der das Dorf einhüllte und unsere Augen und Nasen reizte, nicht zum normalen Alltag anderer Kinder unseres Alters gehört?

In dem Jahr, in dem meine Freunde und ich geboren wurden, manche schon an den Brüsten unserer Mütter lagen, während wir anderen die letzten Tage im Land der Ungeborenen verbrachten, explodierte in Gardens ein Bohrloch. Unsere Eltern und Großeltern erzählten uns, die Explosion habe Rohöl- und Rauchsäulen in die Luft geschickt, die höher gewesen seien als

Bäume. Die Luft habe sich mit Ruß gefüllt, ein Anblick, den jeder für ein Omen gehalten hätte, wo man etwas Derartiges doch noch nie erlebt hatte. In unserem sechsten Lebensjahr aber, nachdem unsere Eltern zu spüren bekommen hatten, welchen Fluch das Leben auf einem Stück Land bedeutet, unter dem es Öl gab, begriffen sie, dass sie an jenem Tag kein Omen gesehen hatten, sondern die Folgen eines kaputten Bohrlochkopfs, der längst hätte ausgetauscht werden müssen, nur dass Pexton keinen Grund dazu hatte, wo doch vor allem wir den Preis für ihre Nachlässigkeit zahlten.

Eines Abends, ich bin fünf, frage ich Papa, während er und ich auf der Veranda sitzen, warum die Ölfelder und die Unterkünfte für die Pexton-Arbeiter ringsherum Gardens heißen, obwohl es dort keine einzige Blume gibt. Papa lacht, denkt eine Weile nach und sagt, na ja, Gardens sei eine andere Art von Garten, Pexton sei eine andere Art von Gärtner; seine Blume sei das Öl. Ich frage Papa, ob die Pipelines, die in Gardens ihren Anfang haben, irgendwo zu Ende sind – die scheinen ewig lang zu sein, um unser Dorf herumzugehen und über den großen Fluss, durch unsere Felder hindurch und tief in den Wald hinein, das Ende nirgendwo in Sicht. Papa erzählt mir, alles, was einen Anfang habe, habe auch ein Ende. Im Fall der Pipelines befände sich der Anfang an den Ölquellen und das Ende in einer fernen Kleinstadt, viele Busstunden weit weg, einer Kleinstadt am Meer. Dort, sagt Papa, käme das Öl in Container und würde nach Übersee gebracht, an diesen Ort namens Amerika.

Ich stelle Papa Fragen über Amerika, ob es so viele Einwohner habe wie Kosawa, und er erzählt mir, wenn er sich recht an seine Schulzeit erinnere, gebe es in Amerika ungefähr siebentausend Einwohner, die meisten davon hochgewachsene Männer; der Aufseher in Gardens käme von dort. Der Aufseher und seine

Freunde seien nach Kosawa gekommen, um Öl zu beschaffen, damit ihre anderen Freunde in Amerika Öl für ihre Autos hätten. In Amerika besitze jeder ein Auto, sagt Papa, weil die Stunden dort so schnell verstreichen würden, dass die Leute Autos bräuchten, um schnell von einem Ort zum anderen zu gelangen und alles zu erledigen, bevor die Sonne untergehe. Ich frage ihn, ob ich irgendwann auch ein Auto haben und etwas von unserem Öl benutzen dürfe. Da grinst Papa und sagt, natürlich kannst du ein Auto haben, warum nicht? Aber achte darauf, dass du ein großes kaufst, damit du mich zum Jagen fahren kannst und ich nicht jedes Mal zu Fuß zum Wald gehen muss; dann kann ich meine Beine schonen. Da ich Pexton hasse, sage ich, dass ich ihr Öl nicht in meinem Auto haben wolle, ich also ein Auto kaufen müsse, das kein Öl brauche. Papa sagt, jedes Auto brauche Öl, aber ich beharre darauf, dass mein Auto anders wäre. Papa kichert bei der Vorstellung. Dann fängt er an zu lachen. Er lacht so doll, dass ich auch lachen muss, denn die Freude in seinen Augen kitzelt mein Herz.

Wo ist Papa? Was haben sie in Bézam mit ihm gemacht? Besteht die Chance, dass er noch lebt?

Anfangs, als er nicht von seiner Mission zurückkehrte, malte ich mir aus, wie ich irgendwann mit ersten grauen Haaren und allmählich schwindender Kraft auf der Veranda sitzen und noch immer auf meinen Papa warten würde, darauf warten, dass ein alter Mann auftauchen und sagen würde: »Thula, ich bin's, dein Vater, Malabo Nangi. Ich bin zurückgekommen, damit wir wieder auf der Veranda sitzen und reden und lachen können.« Was werde ich zu diesem alten Mann sagen? Was könnte den Verlust meines engsten Freundes je wiedergutmachen, meines geliebten Papas, so ganz anders als alle anderen Papas in Kosawa? Ein Papa, der abends mit seiner Tochter zusammensaß und die

Sterne zählte, der mit ihr darüber nachdachte, ob Grashalme in der Angst leben, eines Tages niedergetrampelt zu werden, der ihr einschärfte, später nie zu vergessen, wie es sich angefühlt habe, ein Kind zu sein, schutzbedürftig und klein. Viel von dem Leid in der Welt entstehe durch jene, die vergessen hätten, dass auch sie einmal Kinder waren.

Papa wollte viele Kinder, aber er bekam nur Juba und mich.

Ich habe weder ihn noch Mama je gefragt, warum zwischen Juba und mir sechs Jahre liegen, aber ich erinnere mich, dass die Unterleibsärztin Mama mehrmals besuchte, als ich vier war, und auch, als ich fünf war, und Mama jedes Mal schluchzte, wenn sie wieder ging. Ich erinnere mich, dass Papa sich in solchen Augenblicken zu mir auf die Veranda setzte, während Yaya bei Mama im Schlafzimmer blieb, um sie zu trösten.

Papa schaute dann immer in die Ferne und fragte mich, ob ich ihm eine Geschichte erzählen wolle. Ich sagte Ja und erzählte ihm die einzige Geschichte, die ich kannte, die einzige, die jedes Kind in Kosawa kennt. Die handelt von drei Brüdern, die eines Tages in den Wald zogen, um ihre Fallen zu kontrollieren und in einer der Fallen eine Leopardin fanden.

Bitte, lasst mich frei, flehte die Leopardin die Brüder an, ich muss nach Hause zu meinen Jungen, ich bin seit Tagen in dieser Falle gefangen, und sie haben niemanden, der sie beschützt.

Die Brüder überlegten lange, was das Beste sei. Leoparden waren eine Seltenheit, es hätte ihnen ein Vermögen eingebracht, mit einem in ihr Dorf zurückzukehren, doch aus den Tränen der Leopardin sprach so deutlich ihr Schmerz. Zu guter Letzt beschlossen die Brüder, die Leopardin freizulassen. Aus Dankbarkeit fügte sich die Leopardin an der Pfote einen tiefen Kratzer zu und bat die Brüder, sich auch mit ihren Speeren in die Finger zu schneiden. An diesem Tag schloss die Leopardin einen Blutpakt mit jedem der Brüder. Sie sprach: Ich schenke dir mein Blut, es wird in deinen Adern und in den Adern deiner Nachkommen fließen, solange die Sonne auf- und untergeht. Wer auch immer versucht, euren Willen zu brechen, wird scheitern, denn die Macht, die jetzt in euch fließt, wird euch zum Sieg verhelfen. Und nun geht, von heute an seid ihr unbezwingbar.

Als die Brüder zurück in ihr Dorf kamen, packten sie ihre Sachen und zogen aus, ein neues Dorf zu errichten, eines, in dem jedes Kind zu einem ebenso furchterregenden und würdevollen Wesen heranwachsen würde wie ein Leopard. Sie gründeten Kosawa und ernannten den Ältesten der Brüder zu ihrem *Woja*, da das Blut der Leopardin sich am deutlichsten in der Stärke zeigte, mit der er auf Schlangen und Skorpione trat. Durch diese Brüder wurden wir geboren.

Wenn ich mit der Geschichte fertig war, saß ich schweigend da und wartete auf ein Lob von Papa, das immer in Form eines zaghaften Lächelns kam.

Manchmal bat er mich, das Lied zu singen, das unsere Vorfahren sangen, als sie den Grundstein für Kosawa legten, das Lied, das später zu unserer Dorfhymne wurde. Wenn ich singe, klinge ich wie ein krächzender Hahn, und ich bin nicht stolz darauf, aber Papas Herz brauchte Balsam, also sang ich für ihn: *Sons of the leopard, daughters of the leopard, beware all who dare wrong us, never will our roar be silenced. Söhne des Leoparden, Töchter des Leoparden, gebt acht vor jedem, der uns Unrecht will, nie bringt man unser Gebrüll zum Schweigen.*

Andere Male sagte Papa nichts, wenn die Geschichte zu Ende war, und ich hatte ihr nichts hinzuzufügen, da ich ihm nicht geben konnte, wonach er sich sehnte. Mir blieb nur, mit Mama und ihm auf den Tag zu warten, an dem die Unterleibsärztin zu uns in die Hütte kommen und sich mit einem Lächeln verabschieden würde – was sie an dem Tag auch tat, an dem Mamas Bauch endlich groß genug war, um ganz Kosawa zu zeigen, dass Papas Traum von einem Sohn bald in Erfüllung gehen würde.

An dem Abend, als Juba geboren wurde, hob Papa mich hoch und wirbelte mich herum, laut lachend und mit so viel Freude in den Augen, dass sie funkelten. Das gesamte Dorf sang und tanzte in unserer Hütte, bis das Essen und der Palmwein alle waren, woraufhin sich alle Gute Nacht sagten. Aber ich konnte nicht schlafen. Ich wurde jedes Mal wach, wenn Juba weinte, darum half ich ihm beim Bäuerchenmachen, wenn Mama mit dem Stillen fertig war. Als er mir beim Windelwechseln ins Gesicht strullte, kicherte ich; er war einfach zu vollkommen. Manchmal hatte ich Angst, Papa würde nicht mehr mein bester Freund sein, wenn Juba erst mal älter wäre, Angst, sie würden ein Vater-Sohn-Duo bilden und mich ausschließen. Aber Papas Liebe zu mir war grenzenlos, auch das wusste ich. Am wahrscheinlichsten war wohl, dass Papa, Juba und ich ein Trio bilden würden. Ich würde lernen, wie man einen Speer wirft, und würde mit ihnen jagen gehen und den größten Fang nach Hause bringen, den Kosawa je gesehen hatte.

Ich werfe mich von einer Seite auf die andere. Mein Kopf findet keine Ruhe. Juba und Yaya neben mir schlafen. Am liebsten würde ich nach Mama rufen und sie fragen, ob ich mich zu ihr legen kann, aber falls auch sie schläft, will ich sie nicht wecken. Ich liege auf dem Rücken und starre in die Dunkelheit. Ich denke darüber nach, wie die Luft und das Wasser von Kosawa erst schmutzig und dann tödlich wurden.

Obwohl Pexton schon da ist, seit Papa klein war, wurde es erst vor drei Jahren zur Todesursache für so viele, als die Leute von Pexton entschieden, in Gardens noch ein Loch zu bohren. Das war der Punkt, an dem durch den zusätzlichen Müll auch das letzte bisschen Leben aus dem großen Fluss verschwand. Es dauerte kein Jahr, da zerlegten die Fischer ihre Kanus und fanden eine neue Verwendung für das Holz. Allmählich vergaßen die Kinder den Geschmack von Fisch. Der Geruch von Kosawa wurde der Geruch von Ruß. Der Lärm vom Ölfeld verstärkte sich; Tag und Nacht hörten wir ihn in der Hütte und in der Schule und im Wald. Unsere Luft wurde schwer.

Am Ende dieser ersten Trockenzeit platzte eine Pipeline, und Öl flutete den Acker von der Mutter meiner Freundin. Ihre Familie konnte in dem Jahr so gut wie nichts ernten, an manchen Tagen musste ich in der Pause mein Essen mit ihr teilen. Wochen später brach durch ausgelaufenes Öl ein Feuer aus, das den Acker von sechs Familien verschlang und die Mütter dazu zwang, tief im Wald nach neuem Land zu suchen, ein Fußmarsch, der vielen nur wenig Kraft für die Plackerei ließ. Als wäre das alles nicht schon genug, wurde das Abfackeln der Gase immer schlimmer, der Rauch immer schwärzer. Aus irgendeinem Grund, den wir nicht verstanden, blies es den Rauch immer zu uns, nie nach Gardens oder zu dem höher gelegenen, pompösen Haus des Aufsehers aus Amerika. Jedes Mal, wenn wieder Öl auslief oder so schonungslos Gas abgefackelt wurde, dass unsere Haut zusammenschrumpelte und wir das Gebrüll der Flammen mit Geschrei übertönen mussten, schickte Woja Beki jemanden nach Gardens, um mit den Vorgesetzten zu sprechen, die ihrerseits Arbeiter schickten, um sich den Schaden bei uns anzusehen, die alten, rostigen Pipelines bestmöglich zusammenzuflicken und uns zu versichern, dass das ausgelaufene Öl ungefährlich sei, die Luft absolut in Ordnung und Pexton gesetzestreu wie nichts.

Kurz vor meinem achten Geburtstag starben in einem Monat zwei Kinder, die beide unter hohem Fieber gelitten, aber sonst unterschiedliche Symptome gezeigt hatten.

Papa und die anderen Männern von Kosawa bauten die Särge und hoben die Gräber aus. Mama und die anderen Frauen kochten für die hinterbliebenen Familien und weinten mit den untröstlichen Müttern. Wir Kinder taten, was wir konnten, damit sich die Brüder und Schwestern der Verstorbenen nicht so allein fühlten. Wir setzten uns still neben sie, wenn sie weinen mussten, und ließen sie die Spiele bestimmen, wenn sie eine Pause von ihrer Trauer brauchten. Keiner dachte groß darüber nach, dass in nur einem Monat zwei Kinder gestorben waren. In einem Dorf mit Dutzenden Kindern war es nicht ungewöhnlich, dass so etwas passierte. Erst nachdem Wambi aus meiner Klasse angefangen hatte zu husten, uns anderen aber nichts fehlte, und er dann plötzlich Blut spuckte; erst nachdem wir Wambi beerdigt hatten und plötzlich Husten wie seiner über den Schulhof hallte und von einer Hütte auf die nächste übersprang, manche Kinder Blut im Urin hatten, andere von einem Fieber glühten, das auch das x-te kalte Bad nicht senkte, und viele starben; erst wenige Monate, bevor mein Bruder Juba starb und in Papas Armen wieder zum Leben erwachte, fragten sich die Eltern zum ersten Mal, ob ihre Kinder vielleicht alle an derselben Sache starben.

Das Ölfeld geriet nicht gleich unter Verdacht, es existierte seit Jahrzehnten, und obwohl wir es so hassten, hatten wir noch nie auf einen unserer Toten geschaut und seinen Tod mit Pexton in Verbindung gebracht. Wir hatten uns vor langer Zeit eingeredet, unsere Körper hätten sich so angepasst, dass sie den Giften, die wir täglich einatmeten, trotzten und die Gifte allein durch die Gnade des großen Geistes keine Krankheiten verursachen würden, die Heilkräuter und Arzneitränke nicht heilen könnten.

Viele Eltern glaubten, es könne ein Fluch sein – ein Verwandter, dessen Zorn sich gegen eine bestimmte Familie aus Kosawa richtete, der aber trotzdem alle Kinder im Dorf angriff, damit es nach Zufall aussah, sich nicht genau zuordnen ließ. Oder hatte Kosawa den Zorn des großen Geistes auf sich gezogen? Vielleicht mussten unsere Eltern für irgendetwas büßen, damit ihre Kinder verschont blieben? Jakani, unser Medium, sprach zu den Ahnen und versicherte unseren Eltern, dass es kein Bußeopfer brauche. Das Leid der Kinder komme aus dieser Welt, nicht aus der Welt der Geister, es komme von etwas Giftigem in unserem Dorf, das in ihren Magen gelange. Aber die toten Kinder hatten unterschiedliche Speisen gegessen, einige der Zutaten waren auf dem großen Markt in Lokunja gekauft worden, da sich nur noch wenige Familien vollständig von ihrem Acker ernähren konnten. Die toten Kinder hatten in verschiedenen Hütten geschlafen. Womit konnten sie alle gleichermaßen in Berührung gekommen sein, außer dem Boden, auf den sie ihre Schritte gesetzt, den Früchten, die sie von denselben Bäumen gegessen, oder dem Wasser aus dem Dorfbrunnen, das sie getrunken hatten?

Papas bester Freund Bissau war der Erste, der zu Papa und unserem Cousin Sonni sagte, es müsse das Wasser sein. Es dauerte nicht lange, da verbreitete sich die Vermutung im Dorf, und die Eltern überlegten, was das Trinkwasser ihrer Kinder verunreinigen könne. Wie konnte Gift in einen abgedeckten Brunnen gelangen? Woja Beki organisierte ein Treffen mit den höchsten Vorgesetzten aus Gardens. Unsere Eltern flehten die Vorgesetzten an, Wasser aus dem Brunnen zu entnehmen, es zu untersuchen und ihnen zu sagen, ob das Wasser der Grund für den Tod ihrer Kinder sei. Die Vorgesetzten nahmen das Wasser wortlos mit. Als sie Wochen später zurückkamen – das Wasser hatte für die Untersuchungen erst nach Bézam geschickt werden müssen –, erzählten sie unseren Eltern, das Wasser sei in bester Ordnung, aber vorsichtshalber sollten sie es dreißig Minuten lang abkochen, ehe sie es ihren Kindern zu trinken gäben. Mama kochte jeden Abend zwei Stunden lang Wasser ab, damit Juba und ich von Krankheit und Tod verschont blieben. Ihre Bemühungen reichten nicht aus.

Man sah sofort, dass Jubas Krankheit keine gewöhnliche Krankheit war, diese Krankheit, die mit Schmerzen im ganzen Körper begann, unter denen er aufstöhnte, und dann in einem Fieber gipfelte, das so hoch war, dass er sich wand wie ein Fisch an Land. Am Morgen stattete uns Sakani einen Besuch ab und gab ihm einen Trank, aber bei Einbruch der Nacht glühte Jubas Körper nur noch mehr, seine Temperatur ließ sich nicht senken, ganz gleich, wie oft man ihn mit kalten Tüchern wusch. Als er in Papas Arm plötzlich krampfartig zuckte, hielten Mama und Yaya seine Arme und Beine fest. Ich drehte mich weg, schaute erst wieder hin, als er sich auf einmal nicht mehr bewegte und Mama und Yaya durchdrehten, ihn anflehten: »Wach auf, Juba, bitte, mach die Augen auf.« Papa ohrfeigte ihn und befahl ihm, die Augen zu öffnen. »Mach sofort die Augen auf«, schrie er. »Mach sie auf. Ich befehle es dir.«

Als Bongo und Jakani eintrafen, beide völlig aus der Puste von dem Sprint, den sie von der Hütte der Zwillinge am anderen Ende des Dorfes bis zu unserer Hütte hingelegt hatten, ohrfeigte Papa ihn noch immer. Ohne etwas zu sagen, nahm Jakani eine Packung Körner aus seiner Basttasche und warf sie sich in den Mund. Schmatzend holte er ein Messer hervor und ritzte kleine Schnitte in Jubas Sohlen. Die zerkauten Körner spuckte er über Jubas ganzem Körper aus, während er einen Atemzug lang röhrte, knurrte und zischte und Juba im nächsten mit geschlossenen Augen und wüsten Gesten anschrie, schnell nach Hause zurückzulaufen, ehe es zu spät sei: Jetzt rechts über die Brücke, dann wieder rechts, Vorsicht, da ist eine Tierfalle, spring über den Tümpel, mach dir keine Sorgen wegen der Wildschweine, lauf weiter, jetzt links, dann weiter geradeaus, lauf schneller, Juba müsse schneller laufen, gut so, er sei fast zu Hause, Juba solle sich keine Gedanken wegen des Bluts an den Füßen machen, wenn er erst mal zu Hause sei, würde seine Mama sich um ihn kümmern, jetzt müsse er sich vor allem beeilen, der Löwe, der Hund und der Python seien hinter ihm her, sie würden Juba kriegen, wenn er nicht schnell genug laufe, dreh dich nicht um, sondern lauf, ignoriere die Mangos, auch wenn sie saftig aussehen, an Jubas Stelle würde er sie auch probieren wollen, aber wenn Juba erst mal zu Hause sei, habe seine Mama noch viel bessere Mangos für ihn, die saftigsten überhaupt, Juba müsse die Mango in seiner Hand jetzt fallen lassen und den Wald verlassen, bevor der Fluss zu stark ansteige, denn wenn das passiere, sei es zu spät, dann könne Juba ihn nicht mehr überqueren und nach Hause zurückkehren, wenn der Fluss zu stark ansteige, werde Juba den Rest seines Lebens in diesem Wald verbringen, allein, bis in alle Ewigkeit, er werde Papa und Mama nie wiedersehen, das könne er doch nicht wollen, guter Junge, jetzt befände er sich am Fluss, er brauche nicht auf die andere Seite zu schwimmen, er müsse nur einen großen Sprung machen, schon sei er zu Hause, ja, los, natürlich schaffe er das, er müsse jetzt allen Mut zusammennehmen, der Löwe und der Hund und die Python hätten ihn sonst bald ein, sie würden ihn kriegen, wenn er nicht springe, er müsse jetzt springen, spring ... Und wir alle, Mama und Papa und Bongo und Yaya, weinten und flehten Juba an, über den Fluss zu springen, spring, Juba, komm nach Hause, bitte, du schaffst es, Juba, du musst jetzt springen, wenn du nicht springst ... Und da öffnete Juba die Augen.

Am nächsten Morgen, ohne auch nur eine Stunde geschlafen zu haben, verlässt Papa das Bett noch vor dem ältesten Hahn. Er wirft sich eine Decke über die Schultern, hastet aus der Hütte und stürmt zu Woja Beki. Papa lässt Woja Beki keine Zeit, sich den Geschmack der Nacht aus dem Mund zu spülen oder sich den Traumsand aus den Augenwinkeln zu schnippen. Es gibt nur eine kurze Begrüßung. Ich hoffe, du hast gut geschlafen, ist alles, was Papa sagt, jedenfalls laut Woja Bekis dritter Frau, Jofi, die den Besuch später mit der Hälfte der Frauen von Kosawa bespricht.

Woja Beki sitzt in seinem Wohnzimmer, noch in Schlafsachen, und wartet, dass ihm eine seiner Frauen das Wasser erwärmt, als Papa loslegt, die Stimme lauter, als es sich für eine Unterhaltung am Morgen gehört, weshalb Jofi das gesamte Gespräch mitbekommen habe, wie sie später erklärt, obwohl sie gar nicht in Wohnzimmernähe gewesen sei, sondern in der Küche, mit dem Anzünden des Feuers beschäftigt, denn so sei sie nun mal, kümmere sich um ihre eigenen Angelegenheiten und vermeide Tratsch aller Art.

Papa verkündet, dass er so bald wie möglich nach Bézam aufbrechen will, um bei den Regierungsvertretern von höchstem Rang vorzusprechen. Er will ein offenes Gespräch führen, mit so vielen von ihnen, wie er finden kann. Sie müssen ihm direkt auf den Mund schauen, wenn er ihnen erzählt, wie es sich für einen Mann anfühlt, wenn er seinen einzigen Sohn wegen all dem Unheil sterben sieht, das sie über unser Land gebracht haben. Sie wissen vielleicht, wie viele Kinder Kosawa begraben hat, aber haben sie je die Geschichte von einem der Eltern gehört? Haben sie gehört, wie die Arbeit und Hoffnung dieser Eltern, Tage und Monate und Jahre, innerhalb eines Atemzugs ausgelöscht worden sind? Hat irgendeiner dieser Regierungsvertreter je hilflos auf sein wehrloses Kind geschaut? Papa werde sich nicht zurücklehnen und weiter auf Woja Beki hoffen, jemand müsse die Kinder retten, und was auch immer Woja Beki tue, funktioniere offensichtlich nicht.

Woja Beki hört schweigend zu.

Er weiß – denn keine Stunde nachdem es passiert war, wusste das gesamte Dorf Bescheid –, dass Juba aufgehört hatte zu atmen und Jakani ihn ins Leben zurückgeholt hatte. Woja Beki muss Papa nicht fragen, wie er auf diese hitzige Idee kommt; er nickt nur, schüttelt den Kopf, nickt noch einmal, als Papa bei seinen Vorfahren schwört, dass nichts ihn davon abhalten werde, alles nur Menschenmögliche für seine Familie zu tun. Als Papa zu Ende gesprochen hat, antwortet Woja Beki ruhig, dass Papa mit allem recht habe: Das Dorf müsse neu überlegen, wie das Problem zu lösen sei.

Woja Beki, die Stimme noch gefärbt von der Frische des Morgens, stimmt ihm zu, dass keiner seiner Appelle an die Regierung in Bézam, ihre Macht doch dafür einzusetzen, Pexton zu stoppen und zu bestrafen, gefruchtet habe, sich weiter nichts zum Besseren wende. Er wisse nicht, was er noch tun solle. Wie könne ihnen das Wohl von Kindern egal sein? Wie könnten sie nicht sehen, dass das, was sie unseren Kindern antäten, irgendwann auch ihren Kindern angetan werden könne? Das frage er sich oft, fügt er hinzu; ohne dass er eine Antwort fände. Vor ein paar Tagen sei er im Bezirksbüro in Lokunja gewesen und habe erfahren, dass Pexton über ein weiteres Bohrloch nachdenke. Ein weiteres Bohrloch? Seien diese ganzen Bohrlöcher, die jeden Tag Gift über uns ausspien, nicht genug?

Nach der letzten Beerdigung, sagt er, habe er nicht schlafen können. Gleich am Tag danach sei er nach Lokunja gefahren und habe den Bezirksleiter angefleht, er möge erneut mit den Leuten von Pexton über uns sprechen und darum bitten, dass sie endlich unseretwegen die Pipelines ersetzten, weil das auslaufende Öl schon bald in unsere Hütten dringen und uns im Schlaf töten werde. Aber hätte man auf ihn gehört? Der Bezirksleiter habe zu ihm gesagt, mit den Pipelines sei alles in bester Ordnung, gelegentliche Lecks und auslaufendes Öl seien kein Grund zur Sorge, überall in der Welt würde Öl aus Pipelines laufen. Was hätte er darauf erwidern sollen? Hätte er widersprechen und sich behandeln lassen sollen, als sei er irre? Hätte er nichts sagen und zusehen sollen, wie seine Leute weiter starben? Er wisse nicht, was er tun solle.

An diesem Abend höre ich im Halbschlaf, wie Papa Mama noch mehr Details über den Besuch verrät, ganz leise im Dunkeln. Mama ist still. Seit Papa von Woja Beki zurück ist und ihr von dem Plan mit Bézam erzählt hat, hat sie keinen Ton gesagt. Wahrscheinlich liegt Papa auf dem Rücken, die Hände auf der Brust gefaltet, als er Mama von Woja Bekis Vermutung erzählt, dass Pexton die Leute im Büro des Verwaltungsbezirks wahrscheinlich dafür bezahle, dass sie wegschauen oder den Blick zu Boden oder gen Himmel richten, überallhin, nur nicht auf die Kinder, die vor ihrer Nase sterben. Sie alle verdienten die Strafe, die irgendwann unweigerlich auf sie warte, habe Woja Beki gesagt. Wie könnten Menschen die Gesetze des großen Geistes nur so missachten? Sei Geld so wichtig, dass sie Kinder an Fremde verkauften, die es nach Öl verlange? »Sieh mich an«, habe er zu

Papa gesagt. Er müsse doch sehen, dass Woja Beki immer etwas von seinem eigenen Geld an die hinterbliebenen Familien abgetreten habe. Er müsse doch sehen, dass Woja Beki sogar die Unwichtigsten im Dorf wie die Wichtigsten behandelt habe, denn genau so müsse es sein, nicht wahr? Schließlich sei es die Fähigkeit, seine Mitmenschen zu würdigen, die den Menschen zu etwas Besserem mache als Hunde. Es sei traurig, dass die Liebe zum Geld so viele Menschen korrupt werden lasse, wirklich traurig. Aber Papa habe recht, es sei Zeit, dass das Dorf seine Klage direkt nach Bézam trage.

Leider habe er schon länger starke Schmerzen im Rücken, er werde die Reise darum nicht schaffen, und auch seine Berater kämen nicht dafür infrage, in ihrem hohen Alter. Sei es nicht ein Wunder, dass sie ihre Hütten überhaupt noch für kurze Spaziergänge verließen, der eine halb blind, die anderen beiden halb taub? Aber Papa könne gehen, stellvertretend für unser Dorf; Woja Bekis Sohn Gono lebe in der Hauptstadt, er würde sich wie ein Bruder um Papa kümmern.

An irgendeinem Punkt von Papas Erzählung muss Mama eingeschlafen sein, denn als Papa zu Ende gesprochen hat, sagt er: »Sahel, Sahel, bist du noch wach?«, und Mama sagt nichts, und ich danke ihr im Stillen, dass sie sich die Lügen dieses hinterlistigen Kaspers mit seinen Gammelzähnen nicht angehört hat.

Zwei Abende später beruft Woja Beki ein Treffen aller fähigen Männer des Dorfes und seiner drei Berater ein. In seinem Wohnzimmer, wo er auf dem einzigen Sofa von ganz Kosawa sitzt, mit den in weißen Socken steckenden Füßen über den einzigen Teppich von ganz Kosawa streicht, über ihm eine Uhr, die erklingt, sobald der lange Zeiger die Zwölf berührt, alle anderen Männer auf ihren Holzhockern oder dem blanken Betonboden sitzen, fragt er seine Berater, ob sie es für eine gute Idee halten, wenn Papa stellvertretend für Kosawa nach Bézam gehe. Entweder nicken die Berater, oder sie zucken mit den Schultern, und Woja Beki dankt ihnen für ihre Weisheit. Papa steht auf und fragt, ob er drei Männer überzeugen kann, ihn zu begleiten. Keiner meldet sich. Ein Mann erhebt sich und sagt, eine Delegation nach Bézam anzuführen, sei Woja Bekis Aufgabe, nicht Papas. Und außerdem, fügt der Mann hinzu, gehöre Papa nicht zu den Ältesten, er gehöre nicht einmal zu der Generation direkt unter den Ältesten; er habe nicht das Recht, im Namen des Dorfes zu sprechen. Viele knurren zustimmend, aber Papa lässt sich nicht von seinem Vorhaben abbringen. Nachdem er den versammelten Männern denselben Vortrag gehalten hat wie schon Woja Beki, unterbindet er eine erneute Diskussion, indem er verkündet, dass er weder Verständnis noch Segenssprüche von irgendwem erwarte, obwohl er das alles auch für die Kinder der anderen tue; er wolle keine Dankbarkeit, er brauche lediglich drei Männer, die mit ihm kämen. Bissau, Papas bester Freund seit Kindheitstagen, springt auf, ehe Papa den Satz beendet hat. Vier weitere Männer erheben sich. Das sind mehr Männer, als Papa braucht, aber er weist niemanden zurück. Diese Männer wollen genauso wenig nach Bézam reisen wie er, aber wenn sie ihre Kinder retten wollen, bleibt ihnen keine andere Wahl.

Mein Onkel Bongo ist bei dem Treffen, sitzt neben Papa, bietet jedoch nicht an, ihn zu begleiten. Kaum sind sie auf dem Rückweg, fleht Bongo seinen älteren Bruder an, den Plan zu überdenken. Bongo ist überzeugt, Woja Beki werde Papa und seinen Männern eine Falle stellen. Ein paar von Papas Begleitern gehören zu einer Gruppe, die sich in der Vergangenheit gegen Woja Beki verschworen hatte, wegen seines Verrats am Dorf. Woja Beki weiß, wie sehr die Männer ihn dafür hassen, dass er in einem Steinhaus wohnt, abgefülltes Wasser aus Bézam trinkt und neue Hemden und Hosen aus Amerika trägt, Sachen, die ihm seine Söhne geschenkt haben sollen, weil er angeblich ein so wunderbarer Vater ist, aufeinander abgestimmte Outfits, die er gern trägt, wenn er sich über die Särge von Kindern beugt und Wasser aus seinen fischartigen Augen presst. Aber Papa kümmert sich nicht darum: Aus der Verzweiflung heraus, nie wieder miterleben zu wollen, wie sein einziger Sohn seinen letzten Atemzug macht, verbündet er sich mit einem Mann, den er hasst.

»Überleg doch mal, Malabo«, sagt Bongo am Morgen der Abreise zu Papa. Wir alle sitzen auf der Veranda. Bongo schaut Papa an, der in die Ferne starrt. »Überleg doch, wen du da vor dir hast. Gono arbeitet für Pexton. Seine zwei Brüder arbeiten für die Regierung. Sie alle arbeiten in Positionen, die ihnen irgendwelche Vorgesetzten bei Pexton verschafft haben. Warum solltest du ihnen vertrauen? Du hast sie nie gemocht, schon als wir Kinder waren. Und ihr Vater – in Kosawa weiß selbst das kleinste Kind, dass aus Woja Bekis Mund nie ein wahres Wort kommt; wenn er Guten Morgen zu einem sagt, tritt man selbst vor die Tür und sieht nach, ob die Sonne schon rausgekommen ist, ehe man antwortet. Der Mann ist eine Schlange, und du willst im Haus seines Sohnes unterkommen und hoffst, dass er dir hilft, obwohl wir alle wissen, auf wessen Seite er steht?«

»Ich hör mir gern an, wenn du einen besseren Vorschlag hast«, sagt Papa. »Kennst du irgendwen in Bézam? Irgendwen, der uns bei sich aufnimmt, uns verköstigt und ein Treffen arrangiert zwischen uns und den …«

»Du glaubst, du kannst nach Bézam marschieren und die Regierung schüttelt dir die Hand und sagt ›Herzlich willkommen, was können wir für Sie tun?‹«, sagt Bongo.

»Es geht mir nicht darum, irgendwem die Hand zu schütteln.«

»Du vergeudest deine Zeit. Und bereitest deiner Familie großen Kummer. Wozu?«

»Ist die Regierung etwa ein Fels, ein Ding ohne Herz und Verstand?«, schreit Papa, der den Kopf zu Bongo rumreißt. »Besteht die Regierung nicht aus Menschen wie uns – Leuten, die Kinder haben, Mütter und Väter, die wissen, wie es sich anfühlt, ein krankes Kind zu haben? Ich habe hier gesessen, mit meinem Sohn im Arm, und zugesehen, wie er gestorben und wieder zum Leben erwacht ist. Hast du es nicht mit deinen eigenen Augen gesehen? Hätte der große Geist kein Mitleid mit uns gehabt, wäre Juba heute nicht hier. Und woran ist er gestorben? An einer Sache, der die Regierung ein Ende bereiten kann. Im Augenblick geht es ihm gut, aber wer verspricht mir, dass er nicht wieder erkrankt, wenn er weiter dieses Wasser trinkt? Was ist so abwegig daran, dass ich jemanden in der Regierung finden will, mit dem ich von Vater zu Vater sprechen kann?«

»Geh nicht nach Bézam.«

»Wenn du irgendwann Frau und Kinder hast, wirst du lernen, wie man sich behauptet und seine Familie beschützt, und nicht hier rumsitzen und Unsinn erzählen.«

Bongo steht auf und geht in die Hütte.

Yaya schnieft, auch wenn ich keine Tränen sehe. Ihr Blick ist gesenkt, zu groß ist ihr Schmerz, als dass sie ihre Kinder anschauen kann. »Mein lieber Sohn«, sagt sie zu Papa, »wenn du zurückkommst, bin ich vielleicht nicht mehr da.«

»Yaya, es gibt keinen Grund, dass du dir Sorgen machst«, sagt Papa, dessen Stimme wieder weicher klingt. »Spätestens in zehn Tagen bin ich zurück.«

»Wenn ich deinen Vater auf der anderen Seite wiedersehe, grüße ich ihn von dir. Ich werde ihm erzählen, was für ein guter Ehemann und Vater aus dir geworden ist. Er wird nicht damit einverstanden sein, dass du deine Familie verlässt und mit offenen Augen in eine Falle läufst, aber er wird stolz auf dich sein, wenn er erfährt, wie gut ihr euch um mich gekümmert habt.«

»Yaya, bitte ...«

Yaya stützt sich auf ihren Stock, hievt sich vom Hocker und geht in die Hütte. Mama folgt ihr, mit Juba auf der Hüfte und meinem ungeborenen Geschwisterchen im Bauch.

Ich bleibe draußen bei Papa, wir sagen kein Wort, schauen beide zum Guavenbaum, während der Wind die Blätter abträgt. Die

Trockenzeit endet gerade, starker Regen ist auf dem Weg. Bald wird es zahlreiche Gewitternächte geben; ein- oder zweimal werden wir morgens erwachen und einen Regenbogen sehen. Wenn die nächste Trockenzeit beginnt, später im Jahr, kündigt sie das Jahr 1980 an, ein Jahr, auf das ich mich freue, weil ich dann zehn werde, meine Lieblingszahl. An diesem Morgen aber muss ich vorgeben, schon vier mal zehn zu sein, Papa zuliebe, damit er sich nicht so allein fühlt, während er sich abmüht, alle von der Notwendigkeit seines Vorhabens zu überzeugen. Ich will nicht, dass er geht, aber ich weiß, dass er gehen muss, für Juba und mich.

»Thula«, sagt er, nachdem wir lange schweigend dagesessen haben.

»Papa.«

»Während ich weg bin, musst du bitte ...« Er seufzt. Er dreht sich nicht zu mir um, als er mich bittet, auf Juba aufzupassen und unbedingt auf Yaya und Mama und Bongo zu hören.

»Ja, Papa.«

Er sagt, er zähle darauf, dass ich stark sei, vor allem für Mama, und darauf achten würde, dass sie genug esse und schlafe, ihr zuliebe und unserem Ungeborenen zuliebe.

Ich nicke.

»Ich will nicht zurückkommen und merken, dass Mama und Yaya aus lauter Sorge nichts gegessen haben. Bongo ist ein Mann, bestimmte Sachen kann er nicht so gut, also vertraue ich auf dich. Pass vor allem gut auf deinen Bruder auf.«

»Ich mache alles so, wie du sagst, Papa.«

»Dann los jetzt, ab in die Schule mit dir.«

Auf dem Weg zur Schule, während des Unterrichts und in den Pausen fragen mich meine Freunde, ob es wahr sei, ob mein Vater seine Gruppe wirklich nach Bézam führe, ob sie dort in den Palast Seiner Exzellenz marschieren und von Seiner Exzellenz verlangen würden, Pexton von unserem Land zu entfernen, und zwar zack, zack. Ich antworte nicht auf die Fragen; sie sollen mich alle in Ruhe lassen oder zu den Kindern oder Schwestern der anderen fünf Männer gehen, von denen ein paar in der Hoffnung auf Antworten auch zu mir kommen, auf der Suche nach irgendeiner Zusicherung, dass alle heil zurückkehren würden und Bézam nicht der wilde Dschungel unserer Fantasie sei, aus dem keiner je zurückgekehrt ist.

Als ich aus der Schule komme, ist Papa längst weg.

Außer einer Begrüßung sage ich nichts zu Mama und Yaya. Ich gehe ins Schlafzimmer und lege mich noch in Schuluniform auf meine Matte. Ich ziehe mir die Decke über den Kopf und stelle mir das Leben in einer perfekten Welt vor, aber ich sehe nur Papas Gesicht. Papa und seine Gruppe haben wahrscheinlich kurz nach Schulbeginn den Bus in Gardens genommen, um diese Reise anzutreten, auf der man mindestens zweimal umsteigen muss, ehe man anderthalb Tage später in Bézam eintrifft. Mama ruft mich zum Essen, aber ich antworte nicht. Essen interessiert mich nicht.

An diesem Abend geht Bongo nicht zu seinen Freunden auf den Platz. Mama geht früh ins Bett. Ich stehe auf und setze mich auf der Veranda zu Juba und Yaya. Wir alle denken an Papa, fragen uns, was er wohl gerade macht. Wir bitten den großen Geist, über ihn zu wachen. Ich denke an Papas Rat, dass ich nie vergessen darf, wie es sich anfühlt, ein Kind zu sein, wenn ich mal groß bin. Ich will mein Versprechen halten, aber ich will auch vergessen, je solche Angst durchlebt zu haben.

Wir zählen die Tage, hoffen verzweifelt, sie mögen ganz schnell bis zur Zehn vergehen, was sie aber nicht tun. Es dauert tausend Jahre, bis aus Tag eins endlich Tag zwei wird und aus ihm nach endlosen dreitausend Jahren Tag drei. Die Hähne verkünden nicht schnell genug den neuen Morgen, die Schatten werden nicht in großzügiger Geschwindigkeit länger. Wir verbringen jede Sekunde damit, die Ohren zu spitzen und auf Zeichen der Rückkehr zu lauschen, Geräusche aus jeder Richtung zu überprüfen, sagen nur das Nötigste, aus Angst, ein Wort zu äußern, das die anderen in noch größeren Kummer stürzt. Die Minuten und Stunden verlassen uns nur widerwillig, obwohl wir sie anflehen, davonzufliegen. Wenn die Sonne endlich untergeht, wirkt es, als würde sie nach jedem Stück Weg eine lange Pause einlegen, sicher um uns zu ärgern, denn hier gibt es nichts, was sie so lange bewundern müsste, dieses gewöhnliche Bild bietet sich ihr jeden Abend, seit der große Geist die Erde erschaffen hat.

Wir besuchen die Familien der anderen Männer. Mama geht zu ihrer Freundin Cocody, der Frau von Bissau, Papas bestem Freund. Ihre beiden Männer sind in Bézam, sie sind zwei Ehefrauen in Sorge. Mama und Cocody erzählen einander mit trauriger Stimme, wie sie jeden Abend erfolglos versuchen, Schlaf zu finden. Lulu, eine andere Freundin von Mama, kommt uns besuchen; ihr Bruder, Lobi, hat Papa begleitet. Mama sagt, Papas Anteil an dem Schmerz ihrer Familie tue ihr leid, und Lulu fragt, warum Frauen immer das Bedürfnis hätten, sich für die Fehler ihrer Männer zu entschuldigen. Wann sei je eine Frau der Grund für das Leid ihres Dorfes gewesen? Lulus Stimme ist nicht so laut wie sonst oft, aber trotzdem schiebt sie beim Sprechen die Zunge durch die Lücke zwischen den Zähnen vorn, dieselbe Lücke, die auch ihr Bruder hat, sodass ich ins Grübeln komme, was aus so einer Lücke zwischen den Zähnen eines Menschen wird, wenn er stirbt. Aber es ist niemand gestorben. Oder doch?

Am zehnten Tag werde ich sehr früh wach, fege die Blätter des Guavenbaums vor der Hütte zusammen und verbrenne sie im Hinterhof. Ich renne nach der Schule nach Hause und traue mich nicht, die Veranda zu verlassen. Ich zwinge mich zu atmen. Wir alle sitzen auf der Veranda, sagen kein Wort, unsere Gefühle verzerrt und unaussprechlich, unsere Augen trocken von der Wachsamkeit. Wir warten, bis die Dunkelheit so dicht ist, dass wir den Schmerz in den Gesichtern der anderen kaum noch sehen.

Papa kommt nicht.

Am elften Abend wechseln Mama und Bongo sich mit dem Wachehalten vor der Hütte ab, bis die Sonne aufgeht und der Tau trocknet. In der Nacht darauf weine ich im Dunkeln, flehe Papa an, mich nicht zu verlassen, bitte ganz schnell zu mir nach Hause zu kommen. Am Morgen steht Mama mit blutunterlaufenen Augen auf. Sie geht nach Gardens und nimmt den Bus zum großen Markt in Lokunja. Sie kommt mit frischem Gemüse zurück und schlachtet zwei unserer Hühner. Sie macht Papas Lieblingsessen: Grillhähnchen mit Kochbananen und Auberginen in Tomatensauce. Im Traum ist Papa zurückgekehrt und wollte etwas essen. Als Papa nicht zurückkehrt, bietet Mama all jenen das Essen an, die vorbeikommen, um uns zu sagen, dass Papa ganz sicher auf dem Rückweg ist, und traurig den Kopf schütteln, während sie mit ihren Zähnen das Fleisch von den Knochen reißen und sich die Finger ablecken, ehe sie dann zum Runterspülen um etwas Wasser bitten.

Am fünfzehnten Morgen schafft es Yaya kaum aus dem Bett. Mama wäscht sie, denn der Weg zum Bad ist viel zu weit; zuerst hat das Alter ihre Beine angegriffen, nun erledigt der Herzschmerz den Rest. Immer mehr Nachbarn und Verwandte treffen in den kommenden Tagen bei uns ein und spenden uns Trost. Bongo besucht die Familien der anderen Männer und beteuert, auch wenn es nur eine schwache Hoffnung gebe, müsse jeder alles Erdenkliche tun, um stark zu bleiben. In der Schule gehe ich allen Blicken aus dem Weg. In der Pause sitze ich alleine, denn mir steht nicht der Sinn nach leeren Worten des Trosts.

Zwanzig Tage kommen und gehen, zwanzig Nächte voller Albträume.

Schlimmer als das Warten ist das strapaziöse Wesen der Zeit, ihre rücksichtslose Unbeugsamkeit. Erst verschwindet unser Appetit, dann wir. Womit müssen wir rechnen?

Am dreißigsten Tag trifft Woja Bekis Sohn Gono in Kosawa ein.

Ich komme gerade aus der Schule, als der in Lokunja angeheuerte Wagen ihn absetzt. Schnell stürze ich nach Hause und gebe allen Bescheid. Gemeinsam rennen wir zu Woja Bekis Haus, Mama mit den Händen auf dem Bauch, ich mit Juba auf dem Rücken. Selbst Yaya, die seit Tagen kaum etwas gegessen hat, nimmt ihren Stock und schleppt das wenige vorwärts, das von ihrem Körper übrig ist. Denn es müssen gute Neuigkeiten sein. Oder zumindest nicht die allerschlimmsten. Gono ist nicht mit einem Wagen voller toter Männer zurückgekehrt, also wird er uns sagen wollen, warum sich Papas Rückkehr verzögert.

Doch Gono weiß nicht, wo Papa ist.

Die Sechs seien zwei Tage nach Verlassen des Dorfes sicher in Bézam eingetroffen, erzählt er uns. Er habe sie bereits erwartet, denn sein Vater habe ihm über das Bezirksbüro eine Nachricht zukommen lassen, darum sei er zur Bushaltestelle gegangen, um sie zu begrüßen. Er habe sie umarmt und zu seinem Haus gebracht, wo seine Frau ihnen ihren Spezial-Yamsbrei mit geräuchertem Stachelschwein angerichtet und ihnen Matten für ein Schlaflager im Wohnzimmer gegeben habe. Seine Frau hätte ihnen zum Frühstück Kartoffeln und Spiegeleier serviert, und dann hätten sie gemeinsam einen Bus zum Regierungsgebäude bestiegen, die Bäuche gut gefüllt und ein Strahlen in den Augen beim Anblick der flink eilenden und flott plappernden Massen, der unzähligen Autos, der übereinandergestapelten Häuser, manche davon so hoch, dass sie hätten weit zum Himmel hinaufschauen müssen, um die Dächer zu sehen.

»Ich habe sie im Amt für Kinder & Soziales abgeliefert, zu einem von mir eingefädelten Treffen mit zwei führenden Mitarbeitern der Gesundheitsbehörde dort. Ich dachte, wenn die Regierung ein paar Medikamente nach Kosawa schickt, wäre das schon eine Hilfe«, sagt Gono. »Dann bin ich in mein Büro gegangen. Als ich sie zwei Stunden später wieder abholen wollte, waren sie weg.«

Unsere Blicke sind kalt, während er dort im Wohnzimmer seines Vaters steht und spricht, umringt von uns, den Vätern und Müttern, Frauen und Kindern, Brüdern und Schwestern von sechs wahrscheinlich toten Männern. Der Rest des Dorfes wartet draußen, sorgt sich um das Schicksal seiner Cousins und Neffen und Freunde und Nachbarn.

»Du willst uns also sagen, du wolltest sie nach dem Treffen abholen und hast sie nicht gefunden, weil sie, ohne Staub aufzuwirbeln, verschwunden sind?«, fragt Bissaus Vater.

Gono nickt.

»Wie verschwunden?«, fragt Bongo.

»Ich weiß es nicht.«

»Lüg uns nicht an«, ruft Cocody, die Frau von Bissau. Sie ist schwanger, ihr Bauch größer als der von Mama.

»Das ist die Wahrheit, ich schwör's. Die führenden Mitarbeiter im Amt für Kinder & Soziales haben gesagt, sie hätten mit ihnen gesprochen und sie dann verabschiedet. Ich dachte, sie würden vor dem Gebäude auf mich warten, aber ich habe es komplett umrundet, noch mal und noch mal, doch ich konnte sie nicht finden.«

»Du hast sie an die Regierung verkauft«, schreit der Bruder von einem der vermissten Männer.

»Das würde ich nie …«, stößt Gono aus.

»Du hast sie getötet«, ruft eine Stimme hinter mir.

»Meine eigenen Freunde töten? Warum?«

»Erwachsene Männer gehen nicht verloren.«

»Da hast du recht. Genau darum … darum ist die Situation ja … Ich verstehe es einfach nicht …«

»Sag uns die Wahrheit, Gono«, schreit eine Mutter. »Bitte, erzähl uns die ganze Wahrheit.«

»Ich schwöre euch bei jedem meiner Vorfahren«, sagt Gono, der sich hinunterbeugt, um mit dem Zeigefinger über den Boden zu wischen, sich den Staub vom Finger zu lecken und ihn gen Himmel zu richten, »ich schwöre bei allem, was mir heilig ist, dass die Regierungsleute mir versichert haben, eure Brüder hätten das Amt für Kinder & Soziales lebend verlassen.«

Die Frauen und Töchter und Mütter fangen an zu weinen, ihre Stimmen fliegen durch die Doppeltüren von Woja Bekis Haus, über die Apfelbäume seines Grundstücks hinweg, den Weg nach Gardens entlang, durch die Büros der Aufseher und durch die Schule, die Pexton für die Kinder dort gebaut hat, an ihrem Krankenhaus vorbei, in den Versammlungsraum hinein, in dem sich an vielen Abenden die Arbeiter treffen, um in Erinnerungen an das weit entfernte Zuhause zu schwelgen, das sie für die Arbeit bei Pexton zurückgelassen haben, raus auf das weite, graslose Feld, auf dem Metalltürme Feuer und Rauch ausspucken, und hinunter in die Bohrlöcher, wo sie eins werden mit dem Öl.

Ich sitze an die Wand gelehnt, mit meinem Bruder auf dem Schoß, sehe meine Mutter weinen, mit ihrer Hand auf dem Bauch. Ich sehne mich danach, ihre Tränen zu trocknen, aber noch mehr sehne ich mich danach, ihre Tränen nie wieder zu sehen. Seit der Zehn-Tages-Marke weint Mama pausenlos. Sie weint so viel, dass Yaya sagt, das Baby werde noch ganz verhutzelt zur Welt kommen, wenn sie ihre Flüssigkeiten nicht besser zusammenhält. Aber kaum hört Mama mal auf zu weinen, stimmt Yaya ein trauriges, disharmonisches Solo über ein Kind an, das mit einem toten Vater geboren wird, und schon weint Mama wieder, und da gehe ich dann immer aus dem Zimmer, denn das alles nützt mir nichts; ich bin besser dran, wenn ich darüber nachdenke, wie wahrscheinlich es ist, dass Papa am Leben ist und es bleibt, bis ich alt genug bin, um nach Bézam zu gehen und ihn zu retten, ihn nach Hause zu holen, ihn lachen zu hören, ihm dabei zuzusehen, wie er Mama glücklich macht und Juba beibringt, wie man ein Mann wird.

»Meine lieben Schwestern und Kinder, tun diese Tränen not?«, sagt Woja Beki und erhebt sich von seinem Sofa. »Liegen vor uns irgendwelche Leichen? Warum weinen wir dann? Wir kennen die ganze Geschichte noch nicht, aber Gono und ich werden der Sache auf den Grund gehen, das versichere ich euch.«

Wenn ich Woja Beki ins Gesicht sehe, frage ich mich, warum er überhaupt geboren wurde, wenn man bedenkt, dass es unendlich viele Ungeborene gibt, die betteln, geboren zu werden, wenn man bedenkt, dass die meisten Ungeborenen anständige Menschen wären, wenn sie die Chance auf ein Leben bekämen. Warum straft der große Geist die Welt weiter mit der Existenz von Leuten wie Woja Beki? Ich hasse ihn dafür, wie er Papa belogen hat und nun uns schamlos belügt, wie er uns in unserer Verzweiflung anschaut und Unwahrheiten nach uns wirft, Pfeffer und glühende Asche in die Wunden streut, die er selbst uns zugefügt hat.

Ich hasse, wie allein seinetwegen zwei Tage nach dem Treffen in seinem Haus Mamas Trauer unser Ungeborenes ausstößt, ohne dass es schon fertig wäre für diese Welt. Mama schreit, als sie das Baby sieht – sein Körper ist so klein, dass er in ihre Hand passt –, und ihre Freundinnen flehen sie an, stark zu sein, loszulassen, das Leid zu tragen wie eine Frau. Niemand sagt zu Mama, dass sie bald ein anderes Baby haben wird. Wenn Papa nachts nicht mehr neben ihr schläft, wird Mama nie wieder ein Baby bekommen.

Als wir zum Friedhof gehen, um das Baby in der Erde über Big Papa zu begraben, hat Yaya fast keine Stimme mehr zum Weinen. Es kommt mir vor, als wäre es noch nicht lange her, dass wir denselben Weg über den kleinen Fluss gegangen sind, um Big Papa zu begraben. Ich erinnere mich noch gut an seinen Sarg an der Spitze des Prozessionszugs, oben auf den Schultern von Papa und Bongo und vier anderen Männern, hinter ihnen Mama mit Juba im Bauch und mit mir an der Hand, drei Frauen, die Yaya stützen und ihr in Erinnerung rufen, wie glücklich sie sich doch schätzen könne, mehrere Jahrzehnte mit ihrem Mann geteilt zu haben, der Rest des Dorfes hinter uns, und alle singen: *All lives must end, may your life never end. Jedes Leben muss enden, möge dein Leben niemals enden.*

Für das Baby singt niemand; unser Baby hat nie ein Leben gehabt. Es gibt keinen Trauerzug zum Friedhof. Nur ein Dutzend von uns. Der Leichnam unseres Babys ist es nicht wert, dass man einen Sarg für ihn baut; eine unserer Verwandten hält ihn im Arm, eingehüllt in ein blaues Tuch.

An diesem Nachmittag schwöre ich mir, dass ich Woja Beki und seine Freunde in Bézam irgendwann bezahlen lasse für das, was sie meiner Familie angetan haben. Ich weiß nichts darüber, wie ein Mädchen Männer für ihre Taten bezahlen lässt, aber ich habe noch mein ganzes Leben lang Zeit, es herauszufinden.

Gegen Ende der Woche macht sich Bongo mit drei Männern auf den Weg, um Papa und die anderen in Bézam zu suchen. Bevor er aufbricht, fällt Yaya vor ihm auf die Knie. Sie fleht ihn an, sie nicht kinderlos zurückzulassen, das größte Unheil überhaupt, das über eine Frau hereinbrechen kann, die irgendwann ein Kind geboren hat. Bongo verspricht ihr nicht nur, dass er zurückkehren wird, sondern dass er mit Papa zurückkehren wird, tot oder lebendig.

In Bézam sitzen Bongo und die anderen auf den Stufen der Regierungsgebäude und versprechen jedem, der sie mit nützlichen Informationen versorgt, ein kleines Stück Land und Ziegen. Sie schlafen in einer leer stehenden Hütte am Straßenrand, und vom ersten Sonnenlicht bis zum Einbruch der Dunkelheit sprechen sie jeden freundlich wirkenden Menschen an, stellen Fragen, rattern ihre Beschreibungen runter, ernten aber nichts als Kopfschütteln. Die Stadt, durch die sie ziehen, ist riesig und wild, an jeder Ecke droht sich der Boden aufzutun und sie zu verschlucken. Acht Tage nach ihrem Aufbruch kehren sie mit leeren Händen zurück.

Noch immer sitzen Mama und Yaya Abend für Abend auf der Veranda, warten auf Papa, verlieren vor Verzweiflung weiter an Fleisch. Mal ist die eine, mal die andere die Schwächere; mal füttert Yaya mit meiner Hilfe Mama, mal füttern Mama und ich Yaya. Oft füttere ich beide, zusammen mit Bongo, wenn er zu Hause ist. So oft es geht, zwinge ich mir eine Banane hinunter, eine von uns braucht zu jeder Zeit ein Minimum an Kraft. Erst spätnachts, wenn hoffentlich alle schlafen, wende ich mich meinen eigenen Schmerzen zu. Das sind die Momente, in denen ich weine, mir ausmale, wie anders unser Leben wäre, wenn unsere Vorfahren sich statt dieses irgendein anderes Stück Land ausgesucht hätten. Bilder von meinen toten Freunden besuchen mich in meinen Träumen. Ich überlege, wie unser Ungeborenes ausgesehen hätte, wäre es ihm erlaubt gewesen, fertig geformt in eine freundliche Welt einzutreten, eine Welt, in der Papa nicht fort ist und in der meine noch lebenden Freunde und ich nicht wertvolle Minuten mit Gedanken an den Tag vergeuden, an dem wir dran sind mit Sterben.

Drei Monate nach Papas Verschwinden kommen die Pexton-Männer zu einem ersten Treffen mit dem Dorf. Noch bevor sie eintreffen, sagt Woja Beki, wir sollten Papa und seiner Gruppe dankbar sein. Sie müssten in Bézam wohl irgendwas getan oder gesagt haben, das Pexton zu diesem Besuch veranlasst habe. Für mich ergibt das keinen Sinn. Warum würden Leute in Bézam Papa verschwinden lassen, wenn sie ihm helfen wollten? Ich hoffe trotzdem, dass das Treffen etwas bringt.

Yaya und Mama verlassen ihre Plätze auf der Veranda kurz, um an dem Treffen teilzunehmen, im Gepäck ein letztes Fitzelchen Hoffnung, dass Papa trotz Bongos erfolgloser Suche lebend zurückkehren möge, wenn auch als gebrochener Mann. Unsere Trauer ist die schlimmste von allen – nicht zu wissen, ob die Männer tot sind, wie sie gestorben sind, wann sie gestorben sind; nicht zu wissen, ob noch Hoffnung besteht, dass wir sie retten können. Wenn Yaya weint, sagt sie immer: bekäme sie wenigstens den Leichnam ihres Sohnes, um ihn in die Erde zu bringen, könnte sie zumindest anfangen, seinen Tod zu akzeptieren. Aber die Männer von Pexton liefern uns bei dem Treffen keine Informationen. Als der Vater von einem der vermissten Männer aufsteht und den Anführer anfleht, uns doch wenigstens den Tod der Sechs zu bestätigen, damit wir dem großen Geist in ihrem Namen Opfer erbringen und so ihre Reise zu unseren Ahnen beschleunigen können, sagt der Anführer, dass er das nicht könne, dass er das nicht dürfe, dass Pexton sich nicht in abergläubische Angelegenheiten einmische.

Seit über einem Jahr kommen sie nun alle acht Wochen zu einem Treffen. Immer wieder trägt Woja Beki einen Leinenanzug, und die Männer von Pexton benutzen neue Worte für alte Lügen. Wenn es vorbei ist, weinen Mama und Yaya jedes Mal. Kosawa wird zunehmend schwächer. Bis vor ein paar Stunden waren wir alle kurz vorm Aufgeben, doch dann hat Konga den Männern den Schlüssel weggenommen.

Kurz vor Ende der Nacht zwingt mich das Gewicht meiner Gedanken in den Schlaf. Als ich erwache, fällt schon das erste Licht auf Kosawa. Ich habe gebetet, die Sonne möge niemals aufgehen, aber sie ist aufgegangen, und auch ich muss jetzt gehen und mich den Waffen stellen.

Juba schläft noch neben mir, aber Mama und Yaya sind schon auf, ich höre sie im Wohnzimmer leise mit Bongo reden. Als ich eintrete, unterbrechen sie ihr Gespräch und schauen mich an, Mama lächelt gequält. Ich will alles wissen: Sind die Männer von Kosawa bereit für die Soldaten? Was haben sie die Nacht über gemacht? Gibt es genug Macheten?

»Ich gehe heute nicht in die Schule«, sage ich.

»Komm her«, sagt Mama und streckt die Hand nach mir aus. Ich rühre mich nicht.

»Es gibt keinen Grund dafür, dass du zu Hause bleibst«, sagt Bongo. »Die Schule geht ganz normal weiter. Dir passiert dort nichts.«

»Wie willst du das wissen?«

»Weil … alles gut ist, Thula. Denk einfach nicht an die Sachen, die die Männer von Pexton gestern Abend gesagt haben, okay?«

»Das kann ich nicht. Sie haben es ernst gemeint. Mama, bitte.«

Mama widersetzt sich Bongo nicht. Ihr gequältes Lächeln bleibt intakt.

Ich schaue durch die Tür nach draußen. Alles ist ruhig. Warum rennen die Männer nicht umher und bereiten irgendeine Verteidigung gegen die Soldaten vor? Warum wirkt Bongo nicht wie jemand, der sich die ganze Nacht lang für den Kampf gewappnet hat? Er hat sich gerade gewaschen, das sehe ich an seinem eingeölten Gesicht und seinem gepflegten Haar. Seine Machete lehnt an der Wand, die Klinge geschärft und poliert. Soll ich etwa darauf vertrauen, dass sich seine Gelassenheit der Überzeugung verdankt, dass die Machete umherfliegende Gewehrkugeln schon aufhalten wird?

Zögerlich lächelnd sieht er mich an, den Kopf geneigt; er ähnelt Papa noch mehr als sonst. Mit der gleichen tiefen Stimme sagt er, dass ich als Kind vieles von gestern Abend missverstanden hätte. Er sagt, es werde keinen Kampf geben, denn die Soldaten kämen nicht, um irgendwen zu töten. Ja, die Männer von Pexton hätten das so gesagt, aber sie hätten damit nicht gemeint, die Soldaten würden irgendwen niedermetzeln. Der Anführer habe gemeint, dass die Soldaten den Streit zwischen Pexton und uns niedermetzeln und der Sache so ein Ende bereiten würden. Die Soldaten würden kommen, das sei gewiss, aber nur, um sich mit den Männern des Dorfes zu unterhalten. Nichts weiter. Darum müssten alle Kinder zur Schule gehen. Die Erwachsenen würden zu Hause bleiben, um auf die Soldaten zu warten.

Mit einem echt klingenden Lachen fügt Mama hinzu, dass die ganze Sache, wenn ich aus der Schule zurück sei, nur noch eine Geschichte sein werde, die ich irgendwann mal meinen Enkelkindern erzählen könne.

Ich glaube Bongo und Mama nicht, aber ich weiß nicht, was ich sagen soll. Ich kann mich nicht mit ihnen streiten; ich habe nicht das Recht, mit den Älteren zu streiten, selbst wenn ich glaube, dass sie mich anlügen. Ich schaue Yaya an, in der Hoffnung, sie möge etwas Weises sagen, um meine Ratlosigkeit zu beenden, aber meine Großmutter bedenkt ihre Familie in Zeiten wie diesen lieber mit Schweigen als mit Worten.

Ich ziehe los, um am Brunnen Wasser zu holen. Ich werde nicht zur Schule gehen, sage ich mir. Ich werde so tun, als hätte ich Bauchschmerzen.

Auf meinem Weg zum Brunnen treffe ich ein paar Freunde; ich sehe an ihren Gesichtern, dass ihre Eltern ihnen etwas Ähnliches erzählt haben wie Bongo mir.

Genau wie ich sind meine Freunde 1970 geboren. Wir sind Jungen und Mädchen, sind im selben Alter und gehen in dieselbe Klasse. Wir sind zusammen herumgekrabbelt und haben zusammen gespielt, und jetzt ziehen wir zusammen umher. Die Mädchen spielen manchmal getrennt von den Jungen, dann wieder spielen wir zusammen und bekämpfen uns, und wenn wir mit dem Weinen fertig sind, und mit dem gegenseitigen Verpetzen bei unseren Müttern, die seufzen und uns ignorieren, sind wir wieder Freunde, weil wir uns einer anderen Gruppe Gleichaltriger nie so verbunden fühlen würden wie unserer. Es gibt ein paar Mädchen in meinem Alter, mit denen ich noch enger befreundet bin als mit den anderen; zwei von ihnen treffe ich auf dem Weg zum Brunnen. Auch sie haben das Gefühl, dass die Erwachsenen uns irgendwas verheimlichen. Aber sie werden zur Schule gehen. Sieht so aus, als würden alle trotz allem zur Schule gehen. »Überleg doch mal, Thula«, sagt eine meiner Freundinnen. »Denkst du, unsere Eltern würden uns zur Schule schicken, wenn sie glauben würden, dass man uns dort tötet?«

Erschöpft von der unruhigen Nacht schlafe ich im Unterricht ein, noch ehe Lehrer Penda die erste Aufgabe zu Ende rechnet. Auch die meisten meiner Klassenkameraden schlafen ein. Als Lehrer Penda uns fragt, was los sei und warum wir alle so müde aussähen, zwitschern wir im Chor, nichts sei los, gar nichts, wir würden ihm nur sehr konzentriert zuhören. Unsere Eltern würden es nicht wollen, dass wir einem Regierungsmann erzählen, dass sie unser Dorfoberhaupt und drei Männer von Pexton gefangen genommen haben. Einer aus unserer Klasse verrät es fast, stammelt etwas von einem langen Dorftreffen am Abend zuvor, aber der Rest von uns wirft ihm einen derart scharfen Blick zu, dass er beinah als Einäugiger endet wie Jakani und Sakani. Danach haben wir alle Angst, wir könnten Lehrer Penda aus Versehen erzählen, was das Dorf getan hat und damit unser Leben riskieren. Die Angst hält uns den Rest des Tages wach und zwingt uns, auf jede Frage zu antworten, damit unser Lehrer keinen Verdacht schöpft.

Ich mag Lehrer Penda, auch wenn er ein Regierungsmann ist. Genau wie die anderen sechs Lehrer an unserer Schule wohnt er mit den Arbeitern von Pexton in Gardens, in einem Steinhaus mit Wellblechdach, einer der vielen Vorzüge eines Lebens als Regierungsmann. Aber im Gegensatz zu jedem anderen Regierungsmann, den wir je kennengelernt oder von dem uns unsere Eltern erzählt haben, ist Lehrer Penda nett. Er versorgt uns nur mit Wissen, und das ist nicht schädlich. Aber wer weiß schon, ob er Kosawa für Geld nicht auch verraten würde. Er ist keiner von uns, er stammt aus einem Dorf auf der anderen Seite des Landes, einer Gegend, in der eine Frau drei Männer heiraten darf, wenn ihre Schönheit für einen allein zu groß ist, wie er uns gerne erzählt. Wir haben ihn noch nie gefragt, ob er bei sich zu Hause im Dorf eine Frau und Kinder hat – es gehört sich nicht, solche Fragen zu stellen –, aber wir mögen ihn immerhin so sehr, dass er Einladungen zu den Hochzeiten und Geburtstagen bei uns in der Familie bekommt, die er nur dann annimmt, wenn wir auch gute Schüler sind.

Nachmittags nach der Schule erfahre ich von Mama, dass die Soldaten nicht wie erwartet eingetroffen sind, die Erwachsenen sich aber keine Sorgen machen, die Soldaten sicher irgendwann kommen und die Erwachsenen alle nötigen Vorbereitungen getroffen haben. Mama sagt das so beschwingt, dass ich meine Skepsis verliere; auf einmal bin ich überzeugt, dass alles gut werden wird.

Mama sagt, sie habe mein Lieblingsessen zubereitet: frittierte reife Kochbananen mit Bohnen und geräucherten Schweinefüßen. Überall in Kosawa haben die Mütter für ihre Familien besondere Gerichte zubereitet, als hätte der Tag an sich eine Feier verdient. Sie haben Reis und Eintopf mit geräuchertem Ziegenfleisch gekocht; gedünstetes grünes Blattgemüse mit Palmöl und Pilzen; gekochten Yams als Beilage zu Okras in Tomatensauce mit Wildfleisch. Die Gerichte bestehen sowohl aus reinen als auch verunreinigten Zutaten, manche kommen von unserem sterbenden Acker und aus unseren fast leeren Scheunen, die meisten vom großen Markt, gekauft und bezahlt mit dem wenigen, das die Frauen einnehmen, wenn sie die von den Männern erlegten Tiere verkaufen. Manche Gerichte werden durch die Großzügigkeit von Verwandten in anderen Dörfern mit fruchtbarem Land ermöglicht, Tanten und Großmütter und Cousinen, die schon oft umgezogen sind, gelegentlich zu Besuch kommen und uns Nahrungsmittel bringen, von denen sie noch immer reichlich besitzen. Die Gerichte sind so lecker, dass wir kaum an Krankheit und Tod denken, wie wir da in unseren Wohnzimmern auf dem Boden hocken und essen. Ich gebe Juba etwas von meinem Essen ab, als er zu mir auf den Teller schielt, nachdem er seinen abgeleckt hat. Manche meiner Freunde haben einen größeren Magen als ich, und ihre Eltern haben viele Münder zu stopfen, darum streiten sie sich mit ihren Geschwistern, wer den letzten Rest Sauce aus dem Kochtopf lecken darf. Oft streiten sie sich so doll, dass ihre Mütter dazwischengehen und mit dem Finger Linien auf den Boden des Topfs ziehen und jedem Kind einen Bereich zum Auslecken zuteilen.

Nach dem Essen waschen meine Freunde und ich die Teller und Töpfe unserer Familie ab, was schnell geht nach der Ausleckerei. Alle anderen Haushaltspflichten sind an diesem Abend viel einfacher als sonst: die Hühner und Ziegen gehen widerstandslos zum Schlafen in den Stall; die Zweige und Blätter, die wir vor der Hütte zusammenfegen, bilden perfekte Haufen, die wir in den Hinterhof tragen, damit sie im Laufe der Zeit zerfallen und von den Würmern vertilgt zur Nahrung für den kranken Boden werden.

Wenn alle Pflichten erledigt sind und die einsetzende Dämmerung die Luft blau färbt, laufen wir nach draußen zum Spielen. Überall im Dorf sieht man Freunde und Geschwister in Verstecke huschen, Bälle aus Kochbananenblättern und Kautschuk kicken und eine Unbeschwertheit genießen, von der wir glaubten, wir hätten sie verloren.

So glücklich wie jetzt war ich kein einziges Mal, seit Papa vor über einem Jahr verschwunden ist. Ich habe keine Ahnung, ob ein Gespräch zwischen den Erwachsenen und den Soldaten Papa nach Hause bringt, aber ich vertraue darauf, dass unsere Männer sich auf eine Weise zur Wehr setzen, die Pexton zwingt, mehr zu tun, als uns nur nutzlose Vertreter vorbeizuschicken.

Während ich mit drei Freundinnen bei einer von ihnen auf der Veranda sitze und ein paar anderen beim Seilspringen zusehe, lache ich, als eine immer wieder über ihre eigenen Füße stolpert. Als meine Freundinnen mit dem Spielen aufhören und sich über irgendetwas streiten, lächle ich und höre zu. Es war mir nie ein Bedürfnis, Wörter zu verwenden, es sei denn, ich war dazu gezwungen. Papa sagt, das liege daran, dass ich mit vier Augen und vier Ohren geboren sei, aber nur mit einem Viertel Mund, der sich besser zum Lächeln eigne als zum Reden. An diesem Abend habe ich noch weniger das Bedürfnis nach Worten; ich lächle die ganze Zeit, so übervoll bin ich mit der Liebe zu meinem Dorf und seinen Menschen. Ich lausche dem Lachen meiner Freunde und beobachte, wie ein paar junge Männer zum Dorfplatz huschen, um sich dort zusammenzusetzen und abzuhängen und Pilze zu rauchen – der seichte Wind ist perfekt dafür –, und ich kann mir keinen schöneren Geburtsort vorstellen als Kosawa.

Am nächsten Morgen beim Frühstück frage ich Mama, ob schon bekannt sei, was das Dorf mit den Gefangenen vorhabe, und Mama sagt, Bongo und Lusaka und die anderen Männer würden sich später treffen und eine Strategie entwerfen, für den Fall, dass die Soldaten nicht bald kämen. Auf dem Weg zur Schule überlegen meine Freunde und ich, wie ihr Plan wohl aussieht. Würden unsere Männer die Gefangenen töten? Ich hoffe, sie töten zuerst Woja Beki, bereiten ihm für den Verrat an seinen eigenen Leuten den schlimmstmöglichen Tod.

Als ich am Nachmittag mit meinen Pflichten fertig bin, gehe ich zum Dorfplatz, wo ich meine Freundinnen treffe und wir uns unter dem Mangobaum gegenseitig die Haare machen. Wieder überlasse ich ihnen das Reden. Manchmal schreien sie sich an, übertönen sich gegenseitig, um sich Gehör zu verschaffen, weil sie etwas sagen wollen, das einfach zu wichtig ist, was mich verwirrt, weil zuhören viel angenehmer ist, als um Aufmerksamkeit zu kämpfen. Nur nach den Gesprächen mit Papa habe ich mich immer richtig gesehnt, weil sie wie das Rauschen von Blättern waren, ruhig und sanft, gefolgt von Schweigen. Jetzt, wo er nicht mehr da ist, verbringe ich lieber Zeit allein in meinem Kopf, überlege, warum die Welt so ist, wie sie ist, bewege die Frage, ob der große Geist eines Tages beschließen wird, sie neu zu gestalten.

Am dritten Tag der Gefangenschaft der Pexton-Männer macht Yaya ein Schläfchen, und Mama, Juba und ich sitzen im Wohnzimmer. Wir essen gerade, als wir es hören, das Geräusch eines Motors, lauter als unser Kauen, den Klang von etwas, das auf der schmalen Straße aus Gardens in unsere Richtung gezockelt kommt.

Es ist ein Geräusch, das weder laut ist noch stört, aber es muss auch gar nicht auffällig sein, denn unser Dorf ist klein, viel zu klein, als dass bestimmte Geräusche ein Versteck fänden. Trotz des Ölfelds in der Nähe verschlägt es selten mal ein Auto nach Kosawa, denn hinter uns kommt nichts, nur noch Bäume und Gras, so weit das Auge reicht, weshalb wir bei dem Geräusch eines sich nähernden Fahrzeugs sofort unsere Gespräche unterbrechen und überlegen, wer wohl in dem Auto sitzt und was er will.

Das Essen in meinem Mund wird schlecht.

Ich sehe Mama an. Sitz hier nicht rum, will ich schreien. Steh auf. Verschließ die Türen. Verschließ die Fenster. Bind den Dreifachknoten, den du am Abend des Dorftreffens gebunden hast.

Yaya kommt aus ihrem Zimmer geschlurft. Sie sieht uns an und geht auf die Veranda. Wir stehen alle auf und folgen ihr nach draußen, wo das Palmöl an meinen Fingern zu Boden tropft.

Die Männer von Kosawa kommen aus ihren Hütten. Sie haben nichts in den Händen, als sie sich in Richtung Auto bewegen: keine Macheten, keine Speere. Bongo ist sicher bei Lusaka, wahrscheinlich bereden sie die Einzelheiten des bevorstehenden Gesprächs mit den Soldaten. Aber gehören zu einem Gespräch mit Soldaten nicht auch Waffen? Zu gern würde ich unseren Nachbarn danach fragen, als er sich eilig auf den Weg zum Dorfplatz macht. Ich will ihm sagen, dass er etwas vergessen hat – er und die anderen Männer können nicht ohne irgendwas zu einem Treffen mit Soldaten gehen, selbst wenn sie auf ein gesittetes Gespräch hoffen –, aber als noch mehr Männer ohne Waffen an unserer Hütte vorbei zum Dorfplatz eilen und keiner wirkt, als würde ihn gleich ein schlimmes Schicksal erwarten, einige von ihnen sich munter unterhalten und lachen, sich gegenseitig auf den Rücken klopfen und sich die Bäuche reiben, weil ihre Frauen sie gerade gut verköstigt haben, wird mir klar, dass eine neue Form von Wahn über die Männer von Kosawa gekommen ist.

Was haben Jakani und Sakani unmittelbar nach der Dorfversammlung mit ihnen gemacht? Die Zwillinge sollten sie auf das Eintreffen der Soldaten und alles dann Folgende vorbereiten, aber welches Ritual es auch war, es muss den gegenteiligen Effekt gehabt haben.

Mama tritt genau wie die anderen Mütter von der Veranda auf die Straße, als die Männer aus unserem Blickfeld verschwinden. Die Frauen flüstern, halten kleine Kinder an den Händen, tragen sie auf den Hüften und auf dem Rücken. Schweigend bewegen sie sich in Richtung Dorfplatz. Obwohl wir verwirrt sind, folgen wir Kinder unseren Müttern, denn ganz sicher würden sie uns niemals ins Verderben führen. Wir gehen in Zweier- und Dreiergrüppchen. Ich atme ein, ich atme aus, teils unfähig, teils unwillig, mir auszumalen, was uns auf dem Dorfplatz erwartet.

Als wir ankommen, sind die Soldaten schon ausgestiegen. Sie mustern uns, während wir uns nähern. Sie werfen einen prüfenden Blick zum Mangobaum, unter dem Konga gerade nicht schläft. Wo ist Konga? Ich hatte Mama gefragt, aber sie hatte gesagt, dass das niemand wisse; seit dem Abend der Dorfversammlung habe ihn keiner gesehen. Er habe allen Männern im Dorf ausrichten lassen, dass er sie an der Hütte von Jakani und Sakani treffen werde, aber er sei nie dort aufgetaucht und habe den Zwillingen die Entscheidung über alles überlassen, was an diesem Abend passiert sei und wovon wir nie erfahren werden.

Die Soldaten nehmen den Dorfplatz unter die Lupe – die staubigen Höfe und schiefen Strohdächer der umliegenden Hütten; das Netz der abgehenden Wege; den Staub, der aufsteigt, als sich Yaya und andere Großmütter und Großväter mit ihren

Gehstöcken nähern, im Tempo von Kleinkindern, keiner von ihnen in Eile zu leben oder zu sterben.

Ich hatte mir mindestens ein halbes Dutzend Soldaten vorgestellt, aber es sind nur zwei, beide tragen eine grüne Uniform mit rotschwarzen Abzeichen dran. Dem einen Soldaten sprießen Haare aus dem Kinn wie bei einem Ziegenbock; der andere hat Wangen so wabblig wie der Bauch eines heiß geliebten Schweins. Sie wirken weder böse noch lieb, sondern einfach wie Männer, die vorbeigekommen sind, um auf dem Weg zu etwas Wichtigem etwas weniger Wichtiges abzuholen.

Ich sehe, wie Bongo auf die Soldaten zugeht, während das Dorf sich um sie schart.

Bongo streckt zur Begrüßung die Hand aus. Er sagt etwas zu den Soldaten, zu leise, als dass es sonst jemand hört. Die Soldaten nicken. Bongo zeigt auf Woja Bekis Haus. Die Soldaten nicken wieder und lächeln. Es ist mir ein Rätsel, mit welchen Worten Bongo den Soldaten ein Lächeln entlockt haben könnte oder wie er sich nach dem, was die Regierung Papa angetan hat, überhaupt zu Worten durchringen kann, die ein Lächeln bewirken. Genauso schleierhaft ist mir, warum auch alle anderen Väter und Onkel und Großväter und älteren Brüder lächeln. Ich schaue meine Freunde an, und sie alle sehen genauso verdutzt aus wie ich, obwohl sich auch unser Gesichtsausdruck langsam verändert, weil es wohl klüger ist, wenn wir uns dem Lächeln anschließen. Ein Lächeln, das nicht aus meinem Herzen kommt, tut meinem Mund weh, aber ich weiß, dass ich mitmachen und meinen Teil leisten muss. Das hat man uns in der Schule beigebracht, dem Anführer zu folgen, und da Bongo in diesem Moment unser Anführer ist, heben sich unsere Mundwinkel, als würden sie an Fäden zum Himmel gezogen. Wahrscheinlich denken alle auf dem Platz das Gleiche, denn kurz darauf reagiert ganz Kosawa mit einem Lächeln auf das unhörbare Gespräch.

Vielleicht ist manches Lächeln echt, doch ich bezweifle es. Um mich herum sieht man überall weiße Zähne, aber weit aufgerissene Augen.

Konzentriert darauf, unser Grinsen aufrechtzuerhalten, fragen wir uns nicht, was wohl der nächste Schritt ist in diesem Spiel, bis wir nach rechts schauen und Woja Beki auf uns zukommen sehen, zu beiden Seiten einen der jungen Männer, die ihn am Abend des Dorftreffens in die Hütte von Lusaka gezerrt haben. Woja Beki lächelt, die jungen Männer lächeln, während sie mit ihm Schritt halten, Bongos Lächeln verstärkt sich, die Soldaten lächeln weiter, alle geben sich gut gelaunt, aus Gründen, die keiner kennt, außer jene, die dieses tödliche Spiel in Gang gesetzt haben.

»Unsere lieben Soldaten«, ruft Woja Beki, als er sich durch die Menge drängt. »Entschuldigt, dass ich Sie habe warten lassen.«

Der Soldat mit den Schweinebäckchen zuckt mit den Schultern und lächelt weiter.

»Wie kann ich die Zeit von so wichtigen Männern vergeuden, deren Arbeit es nicht erlaubt, auch nur zwei Minuten zu verlieren?« Woja Beki fährt fort: »Es tut mir wirklich leid, meine lieben Soldaten. Ich war gerade zu Besuch bei einem Freund, und ehe ich mich versah, bin ich bei ihm eingeschlafen. Diese feinen jungen Männer hier haben mich zum Glück geweckt. Sie haben mir erzählt, dass Sie nach den Männern von Pexton suchen. Habe ich richtig gehört, dass sie nicht mehr gesehen wurden, seit sie unser Dorf verlassen haben?«

Die beiden Soldaten nicken.

»Ich bin erschüttert, das zu hören. Aber wie ist das möglich, wo sie doch vor drei Tagen abgereist sind? Das ist ja unfassbar. Ich kann mir … ich bin völlig … ich bin sprachlos. Das ergibt überhaupt keinen Sinn. Bitte, gehen wir doch zu mir, dann können wir darüber sprechen«, sagt er und zeigt zu seinem Haus. »Ich bin froh, dass meine Leute Ihnen Gesellschaft geleistet haben, aber es ist sicher besser, wenn wir uns ungestört unterhalten können, nicht wahr?«

Wieder nicken die Soldaten und folgen Woja Beki zu seinem Haus.

»Wenn es Ihnen nichts ausmacht, meine lieben Soldaten, dann nehme ich diese drei jungen Männer als Zeugen unseres Gesprächs mit«, sagt Woja Beki und zeigt auf Bongo und die zwei Männern, die ihn gerade zum Dorfplatz begleitet haben. »Sie müssen verstehen, dass ein Mann in meiner Position immer Zeugen braucht, bevor er den Mund aufmacht, damit man seine Worte nicht verdreht.«

Die Soldaten tauschen Blicke und zucken wieder mit den Schultern, sodass ich mich frage, ob man sie nur zum Nicken und Schulterzucken vorbeigeschickt hat. Wenn ich mir die Soldaten mit ihrer entspannten Ausstrahlung so ansehe, war es wohl doch recht clever, dass die Männer von Kosawa ihre Waffen zu Hause gelassen haben – die heutigen Verhandlungen erfordern keine Speere und Macheten. Die Soldaten tragen Waffen rechts im Holster, aber sie sehen überhaupt nicht aus wie Männer, die irgendeine Ahnung davon haben, wie man eine Waffe zieht, oder irgendein Interesse daran haben, eine zu ziehen, vor allem nicht, um sie auf uns zu richten.

Wir bleiben auf dem Dorfplatz stehen, als Woja Beki und die fünf Männer sich entfernen. Woja Beki klingt lebhaft, als er all die Wörter freilässt, für die es seit Tagen keine Verwendung gegeben hat und die nun ohne Atempause aus ihm herausschießen. »Ich bin so geschockt, meine lieben Soldaten, aber wir werden uns hinsetzen, und meine Ehefrauen werden uns ein gutes Mahl zubereiten, und wir werden die Köpfe zusammenstecken und überlegen, wo die Männern sein könnten, denn Männer verschwinden nicht einfach unterwegs, und ich kann euch versichern, dass ich in all meinen Jahren noch nie eine solche Geschichte gehört habe, und glauben Sie mir, wenn ich sage, dass ich schon jede Art von Geschichte gehört habe, und meine Leute da auf dem Platz werden bezeugen, dass die Männer nach dem Dorftreffen zu ihrem Fahrer in den Wagen gestiegen sind, gesagt haben, sie würden sich auf den Heimweg machen, und losgefahren sind, und ich bin am nächsten Morgen aufgewacht und habe mir ausgemalt, wie sie das von ihren Frauen zubereitete Frühstück gegessen haben, ehe sie ins Büro gegangen sind, aber nun sind Sie gekommen, um uns zu sagen, dass keiner sie seit dem Tag gesehen hat, und ich kann nicht fassen, wie das möglich ist ...«

Als die Gruppe auf dem Weg zu Woja Bekis Haus hinter einer Hütte verschwindet, drehen wir uns verwirrt zueinander um. Was macht Woja Beki hier? Warum setzt er sich für uns ein? Ist er plötzlich nicht mehr unser Feind?

Ich sehe unsere Männer an. Sie wirken überhaupt nicht verwirrt, sondern zufrieden, denn offenbar ist gerade alles so abgelaufen, wie es ablaufen sollte, ihr Plan funktioniert, und wenn sich der große Geist weiter gütig zeigt, werden sie siegen.

Wir wissen nicht, wie lange es dauern wird, bis Bongo und die anderen von Woja Bekis Haus zurückkommen, darum beschließen meine Freunde und ich, dass wir es uns bequem machen, falls die Warterei sich stundenlang hinzieht. Das Warten ist zu unserer zweiten Natur geworden. Seit unserer Geburt warten wir ständig auf irgendwas; was sind da schon ein paar Stunden mehr, verglichen mit lebenslangem Warten? Unsere Großmütter und Großväter, die sich auf ihre Gehstöcke stützen, bitten uns, nach Hause zu rennen und ihre Hocker zu holen. Die Mütter bitten ihre Töchter, Matten mitzubringen, damit sie sie unter dem Mangobaum ausbreiten und ihre Beine darauf ausstrecken können, außerdem Bälle zum Spielen für die Kleinsten, damit sie sich nicht so sehr langweilen. Große Schwestern und junge Tanten, die mit Kleinkindern auf den Hüften zum Dorfplatz gerannt waren, manche dieser Kleinen mit nichts als einer Windel am Hintern, bitten ihre kleinen Schwestern und Nichten, etwas zum Anziehen für die Kleinen zu holen, und auch eine Banane, falls die Kleinen Hunger kriegen, und auch den Tragekorb aus Bast.

Die Kinder von Kosawa schwärmen in alle Himmelsrichtungen aus. Ich komme mit einem Hocker für Yaya und einem Becher Wasser für Juba zurück, aber die meisten meiner Freunde kommen mit einem ganzen Korb voller Sachen zurück, da sie sich die Hütte mit ihren Eltern und mehreren Geschwistern und Tanten und Onkeln und Cousinen und Großeltern teilen, Hütten, an die ihre Familien mit jeder Hochzeit Zimmer anbauen, damit die Frischvermählten Platz für sich und ihre künftigen Kinder haben und die Großeltern ihre Zimmer behalten und unverheiratete Tanten und ältere Schwestern und Cousinen ein eigenes Zimmer haben können, während sie darauf warten, von einem Mann entdeckt zu werden, und unverheiratete Onkel und ältere Brüder und alle anderen männlichen Verwandten in den hinteren Zimmern mit separatem Eingang wohnen können und keiner je sein Zuhause verlassen muss, es sei denn, man will unbedingt.

Mama und die anderen Mütter sitzen jetzt unter dem Mangobaum, wo sie es sich auf den Matten bequem gemacht haben, und tuscheln miteinander. Die Ältesten unserer Großeltern beugen sich weit zueinander vor, um sich etwas ins Ohr zu sagen. Einige der großen Schwestern meiner Freundinnen, die vor Kurzem die Welt der Kindheit verlassen haben und nun mit dem Strahlen junger Weiblichkeit herumlaufen, wechseln scheue Blicke mit den Jungen, die beschlossen haben, dass sie keine Jungen mehr sind und somit bereit zu beweisen, dass sie mit einer Frau all das anstellen können, was ein Mann mit einer Frau anstellen kann. Während sie die kichernden Mädchen beäugen, fahren sich die Möchtegernmänner mit der Zunge über die geschürzten Lippen, über denen vereinzelt Härchen sprießen, bis einer der Eltern mitbekommt, dass die Jungen und Mädchen sich ansehen, wie man sich erst ansehen darf, wenn man alt genug ist für Babys, und die unverschämten Jugendlichen wegschauen und so tun, als würden sie an nichts anderes denken als an das Schicksal von Kosawa.

Väter und Onkel und Großväter stellen sich zum Beratschlagen etwas abseits von den Frauen und Kindern und nicken zu allem, was Lusaka sagt. Meine Freunde reden über Konga. Sie malen sich aus, wie er gedankenlos durch den Wald streift, während in der Nähe Tiere umherstreunen und über ihm Vögel zwitschern, und den Stimmen der Blätter lauscht, die der Wind zum Sprechen zwingt.

Ganz hinten links in der Ecke vom Platz stehen Jakani und Sakani und schauen uns zu. Von dieser Stelle aus haben sie jedes Dorftreffen beobachtet, einschließlich des letzten, das sie vollständig mitverfolgt haben, auch wenn sie selbst nach Kongas Eintreffen nichts getan oder gesagt haben.

Auf dem Boden sitzend, nicht weit weg von unseren Müttern, reden meine Freunde nun nicht mehr über Konga, sondern überlegen, wann unser Widerstand gegen Pexton wohl enden wird und wie. Ein Junge aus unserer Klasse wird gerade immer kränker, er war heute nicht in der Schule. Der kleine Bruder einer anderen Freundin ist krank geworden; sie musste zu Hause bleiben und sich um ihn kümmern, damit ihre Mutter auf den Acker gehen konnte. Das Fitzelchen Hoffnung, das wir vor wenigen Tagen noch hatten, schwindet. Kosawa wird sein Leid nicht los.

Alle paar Minuten werden meine Freunde still. Über den Tod zu reden, geht immer nur begrenzt. Eine Freundin schlägt vor, dass wir schweigend warten. Eine andere sagt, während wir schweigen, sollten wir mit ganzem Herzen beten. Alle stimmen ihr zu. Falls es je einen Grund gab, leidenschaftlich zu beten, dann jetzt. Ich senke den Kopf und bete für Kosawa. Ich bete für Papas Rückkehr. Ich bete für Yaya und Mama und dafür, dass keine Mutter mehr weinen muss.

Ich habe die Augen noch geschlossen, als mich eine Freundin anstößt. Lusaka und die anderen Männer gehen wieder auf ihre Plätze hinter den Großeltern. Im nächsten Moment sehe ich warum: Woja Beki und die Soldaten und Bongo und die zwei anderen jungen Männer sind gerade um die Ecke gebogen und kommen nun zurück zum Platz. Die Mütter nehmen die Babys und Kleinkinder auf den Arm und erheben sich, um besser zu sehen. Als Woja Beki auf uns zueilt, starren ihn alle an, die weit auseinanderstehenden Zähne blitzen auf, seine Augen funkeln. Die Soldaten gehen rechts und links von ihm, Bongo und die jungen Männer ein kleines Stück dahinter.

Wir müssen nicht lange warten, schon legt Woja Beki los. Er kann es gar nicht erwarten, uns mitzuteilen, dass das Treffen mit den Soldaten ein wunderbares Treffen gewesen sei, oder etwa nicht?, sagt er und sieht die Soldaten an, die beide teilnahmslos nicken, ihre Haltung völlig unverändert.

»Meine lieben Dorfbewohner«, sagt Woja Beki, »unsere feinen Soldaten hier und ich und unsere Söhne haben die Köpfe zusammengesteckt und sind übereingekommen, dass wir unbedingt eine gute Erklärung für die ganze Sache finden müssen. Wir haben verschiedene Möglichkeiten durchgespielt, was passiert sein könnte, und dann haben wir uns gesagt, vielleicht haben unsere geschätzten Freunde von Pexton auf dem Heimweg beschlossen, noch einen Abstecher zu einem Verwandten zu machen – was gut möglich ist, nicht wahr, meine lieben Dorfbewohner?«

»Ja, gut möglich«, antworten unsere Eltern und Großeltern im Chor.

»Für mich sieht es so aus, meine lieben Dorfbewohner. Ich glaube, dass die netten Männer von Pexton noch einen Verwandten besucht haben und dieser Verwandte, weil er ein herzensguter Mann ist, seine Frau gebeten hat, ein üppiges Mahl für seine lieben Verwandten und Freunde zuzubereiten, die es mit ihren Jobs für Leute aus Amerika weit gebracht haben. Und da hat die Frau des Verwandten das fetteste Schwein und die fettesten Hühner geschlachtet und geschmort und den dicksten Yams geschnitten und gekocht, und die Männer von Pexton und ihr Fahrer haben es sich schmecken lassen, und zwar so sehr, dass sie, weil es ihnen im Dorf des Verwandten so unglaublich gut ging, beschlossen haben, noch ein paar Tage zu bleiben. Es kommt schließlich nicht jeden Tag vor, dass ein Mann die Chance hat, mal wieder Zeit mit einem Verwandten zu verbringen und dabei so zu entspannen, und warum sollten sie sich nicht ein paar Tage freinehmen? Die Arbeit wartet auf sie, ihren Frauen tut es sicher gut, mal nicht für sie kochen zu müssen, und ihre Kinder haben ein bisschen Freiraum für kleine Streiche. Die verzögerte Rückkehr hat in ihren Augen also für alle ihr Gutes. Gut möglich, dass die Männer genau das gedacht haben, meint ihr nicht?«

»Ja, alles gut möglich«, antworten unsere Eltern und Großeltern.

»Unsere guten Soldaten denken, dass die Männer von Pexton verantwortungsbewusste Männer sind«, fährt Woja Beki fort. »Unsere lieben Soldaten denken, dass unsere Freunde von Pexton niemals über reichlich Essen und Gelächter und Genuss ihre Pflichten vergessen würden, aber als wir unsere guten Soldaten gefragt haben, uns doch bitte ihre Theorie zum Verbleib der Männer zu nennen, fiel ihnen keine andere ein. Irgendwo müssen die Männer sein, aber wo? Ihr Wagen hatte keinen Unfall auf dem Weg zurück nach Bézam, andernfalls hätten unsere guten Soldaten den verunglückten Wagen gesehen. Die Männer sind nicht verschwunden, denn es ist unmöglich, dass erwachsene Männer einfach verschwinden, nicht wahr?«

»Ja, das ist es.«

»Waren wir nicht alle dabei, als ihr Fahrer den Wagen angelassen und Richtung Bézam aufgebrochen ist?«

»Ja, das waren wir.«

»Haben wir nicht alle mit eigenen Augen gesehen, wie der Wagen Kosawa verlassen hat?«

»Ja, das haben wir.«

»Dann können wir unseren geschätzten Soldaten also nur sagen, dass die drei Männer von Pexton irgendwo da draußen sind. Sie sind nicht spurlos verschwunden, sie lassen es sich gut gehen, und schon bald, da sind wir uns sicher, kehren sie zurück nach Bézam.«

DIE KINDER

Am nächsten Morgen, auf dem Weg zur Schule, schmissen wir uns weg vor Lachen. Die vielen Lachanfälle, die uns nach der Abfahrt der Soldaten geschüttelt hatten, reichten noch nicht. Wir mussten jedes Detail durchgehen: den Blick, den die Soldaten Woja Beki nach seiner Ansprache zugeworfen hatten; die Art, wie sie die Schultern gezuckt hatten und zurück zu ihrem Wagen gegangen waren. Habt ihr gesehen, wie die geguckt haben? Müssten Soldaten nicht viel klüger sein? Irgendwann in der Zukunft würden die Kinder von Kosawa ein Lied über diesen ersten Erfolg schreiben, der letztlich zum Sieg über unsere Feinde geführt haben würde. Sie würden dann im Kreis herumspringen, so wie wir, wenn wir davon singen, wie unsere Vorfahren die Männer aus anderen Dörfern in Stücke gerissen haben, die einst gierig nach unserem Land griffen.

Unsere Eltern redeten bis spät in die Nacht darüber, wie Woja Beki plötzlich auf unsere Seite gewechselt war. Wie klug von ihm, auf die Abmachung einzugehen, die die Männer des Dorfes ihm unterbreitet hatten: Wenn du uns hilfst, die Soldaten zu täuschen, lassen wir dich frei. Natürlich war er darauf eingegangen. Nach mehreren Nächten auf dem blanken Boden und beim ständigen Gedanken an die eigene Matratze und das eigene Kissen, wer hätte da nicht zugestimmt? Meisterhaft hatte er seinen Teil der Abmachung ausgeführt. Aber unseren Vätern war trotzdem bewusst, dass sie ihm nicht trauen konnten. Sie mussten ihn und seine Familie unter Hausarrest stellen. Ihnen zu erlauben, sich frei im Dorf zu bewegen, wäre fatal; sie würden mit Sicherheit nach Gardens flüchten und die Aufseher zu Hilfe rufen. Wenn es dazu käme, wäre Kosawa in wenigen Stunden blutgetränkt.

An diesem Morgen gingen wir zur Schule wie an jedem anderen Schulmorgen, in Zweier- oder Dreiergrüppchen, manche von uns durch die Hinterhöfe von Verwandten, andere an der Hütte der Zwillinge und wieder andere an der alten Bata vorbei, die vor ihrer Hütte saß, weder Mann noch Kinder hatte, der Albtraum aller Mädchen, abgesehen von unserer Freundin Thula, die bei den seltenen Malen, wenn sie sich in einen Streit einmischte, deutlich gemacht hatte, dass sie es absolut nicht bemitleidenswert fände, wenn man keine Kinder habe.

Die von uns, die an der Hütte der Zwillinge vorbeigingen, taten das rasch und so, wie unsere Eltern es uns gepredigt hatten: nämlich ohne jemals zur Hütte zu schauen, damit unsere Augen drinnen in der Hütte nichts sehen würden, was unsere Münder nicht aussprechen könnten. Trotz der Anweisungen unserer Eltern war jeder von uns schon mal in Versuchung geraten, einen flüchtigen Blick in die Hütte zu werfen – was unsere Eltern uns verbieten, ist immer das, was wir am meisten wollen –, aber keiner von uns hatte bislang hineingeschaut, sosehr unsere Neugier uns auch dazu verleiten wollte, denn unsere Eltern hatten uns Geschichten von Jungen und Mädchen erzählt, die einen Blick in die Hütte geworfen und anstelle von Augen plötzlich runde schwarze Steine im Gesicht gehabt hätten. Manchmal forderten wir uns gegenseitig heraus, ganz nah an die Hütte heranzugehen und herauszufinden, ob die Geschichten unserer Eltern auch stimmten, doch so gern wir unsere Freunde auch mit unserem Mut beeindruckt hätten, so ungern wollten wir unsere geliebten Augen verlieren.

Aber auch wenn wir noch nie irgendetwas in der Hütte gesehen hatten, hatten manche von uns Geräusche von drinnen gehört:

das Knurren von Tieren vermischt mit Donnergrollen; Volkslieder aus den Mündern von Babys; aneinanderschlagende Töpfe und Pfannen, die menschliches Gelächter übertönten; eine Frau in den Wehen, die ihr ungeborenes Kind anflehte, für immer im Bauch zu bleiben; einen melodisch furzenden Mann. Wenn wir unseren Freunden und Cousins aus anderen Dörfern davon erzählten, glaubten sie uns nicht – in ihrem Dorf gab es auch ein Medium und einen Medizinmann, aber keine zweite Ausgabe der Zwillinge –, doch wir glaubten einander, denn wir wussten, dass die Zwillinge zu Taten fähig waren, die viele für unmöglich halten.

Schon lange bevor unsere Eltern uns mahnten, den Zwillingen nicht in die Augen zu sehen, wussten wir, dass sie verehrt gehörten, diese Männer, die mit dem Hahnenschrei geboren waren, Jakani kurz davor, Sakani kurz danach. Aus der Ferne konnten wir sie nicht auseinanderhalten – sie trugen den gleichen langen grauen Bart und die gleichen schwarzbraunen Schneckenhäuser um den Hals –, aber wenn wir genau hinsahen, konnten wir sie unterscheiden. Jakani war Rechtshänder, Sakani war Linkshänder; Jakani war mit einem geschlossenen rechten Auge geboren, Sakani mit einem geschlossenen linken Auge. Sie waren älter als unsere Eltern, aber jünger als unsere Großeltern, von denen die meisten den Tag miterlebt hatten, an dem die Zwillinge zur Welt gekommen waren. Einer unserer Großväter erzählte uns, dass die Mutter der Zwillinge über eine Woche in den Wehen gelegen und vor Schmerzen so laut gestöhnt habe, dass sieben Nächte lang niemand in Kosawa habe schlafen können, nicht einmal die Insekten und Vögel und Tiere, die jede Nacht gemeinsam zwitscherten und piepsten und blökten und bellten und grunzten, immer wilder wurden, bis auch die Schreie der gebärenden Frau ihren Höhepunkt erreichten, auf dem die Zwillinge herauskamen, ganz wie normal aussehende Babys, abgesehen von den geschlossenen Augen und den großen Köpfen mit einer Stelle grauer Haare auf der Stirn, die später zu ihrem Kinn weiterwandern würde.

Ein anderer Großvater erzählte uns, dass er als kleiner Junge mit den Zwillingen Verstecken gespielt habe, bis Jakani irgendwann Spielgefährten gesehen habe, die sonst keiner gesehen habe, und Dinge gefunden habe, die keiner versteckt habe, und Sakani anfing, die Schnitte und Verletzungen seiner Spielgefährten mit eilig aus dem Wald herbeigeholten Blättern zu heilen und währenddessen Heilgebete zu singen. Eine Großmutter, die am selben Tag wie Wambi an hohem Alter einen guten Tod gestorben war, hatte einmal, während ein paar von uns in der Nähe herumlungerten und sie belauschten, ein paar unserer Mütter erzählt, dass die Zwillinge noch nie ein Interesse an Frauen gezeigt hätten, nicht einmal, als sie junge Männer mit prall gefüllten Hosen gewesen seien. In den besten Jahren ihrer Jugend, als die anderen gleichaltrigen Jungen auf die Pirsch gingen und flirteten und in andere Dörfer reisten, um mit Mädchen wiederzukommen, die ihnen hoffentlich ein halbes Dutzend Kinder schenken würden, blieben Jakani und Sakani in der Hütte ihrer Eltern, um die Fähigkeiten auszubauen, die ihnen, nachdem sie sie perfektioniert hatten, das Geld einbrachten, mit dem sie am Ende des Dorfes ihre eigene Hütte bauten, in der sie nun zusammen leben.

Was in der Hütte der Zwillinge vor sich ging, beschäftigte uns weitaus mehr als sich gehörte. Auch unsere Mütter beschäftigte es, genauso wie unsere Väter, auch wenn sie sich niemals die Blöße gegeben hätten, offen darüber zu sprechen. Mehr als einmal hörten wir unsere Mütter sagen, es sei gut möglich, dass die Zwillinge im selben Bett schliefen, Jakani rechts, Sakani links, einer im Arm des anderen. Wir dachten, sie würden sich in einer Art Gleichnis ausdrücken, denn wir wussten genau, dass Männer sich umarmen und Händchen halten konnten, bestimmte Dinge aber nur mit Frauen machten, so was wie im selben Bett schlafen und spätabends schwer atmend aufeinanderliegen und das Bett zum Quietschen bringen, die Sachen, die unsere Eltern machten, wenn sie glaubten, wir würden schlafen, und die wir irgendwann auch unbedingt machen wollten, weil wir durch die Häufigkeit, mit der sie diese Sachen machten, und durch das Grunzen unserer Väter und das unterdrückte Stöhnen unserer Mütter wussten, dass es etwas Schönes sein musste.

Als wir noch kleiner waren, wurde eine von uns zu einer unheimlichen Uhrzeit wach, weil ihre Blase überlief, und sie ging nach draußen, um sie zu leeren, wo sie etwas sah, das sie lieber nicht gesehen hätte. Normalerweise wäre sie nicht alleine nach draußen gegangen. Nachts verließen wir die Hütten nur mit einem unserer Geschwister, aber diese Freundin hatte nur einen kleinen Bruder, der keine große Hilfe gewesen wäre, darum war sie zum Bett ihrer Eltern gegangen, um ihre Mutter zu wecken, aber ihre Eltern waren nicht da. Unsere Freundin war schnell durchs Wohnzimmer und durch die Hintertür ins Freie gehuscht, weil sie glaubte, ihre Eltern seien sicher draußen – vielleicht waren sie beide zum Pipi machen rausgegangen –, aber im Hof war nichts von ihnen zu sehen. Sie hörte nur ihr Stöhnen, das aus der Küche kam. Der Druck auf ihrer Blase verschwand sofort. Sie überlegte, schnell zurück in ihr Bett zu gehen, aber die Neugier zerrte sie vor ein Loch in der Bambusküchenwand. Im gedämpften Licht der Kerosinlampe sah sie es deutlich: ihre Eltern nackt, ihre Mutter auf dem Rücken, die Beine weit gespreizt und die Füße oben in der Luft, der Kopf ihres Vaters tief zwischen ihren Schenkeln. Unsere Freundin rannte zurück in ihr Bett und versteckte sich unter der Decke, ihr Herz wollte das wilde Pochen nicht einstellen, ihre Augen wollten nicht zugehen, bis ihre Eltern in den frühen Morgenstunden mit der Decke zurückkamen, auf der sie auf dem Küchenboden gelegen hatten. Sie nahmen eine frische Decke unter dem Bett hervor, kletterten ins Bett und deckten sich so unschuldig zu, als hätten sie nicht gerade unaussprechliche Dinge angestellt. Erschöpft von dem Versuch, ungesehen zu machen, was sie gesehen hatte, schaffte es unsere Freundin am nächsten Morgen nicht pünktlich zur Schule. Als wir sie in der Pause fragten, warum ihre Beine so schwach aussähen wie Grashalme, erzählte sie uns von der Nacht, und ein paar von uns erzählten ihr, sie hätten ähnliche Dinge gesehen, aber sie dürfe ihren Eltern niemals erzählen, dass sie sie gesehen habe, weil ihre Eltern sich dann für sich schämten, und die eigenen Eltern in eine Situation zu bringen, in der sie sich für sich schämten, sei nie eine gute Idee.

Aber Jakani und Sakani machten bestimmt nicht solche Sachen; was sie füreinander empfanden, ähnelte eher dem, was unsere Eltern für uns empfanden, nicht füreinander, aber ganz sicher wussten wir es nicht, denn die Zwillinge waren Palmnüsse, die wir nie zu knacken bekamen. Sie taten und sagten nur, was sie für unsere Heilung und unseren Frieden tun oder sagen mussten. Wenn sie doch mal jemanden zu sich in die Hütte holten, weil irgendein Ritual nirgendwo anders stattfinden konnte, löschten sie alle Erinnerungen, sodass die Person beim Verlassen der Hütte nicht mehr wusste, was sie gesehen oder erlebt hatte. Und genau das war mit Sicherheit auch unseren Vätern nach dem Dorftreffen passiert.

Obwohl den Männern bewusst war, welche Gefahr von der Hütte der Zwillinge ausging, gab es keinen besseren Ort für die Vorbereitung eines eventuellen Aufeinandertreffens mit den Soldaten. Ein paar unserer Väter wichen in den Stunden nach dem Dorftreffen sicher ängstlich zurück, als die Zwillinge sie aufforderten, doch einzutreten, während der Rest sie drängte, sich zusammenzureißen und wie Männer zu benehmen. Oder vielleicht sang Jakani ein Lied, das sie alle in die Hütte marschieren ließ wie eine Ameisenkolonne auf Kommando ihres Anführers. Letztendlich dürften alle Männer die Hütte betreten haben, weshalb diese Stille über Kosawa hing, nachdem wir in unsere Hütten zurückgekehrt waren. In der Hütte der Zwillinge gab Sakani den Männern bestimmt einen Trank zur Vorbereitung auf den Kampf, um ihre Angst zu zerstreuen und ihren Verstand zu stärken. In unserer Fantasie ließ Jakani sie erst in der Mitte der Hütte niederknien, ehe er den großen Geist bat, sie mit einer Furchtlosigkeit auszustatten, die so mächtig war, dass die Männer von Kosawa unsere Feinde genauso bezwingen würden wie das Licht bei Tagesanbruch das Dunkel.

Am Morgen verließen die Männer die Hütte, ohne sich daran erinnern zu können, was man mit ihnen gemacht hatte; das wussten wir, weil unsere Väter sich lückenlos an den Tag zuvor erinnern konnten, aber keiner von ihnen wusste, wie sie die Zeit vom späten Abend bis zum Morgen zugebracht hatten. Ganz Kosawa war darum klar, dass Jakani mit der ihm vom großen Geist verliehenen Macht in die Köpfe der Männer gefasst und ihr Erinnerungsvermögen abgestellt hatte. Offenbar hatte er es erst wieder angestellt, als die Männer sich in sicherer Entfernung von seiner Hütte befanden und das Grenzgebiet zwischen der Welt der Geister und der Welt der Menschen verlassen hatten. Hätten unsere Väter gewusst, was die Zwillinge mit ihnen machten, hätten sie sich nicht beklagt, im Wissen, das alles, was die Zwillinge taten, zum Wohl von Kosawa geschah. Sie wären dankbar gewesen, dass Jakani sie mit dem kurzen Abschalten ihres Bewusstseins davor bewahrt hatte, dem großen Geist gegenüberzustehen, eine Erfahrung, die kein Sterblicher überlebte.

An diesem Morgen hatten wir so viel Spaß im Unterricht wie seit Monaten nicht. Als Lehrer Penda einen Vortrag über die Regierung hielt, versuchten wir, nicht zu lachen, als er betonte, dass sie aus den klügsten Männern des Landes bestehe. Am Ende seines Vortrags bat ihn einer von uns, er möge uns doch mehr über Seine Exzellenz erzählen. Was mache Seine Exzellenz zu einem so eindrucksvollen Präsidenten? Lehrer Penda wollte ein paar Eigenschaften von uns hören, die eine Person haben müsse, um ein guter Anführer zu sein. Wir nannten ihm mehrere: Die Person müsse freundlich, nett, lustig und respektvoll sein. Lehrer Penda sagte, Seine Exzellenz verfüge über alle diese Eigenschaften und viele mehr. Seine Exzellenz sei der schlauste Mann der Welt, sagte er; nicht viele Länder hätten das Glück, einen Präsidenten wie unseren zu haben. Wir widersprachen ihm nicht. Wir waren lange genug auf der Welt, um zu wissen, dass er sagte, wofür man ihn bezahlte.

Wenn er nicht gerade sagte, was er sagen musste, erzählte Lehrer Penda uns viele Wahrheiten. Als wir acht waren, wussten wir mehr darüber, wo unser Öl hinging, als unsere Großeltern und unsere Eltern in ihrem ganzen Leben. Wir wussten es, weil Lehrer Penda uns viel über Amerika lehrte. Dass die Menschen dort in Steinhäusern lebten und gern ihre Kartoffeln zerdrückten, bevor sie sie dann mit einem Gegenstand aßen, den man »Gäbeln« nenne. Er brachte uns Englisch bei, auch wenn es bei uns nie so klang wie bei dem amerikanischen Aufseher in Gardens. Manchmal, wenn wir spielten, benutzten wir englische Wörter und sagten Sachen wie *who cares* und *absolutely not* und *holy shit*, um die anderen zu beeindrucken.

Einmal rief einer von uns, der sich mit seinem Englisch sicher fühlte, einem Aufseher, der zu Besuch in unser Dorf kam, zur Begrüßung etwas zu. Genauso wie die Aufseher vor ihm und nach ihm wohnte dieser Amerikaner in dem Steinhaus auf dem Hügel mit Blick auf die Ölfelder und das Arbeitercamp, einem Haus so groß wie alle unsere Hütten zusammen. Vielleicht lag es an der quälenden Einsamkeit, dass er an dem Tag damals in unser Dorf kam und irgendeine Art menschlicher Berührung spüren musste. Der Wagen des Mannes war noch nicht ganz in Kosawa eingefahren, da scharten wir uns schon um den Eingang zu Woja Bekis Hof und sangen: *Motor car, motor car, I love you, motor car, take me to the capital, I want to be a capital.* Als der Fahrer dem Amerikaner die Tür öffnete, kabbelten wir uns um den besten Platz, um ihn zu sehen. Als der Mann auf Woja Beki zuging – der so dämlich grinste, wie er nun mal war –, rief unser Freund »Hello, man«, weil Lehrer Penda uns beigebracht hatte, dass Amerikaner sich so begrüßten. Uns fiel die Kinnlade runter. Was machte er da? Er hatte kein Recht, mit dem Aufseher zu sprechen, als wäre er sein Freund. Wir sahen, dass auch Woja Beki ängstlich schaute. Wie würde der Aufseher reagieren? Der Aufseher drehte sich zu uns um – und lächelte. Seine Augen grüßten die Augen des Jungen, der ihm zugerufen hatte, und er sagte: *Well, hello to you too, my little friends.* Wir lachten laut los und stupsten uns aufgeregt an. Hatten wir gerade Freundschaft mit einem Amerikaner geschlossen? Noch Tage danach mussten wir unseren Freund immer wieder fragen, wie es sich anfühle, die Aufmerksamkeit eines Mannes aus Amerika auf sich gezogen zu haben.

Ein paar Monate später, an einem Tag, an dem die Hälfte unserer Klasse fehlte, weil die meisten unserer Freunde wegen hohem Fieber oder schlimmem Husten oder unerklärlichem Ausschlag und einer Reihe anderer Symptome zu Hause bleiben mussten, redeten wir in der Pause von diesem Nachmittag. Wir fragten uns, ob die Menschen in Amerika alle so fröhlich seien wie der Aufseher, was es schwer für uns machte, sie zu verstehen. Wie konnten sie fröhlich sein, wenn wir ihretwegen starben? Warum sagten sie ihren Freunden bei Pexton nicht, dass sie aufhören sollten, uns zu töten? Konnte es sein, dass sie nichts von unseren Qualen wussten? Log Pexton sie an, so wie Pexton uns anlog?

Ganz am Anfang, als Pexton kam, waren einige unserer Eltern noch gar nicht geboren, damals, als es im Tal nur Kosawa gab und sich dahinschlängelnde Pfade, gesäumt von Bäumen, um die sich Tiere tummelten und zwitschernde Vögel. »Keine Angst, wir bleiben nicht lange«, hatten die Männer von der Regierung, die die Ölentdecker begleiteten, zu unseren Großvätern gesagt, als sie mit offenem Mund und in die Hüfte gestemmten Händen aus ihren Hütten traten, um die Fremden zu sehen, die in ihr Dorf gekommen waren. Auch nach einer detaillierten Erklärung ihres Vorhabens verstanden unsere Leute nicht, warum die Männer auf der Suche nach Öl nicht Ölpalmen pflanzten und Palmöl machten, wenn sie Öl haben wollten. Als unser Dorfoberhaupt Woja Beki, der nach dem Tod seines Vaters Woja Bewa gerade erst dessen Nachfolge angetreten hatte, den Männern von der Regierung diese Frage stellte, erzählten ihm die Männer von der Regierung, dass das Öl unter unserem Land eine besondere Art von Öl sei, die Art von Öl, die Autos in Bewegung setze, eine Erklärung, bei der sich unsere Großeltern erstaunt anschauten. In Lokunja hatten sie Autos gesehen, aber sie hatten sich nie gefragt, was ein Auto in Bewegung setzte. Die Regierungsvertreter erzählten ihnen, dass das Bohren nach dem Öl unserem Dorf etwas bringen werde, das sich Entwicklung nenne. Eines Tages, sagte der Regierungsvertreter, werde eine großartige Sache namens Wohlstand in Kosawa Einzug halten. Ob der Mann Entwicklung und Wohlstand in unserer Sprache erklären könne, wollten unsere Großeltern wissen. Die Männer von der Regierung sagten, es sei ihnen unmöglich, diese Begriffe vollständig zu erklären, da unsere Großeltern nur schwer verstehen würden, was sie nie mit eigenen Augen gesehen oder für möglich gehalten hätten. Doch wenn Entwicklung und Wohlstand erst einmal Einzug hielten, fügten sie hinzu, würden unsere Großväter staunen, was für ein wunderbares Leben sie einem ermöglichten; sie würden nicht mehr wissen, wie ihre Vorfahren und sie selbst so lange ohne die vielfältigen Wunder der sich so rasch verändernden Welt um sie herum hätten leben können. Sie würden gar nicht mehr aufhören, Trankopfer darzubringen, um ihren Ahnen zu danken. Jeden Morgen würden sie dem großen Geist Lieder der Dankbarkeit für das Öl unter ihrem Land singen.

Unsere Großeltern hatten gejubelt, als sie das hörten.

Sie glaubten Pexton diese Lüge, und auch unsere Eltern glaubten die Lüge lange Zeit, davon überzeugt, dass, wenn sie sich geduldeten, diese Sache namens Wohlstand irgendwann zu ihnen käme wie ein geschätzter Gast, für den man das fetteste Schwein schlachtete, und ganz Kosawa in Steinhäusern wie dem wohnen würde, das Woja Beki später dann besaß.

Unser Hass auf Pexton nahm zwar zu, je älter wir wurden, und unsere Empörung wuchs an, aber wir müssen zugeben, dass die Leute von Pexton unseren Großvätern Jobs an den Bohrlöchern und ein Stück von dem Wohlstand angeboten hatten, den das Bohren bringen sollte. Pexton erzählte unseren Großvätern, wenn sie sich täglich für eine bestimmte Anzahl von Stunden nützlich machten und sich an die Vorgaben hielten, bekämen sie pro Monat einen festen Geldbetrag. Unsere Großväter jedoch hatten keine Lust, ihr Leben aus der Hand zu geben. Jeder Einzelne von ihnen lehnte Pextons Angebot ab und kehrte zum Kick des Tötens bei der Jagd nach Nahrung zurück, während man überall im Tal Bäume fällte, um Platz für die Ölfelder und Pipelines und Gardens zu machen.

Als unsere Väter dann erwachsen waren, ungefähr zu der Zeit, als Pexton das dritte Loch bohrte, begriff auch der Letzte in Kosawa, dass es nur eine Möglichkeit gab, um am Ölreichtum teilzuhaben: indem man für Pexton arbeitete. Doch jedes Mal, wenn unsere Väter nach Gardens fuhren, um wegen eines Jobs anzufragen, erzählten ihnen die Verantwortlichen, es gebe keine Jobs. Die Jobs waren alle mit Leuten besetzt, die man aus den Dörfern um Bézam herangeholt hatte, Männer, deren Brüder oder Onkel oder Cousins oder Stammesbrüder in Behörden arbeiteten und zweifellos geheime Meetings abgehalten und verklausulierte Dokumente unterzeichnet hatten, damit sichergestellt war, dass jegliche Form von Entwicklung und Wohlstand, die mit den Ölquellen einherging, nur ihren Familien und Klans und Völkern vorbehalten blieb. Unsere Väter hatten niemanden in Bézam, der sich für sie einsetzte oder irgendwelche krummen Dinger drehte, um ihnen einen der begehrten Jobs zu beschaffen, darum waren sie in die Fußstapfen ihrer Väter getreten und weiter jagen und auch fischen gegangen, jedenfalls bis irgendwann ausgelaufenes Öl auf dem Fluss trieb. Unterdessen kamen Männer von sehr weit her, um in Gardens zu leben und Jobs zu ergattern, die das Privileg mit sich brachte, in Steinhäusern zu wohnen und monatlich Umschläge mit Bargeld zu erhalten, Summen, mit denen diese Arbeiter in den Dörfern ihrer Vorfahren Steinhäuser bauen und ihre Kinder auf Schulen in Bézam schicken konnten, damit die Kinder eines Tages Jobs in Behörden bekämen und Autos wie die Amerikaner fahren würden. Autos, die wir nur im Traum anfassen konnten.

Wir hassten diese Arbeiter.

Sie hatten bekommen, was uns zustand, und trotzdem schauten sie uns an, als wären wir Ungeziefer, wenn wir im Bus von Gardens nach Lokunja neben ihnen saßen. Einem Bus, der für sie gedacht war und den Pexton uns zwar aus Mitleid mitbenutzen ließ, das stimmt, aber eben dennoch ein Bus, der sie zu unserem Land brachte und von unserem Land wieder abholte.

Wir hassten es, wie sie jedes Mal, wenn das Öl aus einer der Pipelines auf unseren Acker lief, Tage für die Reparatur brauchten und unseren Eltern anschließend erzählten, sie müssten nur die oberste Erdschicht abtragen und wegwerfen, um ihr Ackerland zurückzugewinnen. Wenn unsere Eltern zu erklären versuchten, dass das nicht funktioniere, das Gift tief eindringe, das Öl sich über große Flächen ausbreite und es wahrscheinlich am besten sei, wenn Pexton sich bessere Pipelines zulege, kicherten sie und fragten, ob wir etwa glaubten, Pexton werde zusammenpacken und gehen, nur weil wir ein Problem mit ihnen hätten.

Nach solchen Gesprächen kehrten die Arbeiter zu ihren Häusern zurück, wo sie dieselbe Luft atmeten wie wir, aber nicht dasselbe Wasser tranken und auch nicht dasselbe Essen aßen. Sie hatten genug Geld, um ihre Nahrungsmittel auf dem großen Markt zu kaufen, und Pexton sorgte dafür, dass ihr Wasser aus Leitungen kam, nicht aus Brunnen, weshalb ihre Kinder nicht wie wir starben. Wenn ihre Kinder krank wurden, kümmerte ein Arzt aus Bézam sich um sie, einer, den Pexton bezahlte, um sie gesund zu machen, sodass ihre Eltern nicht abgelenkt waren und ihre Väter sich darauf konzentrieren konnten, die Arbeit zu verrichten, die verrichtet werden musste. Als einer unserer Väter bei einem Dorftreffen fragte, ob er sein krankes Kind zu eben diesem Arzt bringen könne, für den Fall, dass dieser Medizinmann Kräuter habe, die Sakani nicht habe, schüttelte der Anführer den Kopf und sagte, dass es das Beste sei, die Kinder getrennt voneinander zu halten, warum ihnen ein falsches Bild davon vermitteln, wie die Welt funktioniere?

Am Wochenende nach der Gefangennahme, unsere Väter ruhten sich gerade aus, und unsere Mütter schufteten wie verrückt, drückten sich ein paar von uns vor Lusakas Hütte herum, in der Hoffnung, die Pexton-Männer und ihren Fahrer weinen und um ihre Freilassung betteln zu hören, wenn sie erst einmal begriffen hätten, dass wir nie zulassen würden, dass irgendwelche Soldaten sie fänden. Unsere Mütter schimpften jedes Mal mit uns, dass wir dort nichts zu suchen hätten, wenn sie selbst mal wieder zu Lusakas Hütte kamen, um Essen vorbeizubringen, damit seine Frau die Versorgung der Gefangenen nicht allein übernehmen musste. Wir wussten, dass unsere Mütter nicht nur zu Lusakas Hütte gingen, um das Essen abzuliefern – normalerweise ließen sie uns solche Aufgaben erledigen –, sondern weil sie Lusakas Frau bitten wollten, sie in die provisorische Zelle zu lassen, damit sie den Männern von Pexton wegen all der toten Kinder ins Gesicht spucken, sie schlagen, treten, ihre Köpfe auf den Boden hämmern und ihnen sagen könnten, was für verachtenswerte Kreaturen sie seien.

Lusakas Frau ließ unsere Mütter nicht ein einziges Mal hinein. Auch nicht die Mütter, denen noch immer jede Nacht im Traum ihre verstorbenen Kinder erschienen, in Weiß gekleidet, mit Tränen in den Augen, ohne ein Wort zu sagen, aber verzweifelt bemüht zu verstehen, warum sie tot waren, voller Sehnsucht nach ihren Müttern, aber außerstande, sie zu berühren, die Entfernung zwischen ihnen unüberbrückbar, ganz gleich, mit wie viel Kraft die Mütter auf sie zurannten, um sie in den Arm zu nehmen und sich aus der Nähe zu versichern, dass sie in der Welt auf der anderen Seite auch genug zu essen hatten.

»Bei allem, was die Männer ertragen müssen, finde ich es falsch, sie auch noch zu misshandeln«, sagte Lusakas Frau zu unseren Müttern. Sie habe die Aufgabe, sie am Leben zu erhalten, sagte sie. Trotzdem, gab sie zu, male sie sich ständig aus, wie sie ihnen wohl ähnliche Schmerzen zufügen könne wie die, die sie täglich ertragen müsse. Diese unerträgliche Trauer, von der sie wünschte, sie nur einen Augenblick lang abschütteln zu können. Sie habe überlegt, den Gefangenen Gift ins Essen zu mischen, erzählte sie unseren Müttern, gönne ihnen aber keinen schnellen Tod. Sie habe überlegt, sie verhungern zu lassen, aber ihr Mann und die Männer aus dem Dorf würden das niemals erlauben. Und überhaupt gebe es nicht viel, was sie tun könne, um den Gefangenen Leid zuzufügen, da ihr Mann und die Ältesten regelmäßige Treffen im Wohnzimmer abhielten, um über die nächsten Schritte zu beraten.

Bei einem dieser Treffen beschlossen die Ältesten, Woja Bekis gesamter Familie zu verbieten, das Dorf oder auch nur die Hütte zu verlassen; nur wenn sie die Familie in ihrem Haus festhielten, konnten sie sicher sein, dass nicht einer nach Gardens oder zum Büro des Verwaltungsbezirks laufe, um zu melden, was vorgefallen sei. Wir befürworteten den Beschluss, als wir von ihm hörten. Die beiden Kinder in dem Haus, die in unserem Alter waren, verachteten wir, seit wir denken konnten. Wir hatten schon lange vor der Anordnung nicht mehr mit ihnen gespielt. Es ging uns auf die Nerven, dass sie dauernd davon redeten, wie gern sie auf »Sofas« in ihrem »Salon« saßen und mit »Gäbeln« aßen.

Was den Rest der Familie anbelangt, so war die Abneigung des Dorfes gegen sie so stark geworden, dass selbst Woja Bekis dritte

Frau – die früher immer von Hütte zu Hütte gestürzt war, um weiterzutratschen, welcher Ehemann welche Ehefrau auf unangemessene Weise angeschaut hätte und welche der jungen Frauen wahrscheinlich nie einen Mann finden werde, wenn sie sich weiterhin so arrogant verhalte, und wessen krankes Kind, dem großen Geist sei Dank, offenbar verschont bliebe –, selbst sie, die früher immer die trauernden Mütter besucht hatte, um bei ihren Vorfahren zu schwören, dass ihr Mann nicht ruhen werde, ehe er nicht einen Weg gefunden habe, den Tod ihrer Kinder zu rächen, und zwar mit der für sie typisch schrillen Stimme, die wir so hassten, und mit ihrem fülligen Körper, eingehüllt in Kleidung aus Bézam, bei unseren Müttern in der Küche saß, selbst sie war vom gesamten Dorf verstoßen worden, jetzt, wo unser Hass auf ihre Familie so offenkundig geworden war. Die Tage, an denen sie strahlend ihre dicken Knöchel durch Kosawa schleppte und so tat, als wisse sie nicht, dass unsere Mütter die Augen verdrehten, wenn sie sie endlich wieder verließ, diese Tage hörten mit dem Abend des Dorftreffens auf. Nun versteckten sie und ihre Mit-Ehefrauen sich vor unserem Zorn hinter ihren Steinmauern, es sei denn, sie mussten dringend herauskommen.

Tag und Nacht bewachten unsere Mütter jede Bewegung der drei Ehefrauen von Woja Beki mit einer Unnachgiebigkeit, wie wir sie noch nie an ihnen gesehen hatten. Ihre Grausamkeit überraschte uns, schließlich hatten sie nicht das kalte Herz unserer Väter und hätten ein solches Verhalten, Freunde einfach im Stich zu lassen, bei uns niemals geduldet. Aber wir sagten uns, dass sie Kinder begraben hatten, und eine unserer Tanten begrub vier Tage nach dem Dorftreffen ein Kind. Das Baby, das sie beim Treffen hochgehalten hatte, um es den Pexton-Männern zu zeigen. Wie viele Kinder hatten die Frauen von Woja Beki begraben? Nicht eins. Wie viele Kinder tranken bei ihnen im Haus das Brunnenwasser, so wie es war? Zusätzlich zu dem sauberen Wasser, das ihnen Gono aus Bézam brachte, besaß die Familie ein Gerät, das alle Verunreinigungen aus dem Brunnenwasser entfernte, falls sie es doch mal trinken mussten. Keiner von uns hat das Reinigungsgerät je gesehen, und Woja Beki nahm einmal ein paar unserer Väter mit zu sich nach Hause, um ihnen zu beweisen, dass es kein solches Gerät gebe, die Geschichte lächerlich und er auch ein Opfer sei, aber wir glaubten sie trotzdem, denn wir wussten, dass er und seine Familie nur um ihr eigenes Wohl besorgt waren.

Vielleicht begriffen unsere Mütter, so wie wir alle, dass keiner zu unserer Rettung kommen würde und wir uns selbst retten müssten, mit allen vorhandenen Mitteln, auch wenn das bedeutete, Menschen zu bewachen und eingesperrt zu halten, mit denen wir früher gemeinsam gegessen und uns umarmt hatten. Wenn sie in ihren Küchen oder auf ihren Veranden zusammentrafen, sprachen unsere Mütter offen von dem lang unterdrückten Hass auf Woja Bekis Frauen, besonders Jofi. »Es macht mich wütend«, sagte eine unserer Mütter, »dass ich wertvolle Stunden damit vergeudet habe, so zu tun, als würde ich sie mögen.«

Nachdem Lusaka sie gewarnt hatte, dass alle Augen auf sie gerichtet seien und er sie mit beispielloser Härte bestrafen würde, sollte man sie bei einem Fluchtversuch erwischen, zog sich die Familie zurück, wurde zu einer Insel, umgeben von Krokodilen.

Am Abend hingen wir manchmal vor ihrem Haus herum, in der Hoffnung, die Frauen und die Kinder weinen zu hören, aber wir hörten nichts. Ihre Fenster und Türen blieben verschlossen, jede Ehefrau mit ihren Töchtern in ihrem Zimmer, die Söhne alle in einem Zimmer, jede von ihnen überlegte, wie sie sich und ihre Kinder retten könne, wenn sich die Möglichkeit dazu ergeben würde. Falls einige von uns Mitleid mit ihnen empfanden, so sagten wir es unseren Freunden nicht, denn wir alle wussten, wie wichtig die Maßnahme für unseren Sieg war.

BONGO

Inzwischen sitze ich auf der Veranda, zwinge mich, nicht an die Last zu denken, die meine neue Rolle mit sich bringt. Thula besucht gerade einen kranken Freund; sie und ein paar der anderen Kindern geben wahrscheinlich ihr Bestes, ihn mit skurrilen Geschichten und Theorien zu bespaßen, alles, um ihn abzulenken von seinen Schmerzen. Wie ich Thula kenne, sitzt sie sicher still da und nickt bei der einen oder anderen Theorie ihrer Freunde wie der einen zufällig aufgeschnappten über das Meer, an dem keins der Kinder je war, und wie es wegen Menschen aus Amerika wie denen bei Pexton irgendwann austrocknen wird, weil sie diese ganzen giftigen Abfälle in die Flüsse kippen, die dann ins Meer fließen und es ersticken.

Juba sitzt neben mir, auf Yayas Schoß. Sahel bereitet in der Küche das Abendessen zu. Wir sind nicht dieselbe Familie wie vor Malabos Verschwinden; wir versuchen es gar nicht erst. Über ein Jahr ist vergangen, und Yaya und Sahel weinen noch immer. Doch sie sind Frauen, sie müssen einen Weg finden, ihre Tränen zu trocknen und weiterzumachen. Wir alle müssen weitermachen. Inzwischen haben wir sieben kranke Kinder im Dorf, drei davon noch Babys, die Sakani zufolge wahrscheinlich alle wieder gesund werden, dem großen Geist sei Dank. Vielleicht stärkt unsere neu entdeckte Hoffnung die Kinder, das Gefühl, dass ein aussichtsreicher Kampf für sie ausgetragen wird. Die Stimmung in Kosawa hat sich durch das kollektive Vertrauen seiner Bewohner aufgehellt: Unsere Zeit des Zweifelns ist vorbei.

Ich schaue zu Yaya. Ihre Wangen sehen noch eingefallener aus, jetzt, wo sie fast alle Zähne verloren hat. Sie wirkt ruhig. Nicht so, als hätte sie den Tag damit begonnen, um ihren Erstgeborenen zu weinen. Als mein Vater starb, weinte sie einen Monat lang jeden Morgen; es ist denkbar, dass sie jetzt bei meinem Bruder den Rest ihres Lebens jeden Morgen weint. Hoffentlich muss sie meinetwegen nie eine Träne vergießen. Sie wiegt Juba im Arm, der schon vier und zu alt dafür ist, im Arm gewiegt zu werden. Keiner von den beiden scheint die körperliche Nähe aufgeben zu wollen. Malabo hat das nie gemocht. Er hat Yaya oft gebeten, damit aufzuhören, aber hat man eine solche Liebe je erfolgreich unterbunden? Ich weiß, dass Yaya gern auch ein Kind von mir im Arm wiegen will, aber sie fragt mich nicht, wann ich vorhabe, mir eine Frau zu suchen. Ich weiß, dass sie will, dass ich Elali vergesse und mir eine andere Frau aus den Nachbardörfern suche, eine, die sehnsüchtig darauf wartet, auserwählt zu werden, aber sie sagt es nicht. Sie sagt nichts, auf diese Art, mit der Mütter alles sagen, wenn sie nichts sagen.

Ein Verwandter geht an unserer Hütte vorbei und wünscht uns Guten Abend. Wir grüßen zurück. Zwei von Lusakas Töchtern kommen auf uns zu. Die Ältere ist groß, ihr Körper am Übergang von mager zu fleischig. Sie ist wunderschön. Ich überrasche mich selbst mit dieser spontanen Einschätzung. Das bedeutet hoffentlich, dass ich Elali allmählich vergesse. Ich sollte Elali vergessen. Ein anderer Mann geht jeden Abend zwischen ihre Schenkel, und es ist sein Name, den sie stöhnt, nicht meiner. Dabei hatte sie mir in unserer ersten Nacht in meinem Schlafzimmer versprochen, dass sie für den Rest ihres Lebens meinen Namen stöhnen würde. Ihr Versprechen galt bis zu dem Tag, an dem sie sich im Bus nach Gardens neben einen Arbeiter setzte. Nach diesem Tag hat sie mir nie wieder gehört.

Lusakas ältere Tochter nähert sich. Ich kann mir nicht vorstellen, dass ihre Schenkel auch nur annähernd so schlank und fest wie die von Elali sind, aber wahrscheinlich doch so schön, dass sie sie irgendwann gut bei einem Mann einsetzen kann. Wenn ich sehe, wie sie sich bewegt, will ich unbedingt nach einem Ersatz für Elali suchen, einen Körper finden, den ich nach Herzenslust beanspruchen, packen und streicheln kann, aber momentan habe ich keine Zeit für einen Balztanz. Es gab ein paar Frauen, seit Elali geheiratet hat – mit einer durfte ich etwas machen, das ich gern mit Elali gemacht hätte, mich aber nie getraut habe, sie darum zu bitten –, aber letztlich haben mich diese Frauen nur davor bewahrt, mir meinen Schwanz abzureißen, wenn die Gier nach einem nackten Körper mein Hirn in eine Schlammgrube verwandelte.

Lusakas Tochter geht weiter mit wiegendem Schritt, schaut überallhin, nur nicht zu mir. Ihr Körper ist reif für Babys. Tote Babys. Ich versuche, nicht an tote Babys zu denken. Ob sie das verstehen, die kleinen Mädchen von Kosawa, wenn sie Stunden damit zubringen, sich aus Stöcken und Halmen Puppen zu basteln, mit Blumen als Augen, wenn sie ihnen Namen geben, sie auf dem Arm wiegen und für sie singen, um schon mal zu sehen, wie sich ihr Leben als Mutter so anfühlt. Ob sie verstehen, dass ihr Wunsch, sollte er in Erfüllung gehen, unausweichlich der Tod ist? Sollten wir sie nicht immerzu daran erinnern, dass Geburten nur stattfinden, damit der Tod später triumphiert? War ein Bewusstsein dafür der Grund, weshalb Thula sich früher nie an solchen Spielen beteiligt hatte, weshalb sie nur zugeschaut hatte, die Stirn in Falten, während ihre Freundinnen sich völlig vernarrt um ihre selbst gebastelten Babys kümmerten, nicht ahnend, dass der Tod in der Nähe lauerte?

Ich weiß noch, wie eine Freundin von Thula mal ihren kleinen Babybruder mitbrachte. Thula saß mit der Freundin und dem Kleinen und zwei anderen Freundinnen draußen neben der Hütte. Ohne zu wissen, dass ich die Gruppe beobachtete, zog eines der Mädchen sein Kleid hoch und legte das Baby an der leeren Brust an, um herauszufinden, wie es sich anfühlte, wenn man ein Baby stillte. Wie begeistert sie aussah, als der Kleine anfing zu nuckeln. Die anderen Mädchen kicherten. Thula stand ins Gesicht geschrieben: Lieber sterbe ich, als mich einer solchen Tortur zu unterziehen. Der Kleine ist noch immer bei uns, nachdem er eine lange Krankheit überstanden hat. Aber an solche Sachen darf ich jetzt wirklich nicht denken. Ich denke jetzt besser an die Frau, die ich eines Tages haben werde – vollbusig und samtweich, mit Freude dabei, die Hütte in Ordnung zu halten und schöne Dinge mit mir zu veranstalten –, an ihre himmlischen Schenkel. Ich weiß, ich werde mich mit weniger schönen Schenkeln als denen von Elali zufriedengeben müssen, diesen Beinen, die mich fest umklammert hielten und mich führten, als ich das tiefste Hinterland der üppigen Republik Elali erkundete.

»Guten Abend, Yaya. Guten Abend, Bongo«, sagt Lusakas Tochter, die plötzlich vor mir steht. Ihre jüngere Schwester steht neben ihr, nicht annähernd so verheißungsvoll schön. Das Mädchen tut mir jetzt schon leid, sie wird bald herausfinden, dass sie dazu verdammt ist, irgendwann nur die dritte oder vierte Wahl eines Mannes zu sein.

Yaya nickt den Schwestern zu, lächelt schwach. Sie wiegt Juba weiter im Arm.

»Wie geht es eurem Vater?«, frage ich.

»Papa will, dass du sofort zu uns kommst«, sagt die Schöne. Ihre Zähne sind klein, so weiß wie Wolken, von denen keine Gefahr ausgeht.

»Bongo, hast du gehört, was Wanja gerade gesagt hat?«, sagt Yaya.

»Ja, ja«, sage ich und merke, dass ich das Mädchen zu lange angestarrt habe. »Dein Vater will, dass ich komme?«

»Ja, bitte, du sollst kommen, jetzt gleich. Er sagt, es ist sehr wichtig.«

Ich nicke und stehe auf, sehe aber keinen Grund, mich zu beeilen. Es kann nichts Schwerwiegendes sein. Die Gefangenen haben wir eingesperrt; sie gehen nirgendwohin, bis wir es ihnen sagen. Die Soldaten haben wir auf eine falsche Fährte geführt. Woja Beki und seine Familie stehen unter Beobachtung. Für jeden weiteren Schritt haben wir einen Plan.

Ich gehe ins Schlafzimmer und nehme mir ein Hemd von dem Wäschestapel auf meinem Bett. Sahel hat die Hemden heute gewaschen und gebügelt. Mein Bruder hat uns allen etwas Gutes getan, als er eine so pflichtbewusste Frau wie Sahel geheiratet hat, eine Frau, die sich nie beklagt, sondern das tut, was eine gute Frau für ihre Familie tun muss. Vielleicht übernimmt ja Lusakas Tochter bald das Waschen und Bügeln meiner Wäsche. Ich lache über mich, voller Freude über die neue Ausrichtung meiner Gedanken.

Auf dem Weg zu Lusakas Hütte gehe ich hinter seiner Tochter. Was für ein Hintern, zart gerundet und fest, aber mein Blick muss sich häufiger von ihm lösen, als mir lieb ist: Ich muss im Vorbeigehen Freunde und Verwandte grüßen, die auf ihren Veranden sitzen. Allen, die mich zu sich rufen, sage ich, ich müsse leider weiter, aber keine Sorge, alles werde gut.

Es war nie mein Wunsch, Teil einer solchen Aktion zu sein. Ich hatte gehofft, die Verantwortlichen für unsere Misere würden begreifen, dass es möglich ist, für das eigene Wohl zu sorgen und uns gleichzeitig Raum für Zufriedenheit zu lassen. Aber welche Wahl hatten wir in einer Welt, in der viele glauben, ihr eigenes Glück hänge vom Unglück anderer ab?

Als Konga an dem Abend beim Dorftreffen auftauchte und den Schlüssel der Pexton-Männer in der Hand schwenkte, war ich zuerst entsetzt von seinem Vorgehen und seinem Benehmen. Genau wie meine Freunde dachte ich, ist das der richtige Weg, um zu bekommen, was wir wollen? Wäre es nicht das Beste, auf einen besseren Zeitpunkt zu warten, irgendwann in der Zukunft, wenn wir einen mehrstufigen Plan erarbeitet hätten, statt einer mysteriösen Laune zu folgen und spontan einen Aufstand anzuzetteln? Ich weiß noch immer nicht, was mich dazu gebracht hat, jemandem zu gehorchen, der keine Kontrolle über die Worte hat, die aus seinem Mund kommen, aber diese Worte waren genau das, was wir an diesem Abend brauchten. Was ich brauchte. Mein Bruder hatte das Gleiche zu mir gesagt, und ich hatte ihm nicht zuhören wollen. Ich hatte ihn ohne meine Unterstützung auf eine Reise nach Bézam gehen lassen, auf der er von meiner Treue und meinem Rat profitiert hätte. Ich konnte ihn nicht erneut im Stich lassen.

Nachdem meine Freunde und ich die Männer von Pexton weggeschleppt und in einer Ecke von Lusakas Wohnzimmer abgesetzt hatten, schrie Woja Beki, als er hörte, wie Konga uns befahl, die Männer zu fesseln und ins Hinterzimmer zu sperren: »Konga Wanjika, Sohn von Bantu Wanjika, was habe ich dir getan, dass ich das verdiene …?«

Jedes Mal, wenn ich eine Mutter ansehe, die vor Trauer neben ihrem toten Kind zusammenbricht, sage ich etwas Ähnliches: Ihr Feinde Kosawas, was haben wir euch getan, dass wir das verdienen?

Nachts liege ich oft wach und stelle mir vor, wie ich mich in einen Lüfter verwandele und die Luft über Kosawa wegpuste, sie bis weit hinter Gardens jage und dort zurücklasse, wo starker Wind sie mit in die Ferne nimmt und uns stattdessen gute Luft bringt. Ich stelle mir vor, ich wäre eine Mauer, die vom Himmel bis zum Kern der Erde reicht, keine Pipelines durchlässt und kein Gift, das in unser Wasser fließt. Ich möchte den Kindern einfache Dinge schenken. Sauberes Wasser. Saubere Luft. Sauberes Essen. Wenn sie es gern schmutzig mögen, sollen sie es dreckig machen. Wer wagt es, ihnen dieses Recht zu nehmen?

Ich bin weder der beste Jäger von Kosawa noch der beste Bauer, und auch zu den Ältesten werde ich noch jahrzehntelang nicht gehören. Trotzdem wählten mich die Männer meines Dorfes zu ihrem Anführer, nachdem die Soldaten abgezogen waren.

Lusaka stellte sich an dem Abend vor unsere Gruppe und erklärte, dass wir einen neuen, furchtlosen Anführer bräuchten. Ein Altersgenosse meines Bruders namens Tunis bot sich an, aber keiner war begeistert davon, ihn zu ernennen. Er ist zwar leidenschaftlich, lacht jedoch viel zu gern und hat frisch geborene Zwillingstöchter zu Hause, was einen Mann sicher nicht männlicher macht. Auch mein Cousin Sonni bot sich an. Sein Vater, mein Onkel Manga, bekräftigte, dass sein Sohn, von Geburt an weise, einen hervorragenden Anführer abgeben würde. Aber jemand rief, dass es nicht rechtens sei, dass ein Vater seinen Sohn vorschlage. Fast wäre es zum Streit darüber gekommen, wer wen vorschlagen dürfe, als Lusaka die Hand hob und um Ruhe bat. An derselben Stelle, an der er uns gebeten hatte, die Pexton-Männer zu seiner Hütte zu bringen, sagte er allen, dass er glaube, ich solle der Anführer sein. Er sagte, keiner der Anwesenden hätte im vergangenen Jahr so viel für Kosawa getan wie ich. Mehrere Männer nickten. Niemand stand auf, um ihm zu widersprechen.

Ich wollte aufstehen und dasselbe über ihn sagen, aber er redete ohne Unterbrechung und ließ mir keine Lücke, um meine Worte dazwischen zu schieben. Es gebe viele Gründe, weshalb er mich als Anführer haben wolle, sagte er. Ich hätte jedes Grab von jedem Kind mitausgehoben, das in den letzten zwei Jahren gestorben sei. (An diesem Punkt irrte er sich – nachdem Elali mir gesagt hatte, sie würde mich nicht mehr lieben, hatte ich einen ganzen Tag in meinem Zimmer gesessen und die Wand angestarrt, Malabos Bitten missachtet, doch etwas zu essen, und das Wehgeschrei ignoriert, das aus einer Hütte kam, in der ein neun Monate alter Junge eingeschlafen und nicht wieder aufgewacht war. Ich war nicht zu der Beerdigung dieses Babys gegangen und hatte mich nicht dafür interessiert, den Namen des Kleinen herauszufinden.)

Lusaka sagte, ich hätte in Bézam die Suche nach den vermissten Männern dirigiert (und ja, ich hatte den Suchtrupp zusammengestellt und in Bézam die Leitung übernommen, aber ich hatte es nicht für Kosawa getan, sondern für meinen Bruder und meine Familie). Fälschlicherweise fügte er hinzu, dass ich als einer der Ersten vorgetreten sei, als Konga nach Freiwilligen gerufen habe, um die Männer von Pexton vom Platz zu führen. (Ich war ganz hinten in der Horde junger Männer, die nach vorne gingen.) Als ich an dem Abend des Dorftreffens auf Kongas Anweisung hin zur Hütte der Zwillinge gegangen sei und bemerkt hätte, dass einige der Männer von Kosawa nicht erschienen seien, fuhr Lusaka fort – und zeigte auf all die Feiglinge, die nun den Blick senkten –, sei ich zu ihren Hütten gegangen und hätte sie unter den Röcken ihrer Frauen hervorgezerrt, aber nicht ohne ihren Frauen und Kindern zu sagen, was ihre Männer und Väter waren: Angsthasen, die sich wegduckten; Heuchler, die das Gute in ihrem Leben nicht verdienten (ich hatte nichts dergleichen gesagt. Ich hatte den Männern nur gesagt, sie hätten mitzukommen, obwohl ich mir jetzt wünsche, ich hätte sie in ihren Hütten beleidigt – denn ein gesunder Mann, der zu Hause sitzt, während andere Männer in den Kampf ziehen und für seine Familie sterben, verdient es nicht, als Mann bezeichnet zu werden).

»Es war Bongo, der vor dem Eintreffen der Soldaten mit Woja Beki verhandelt hat«, sagte Lusaka, was stimmte, obwohl er auch dabei gewesen war, zusammen mit zwei der Ältesten. Aber er hatte recht. Ich war es, der Woja Beki gesagt hatte, die Zukunft Kosawas hänge davon ab, dass er sich für eine Seite entscheide und dann bei seiner Entscheidung bleibe. Er könne sich entweder für seine Leute entscheiden oder für deren Feinde. Er hatte sich für uns entschieden, wenn auch nur für diesen einen Nachmittag. Die Soldaten waren weg, überzeugt, dass die Pexton-Männer sich nicht in unserem Dorf aufhielten. Der Kampf fing gerade erst an, aber wir waren dabei, ihn zu gewinnen.

»Gewinnen wir denn nicht gerade?«, fragte Lusaka die versammelten Männer.

»Doch, tun wir«, antworteten sie.

»Gewinnen wir denn nicht auch weiterhin?«

»Doch, werden wir.«

»Genau, das werden wir«, sagte er. »Und das haben wir Bongo zu verdanken.«

Jeden Morgen bitte ich den großen Geist, dass er mir Gründe gibt, dankbar zu sein. Ich bitte ihn, die Kinder meines Bruders zu beschützen. Juba hat Albträume, aus denen er schweißgebadet aufwacht, und Thula hat kaum noch Lust, mit mir zu sprechen, seit ich mit leeren Händen aus Bézam zurückgekehrt bin. Ich habe ihren Vater enttäuscht, ich habe sie enttäuscht. Ich wünsche mir die Tage zurück, als sie noch ein kleines Mädchen war, das früh am Morgen zu mir ins Zimmer kam, in mein Bett schlüpfte und ihre Hände in mein Hemd schob. Manchmal kitzelte ich sie, nur um ihr Lachen zu hören, es war herrlich zuzusehen, wie sich ihre auffälligen Kulleraugen weiteten. Man sah schon damals, dass sie mit ihrem herzförmigen Mund und ihren langen Wimpern später einmal zu einer Schönheit heranwachsen würde. Nun ist es fast so weit, auch wenn ihr Körper mit seiner zarten Gestalt wahrscheinlich nicht das ist, wonach sich die Männer von Kosawa verzehren. Der Umstand, dass sie sich mit zunehmendem Alter immer mehr in sich selbst verkriecht, zwar hin und wieder lächelt, aber nichts über ihr Inneres preisgibt, macht mir Sorge, dass sie irgendwann zu geheimnisvoll sein und ihr unvergleichliches Gesicht verblühen wird. Ihr Vater war auch unergründlich; äußerlich sahen sie sich nicht sehr ähnlich, aber in ihrer Art zu denken ist sie sein Ebenbild. Unzählige Abende verbrachten sie schwatzend und lachend auf der Veranda. Ich befürchte, dass sie sich jetzt, wo er nicht mehr da ist, so verschlossen hat, weil sie ihre Gedanken nur mit ihm teilen will, mit ihm ganz allein. Sie läuft vielleicht nicht herum und sagt das so, aber sie ist wütend auf alle, die sich verbündet haben, um ihr ihren Vater zu nehmen. Doch was kann sie tun gegen ihre Wut? Es gibt Momente, da liest sie ein Schulbuch und wirkt ganz normal, aber mit jedem Tag, den Malabo fort ist, werden ihre Worte weniger und mehr von ihrer Wut zeigt sich in der Kraftlosigkeit ihres Lächelns, das eher zu sehen ist, wenn sie ihren Freunden zuhört, als wenn sie in der Hütte sitzt, in der ihr Vater nicht mehr wohnt.

Wenn sie irgendein anderes Mädchen wäre, würde ich den großen Geist einfach bitten, ihr Herz zu heilen und sie von ihrem Leid zu befreien, aber sie ist das Kind meines Bruders. Ohne zu wissen, was die Zukunft bringt, ohne zu wissen, wann ich diese Arbeit zu Ende bringe, mit der Malabo begonnen hat, und meine Kraft in die Suche nach einer Frau stecke, die meine eigenen Kinder zur Welt bringt, könnte sie eine Zeit lang das sein, was einer Tochter am nächsten kommt. Darum will ich so sehr, so unmöglich es auch erscheint, dass sie zu einer freien Frau heranwächst, damit ich meinem Bruder bei unserem Wiedersehen sagen kann, dass ich zwar darin versagt habe, ihn vor dem zu retten, der ihn umgebracht hat, aber nicht versagt habe, seine Kinder zu beschützen, indem ich alles nur Erdenkliche getan habe, damit sie in einem sauberen Kosawa aufwachsen würden.

Als ich bei Lusaka eintreffe, sind da noch zwei andere Männer in seiner Hütte: mein Onkel Manga und Pondo, der mit der einzigen noch lebenden Schwester von Woja Beki verheiratet ist. Lusaka hat sich auf die Weisheit der beiden Ältesten verlassen, seit die Gefangenen vor neun Tagen in seinen Gewahrsam kamen, und ich sehe keinen Grund, warum ich das nicht auch tun sollte, wo ich doch von klein auf miterlebt habe, wie oft sie die richtigen Entscheidungen getroffen haben. Die Männer meiden meinen Blick, als ich mir einen Hocker nehme, um mich zu ihnen in den Kreis zu setzen.

»Er stirbt«, sagt Lusaka, kaum dass ich sitze.

»Wer?«, frage ich.

»Der Kranke. Meine Frau hat eben erst sein Erbrochenes aufgewischt. Er hat sich den ganzen Nachmittag lang übergeben. Wenn man ihn berührt, ist er heißer als ein Topf kochendes Wasser.«

Manga und Pondo richten ihre Augen auf mich. Ihr Blick sagt: Du bist der Anführer, zeig uns den Weg.

»Wir brauchen einen neuen Plan«, sagt Manga.

»Ich habe alles versucht, sie reden nicht«, sagt Lusaka. »Gestern Nacht habe ich zu ihnen gesagt: Wir brauchen nicht unendlich viele Namen von euch, nur fünf oder sechs. Der Anführer hat mich angeguckt, als wäre ich eine Schüssel mit vergammeltem Essen. Die anderen haben kaum die Augen geöffnet.«

»Wir könnten es mit Schlägen versuchen ...«, sagt Pondo.

»Mit Schlägen?«, sagt Manga höhnisch, als hätte sein Altersgenosse gerade das Unaussprechliche ausgesprochen. »Einer von ihnen stirbt, und du sprichst von Schlägen ...«

»Welchen Sinn hätte es gehabt, sie gefangen zu nehmen, wenn wir am Ende keine Informationen von ihnen bekommen? Wäre dann nicht alles umsonst gewesen?«

»Nichts ist umsonst gewesen«, sage ich.

»Dann behalten wir sie also hier, bis sie sterben?«, fragt Pondo. »Ist das der neue Plan? Früher oder später werden noch mehr Soldaten nach ihnen suchen. Sie werden noch mehr Fragen stellen. Nur der große Geist weiß, was sie mit uns machen, wenn sie herausfinden, was mit den Männern passiert ist.«

»Solange wir nicht zulassen, dass sie es herausfinden, finden sie es auch nicht heraus.«

»Denkt ihr, Pexton nimmt es einfach hin, dass seine Männer verschwunden sind?«

»Bongo, was sollen wir machen?«, fragt Lusaka. Er flüstert. Wir alle sprechen mit gedämpften Stimmen, auch wenn wir keine Geheimnisse vor dem Rest des Dorfes haben.

Meine Entschlossenheit schwindet. Ich hatte befürchtet, dass die eine oder andere Sache vielleicht nicht so läuft wie geplant, aber keine Sekunde hatte ich daran gedacht, dass uns einer der Männer wegsterben könnte.

Unser Plan, der Plan, auf den sich die Männer von Kosawa geeinigt haben, ist einfach: die Pexton-Männer gefangen halten, bis sie uns die Namen von Männern in Bézam geben, die uns helfen können. Mehr wollen wir nicht. Nur Namen. Danach lassen wir sie frei. Das war der Plan, auf den wir uns nach dem Verlassen von Jakanis und Sakanis Hütte am Morgen nach dem Dorftreffen geeinigt hatten. Wir werden nie erfahren, warum Konga an dem Abend nicht aufgetaucht ist, um sich uns anzuschließen, als wir uns mit Speeren und Macheten versammelten, bereit, für Kosawa zu sterben, und genauso wenig werden wir erfahren, was die Zwillinge mit uns angestellt haben. Aber wir haben keinen Zweifel, dass uns das, was sie getan haben, schließlich zu der Gewissheit verholfen hat, dass dieser Kampf nicht mit Waffen, sondern mit Weisheit ausgetragen werden muss.

Sobald wir die Namen unserer potenziellen Unterstützer haben, reist eine Delegation mit Geschenken nach Bézam: geräuchertes Wildfleisch, getrocknete Kräuter und Yams, Flaschen mit Palmöl und Eier von unseren fettesten Hennen. Wir werden den genannten Männern mit unseren Geschenken aufwarten. Wir werden offen zu ihnen sprechen, da uns die Gefangenen versichert hätten, dass die Männer Macht hätten, aber auch Überzeugungen und gute Herzen. Sobald wir ihr Büro betreten, werden wir auf die Knie gehen und ein Loblied auf sie singen, bevor wir sie anflehen, mit uns in unser Dorf zu kommen: Bitte, kommen Sie und sehen Sie es mit eigenen Augen, die Einöde unserer Kinder. Für die Zeit, die sie dann bei uns sind, werden wir ihnen Woja Bekis Haus anbieten. Wir werden das Haus neu streichen; unsere Frauen werden alles säubern und überall Rosen und Sonnenblumen aufstellen, und es wird von einem Duft erfüllt sein, der unseren hochverehrten Gästen würdig ist. Das Haus mag zwar weit weg sein von Bézam, aber es wird aussehen und riechen, wie das feinste Haus in Bézam unserer Vorstellung nach aussehen und riechen würde, angeregt durch Bilder von Häusern in Amerika in den Schulbüchern unserer Kinder. Woja Beki wird mit ihnen dort wohnen. Seine Familie werden wir auf unsere Hütten verteilen und unsere Frauen bitten, ihren Zorn hinunterzuschlucken. Wir werden den großen Männern sagen, dass unsere Frauen und Mütter und Schwestern ihnen genau das kochen werden, was sie sich wünschen. Wir werden ihnen versichern, dass Woja Beki sie als die hochgeschätzten Gäste behandeln wird, die sie sind, und es wird die Wahrheit sein. Als wir Woja Beki diese Idee als Teil der Bedingung für seine Freilassung präsentiert hatten, ihm erzählt hatten, dass wir mit seinem Haus tun müssten, was wir für die Erfüllung dieser Mission für notwendig hielten, hatte er sich einverstanden erklärt; wir hatten vermutet, dass er sich über das Privileg freuen würde, einflussreiche Männer aus Bézam zu unterhalten.

Wir sind keine Bettler, aber wir werden nach Bézam reisen, uns vor diesen Männern niederwerfen und ihnen die Füße küssen, ganz gleich, wie staubig ihre Schuhe sein mögen, weil wir ihre Hilfe brauchen, wenn wir auf unserem Land alt werden wollen. Wenn es nötig ist, werden wir auch mehrmals nach Bézam reisen. Wir werden so lange nach Bézam reisen und bitten und Geschenke darbringen, bis es uns gelingt, mindestens einen großen Mann von der Regierung und einen einflussreichen Mann von Pexton nach Kosawa zu holen. Wenn sie kommen, werden wir sie mit einem Festmahl willkommen heißen und ihnen Land übereignen. Danach werden wir ihnen unsere kranken Kinder vor die Füße legen und sie anflehen, diese hilflosen Wesen zu beschützen. Wir mögen stolz sein, aber unser Schmerz zwingt uns in die Knie, und zum Wohl unserer Kinder und Kindeskinder werden wir all das tun und noch mehr.

Es lag bei Lusaka, die entscheidenden Informationen von den Pexton-Männern zu beschaffen. Wir glaubten, wenn die Männer ihn nicht länger als Feind betrachten würden, sondern als jemanden, der entschlossen war, ihre Freiheit zu erwirken, wären sie eher gewillt, mit ihm zu reden. Wenn es in Kosawa irgendjemanden gab, dem die Männer vertrauen konnten, dann ihm. Schließlich war Lusaka derjenige, der Konga, kaum dass wir die Gefangenen am Abend des Dorftreffens in seine Hütte gebracht hatten, freundlich gebeten hatte, ihm den Schlüssel zu übergeben. Konga hatte Lusaka den Schlüssel zugeworfen, als er die Hütte verließ, seitdem hatten wir ihn nicht mehr gesehen. Bevor Lusaka vor der Hütte der Zwillinge zu uns stieß, war er mit drei Männern zum Schulhof gegangen, um nach dem Pexton-Fahrer zu suchen. Sie hatten den Fahrer gefunden, der in der Dunkelheit umherlief und nach dem Schlüssel suchte. Lusaka hatte ihm den Schlüssel gezeigt und ihn aufgefordert mitzukommen. Als man ihn zu den anderen Gefangenen führte, leistete er keinen Widerstand.

»Was werdet ihr mit uns machen, wenn wir euch die Namen geben, die ihr von uns wollt?«, fragte der Runde, als Lusaka mit unserer Bitte zu den Pexton-Männern kam.

»Wir werden Ihnen den Schlüssel zu Ihrem Wagen geben und Ihnen eine gute Heimreise wünschen.«

Der Anführer höhnte.

»Sie haben mein Wort«, sagte Lusaka.

»Lügner«, sagte er knurrend. »Wo sind die Betten, die ihr uns versprochen habt? Wo sind die Gräber deiner toten Söhne? Hast du überhaupt tote Söhne?«

»Ich wünschte, ich hätte keine toten Söhne.«

»Sobald wir euch die Namen geben, tötet ihr uns«, sagte der Kranke.

»Wir töten niemanden«, erwiderte Lusaka. »Sie ja, wir nicht.«

»Damit werdet ihr nicht durchkommen, das verspreche ich euch«, sagte der Anführer. »Euch erwartet eine harte Strafe.«

»Wenn du schwörst, uns nicht zu töten, sage ich dir, was du wissen willst«, sagte der Kranke leise.

»Du hältst den Mund«, sagte sein Vorgesetzter.

»Haben Sie keine Angst vor ihm«, sagte Lusaka. »Sprechen Sie mit mir.«

»Der Wagen«, sagte der Fahrer. »Bitte lasst nicht zu, dass ihm was passiert.«

»Ihren Wagen haben wir vor ein paar Tagen an einen sicheren Ort gebracht, wo die Kinder ihn nicht anfassen können«, sagte Lusaka. »Ich habe den Schlüssel hier in meiner Hosentasche. Ich schwöre bei jedem einzelnen meiner Vorfahren, dass ich Sie zu Ihrem Wagen bringe, Ihnen den Schlüssel gebe und Ihnen eine gute Fahrt nach Bézam wünsche, wenn Sie mir die Namen geben, die wir brauchen.«

Der Anführer lachte laut. »Du glaubst also, sobald du uns auf den Weg geschickt hast, wird alles vergessen sein? ›Auf Wiedersehen. Gute Fahrt. War es nicht schön, euch als Gefangene in unserem Dorf zu haben?‹«

»Ja, alles wird vergessen sein«, sagte Lusaka, drehte sich um und ging.

Es hatte keinen Sinn, ihnen zu sagen, wie es zu diesem Vergessen kommen würde. Es gab keinen Grund, sie darüber aufzuklären, dass sie, sobald sie uns die benötigten Informationen gegeben hätten, nach dem Verlassen von Lusakas Hütte und vor der Rückfahrt in die Hauptstadt mit ihrem Wagen, noch etwa eine Stunde in der Hütte von Jakani und Sakani verbringen würden. Wir wollten sie mit verbundenen Augen zu den Zwillingen bringen, wo sie bleiben würden, bis ihre Erinnerung an die Zeit zwischen ihrer Ankunft in Kosawa und dem Besteigen ihres Wagens für die Fahrt nach Hause ausgelöscht wäre. So gründlich ausgewaschen, dass sie auf die Fragen ihrer Familie und Freunde, was sie in Kosawa gesagt und getan hätten, warum ihr Aufenthalt länger gewesen sei als erwartet, antworten würden, dass sie Probleme mit dem Wagen gehabt hätten, die sie erst hätten beheben müssen, aber davon abgesehen sei es das Übliche gewesen, sie hätten dies gesagt und das getan, nichts Besonderes, aber sie seien froh, nun wieder zu Hause zu sein.

Ihre Familien und Freunde würden vielleicht nicht wissen, wie sie die Unbekümmertheit der Männer zu interpretieren hätten. Sie würden miteinander konferieren, sich fragen, wie es sein könne, dass alle vier Männer nur so spärlich Auskunft gäben. Oder vielleicht würden diejenigen, die sie lieben, sich gegenseitig auch keine Fragen stellen. Letztlich würde keiner wissen, was davon zu halten sei, und selbst wenn sie eine Ahnung hätten, würde man uns nichts nachweisen können – keiner außer den Einwohnern von Kosawa würde wissen, was ihnen widerfahren sei. Und sollten Pexton und die Regierung aus uns jetzt noch unbekannten Gründen beschließen, Soldaten mit der Frage zu uns zu schicken, warum die Männer keine Erinnerung an die Tage hätten, während derer sie vermisst worden seien, werden wir uns erneut auf dem Dorfplatz einfinden und erschrocken zum Ausdruck bringen, wie seltsam und unerklärlich es doch sei, dass die Männer nach dem Dorftreffen aus Kosawa abgereist und verschwunden seien; wie unergründlich die Zeiten, in denen wir lebten.

Aber all das kommt erst später, wenn wir es zum nächsten Schritt unseres Plans geschafft haben.

Zunächst zählt nur, die Männer am Leben zu halten und an die Namen zu kommen.

Ich sage zu Lusaka und Manga und Pondo, dass ich kurz frische Luft schnappen müsse, um zu überlegen, was wir mit dem Kranken machen sollten. Ich setze mich auf eine Bank und frage mich, was Malabo tun würde, wenn er hier wäre.

Als ich wieder in die Hütte komme, sage ich zu Lusaka: »Bring mich zu den Männern.« An der Rückseite der Hütte, draußen vor der Küche, sitzen Lusakas Frau und sein einziger noch lebender Sohn im Dämmerlicht. Der Junge wischt sich die Tränen weg, während seine Mutter mit beruhigender Stimme zu ihm spricht. Ohne sie zu beachten, löst Lusaka das Seil vor der Tür zum Hinterzimmer. Zusammen mit ihm und Manga und Pondo trete ich ein.

Als sich meine Augen an die Dunkelheit gewöhnen, sehe ich die Pexton-Männer und ihren Fahrer in verschiedenen Ecken des leeren Zimmers sitzen.

Ich habe sie seit dem Abend des Dorftreffens nicht mehr gesehen. Der Anführer sitzt ohne Hemd rücklings an der Wand. Er hat den Kopf gesenkt; Hände und Füße sind vor dem Körper gefesselt. Das Essen auf dem Teller neben ihm ist unangetastet. Auf der anderen Seite des Raums sehe ich den Eimer für den Urin. Ich hatte mir Gedanken gemacht, wie sie mit den gefesselten Händen essen und urinieren und sich kratzen würden, aber Lusaka hatte mir versichert, dass sie das schon hinbekämen, dass sie als Gefangene keinen Anspruch auf maximalen Komfort hätten. Jeden Morgen holt Lusaka zwei Nachbarn, die ihm helfen, die Geiseln zur Toilette zu bringen. Sobald sie sich innerhalb der Palmwedelwände befinden, bindet er sie los und gibt ihnen die Zeit, die sie brauchen. Der Runde und der Kranke nutzen ihre Zeit auf dem Klo. Der Fahrer jedoch beschwert sich jedes Mal, dass sein Stuhl scheu sei und erst herauskäme, wenn er allein gelassen werde. Darauf antwortet Lusaka dann immer, dass der Fahrer, wenn er nicht mache, wenn er dran sei, seinen Stuhl eben halten müsse, weil er selbst gleich jagen gehe, sodass der Fahrer seine Arschbacken bis zum Abend zusammenkneifen müsse. Jeden Morgen, wenn er das hört, ächzt der Mann, beißt die Zähne zusammen und drückt, bis er nicht mehr kann. Der Anführer hat sich in der ganzen Zeit im Hinterzimmer geweigert, aufzustehen und zur Toilette zu gehen. Er ist so entschlossen, seine Überlegenheit zu demonstrieren, dass er das meiste Essen verschmäht und von den Resten des üppigen Mittagsmahls zehrt, das er vor der Ankunft in Kosawa zu sich genommen hat. Wenn ich ihn so ansehe, wird mir klar, dass seine Bitterkeit und sein mitleiderregender Hochmut sicher von dem jahrelangen Festhalten an widerwärtigem Kram in jedem Winkel seines Körpers rühren.

»Guten Abend«, sage ich. Er antwortet nicht.

Lusaka und die Ältesten begrüßen ihn ebenfalls; auch sie erhalten keine Antwort.

Der Kranke stöhnt. Ich gehe zu ihm und sehe ihn mir an. Er liegt auf dem Boden. Sein Hemd ist schweißgetränkt, er zittert. Der Fahrer, mit den gefesselten Händen, hat Mühe, dem Kranken den Schweiß von der Stirn zu wischen. Der Runde sitzt ein Stück weg von dem Kranken, noch immer komplett im Anzug. Er schaut mir in die Augen, erwartet, dass ich etwas zu ihm sage, aber ich sage nichts. Den Anführer hassen alle am meisten, aber der Runde hat etwas an sich, das mich schon seit dem ersten Dorftreffen stört.

Ich bleibe neben dem Kranken stehen und frage ihn, wie es ihm geht.

»Bitte hilf mir«, sagt er. »Ich möchte nicht hier sterben.«

»Was genau haben Sie? Tut Ihnen was weh?«

Er wendet das Gesicht ab. Schämt er sich zu sagen, was ihn quält?

»Wie heißen Sie?«, frage ich ihn.

»Kumbum.«

»Sehr geehrter Mr. Kumbum, ich heiße Bongo. Ich möchte –«

»Ich bin kein geehrter Irgendwer«, erwidert Kumbum. »Ich bin ein kranker Mann … Bitte, ich muss nach Hause … Meine Tochter heiratet in zwei Wochen, die Vorbereitungen laufen, es gibt noch so viel zu tun, ich muss meiner Frau helfen, bitte …«

»Wie heißt Ihre Tochter?«, frage ich.

»Mimi«, sagt er. »Meine Erstgeborene.« Er seufzt. »Ich habe gewartet und gehofft, dass die Soldaten nach uns suchen. Aber das tun sie nicht. Es ist neun Tage her, seit ihr uns hierhergebracht habt. Offenbar suchen sie an den falschen Orten; sie werden nie darauf kommen, in irgendwelchen Hinterhofzimmern nach uns zu suchen. Ich muss nach Hause. Ich erzähle euch, was auch immer ihr –«

»Du wirst ihm überhaupt nichts erzählen«, sagt der Anführer.

Lusaka kniet sich wie ich neben Kumbum. Er legt ihm die Hand auf die Stirn und zieht sie zurück. Sein Blick sagt deutlich, dass Kumbum heißer ist als noch vor ein paar Stunden. Lusaka wechselt in den Fersensitz. Auch ich setze mich hin wie er. Manga und Pondo tun das Gleiche, und nun sitzen wir alle auf dem Boden und schauen auf Kumbum. Wir sehen, wie er keucht und schwitzt und hoffentlich nicht hier vor uns stirbt. Der Runde starrt uns an, als gäben wir eine große Schau ab. Wenn ich ihm doch nur die Augen herausreißen und sie in seinem fetten Körper vergraben könnte.

»Kumbum«, sagt Lusaka leise, »wir wollen Sie nur zu gern nach Hause gehen lassen, damit Sie sich für die Hochzeit Ihrer Tochter Mimi fertig machen können. Wir wollen nicht, dass Sie hier sterben.«

»Das ist die Wahrheit«, füge ich hinzu. »Sobald Sie uns die Namen von den großen Männern in Bézam geben, jeden, von dem Sie glauben, dass wir ihn überzeugen –«

»Ach, kommt schon, ich lache gleich los«, sagt der Fahrer. Überrascht drehe ich mich zu ihm. Für wen hält er sich, dass er unser Gespräch unterbricht und uns verspottet? Doch hier vor uns stirbt ein Mann, und sein Tod bedeutet womöglich auch unseren Tod, darum tadele ich den Fahrer nicht, sondern frage: »Warum findest du das so witzig?«

»Weil ihr redet, als wärt ihr vom Himmel gefallen und erst gestern in diesem Land gelandet«, sagt er. »In Bézam schert sich niemand um Dorfbewohner wie euch. Absolut niemand in der Regierung. Niemand bei Pexton. Niemand weit und breit.«

Wir wissen, dass das der Fall sein könnte, aber wir glauben nicht an solche Absolutheiten. Welchen Sinn hätte es zu glauben, etwas könne nur so und nicht anders sein? Wer ist auf der Welt, seit die Erde existiert, und hat jede Eventualität erlebt? Auch wenn der Fahrer so redet, als wäre vieles im Leben absolut und wir nur nicht klug genug, das zu begreifen. »Versteht ihr, was sehr wahrscheinlich passiert, wenn euch diese Vertreter hier die Namen geben und ihr nach Bézam geht und um Hilfe für eure Kinder bittet?«, fährt der Fahrer fort.

Ja, ich verstehe, was dann sehr wahrscheinlich passiert, denn mein Bruder ist nach Bézam gegangen und nie zurückgekehrt, will ich zu ihm sagen. Ja, gut möglich, dass wir nach Bézam gehen und nie zurückkehren, aber soll das heißen, wir sollen es gar nicht erst versuchen?

»Was passiert denn dann?«, frage ich.

Er schüttelt den Kopf und bricht in verächtliches Gelächter aus, ganz ähnlich dem des Anführers. Er lacht so lange, bis er husten muss. Als hätten sie es einstudiert, setzt nun auch Kumbum ein und hustet. Ihr Husten – das eine trocken, das andere schleimig – hält an, bis Lusaka in die Küche rennt und mit zwei Bechern Wasser wiederkommt. Der Fahrer leert seinen sofort; Kumbum nimmt einen Schluck, als Lusaka ihm den Becher an die Lippen hält.

»Tonka will euch begreiflich machen«, sagt Kumbum und keucht bei jedem Wort, »dass euch die Leute in Bézam nur auslachen werden, ganz egal, was ihr zu ihnen sagt.«

»Wir sind nicht dumm«, sagt Lusaka. »Wir wissen, Bézam ist der Ort, an dem das Böse sein Haus gebaut hat und wo es seine Kinder großzieht. Aber wir wissen auch, dass dort gute Menschen leben, es kann unmöglich anders sein. Ihr sollt uns doch nur zu ein paar von ihnen führen.«

»Versteht ihr nicht?«, schreit der Fahrer. »Seid ihr taub? Es gibt keine aufrichtigen Menschen in Bézam. Es interessiert dort niemanden, ob eure Kinder leben oder sterben. Warum versteht ihr das nicht?«

»Ihr wollt uns weismachen, dass jeder in Bézam böse ist?«, sagt Manga.

»Ich sage euch, dass ihr nach Bézam gehen und euch auf den Bauch legen und von dem einen Ende der Stadt zu dem anderen Ende der Stadt robben und alle Tränen der Welt weinen könnt, ohne dass sich irgendwas für euch ändert. Die großen Männer werden eure Geschenke nehmen, und sie werden sich bedanken und das Fleisch ihren Köchinnen geben. Wenn sie es dann essen, werden sie sich nicht mal mehr daran erinnern, warum ihr es ihnen überhaupt geschenkt habt. Eure Kinder werden weiter sterben, bis keine Kinder mehr da sind. Diese Männer hier in diesem Raum« – sagt er und zeigt auf die drei Männer von Pexton –, »das ist alles, was ihr je von Pexton bekommt.«

Ich drehe mich zu Lusaka. Er schaut Kumbum an, versucht zu entschlüsseln, ob er dem Fahrer zustimmt in dem, was er sagt.

»Woher weißt du das alles?«, fragt Lusaka den Fahrer. »Warum bist du dir so sicher?«

Der Fahrer legt los, als warte er seit Jahren darauf, etwas zu diesem Thema zu sagen.

»Glaubt ihr denn, nur ihr leidet? Im ganzen Land leiden Dörfer oder Städte aus dem einen oder anderen Grund. Ihr habt kein sauberes Wasser. In dem Dorf da drüben werden die Töchter von Soldaten vergewaltigt. In einem anderen Dorf hat ein anderer Konzern alle Bäume gefällt; die Erde dort spült es weg. Woanders hat man vielleicht Edelsteine unter dem Land gefunden und Soldaten mit einem Regierungserlass geschickt, die das Gebiet sichern sollten und dabei Menschen getötet haben, weil … Brauchen sie einen Grund? Nehmt meine Frau – das Dorf ihrer Vorfahren, nicht weit weg von meinem, im Bezirk Bikonobang –, die Regierung sagt, sie will das ganze Dorf für irgendein Projekt zum Schutz von Tieren, alle im Dorf müssen ihre Sachen packen und sich irgendeinen anderen Ort zum Leben suchen. Was glaubt ihr, was die Menschen dort dagegen tun können? Nichts. Dutzende von ihnen fahren nach Bézam und weinen und bitten um Hilfe. Und wisst ihr, was passiert? Man sagt ihnen, sie sollen nach Hause gehen und warten, es käme bald Hilfe. Also gehen sie nach Hause und warten. Warten und warten. Regelmäßig kehren sie nach Bézam zurück, unzählige Male. Aber es wird nichts ändern. Für sie nicht. Für euch nicht. Ihr könnt losziehen und euch ein anderes Land bauen, wenn euch dieses hier nicht gefällt; den Leuten, denen dieses Land gehört, gefällt es genau so, wie es ist.«

Ich schaue den Fahrer an, aber ich finde nicht heraus, warum er die Dinge sagt, die er sagt. Aus Gehässigkeit? Oder aus Wut? Ist er empört, dass wir es wagen, von einem anderen Leben zu träumen, während er sich mit dem Gedanken arrangiert hat, dass Menschen wie uns qua Geburt nicht das Recht auf eine verheißungsvolle Zukunft zusteht? Er muss überzeugt sein, dass er nie mehr sein wird als ein Fahrer, ein kleiner Mann, der die Reste aufhebt, die runterfallen von den Tellern der großen Männer. Wahrscheinlich hat ihm sein Vater beigebracht, wie man Reste aufsammelt; bald wird er seinem Sohn das Gleiche beibringen: lächle, nicke, nimm, was sie dir geben, bedank dich ausgiebig, stell keine Fragen, versichere ihnen, dass ihnen die Luft gehört, die du atmest.

»Es gibt etwas, das ihr tun könnt«, sagt Kumbum.

»Was soll das sein, außer Platz für weitere Gräber zu machen?«, fragt der Fahrer.

»Hilf mir, mich hinzusetzen«, sagt Kumbum und greift nach meinem Arm. So, wie sein Zustand ist, frage ich mich, ob es nicht Zeit wäre, ihn von den Fesseln an den Händen zu befreien, aber ich schiebe den Gedanken beiseite. Wir könnten alles verlieren, falls sie uns durch meinen Versuch, Gnade walten zu lassen, überlisten.

Als Kumbum vor Schmerz zusammenzuckt, stürmt Lusaka hinaus und kehrt mit einem Kissen zurück, das er an die Wand lehnt, damit der kranke Mann es sich bequemer machen kann.

»Ich habe einen Neffen«, sagt Kumbum und sieht mich an. »Er kann euch helfen.«

»Arbeitet er für die Regierung oder für Pexton?«, frage ich.

»Weder noch. Er arbeitet für die Zeitung. Er kann über eure Geschichte schreiben.«

»Wie soll uns das helfen?«, frage ich. »Ihr Fahrer hat gerade gesagt, dass unsere Geschichte niemanden in Bézam interessiert.«

»Die Leute, die die Geschichte lesen, sitzen nicht in Bézam. Sie sitzen in Amerika.«

»Amerika?«

»Ja, Amerika, das Pexton-Land. Mein Neffe arbeitet für eine Zeitung, die viele dort lesen …« Er wartet, als habe er zu viel Luft verbraucht und müsse nun auf Nachschub warten. »Die Leute in Amerika hören gern Geschichten über das, was an weit entfernten Orten passiert, darum erzählt mein Neffe ihnen Geschichten über das, was bei uns passiert.«

»Ihr Neffe ist also ein Mann aus Bézam, der für Leute in Amerika arbeitet?«, fragt Pondo.

Kumbum schüttelt den Kopf. »Nein, er ist ein Mann aus Amerika … Das ist eine lange Geschichte. Sein Vater kommt aus Amerika, seine Mutter war meine Schwester … Er ist vor ein paar Jahren aus Amerika hierhergezogen … Seine Geschichte ist kompliziert. Bitte, vertraut mir, sprecht mit ihm.«

»Warum sollten wir ihm glauben, dass er die Wahrheit schreibt?«, sage ich.

»Weil er so ist. Wenn ihr ihn kennenlernt, werdet ihr es merken. Wenn es eine Geschichte gibt, von der er glaubt, dass sie erzählt werden muss, erzählt er sie. Er hat keine Angst. Er geht zu allen möglichen Treffen in Bézam, um etwas über die Menschen zu erfahren und über ihre Geschichten zu schreiben …«

»Und wenn er über uns schreibt und die Leute in Amerika unsere Geschichte lesen –«

»Wenn die Leute in Amerika lesen, was ein Konzern aus ihrem Land den Kindern in unserem Land antut, macht sie das wütend. Die Leute in Amerika werden gern aktiv. Gut möglich, dass manche von ihnen euch helfen wollen. Was genau sie dann vielleicht tun, weiß ich nicht, aber –«

»Aber die Pexton-Leute in Amerika werden die Geschichte auch lesen, oder?«, fragt mein Onkel Manga. »Und was, wenn sie sie lesen und zu ihren Freunden, die sie auch gelesen haben, sagen, dass sie eine Lüge ist und Ihr Neffe ein Schwindler? Die Leute in Amerika haben unser Leid nicht mit eigenen Augen gesehen. Keiner von denen war in Kosawa, also kann Pexton behaupten, dass sie uns noch nicht einmal kennen.«

Kumbum denkt eine Weile nach. »Ja«, sagt er. »Das könnte passieren.«

Der Anführer, der schon länger nichts gesagt hat, lacht. »Ihr amüsiert mich. Das tut ihr wirklich, wisst ihr das?« Wir ignorieren ihn.

»Fahrt gleich morgen früh nach Bézam«, sagt Kumbum. »Ein Treffen mit meinem Neffen ist die beste Chance, die ihr habt. Ich schreibe einen Brief an ihn und stelle euch vor. Ich sage euch, wie ihr ihn findet. Aber zuerst, bitte ... lasst uns nach Hause gehen. Ich flehe euch an.«

Lusaka winkt mich raus vor die Hütte. Manga und Pondo folgen uns. Zu viert beratschlagen wir mehrere Minuten, was zu tun ist, und einigen uns dann. Ich werde gleich morgen nach Bézam fahren, um den Mann von der Zeitung zu suchen. Lusaka und noch ein weiterer Mann werden mich begleiten; wer genau, entscheiden wir später. Zunächst einmal müssen wir dafür sorgen, dass Kumbum wieder gesund wird. Wir müssen ihn an einen komfortableren Ort bringen: in das Haus von Woja Beki. Als Ehemann von Woja Bekis Schwester ist Pondo am besten geeignet, Woja Beki darum zu bitten, dass er Kumbum bei sich aufnimmt. Pondo wird Woja Beki daran erinnern, dass es seiner Beziehung zur Regierung und zu Pexton sicher nicht guttäte, wenn ein als vermisst geltender Pexton-Mann in Kosawa sterben und man seine Überreste hier finden würde. Er muss alles tun, damit der Mann am Leben bleibt.

Die anderen zwei Pexton-Männer und der Fahrer bleiben bei Lusaka im Hinterzimmer. Mein Onkel Manga schlägt vor, in

Lusakas Abwesenheit meinem Cousin Sonni die Verantwortung für die Gefangenen zu übertragen. Ich habe meinen Cousin nie für besonders schlau gehalten – sein Gang ist träge und seine Sprache zäh –, aber es ist nicht der Zeitpunkt, das zu verkünden. Ich nicke und bete, dass Sonni sich nicht als Enttäuschung erweist. Dann planen wir weiter. Es muss sofort ein Treffen der Männer abgehalten werden, damit jeder weiß, wie es steht. Aber zuerst müssen wir den Männern von Pexton sagen, dass sie bald freikommen. Wir müssen ihre Hoffnung am Leben halten, damit die anderen drei nicht plötzlich krank werden wie Hühner nach dem Aufpicken von vergiftetem Korn. Sie sollen das Hinterzimmer lebend verlassen. Sobald unsere Delegation aus Bézam zurückkehrt, nach unserem Gespräch mit Kumbums Neffen und seiner Zusicherung, dass die Menschen in Amerika von unserer Geschichte erfahren werden und ein solches Erzählen tatsächlich etwas bewirken kann, lassen wir die Männer frei.

Wir kehren zu den Gefangenen zurück und erzählen ihnen, wie wir uns entschieden haben. Sie sind nicht glücklich, aber sie haben keine andere Wahl.

In den folgenden Stunden tritt alles wie erhofft ein, was wir draußen vor dem Hinterzimmer besprochen haben. Woja Beki ist erschüttert, als er hört, dass Kumbum vielleicht stirbt. Er stellt Pondo viele Fragen über den Kranken – ob seine Krankheit ansteckend sei? Ob denkbar sei, dass der Fremde gesund werde und einer seiner Frauen oder seinen Töchtern etwas antue? Er müsse schließlich seine Familie beschützen – und Pondo antwortet ihm, dass er keine Antworten habe, ihm keine Garantien geben könne, wir alle weitermachen müssten, trotz Fragen, die sich an keine Antworten knüpfen ließen, woraufhin Woja Beki das Fragen einstellt. Während wir es verlernen, lernt er gerade, dass der beste Weg nach vorn manchmal darin besteht, ohne Widerstand zu gehorchen.

Bevor ich ins Bett gehe, um noch auszuruhen, packe ich meine Tasche aus Bast. Yaya weint nicht, als ich vor ihr niederknie und um ihren Segen bitte. Sie segnet mich und wünscht mir eine gute Reise. Sie verspricht mir, sich während meiner Abwesenheit um die Familie meines Bruders zu kümmern. Sahel packt mir zu essen ein und füllt meine Wasserflasche auf. Juba umarmt mich lange. Thula sitzt allein auf der Veranda und ignoriert meinen Versuch, ihr zu versichern, dass ich in ein paar Tagen wiederkommen werde.

Noch vor Sonnenaufgang treffen wir uns auf dem Dorfplatz: Lusaka, ich und Tunis. Die Entscheidung, Tunis zum dritten Mann zu machen, war leicht. Tunis hat den besten Orientierungssinn, und den werden wir brauchen, um das Büro des Zeitungsmannes zu finden, das hatte bereits die Suche nach Malabo gezeigt, wo wir uns im Gewusel der Stadt auf ihn verlassen hatten.

Gerade wollen wir nach Gardens zum Bus aufbrechen, da hören wir Geraschel. Wahrscheinlich ist es nur eine frühmorgendliche Brise, die die Blätter an den Bäumen aufstört, vielleicht eine Warnung vor aufziehendem Gewitter. Doch es ist nicht der Wind, es ist Konga. Er ist zurück an seinem Platz unter dem Mangobaum. Gedanklich schon in Bézam, hatten wir nicht gesehen, dass er unter einem braunen Laken lag und schlief. Ich lege einen Finger an die Lippen, und die anderen Männer nicken, auch sie haben ihn gesehen. Wir alle heben bedacht die Füße und setzen sie mit aller Vorsicht wieder auf. Wir wollen den Verrückten nicht wecken und nicht gezwungen sein, uns auseinanderzusetzen mit dem, was aus seinem Mund kommen wird, wenn er die Augen öffnet und uns sieht.

Zu spät.

»Sieht aus, als ob ihr auf dem Weg zu was Wichtigem seid«, hören wir ihn hinter uns sagen.

Wir bleiben stehen. Sollen wir uns umdrehen oder weitergehen? Die Stimme gehört ihm, aber welcher Konga spricht da? Unser neu entdeckter Weiser oder der langjährige Störenfried? Sollen wir uns anhören, was er zu sagen hat? Das sollten wir, beschließt Lusaka, und dreht sich um.

»Guten Morgen, Konga«, sagt er und geht auf den Irren zu. Konga zerrt das Laken von seinem Körper und steht auf.

»Darf ich fragen, wohin ihr wollt?«, sagt er. Seine Höflichkeit wirkt deplatziert; schwer zu sagen, wie sein aktueller Zustand ist.

»Wir wollen nach Bézam«, sage ich.

»Bézam«, wiederholt er. »Und verratet ihr mir, was ihr dort vorhabt?«

Ich schaue zu Lusaka. Es ist besser, das Reden nun ihm zu überlassen, darum schweige ich, den Blick nach Gardens gerichtet, besorgt, wir könnten den Bus verpassen. Lusaka sagt lange nichts, sucht offenbar nach der richtigen Antwort auf Kongas Frage.

»Ich warte und warte auf eine Antwort, und auch sonst erwartet mich nichts als Warterei, also warte ich weiter, bis ich nichts mehr weiter zu tun habe als warten«, sagt unser Irrer. Er spricht in einer Art Singsang und lächelt. In seinen Mundwinkeln sitzt eingetrocknete Spucke. In seinen Nasenlöchern eine Kruste aus Rotz. Ich traue mich nicht, den Blick von ihm abzuwenden, er soll nicht denken, ich hätte Angst. Ich habe keine Angst vor ihm. Wenn ich als Anführer dieser Operation Erfolg haben will, darf ich vor niemandem Angst haben, ganz gleich, ob gesund oder besessen.

»Wir haben gestern einen Rat bekommen«, setzt Lusaka an. »Man hat uns den Namen von einem Mann in Bézam gegeben, der uns helfen kann, darum wollen wir uns mit ihm treffen.«

»Und dieser Mann ist …«

»Dieser Mann ist ein wichtiger Mann. Wir haben einen sehr guten Rat bekommen.«

»Wollt ihr meinen Rat, ob der Rat, den ihr bekommen habt, ein guter Rat ist?«

Lusaka wirft mir einen Blick zu, und ich nicke, und so erzählt er Konga alles, wozu Kumbum uns geraten hat. Konga blinzelt kein einziges Mal, während Lusaka spricht. Er starrt Lusaka an, als sei Lusaka weit gereist, um ihm Neuigkeiten von gestern zu überbringen. Meine Sorge, dass wir den Bus verpassen, wird immer größer – Lusaka schildert minutiös, was Kumbum gesagt hat.

Als Lusaka fertig ist, starrt Konga ihn weiter an. Als er schließlich den Blick von ihm löst, richtet er ihn auf mich.

»Ihr werdet nicht finden, wonach ihr in Bézam sucht«, sagt er.

»Vielleicht nicht«, stimmt Lusaka ihm zu, »aber wir sollten es trotzdem versuchen.«

»Warum es versuchen, wenn man weiß, dass man scheitert?«

»Ist es nicht besser, es zu versuchen und zu scheitern, als nichts zu tun?«

»Wir brauchen kein weiteres Scheitern, Lusaka Lamaliwa. Die Welt zerbricht unter der Last des Scheiterns. Sieh dich um. Siehst du etwas anderes als Scheitern? Brauchen wir noch mehr davon?«

»Nein, aber wir brauchen Menschen, die größer sind als wir und unseren Kampf unterstützen.«

Konga wirft den Kopf in den Nacken und lacht. »Größer, kleiner, weder klein noch groß, was ist besser?« Lusaka schaut zu mir. Sollen wir versuchen, das Rätsel eines Irren zu lösen? »Ihr bezeichnet euch als klein«, fährt Konga fort, »ohne dass ihr euch dafür schämt.«

»Es ist keine Schande, wenn wir zugeben, dass wir die Hilfe von denen brauchen, die die Macht haben, uns zu befreien«, sage ich.

»Ja, ja, natürlich«, sagt Konga, als habe er solchen Unsinn schon viel zu oft gehört. »Aber vorher will ich dir etwas sagen, liebes Kind. Etwas, dass du vielleicht noch nie gehört hast und nach dem heutigen Tag vielleicht nie wieder hören wirst: Nur wir allein können uns befreien.«

Genau, sage ich zu mir, die Kinder sterben weiter, die Gasfackeln toben weiter, die Pipelines lecken weiter, wir laufen Gefahr, dass man uns vernichtet, und wir sind absolut dazu in der Lage, uns selbst zu befreien.

»Das ist alles wahr, Konga Wanjika«, antwortet Lusaka. »Unsere Vorfahren haben uns große Kräfte vermacht, und in der Tat können wir allein viel für uns tun, aber was Pexton angeht, hatten wir dabei keinen Erfolg. Wenn wir den Menschen in Amerika unsere Geschichte –«

»Sie sind aus Amerika gekommen und haben uns zerstört, und jetzt wollt ihr zu ihnen gehen und sie anflehen, uns zu retten?«

»Es sind nicht dieselben Leute«, sage ich, obwohl ich eigentlich sagen will, dass wir jetzt gehen müssen. »Die Leute, denen Pexton gehört, und die Leute, die tun werden, was auch immer getan werden muss, damit Pexton aufhört, uns zu quälen, sind zwei verschiedene Arten von Amerikanern.«

»Aber sie sind nicht anders, schöner junger Mann«, sagt Konga, der auf mich zukommt und mir in die Augen blickt. Zum ersten Mal in meinem Leben habe ich das Gefühl, dass er mich sieht, mich nicht nur als einen von vielen jungen Männern von Kosawa wahrnimmt. »Du verstehst schon, dass alle Menschen aus Übersee gleich sind, oder? Die Amerikaner, die Europäer, jede einzelne Überseeperson, die je einen Fuß auf unseren Boden gesetzt hat, du weißt, dass sie alle das Gleiche wollen, nicht wahr?«

Wie kann er sich an die Europäer erinnern, wo er doch kein Gedächtnis hat?

»Du bist jung«, sagt er. »Eines Tages, wenn du alt bist, wirst du begreifen, dass es zwischen denen, die kamen, um uns zu töten, und jenen, die jetzt zu unserer Rettung eilen, keinen Unterschied gibt. Ganz egal, was sie vorgeben, sie alle sind überzeugt, dass sie die Macht besitzen, uns das zu nehmen oder zu geben, was ihr unendliches Bedürfnis stillt.«

»Willst du sagen –«

»Ich will sagen, dass ihr lieber umdrehen und wieder in eure Hütten gehen sollt. Morgen werden wir allein weiterkämpfen.«

Tunis sieht mich eindringlich an. Dem Blick nach hat Konga ihn überzeugt. Er will in seine Hütte zurück. Er ist bereit, unsere Mission aufzugeben, weil ein Irrer glaubt, wir ganz allein könnten Seine Exzellenz und einen amerikanischen Konzern besiegen. Ich bin versucht, ihm zu sagen, er soll zurücklaufen zu seiner Frau und seinen Kindern und vergessen, dass er sich unserem Kampf je angeschlossen hat. Ich möchte ihm versichern, sollten seine Kinder sterben, wird ihr Blut für immer an seinen Händen kleben. Fast rutschen mir die Worte von der Zunge, aber ich halte sie zurück und atme sie aus. Die Wut eines Mannes ist oft genug nur ein sicheres Versteck für seine Feigheit.

Ich danke Konga für seinen Rat und sage ihm, dass wir unsere Taschen für die Reise nicht gepackt hätten, um nun, nach unerfüllter Mission, wieder zurück ins Bett zu gehen. Lusaka nickt. Wir hätten so ziemlich alles getan, was getan werden könne, und viele Optionen durchgespielt, sage ich. Heute nach Bézam zu gehen, sei für uns die aussichtsreichste Option, die uns noch bliebe.

»Es gibt Wege, die erscheinen dem Menschen richtig«, ruft der Irre, als wir ihm den Rücken zudrehen, um unseren Weg fortzusetzen, »aber am Ende führen sie ins Verderben.«

Wir gehen weiter. Gerade als wir den Pfad nach Gardens einschlagen, spricht Tunis aus, was ich in seinem Blick gesehen habe. »Vielleicht sollten wir auf Konga hören«, murmelt er leise und schaut zu Boden.

»Dann geh«, schreit Lusaka ihn an, ehe ich etwas sagen kann. Lusaka zeigt zurück auf Kosawa, seine Stimme zittert vor Zorn. »Geh nach Hause, und wenn du zwei Söhne beerdigt hast, dann komm zurück und sag mir, ob es besser ist, auf einen Irren zu hören oder auf dein Herz. Los, verschwinde, und lass dich nie wieder blicken.«

Tunis verschwindet nicht. Den Rest des Wegs spricht keiner ein Wort.

Wir besteigen in Gardens den ersten Bus, als die Arbeiter gerade ihr Frühstück beenden, und der zweite verlässt Lokunja am Mittag. Von dort sind es noch zwei weitere Fahrten in überfüllten Bussen, in denen kein Lüftchen geht. Ich setze mich jedes Mal ans Fenster und schaue raus auf die vorbeirauschenden Bäume, während ich an die lang vergangenen Kindheitstage denke, als Kosawa zwar alles andere als makellos, aber dafür reich an Unbekümmertheit war, als Kinder kaum Sorgen kannten und ich Malabo hatte.

Er hatte immer Freunde in seinem Alter, und ich auch – in getrennten Ecken des Dorfes kickten wir Bälle und kletterten auf Bäume –, aber meine Lieblingstage waren die Tage, an denen unsere Gruppen zusammenspielten und ich zusehen konnte, wie er die Bälle weiter schoss als alle anderen, die Bäume höher hinaufkletterte als alle anderen; und selbst wenn es nicht so gewesen wäre, war es für mich so, weil er mein älterer Bruder war, so groß und stark, es gab keinen besseren als ihn. Jedes Mal, wenn wir mit den anderen Jungen auf der Suche nach Buschpflaumen in den Wald zogen, achtete er darauf, dass ich vor ihm ging. Nicht nur ich, sondern auch die anderen kleinen Jungen, die keine älteren Brüder hatten, jemand musste auf sie aufpassen, und wenn es niemand tat, musste Malabo es tun. Yaya sagte, das habe damit zu tun, dass er der Erstgeborene sei, dass Erstgeborene von Natur aus verantwortungsbewusst wären, auch wenn sie mir keine Erklärung für all die Erstgeborenen im Dorf geben konnte, die weiter mit ihren Freunden spielten, während ihre Geschwister in der Ecke saßen und weinten.

Malabo wollte, dass sich jeder sicher fühlte. Mich wollte er unbedingt beschützen und Yaya um jeden Preis glücklich machen. Wann immer unser Vater in seiner Wut das Abendessen wegstieß, sammelte Malabo es auf, damit es Yaya nicht machen musste.

Du weißt doch, dass er so ist, sagte Yaya jedes Mal achselzuckend, wenn ich mich über den unberechenbaren Zorn meines Vaters beschwerte; du weißt, dass er nicht gut darin ist, glücklich zu sein. Aber warum?, fragte ich dann. Weil er so geboren wurde, Bongo, darum. Aber wie kommt es, dass alle anderen im

Dorf immer lächeln und er nie? Weil er ist, wie er ist; warum sollte er vorgeben, wie alle anderen zu sein? Ist er es denn nicht leid, Jahr für Jahr unglücklich zu sein?, wollte ich wissen. War es ein Fluch? Yaya konnte mir nur sagen, dass das Leid meines Vaters schon begann, als er noch im Bauch seiner Mutter war. Ein Verwandter, mit dem sein Vater um Land stritt, verwandelte sich in eine Python und würgte seinen Vater zu Tode. Wochen später, noch immer in Trauer, starb seine Mutter bei seiner Geburt. Da seine Mutter und sein Vater nicht mehr am Leben waren, nahm seine ältere Schwester ihn zu sich und zog ihn als eins ihrer Kinder auf. Seine Schwester stillte ihn zusammen mit ihrem eigenen Kind und legte ihn zum Schlafen zu sich ins Bett. Sie und ihr Mann nahmen beide Kinder in die Mitte, sodass keines allein war, wenn es nachts erwachte, und sich in der neuen, verwirrenden Welt nicht ängstigen musste.

Jeder aus dem Dorf meines Vaters, den ich je kennengelernt habe, schwor mir, dass seine Schwester und ihr Mann ihn behandelt hätten, als wäre er aus dem Bauch seiner Schwester gekommen, aber mein Vater, der sich noch vor der Geburt von Malabo und mir von seiner Herkunftsfamilie losgesagt hatte, bestand darauf, dass es überhaupt nichts bedeute, dass man ihn anständig behandelt habe. Er sagte, die beiden seien nur deshalb gut zu ihm gewesen, weil sie als nächste Verwandte nun einmal die Verantwortung für ihn als Waisen hätten übernehmen, ihm nun mal hätten helfen müssen, weil ihr Dorf sonst schlecht von ihnen gedacht hätte, wenn sie ihre eigene Familie verstoßen hätten. Was gab es daran hoch zu schätzen? Malabo und ich sollten dankbar sein für das, was wir hätten, sagte er oft, das Leben leben zu dürfen, das zu leben wir geboren seien, anders als er in seinen ersten Jahren, als er ohne die Geborgenheit des Dazugehörens aufgewachsen war, in einem Dorf, in dem die Leute sich nicht einmal die Mühe machten zu flüstern, wenn sie zueinander sagten, dass es für ein Kind wohl kaum einen noch traurigeren Start ins Leben gebe als den seinen, warum sollte ein solches Kind lächeln?

Ich erinnere mich an Abende auf der Veranda, an denen wir dasaßen und warteten, bis es Zeit war, ins Bett zu gehen, und Malabo mir und Yaya Geschichten erzählte, um uns zum Lachen zu bringen, weil wir, hätten wir nicht gelacht, nur unser trostloses Zuhause hätten betrauern können und unsere Unfähigkeit, es umzugestalten. Wie konnten wir an etwas anderes denken mit der Melancholie unseres Vaters in unserer Mitte? Wie sonst sollten wir mit den schlimmsten seiner schlimmen Tage umgehen, an denen die niemals endende Traurigkeit und die schlechte Laune aufeinandertrafen, er nicht essen konnte, überhaupt nichts tun konnte, außer den Großteil des Tages im Bett zu liegen, während andere Männer zur Arbeit gingen, und uns dann, wenn er aufgestanden war, von Scham erfüllt, anschrie, weil wir uns erlaubten zu atmen? Einmal, es war in meiner Jugend, fragte ich Malabo, im Versuch, ihn zu verstehen, um mehr sein zu können wie er, ob ihm die Dinge Spaß machten, die er für andere tue, so wie der Gang zur Jagd mit unserem Vater, obwohl er alt genug war, die Gesellschaft eines Mannes zu meiden, der jedem auch noch das letzte bisschen Freude nahm, oder die Besuche bei der alten Bata, unserer Nachbarin, mit der sich niemand gern umgab, wenn er nicht musste –, ob es nicht leichter für ihn wäre, wenn er nur die Dinge täte, die er tun müsse? Malabo lachte und sagte, wenn jeder nur das tun würde, was er glaubte, tun zu müssen, wer würde dann die Dinge tun, von denen niemand glaubte, sie tun zu müssen? Was habe Vergnügen mit Pflicht zu tun?

Seine Ehe und sein Vatersein machten meinen Bruder nur noch mehr zu dem, der er war.

Ich denke oft an diesen einen Abend auf dem Dorfplatz, als wir eine gute Zeit mit unseren Freunden verbrachten, der Mond strahlend und selbstbewusst, der Himmel rappelvoll mit Sternen, alle Ekstase-Pilze kreisen ließen, in Bananenblättern gedreht, rauchten und immer lauter lachten, je higher wir wurden, ein Glücksrausch, fast so gut wie die Schenkel einer Frau – ein Besucher hätte denken können, wir hätten den Namen Pexton noch nie gehört –, und Malabo plötzlich meinte, wir sollten aufhören, so laut zu lachen, weil wir sonst womöglich die Kinder in den nahe gelegenen Hütten weckten. Keine Sorge, sagte einer unserer Freunde, die Kinder hätten sich inzwischen daran gewöhnt, trotz unsres Gelächters zu schlafen, worauf Malabo entgegnete, wäre es nicht besser, die Kinder hätten in dieser Sache eine Wahl? Sahel war damals gerade schwanger mit Thula. Als Thula dann da war, ließ Malabo das Rauchen während der Treffen eine gewisse Zeit sein, damit er seiner Frau etwas nützte, wenn er nach Hause kam, worüber wir nur noch lauter lachten. Wobei konnte ein Mann einer Frau mit einem Baby schon helfen?

Trotz aller Versäumnisse meines Vaters machte Malabo ihm an dem Tag von Thulas Geburt das größte Geschenk seines Lebens, zweifelsohne der glücklichste Tag im Leben von beiden. Seine Blutlinie um eine weitere Generation fortgesetzt zu sehen, das Kind seines Kindes im Arm zu halten, ein Mädchen, irgendetwas an alldem bescherte meinem Vater die tiefsten und längsten, wenn auch nur flüchtigen Momente der Erholung von seiner Melancholie, die er je haben sollte. Yaya sagt, darum habe Thula als Baby und als kleines Mädchen immerzu gelächelt: weil sie als Allererstes in ihrem Leben ein Lächeln sah, das ihr Großvater sehr lange für sie aufgespart hatte.

Nie zuvor hatte unsere Hütte eine Freude erlebt wie die in den Monaten nach Thulas Geburt: Mein Vater, der Thula im Arm wiegte und sie Sahel und Yaya auch dann nicht geben wollte, wenn sie weinte; Malabo und ich, die wir uns abends mit unseren Freunden auf dem Dorfplatz trafen, herumalberten und lachten, mein Bruder auch ohne Ekstase-Pilze glücklicher als alle anderen, sein Lachen das lauteste, nun, da sein Leben vollständig war durch seine Ehe und Vaterschaft.

Nachdem wir meinen Vater beerdigt hatten, als Thula sechs war, wurde Malabo zum Oberhaupt unserer Familie; da wurde ein neuer Mensch aus ihm. Im Bemühen, der Vater zu sein, der sein Vater nie war, ein Vater, dessen erster Gedanke am Morgen und letzter Gedanke am Abend dem Glück seiner Familie galt, beschloss Malabo, seine Autorität dafür zu nutzen, uns zu sagen, was wir zu tun und wie wir zu sein hätten. Er bestimmte, was das Beste für mich wäre, für uns alle. Sagte mir, welche Mädchen ich nie wieder mit in die Hütte bringen solle: Warum die Zeit des Mädchens vergeuden, wenn sie doch nicht das war, was ihm als Ehefrau für mich vorschwebte. Wir sollten seine Vorstellung von einer glücklichen Familie leben, was bedeutete, dass wir zu tun hatten, was er sagte, zu verstehen hatten, dass seine Weisheit die unsere überstieg. Er war auch entschlossen, Thula die unschuldigen Freuden zu gewähren, um die uns die Melancholie unseres Vaters in der Kindheit gebracht hatte. Yaya und Sahel beschwerten sich selten – es war ihre Pflicht, ihm zu gehorchen –, aber ich? Ich war auch ein Mann; ich wollte, dass man mir zuhörte. Aber Malabo glaubte, dass meine Meinung nicht zählte; er war älter als ich, als Erstgeborener war er zum Oberhaupt geworden, also war es an ihm, alle wichtigen Entscheidungen zu treffen. Er wollte nach Bézam gehen, er würde gehen: das war gesetzt. Sein Untergang kam mit der Überzeugung, dass die Liebe zu seiner Familie alles rechtfertigte, was er für sie tat. Nun sind er und unser Vater tot. Dass nun ich das Oberhaupt unseres bröckelnden Haushalts bin, ist mehr, als ich tragen kann, aber ich muss, denn welchen Sinn hätte ihr Leben sonst gehabt?

Nach anderthalb Tagen kommen wir in Bézam an. Im unübersichtlichen Gedränge einer Bushaltestelle im Zentrum der Stadt steigen wir aus, mit dem Brief für den Zeitungsmann in meiner Tasche. Ich lese die Wegbeschreibung vor, die Kumbum mir gegeben hat, um zu dem Büro seines Neffen zu finden, und Tunis übernimmt die Führung: Wir überqueren Straßen, biegen mal rechts ab, mal links, während vor und hinter uns Autos hupen, uns Staub in die Augen fliegt, die Menschen um uns herum unbekannte Sprachen sprechen und uns die Sonne auf ihrem Höchststand das letzte bisschen Kraft entzieht. Auf der Busfahrt haben wir eine Kleinigkeit gegessen, aber das lange Sitzen hat unsere Beine geschwächt, darum gehen wir langsam und mit Abstand zueinander, um keine Aufmerksamkeit zu erregen. Wer weiß, wer uns womöglich beobachtet. Als wir nach einer Stunde Fußmarsch am Ende des beschriebenen Weges ankommen, finden wir dort kein Büro vor, sondern ein unbebautes Stück Land.

Schweigend sitzen wir auf dem Boden. Hat uns der Kranke reingelegt? Wie konnten wir so dumm sein, ihm zu vertrauen? So wie sie gucken, denken Lusaka und Tunis das Gleiche. Wie konnten wir einem Mann aus Bézam nur vertrauen, uns zu helfen? Ehe ich irgendwas sagen kann, steht Lusaka auf und läuft über die Straße zu einer Bar. Er spricht mit einem Mann, der unter einem Sonnenschirm sitzt und ein Bier in der Hand hält, und kommt lächelnd zurück. Das Büro sei nicht weit von hier, sagt er.

Wir durchqueren eine Gasse, gehen eine Straße entlang und finden uns vor einem Gebäude wieder, das so hoch ist wie zwölf übereinandergestapelte Hütten. Es passt zu der Beschreibung von Kumbum. Nun, da der erste Teil unserer Mission geschafft ist, kratzen wir uns mit den Zeigefingern an den Augenbrauen und wischen uns den Schweiß an den Hosen ab. Tunis schaut zu dem Gebäude hinauf und fragt, warum Menschen in Bézam ihre Gebäude so hoch bauen würden: Wollen sie im Himmel leben? Haben sie Angst davor, dass sie etwas am Boden beißt? Lusaka und ich antworten nicht.

Wir sollten noch nicht reingehen, sage ich. Wir waren fast zwei Tage lang unterwegs; wir haben uns nicht gewaschen, und wir haben keinen sauberen Mund. Tunis stimmt mir zu. Er sagt, wir riechen wie geröstetes Menschenfleisch. Ich lache, aber Lusaka stimmt nicht mit ein. Er hat noch nie etwas getan, nur weil andere es tun, so ist er nicht, weswegen er mir von den gleichaltrigen Freunden meines Bruders immer der Liebste war. An den Abenden unserer Tage als junge Erwachsene fiel es mir schwer, ihn nicht zu lange anzustarren, wenn sich alle anderen laut unterhielten und lachten und Lusaka, immer der nachdenkliche Typ, alles mit einem Lächeln beobachtete, das so schwach war, dass man es nur in seinen Augen sah. Einmal sagte ich im Spaß zu Malabo, dass vielleicht Lusaka der echte Erstgeborene unseres Vaters sei, nicht Malabo, und Thula vielleicht Lusakas Tochter. Mein Bruder lachte und sagte, dass wir es in einem Dorf so klein wie unserem, gegründet von Brüdern, die Schwestern geheiratet hätten, nur der Gnade des großen Geistes zu verdanken hätten, dass wir nicht alle gleich aussähen und auch von der Art her gleich seien.

Wenn ich Lusaka jetzt anschaue, kann ich sehen, dass diese Mission, dieser ganze Kampf ihn verändert, ihn dazu zwingt, Teile von sich zu zeigen, die selbst die Verschwiegensten nicht für immer verborgen halten können. Ich hoffe, dass er bald glücklich wird, aber nach der vielen Zeit mit trauernden Eltern weiß ich, dass Glück nicht eins ihrer Ziele ist; ihnen reicht schon, wenn in der Dunkelheit, die sie umgibt, hier und da mal ein Licht aufblitzt. Vielleicht hat einer von Lusakas verstorbenen Söhnen gerne Witze erzählt, vielleicht hat Lusaka deshalb nicht über die Witze gelacht, die Tunis während der Busfahrten erzählt hatte, um unsere aufgescheuchten Gemüter zu beruhigen. Besonders lustig war, als er überlegte, welcher Frucht der Hintern einer bestimmten Frau aus Kosawa ähnlich sah. Ich lachte schallend, als er Sahels Hintern als Ananas bezeichnete, und Tunis lachte auch, obwohl Sahel seine Cousine und wie eine Schwester für ihn ist.

»Kommt, gehen wir rein«, sagt Lusaka. »Wenn uns der Zeitungsmann nicht helfen will, weil wir schlecht riechen, bitten wir Jakani das nächste Mal, uns in Blumen zu verwandeln.«

Wir gehen auf den Eingang des Gebäudes zu.

Direkt davor steht ein Mann. Er sieht kampfbereit aus: die Nasenlöcher gebläht, die Fäuste geballt, wütend wegen irgendwas. Ich bin nicht sicher, was man richtigerweise zu ihm sagt.

»Guten Tag«, sage ich.

»Was wollt ihr?«

»Wie läuft Ihr Tag bislang? Mein Name ist Bongo. Meine Freunde und –«

»Vergeude nicht meine Zeit.«

»Ich … bitte, wir sind hier, um einen Zeitungsmann zu sprechen. Sein Onkel schickt uns.«

Er begutachtet uns vom Scheitel bis zur Sohle. »Ihr seht aus wie Leute vom Dorf.« Offenbar gilt es hier in der Stadt als höflich, unhöflich zu sein. »Was habt ihr mit einem Zeitungsmann zu schaffen?«

»Wir müssen ihm einen Brief geben.«

»Wem?

»Dem Zeitungsmann. Könnten Sie uns freundlicherweise zu ihm bringen? Sein Name ist Austin.«

»Austin? Ihr seid wegen Austin hier?« Sein Lächeln kommt unerwartet, schief und krumm, legt schwarzes Zahnfleisch frei. »Warum habt ihr das nicht gleich gesagt? Seid ihr aus dem Dorf seiner Mutter? Erst neulich hat er mir erzählt, dass er noch immer keine Gelegenheit hatte, das Dorf seiner Mutter zu besuchen.« Er öffnet die Tür und winkt uns herein. »Wartet da drüben«, sagt er und zeigt in eine Ecke des leeren Raumes. »Ich gehe hoch und hole ihn.«

Wir sind nicht aus dem Dorf von Austins Mutter, aber ich korrigiere den Mann nicht, froh wie ich bin, dank einer falschen Annahme bevorzugt behandelt zu werden.

Zwei Frauen in meinem Alter betreten den Raum und gehen, ohne zu grüßen, an uns vorbei. Sie tragen Hosen wie Männer; eine von ihnen hat kurze Haare. »Also doch … Dann stimmt es, was ich gehört habe«, flüstert Tunis. »Es gibt keine echten Frauen in Bézam, nur Männer, die aussehen wie Frauen, die auszusehen versuchen wie Männer. Sieh dir die Hintern an – überhaupt keine Form.« Obwohl wir in einem fremden Raum mit Herzrasen auf einen Fremden warten, können Tunis und ich uns das Lachen nicht verkneifen. Als wir sehen, wie der Mann vom Eingang die Treppe mit einer Frau herunterkommt, die aussieht wie ein Mann, der auszusehen versucht wie eine Frau, stellen wir es schnell ab. Der Mann vom Eingang macht eine Kopfbewegung in unsere Richtung, dann geht er wieder raus auf seinen Posten. Wir werden mit dieser Person allein gelassen, und ich weiß nicht, welche Beziehung diese Person zu Austin hat.

»*Good afternoon, brothers*«, sagt die Person auf Englisch. »Mir wurde gesagt, dass ihr mich sucht?«

»Ich bin … Wir sind …«, setze ich an.

Ich habe seit Jahren nicht mehr auf Englisch mit einem Fremden gesprochen, nicht seit der Zeit, als ich durch die Lehrerprüfung gefallen und wieder zurück nach Kosawa gekommen bin. Das war zwei Jahre nachdem mein Vater gestorben war und mein Bruder mir erzählt hatte, wie er auf dem großen Markt gehört habe, dass die Regierung nach Kandidaten suche, die sich zu Lehrern ausbilden ließen, um in Dorfschulen zu unterrichten, die überall im Land gebaut wurden. Ich war genau die Art von jungem Mann, die die Regierung suchte: Ich hatte mich in der Schule ausgezeichnet geschlagen und sprach besser Englisch als jeder andere Erwachsene in Kosawa; ich genieße auch heute noch, wie es sich auf meiner Zunge anfühlt. Meine Liebe zur Sprache allein überzeugte mich aber noch nicht, Kosawa verlassen und Lehrer in einem fernen Dorf werden zu wollen. Doch dann erzählte ich Elali von dem Programm, und sie war begeistert von dem Gedanken, die Frau eines Lehrers zu werden und in einem Steinhaus zu wohnen.

Schon bald war auch ich von der Möglichkeit begeistert.

Ich würde endlich von meinem Bruder wegziehen können, der Elali nie gemocht hatte, weil er fand, dass sie lache wie eine

Frau ohne Anstand, was seiner Meinung nach Bände sprach. Er behauptete, er wisse aus vertrauenswürdiger Quelle, dass Elali ein Mädchen sei, das für jeden Mann die Schenkel spreize, der ihr etwas von Wert biete. Laut Malabos Quelle sei Elali vor mir bereits mit mindestens sieben Männern zusammen gewesen. Nachdem er mir all das gesagt hatte, sprach ich mehrere Tage nicht mit ihm. Nicht ein Mädchen, das ich seit dem Tod unseres Vaters mit nach Hause gebracht hatte, hatte er gebilligt – er war der Meinung, ich sei zu sehr auf Äußerlichkeiten fixiert –, und nun hatte ich endlich eine Frau gefunden, die in jeder Hinsicht reif an Substanz war, und auch sie lehnte er ab. Elali schluchzte, als ich sie fragte, ob es denn wahr sei, was Malabo erzähle. Sie fragte mich unter Tränen, ob ich ihm die Geschichte glaubte. Natürlich tat ich das nicht. Ich liebte sie. Ihr zuliebe bewarb ich mich für das Ausbildungsprogramm und war überglücklich, als man mich nahm. Wenige Wochen später zog ich in eine Kleinstadt auf der anderen Seite des Landes, nur um am Ende der einjährigen Ausbildung durch die Qualifikationsprüfungen zu fallen, was bedeutete, dass ich nicht als Lehrer arbeiten konnte. Ich durfte nach Kosawa zurückkehren und weiter Jäger sein.

Ich kehrte mit einem Bambuskoffer voller Demütigung und vier vor dem Büro des Ausbildungsprogramms gefundenen Büchern nach Hause zurück. Die Bücher hatte ich zu meinen erklärt, nachdem sich niemand sonst gemeldet und sie als sein Eigentum beansprucht hatte; wahrscheinlich waren sie von irgendeinem Mitglied irgendeiner europäischen Delegation liegen gelassen worden, die dem Programm einen Besuch abgestattet hatte, um es zu benoten.

Die Bücher liegen nun auf einem Holzhocker in meinem Zimmer und erinnern mich daran, wie weit ich gereist bin, um schließlich nach Hause zurückzukehren. Sie sind voll mit großen Wörtern, die nicht aussehen wie Englisch. Darum habe ich nur eins von ihnen gelesen, ein Buch mit Bildern über einen Ort namens Nubien, den es vor vielen anderen Orten auf der

Welt gegeben hat, ein untergegangenes Königreich, in dem anbetungswürdige Frauen lebten, die man als nubische Prinzessinnen bezeichnete. Früher las ich Thula aus dem Buch vor, bevor sie beschloss, morgens nicht mehr in mein Bett zu kommen und sich neben mir zusammenzurollen, aber vor allem las ich Elali daraus vor, meiner nubischen Prinzessin. Als ich zurückkehrte, verließ sie mich nicht, aber sie hielt an dem Traum fest, irgendwann in einem Steinhaus zu leben. Ein Arbeiter von Pexton erfüllte ihr diesen Traum.

Mein gesamtes Englisch lässt mich im Stich. Ich habe keine Ahnung, wie ich höflich fragen kann, ob die Person vor mir ein Mann oder eine Frau ist. Die Person hat lange Haare, zu zotteligen Strähnen verfilzt, die zu beiden Seiten eines schönen ovalen Gesichts mit einer geraden Nase nach unten hängen; seine oder ihre Haut ist hell und glatt, Zeugnis einer einfachen Kindheit an einem Ort, an dem die Sonne zärtlich ist. Auch die Kleidung der Person hilft mir bei der Bestimmung nicht weiter, schließlich tragen die Frauen in dieser Stadt Hosen und die Männer Blusen. Ich beschließe, dass sie eine Frau sein muss. Was ich höre, ist nicht die Stimme eines Mannes, allerdings ist es auch nicht ganz die Stimme einer Frau.

»Oh bitte, Verzeihung«, sage ich auf Englisch, in der Hoffnung, dass meine Aussprache deutlich ist. »Ich bin nur verwirrt, weil wir nach einem Mann suchen; sein Name ist Austin.«

Die Person lacht und sagt: »Ja, das bin ich.«

»Oh, Mr. Austin, bitte, es tut mir so leid. Bitte, ich war nur verwirrt …« Ich bin kurz davor, auf die Knie zu fallen und ihn für die Beleidigung um Verzeihung zu bitten, aber ehe ich den Boden berühre, packt er mich an den Schultern und grinst. »Das passiert mir hier ständig«, sagt er. »Machen Sie sich keine Gedanken. Und bitte, nennen Sie mich Austin. Sagten Sie gerade, Sie hätten einen Brief für mich?«

»Ja, von Ihrem Onkel«, sage ich und ziehe den Brief aus der Tasche.

»Meinem Onkel?« Überrascht sieht er mich an. »Woher kennen Sie meinen Onkel?«

»Er war bei uns im Dorf, um uns zu helfen.«

»Ach so, stimmt, wegen seinem Job. Ist er noch da?«

»Das war er …« Ich hoffe, er sieht den Schreck in meinen Augen nicht, als mir die Zunge im Mund schwer wird. Wie antworte ich auf eine solche Frage? Wie viele Lügen muss ich erzählen, bis das hier vorbei ist?

»Wann ist er gefahren?« Er hält den Brief in der Hand, doch sein Blick ruht auf mir.

»Ich … ich erinnere mich nicht …«

Warum stellt er all diese Fragen? Ist er wirklich ein Zeitungsmann oder jemand, von dem der Kranke hofft, dass er was merkt und uns der Regierung meldet?

»War Ihr Dorf eines der ersten, die er und sein Team besucht haben?«, fragt er. »Ich weiß wirklich nicht viel über das, was er tut, außer dass er Touren durch die Dörfer macht.«

»Ja … eines der ersten«, sage ich. »Er hat uns einen Besuch abgestattet und ist dann in ein anderes Dorf gefahren.« Bei jedem Wort schlägt mein Herz wie wild. Ich habe Angst, dass er mir noch weitere gezielte Fragen stellt. Während er spricht, schaut er kurz zu Lusaka und Tunis, aber sie verstehen nicht viel von dem, was er sagt, und in ihrem Unbehagen wagen sie es kaum, ihn auch nur anzusehen, und überlassen es mir, uns alle möglichst entspannt rüberkommen zu lassen.

Ich sage mir, dass Austin sicher nur deshalb all diese Fragen stellt, weil Leute aus Amerika gern ein leichtes unschuldiges Gespräch anfangen, wenn sie jemandem zum ersten Mal begegnen, damit die Person sie mag und ihnen gibt, was sie wollen; das habe ich irgendwo gelesen. Austin muss nicht wissen, was wir mit seinem Onkel gemacht haben, weil es da nichts zu wissen gibt. Es werden keine Männer von Pexton in Kosawa gefangen gehalten, sage ich mir immer wieder. Ich überzeuge mich davon, dass ich Lusakas Hinterzimmer noch nie betreten habe, und selbst wenn ich es getan hätte, hätte ich höchstens einen Stapel Feuerholz in der Ecke gesehen.

»Ich habe das Gefühl, dass er sich eigentlich gern zur Ruhe setzen würde, wegen seiner gesundheitlichen Probleme«, sagt Austin. »Aber er hat Familie, und an Jobs wie seinen kommt man schwer ran.«

Ich weiß nicht, was er mit »schwer ran« meint, aber aus Respekt kann ich etwas, das er sagt, nicht ignorieren, darum nicke ich nur, halte den Kopf gesenkt. Als ich den Kopf wieder hebe, begegnen sich unsere Blicke. Sag ihm, warum du hier bist, Bongo, sage ich mir. Jetzt gleich.

»Unser Dorf hat es mit einer schwierigen Situation zu tun, Austin. Darum wollten wir mit Ihnen sprechen«, sage ich. »Ihr Onkel glaubt, Sie könnten uns helfen, darum hat er diesen Brief geschrieben. Er will, dass wir Ihnen alles erzählen. Bitte, können Sie uns helfen?«

Ich schwitze, als ich das sage. Ich zwinge mich, beide Füße fest aufzustellen. Was auch immer du tust, strauchle nicht. Steh aufrecht. Mein Verstand geht trotzdem in die Knie: Was, wenn Soldaten im Gebäude sind? Was, wenn sie sich oben irgendwo verstecken? Es würde mich nicht überraschen, wenn sie gleich herunterspaziert kämen und mich dorthin brächten, wo sie auch meinen Bruder hingebracht haben.

»Möchten Sie ein Glas Wasser?«, fragt Austin. Mein Unwohlsein ist offensichtlich. Obwohl ich Durst habe, schüttle ich den Kopf. Jetzt nur nicht leichtsinnig werden und zu viel von ihm verlangen.

»Setzen wir uns doch«, sagt er. Er steuert auf eine Ecke des Raumes zu, in der ein runder Tisch und drei Metallstühle stehen. Er bittet uns, schon mal Platz zu nehmen, hetzt dann die Holztreppe hoch und holt einen vierten Stuhl. Während er weg ist, sprechen wir kein Wort. Mein Hemd ist klatschnass. Schweiß strömt Tunis und Lusaka übers Gesicht. Tunis knabbert an seinen Fingernägeln. Wir stehen kurz davor, unsere Geschichte mit einem Zeitungsmann zu teilen.

Als er zurückkommt, faltet Austin den Brief seines Onkels auseinander; ich habe ihn schon gelesen, um sicherzugehen, dass er keinen Verrat enthält. Er zeigt beim Lesen weder Bestürzung noch Aufregung. Ich starre auf meine Hände und ermahne mich, ruhig zu bleiben – zittrige Hände haben noch nie einen Kampf gewonnen. Lusaka sieht mich an und nickt mir zu, als Zeichen, dass ich mich gut schlage, dass ich nicht versage.

Austin entschuldigt sich kurz, nachdem er den Brief zu Ende gelesen hat. Wieder rennt er die Holztreppe hoch und kommt mit einem Buch und einem Stift zurück. Er wolle gern mehr wissen, sagt er. Er wolle jedes Detail wissen, vom ersten Tag an, als Pexton nach Kosawa gekommen sei, bis zu dem Tag, an dem das letzte Kind gestorben sei. Ich erzähle, er schreibt. Eine Frage jagt die nächste. Wie viele Kinder gestorben seien? Ich versuche, mich zu erinnern; zu viele, sage ich. Wie viele ungefähr? Ich frage Lusaka und Tunis. Wir zählen sie kurz zusammen, aber wir kommen nicht auf die genaue Zahl. Ich erzähle ihm, Lusaka habe zwei Söhne verloren. Er sieht Lusaka an, der seinem Blick ausweicht. »Erzähl mir von seinen Söhnen«, sagt Austin. Ich erzähle ihm, dass Wambi von allen Schülern seiner Klasse im Rechnen der beste gewesen sei. Ich erzähle ihm von Lusakas Erstgeborenem, der dem Hund der Familie Palmwein zu trinken gegeben und lachend zugesehen habe, wie der Hund orientierungslos herumgetorkelt sei, ein Spaß, den sich alle frechen Jungen im Dorf gern erlauben. Ich erzähle ihm, dass sich Lusakas Söhne sehr gut verstanden und darauf gefreut hätten, gemeinsam ins frühe Erwachsenenalter einzutreten und von dem Zimmer, das sie mit ihrem kleinen Bruder teilten, in das Hinterzimmer von Lusakas Hütte umzuziehen. Ich erzähle ihm nicht, dass vor ein paar Tagen sein Onkel sterbenskrank in diesem Hinterzimmer lag. Ich erzähle ihm nur von Woja Beki. Ich erzähle ihm von der Größe von Woja

Bekis Haus und von den Jobs seiner Söhne hier in Bézam. Ich erzähle ihm nicht, dass sich sein Onkel im Haus von Woja Beki aufhält, während wir hier miteinander sprechen, und dass ich bete, dass sein Onkel überlebt, was auch immer ihn quält, zum Wohl aller.

Ich erzähle ihm von Malabo. Ich erzähle ihm, dass Malabo vor über einem Jahr mit seinem besten Freund und vier weiteren Männern nach Bézam gegangen und nie zurückgekehrt ist. Sie müssen Ihren Bruder schrecklich vermissen, sagt er. Mein Bruder sei ein großartiger Mensch gewesen, sage ich; er habe mich rasend gemacht, er habe mich zum Lachen gebracht, einen wie ihn wird die Welt nie wieder sehen. Austin spricht mir sein Beileid aus, uns allen. Ich nicke, merke, wie sehr es noch immer schmerzt.

Austin erzählt mir, dass er keine Brüder oder Schwestern hat, dafür aber Cousinen und Cousins, mit denen er sich sehr gut versteht. Die eine habe er heute Vormittag zufällig getroffen, sagt er. Sie sei schon spät dran gewesen zur Anprobe ihres Hochzeitskleids, aber sie habe nicht anders gekonnt, als an der Straßenecke stehen zu bleiben und ihm aufgeregt die neuesten Neuigkeiten rund um die Hochzeit zu erzählen, vor allem die, dass sich die Ehefrau eines Regierungsministers angekündigt habe. Sie habe gesagt, ihr Vater müsste in ein paar Tagen zurück sein und werde dann ins Dorf fahren, um zwei Kühe für das Festmahl abzuholen. Ob sein Onkel uns von der bevorstehenden Hochzeit vorgeschwärmt habe?, fragt Austin.

Er hat keine Ahnung, was er da tut. Er hat keine Ahnung, dass er mir gerade etwas erzählt, das mir gar nicht in den Sinn gekommen ist: dass die Familien der Gefangenen die Männer noch gar nicht als vermisst gemeldet haben.

Keiner sucht nach ihnen.

Ihre Familien denken, sie wären noch immer auf dem Weg von einem Dorf ins nächste.

Uns bleiben noch ein paar Tage Zeit, ehe sie als vermisst gemeldet werden und Kosawa und jedes Dorf, das sie auf ihrer Reise besuchen wollten, unter Verdacht gerät.

Ich könnte Austin an Ort und Stelle umarmen – was für eine Offenbarung in einem Moment wie diesem. Aus dieser Information schließe ich, dass wir genug Zeit haben, um nach Kosawa zurückzufahren, die Männer in die Hütte von Jakani und Sakani zu bringen, ihre Erinnerungen auszulöschen und sie auf die Reise zu schicken. Wenn die Männer dann nach Bézam zurückkehren, wird Austin unsere Geschichte schon geschrieben und nach Amerika geschickt haben.

Sie haben gelogen, als sie sagten, die Soldaten würden uns holen, wenn sie nach dem Dorftreffen nicht nach Bézam zurückkämen. Sie haben gelogen, weil sie es konnten. Welche Möglichkeit hatten wir schon, die Wahrheit herauszufinden? Wie hätten wir wissen können, dass ihre Rückkehr gar nicht für den Abend vorgesehen war? Dass ihr nächster Halt ein weiteres Dorf war, dem sie erzählen würden, dass große Veränderungen anstünden, etwas, worauf die Menschen dann warten würden – wie lange? Bis zu dem Tag, an dem ihnen ein Irrer befiehlt, dass sie durch ihre weit offen stehenden Gefängnistore raus ins Freie spazieren sollen?

Wer hatte die zwei Soldaten geschickt? Vielleicht ein Regierungsmensch in Lokunja, nachdem sie nicht zu einem geplanten Treffen erschienen waren? Vielleicht der Aufseher in Gardens, weil die Männer in seinem Haus übernachten sollten, aber nie dort eingetroffen waren? Aber wenn das der Fall wäre, hätte der Aufseher dann nicht das Pexton-Büro in Bézam informiert? Warum hatte er das nicht getan? Vielleicht hatte der Aufseher jemandem im Bezirksbüro Bescheid gesagt, aber diese Person hatte die Angelegenheit nicht ernst genommen und gedacht, die Männer hätten beschlossen, ihren Pflichten zu entfliehen und sich ein bisschen dörflichen Spaß zu gönnen. Haben uns die Soldaten die

Geschichte womöglich abgenommen, die wir uns mit Woja Beki ausgedacht haben? Oder kann es sein, dass die Leute im Büro in Bézam vermuten, dass die Männer vermisst werden, ihren Familien aber noch nichts sagen wollen, damit sich der Vorfall nicht zu einem hässlichen Drama entwickelt? In diesem Land ist alles denkbar. Mir fehlt es an Wissen, um das Wer und Warum zu klären, aber eines ist sicher: Jeder hofft, dass die Männer irgendwo ihre Arbeit verrichten, niemand denkt, sie wären in Kosawa, und wenn man die Männer als vermisst melden würde, wer würde dann glauben, dass die Bewohner von Kosawa die Dreistigkeit besäßen, Vertreter von Pexton gefangen zu nehmen?

Ich erzähle Austin alles, nur das nicht.

Ungefähr nach der Hälfte der Befragung nehme ich meine Flasche lauwarmes Wasser aus der Tasche und trinke einen Schluck. Ich brauche eine feste Stimme, wenn ich gleich die Symptome der Kinder beschreibe und von dem jüngst ausgelaufenen Öl erzähle, das in den Acker von drei Familien gesickert ist. Ich erzähle Austin, wie der große Fluss jetzt aussieht, unter Schichten von giftigem Müll grün und träge dahinfließt. Ich erzähle ihm, wie mager die nächste Ernte wahrscheinlich ausfallen wird und wie wir wegen der schlechten Ernte das meiste von dem wenigen Geld, das uns nach dem Bezahlen der Steuern noch bleibt, für Lebensmittel in Lokunja ausgeben.

Als ich mit dem Erzählen fertig bin und Austin mit seinen Notizen fertig ist, eröffnet er mir, dass er die Geschichte noch am Abend schreiben und gleich am nächsten Morgen nach Amerika schicken werde. Seine Freunde im Büro der Zeitung dort werden ein paar Nachforschungen anstellen, um sicherzugehen, dass sie unsere Geschichte wegen des Mangels an Beweisen mit allgemein bekannten Fakten untermauern können. Vielleicht würden sie auch versuchen, mit den Pexton-Leuten in Amerika zu reden, um sich ihre Seite der Geschichte anzuhören, aber da recht klar sei, wie deren Antwort ausfallen werde, könne es sein, dass die Leute im Büro der Zeitung beschließen würden, nur Kosawas

Seite der Geschichte zu drucken und die Seite von Pexton separat zu erzählen, wenn das gewünscht werde. Schlussendlich, sagt Austin, würden die großen Männer bei seiner Zeitung entscheiden, ob die Geschichte gedruckt werde oder nicht. Er selbst könne nur dafür sorgen, die bestmögliche Geschichte zu schreiben, und hoffen, dass alles glattlaufe und man die von ihm geschriebene Geschichte für so gut halte, dass sie abgedruckt werde. Wenn es dazu käme, könne das amerikanische Volk sie vielleicht schon in ein paar Tagen lesen.

Ich sehe ihn an. Ich kann nicht sprechen. Ich bin voller Gedanken. Gerade ist das Unmögliche passiert: Unsere Geschichte wird vielleicht auf der anderen Seite des Ozeans gelesen. Wir werden keine Unbekannten mehr sein. Wir werden Namen haben. Kosawa wird zu erkennen sein. Man wird von unseren verstorbenen Kindern gehört haben. Wie lange, ehe Rettung für die Kinder kommt, die noch durchhalten?

Für Tunis und Lusaka wiederhole ich alles, was Austin gesagt hat. Sie können nicht glauben, dass wir unseren Verteidiger ausgerechnet in jemandem gefunden haben, der nichts von uns will. Keine Körbe mit Geschenken. Kein Niederknien. Kein Flehen. Kein Land zum Dank.

»Wann fahrt ihr zurück in euer Dorf?«, fragt Austin.

Ich erzähle ihm, dass wir nur nach Bezám gekommen seien, um ihn zu treffen; jetzt, da wir ihn getroffen hätten, würden wir sofort wieder aufbrechen. Schon in wenigen Stunden würden wir den ersten von vier Bussen besteigen.

»Könnt ihr bis morgen Abend bleiben?«, fragt er.

Er habe vor, die Geschichte so bald wie möglich zu schreiben, sie dann seinen Leuten zu schicken und verfügbar zu sein, falls seine Zeitung sie sofort drucken wolle und er noch ein wenig daran arbeiten müsse. Danach würde er uns gern nach Kosawa begleiten. Er wolle seine Kamera mitnehmen und so viele Fotos machen wie möglich, weil er mit Fotos eine zweite, noch mehr in die Tiefe gehende Geschichte schreiben könne. Er wünschte, er könne uns einen Schlafplatz für die Nacht anbieten, aber ein Freund und er würden sich eine sehr kleine Wohnung teilen. Ich sage ihm, er solle sich keine Gedanken machen. Wir würden am Busbahnhof schlafen und morgen wiederkommen. Wenn es sein müsse, würden wir auch auf einem Müllberg schlafen, um unser Land zurückzugewinnen.

DIE KINDER

Wir wussten nicht, dass er starb. Niemals hätten wir ihn den Kranken genannt, hätten wir gewusst, wie gebrechlich er war – genau genommen halb tot. Wir waren selbst schon krank gewesen, wir hatten unsere Brüder und Schwestern und Freunde krank werden sehen; da war überhaupt nichts Lustiges dran. Den Namen gaben wir ihm nur, weil uns kein besserer Name einfiel für einen Mann, dessen Körper uns eine flüchtige Chance auf Überlegenheit bot, und die brauchten wir, als Salbe für unser Herz.

Wir spielten in unseren Gruppen, als wir hörten, die Männer müssten sofort zu einem Treffen kommen. Unsere Mütter schauten zu unseren Vätern, suchten irgendeine Erklärung für die Dringlichkeit, fanden aber nichts. Nachdem unsere Väter zum Dorfplatz aufgebrochen waren, versuchten wir, bei unseren Müttern zu erfragen, was ihrer Meinung nach los sei, aber sie schimpften, wir sollten uns lieber um unsere abendlichen Pflichten kümmern. Als unsere Väter zurückkamen, schliefen wir schon. Die Auflösung kam am nächsten Morgen auf dem Schulweg durch unsere älteren Geschwister, die darüber sprachen, dass der Kranke krank sei und Lusaka und Bongo und Tunis nach Bézam gefahren seien, um Medizin für ihn zu holen.

Wir machten keine Witze über den Kranken an diesem Tag – wir wünschten ihm Gesundheit, so viel, wie ein Mensch nur haben konnte. Wir würden ihm sogar etwas von unserer Gesundheit abgeben, vereinbarten wir, wenn er versprach, sie wieder zurückzugeben. Während des Unterrichts träumten wir mit offenen Augen, Jakani würde einen Trank für den Kranken machen, und der würde durch seine Venen fließen und die Krankheit zerstören. Als wir aber nach Hause kamen, hörten wir die Frauen sagen, Sakani habe sich geweigert, den Kranken zu versorgen.

Warum würde Sakani sich weigern, einen kranken Mann zu versorgen? Er war unser Heiler und Erlöser von allen körperlichen Erscheinungsformen böser Geister; er mochte versagt haben, unsere verstorbenen Freunde und Brüder und Schwestern zu retten, aber bei uns, die wir noch lebten, hatte er gesiegt. Er hatte unser Fieber gesenkt und Salben gegen unseren Ausschlag angerührt, er hatte uns einen aus Blättern gepressten Saft gegen den Husten gegeben und das Gift herausgewaschen, das sich in unseren Ohren gesammelt und Schmerzen verursacht hatte. Er heilte die Kinder aus den Dörfern, in denen die Medizinmänner einfache Sterbliche waren, die behaupteten, mehr zu sein als an einem gewöhnlichen Tag als Einlinge bei einer Routinegeburt zur Welt gekommene Männer ohne irgendetwas Bemerkenswertes an sich. Sakani konnte jeden Kranken heilen, solange die Zeit, die der große Geist dieser Person zugeteilt hatte, noch nicht abgelaufen war, und selbst dann verschaffte er den Sterbenden Erleichterung bei dem, was andernfalls ein qualvolles Ende gewesen wäre. Er gab ihnen einen Trank, der sie sanft und sacht gehen ließ, ohne eine Ahnung, dass sie Abschied nahmen von dieser Welt.

Von dem, was wir aufgeschnappt haben, hatten unsere Männer vor Sakanis Hütte gestanden und gerufen, er solle mit ihnen kommen und dem Gefangenen helfen. Sakani war in der Tür aufgetaucht und hatte ihnen so wortknauserig wie möglich gesagt, dass er das nicht tun werde. Wir verstanden seine Entscheidung nicht, egal wie lange wir darüber brüteten. Lag es daran, dass es seine Pflicht war, uns und nicht unsere Feinde zu heilen? War das die Richtung, die ihm der große Geist aufgezeigt hatte, als Sakani bei der Geburt seine Kräfte empfing? Genauso wie sein Bruder erklärte er sich nie – seine Mittel waren nicht unsere Mittel, seine Gedanken nicht unsere Gedanken.

Als wir uns abends vor dem Essen besuchten, besprachen wir ein neues Detail, von dem wir erfahren hatten: Als die jungen Männer im Haus von Woja Beki eingetroffen waren, einer von ihnen mit dem Kranken auf dem Rücken, hatte Woja Beki schon mit einer Schüssel Suppe auf den Versehrten gewartet. Wir hatten gehört, Woja Beki habe geholfen, den Kranken auf sein Sofa zu legen. Er habe dem Kranken die Socken ausgezogen, damit seine Zehen atmen konnten, und ihm das Hemd aufgeknöpft, damit Luft in seine Brust strömen konnte. Eine von uns hatte erzählt, sie habe von ihrer Schwester gehört, deren beste Freundin eine Cousine von einer von Woja Bekis Töchtern war, dass Woja Beki die ganze Nacht an der Seite des Kranken verbracht und nicht auf die Bitte seiner Ehefrauen eingegangen sei, sich etwas auszuruhen und sie Wache halten zu lassen.

Je mehr wir hörten, wie gut Woja Beki den Kranken versorgte – ihm jedes Mal einen Eimer unter den Mund hielt, wenn er sich erbrach; ihm kalte Lappen auflegte, wenn das Fieber stieg –, desto mehr tat er uns leid. Wir wussten, dass er nicht deshalb so eifrig war, weil er Erfahrung darin gehabt hätte, einen Kranken zu versorgen – keiner unserer Väter wusste sich selbst bei Krankheit zu versorgen, geschweige denn andere –, sondern weil er begriff, was Kosawa blühte, wenn der Kranke als unsere Geisel sterben würde. Wir hörten, wie die Frauen miteinander tuschelten, dass Woja Beki aus Kosawa hätte fliehen können, wenn er gewollt hätte, und einen seiner Söhne dazu hätte kriegen können, nach Gardens zu laufen, wenn er sich mit seiner Familie hingesetzt hätte, um heimlich ihre Freiheit zu planen, ganz sicher gab es in der dunkelsten Stunde der Nacht einen Moment, in dem alle Augen geschlossen waren, die die Familie bewachen sollten. Von Gardens hätte der Sohn eine Nachricht an Beamte in Lokunja oder Bézam schicken können. Die Regierung hätte dann Soldaten zur Befreiung der Pexton-

Männer geschickt und Woja Beki wieder auf seinen alten Posten gesetzt.

Unsere Väter witzelten, sie hätten ihn, den Leoparden, zu einem Hasen zusammenschrumpfen lassen, aber wir wussten, dass er sich ganz sicher nicht nur deshalb so erniedrigte. Wir hatten ihn nicht mehr gesehen, seit er die Soldaten in die Irre geführt hatte, aber wir malten uns aus, dass er seltener die Zähne fletschte und häufiger über seine Liebe zu Kosawa nachdachte, eine Liebe, die sich Jahre zuvor irgendwo in seinem Steinhaus verflüchtigt hatte oder von dem Korb mit Bargeld verdrängt worden war, der angeblich unter seinem Bett stand, und in der ersten Nacht auf dem Boden von Lusakas Hinterzimmer schließlich zurückgekehrt war. Diese neu erwachte Liebe zu Kosawa lag jetzt allem zugrunde; sie zeigte sich nun in Handlungen, die von der Erkenntnis getrieben waren, dass sein Titel nichts wert wäre, wenn man ihn wieder zum Oberhaupt eines Dorfes dann abgeschlachteter Männer und trauernder Witwen und sterbender Kinder machen würde. Wir hatten Woja Beki nie als weisen Mann betrachtet, aber nach der Freilassung aus Lusakas Hütte verhielt er sich alles andere als dumm.

Wenn wir unsere älteren Geschwister fragten, ob sie uns zustimmten, sagten sie, genau, Woja Beki habe dem Kranken die Tür zu seinem Haus deshalb geöffnet, weil er wieder einer von uns sein wolle. Sie sagten, die Tage, die er isoliert in seinem Haus verbracht habe, allein auf seinem Sofa – über ihm das Ticken der Uhr, ohne je Besuch zu bekommen, ohne je irgendwem einen Besuch abstatten zu können –, hätten ihn gezwungen, über seinen bisherigen Weg nachzudenken und zuzugeben, dass kein Reichtum der Welt die Demütigung wert sei, ein Ausgestoßener im eigenen Dorf zu sein. Als wir jedoch ein paar unserer Onkel fragten, was sie von dieser Theorie hielten, lachten sie und sagten, wir sollten uns nicht blenden lassen: Woja Beki sei nicht fähig zu solcher Weisheit, er bleibe eine Schlange. Wer wisse schon, was er tun oder sagen würde, falls die Regierung je herausfinden sollte, was das Dorf mit den Pexton-Männern angestellt habe?

Von uns würde die Regierung nie etwas erfahren, so viel stand fest, wir hatten einen unauflöslichen Schwur geleistet. An dem Tag, an dem unsere Väter Woja Beki erlaubten, wieder nach Hause zu gehen, versammelten sie unsere Familien abends im Wohnzimmer und holten das Nabelschnurknäuel hervor. Der Reihe nach hielten wir es in der Hand, dieses Häufchen aus Nabelschnüren, unseren und denen unserer Geschwister und Väter und deren Geschwister und denen unserer Großväter väterlicherseits und deren Geschwister und Verwandten, den ganzen Weg bis in die Zeit zurück, als unsere Vorfahren in einem Tal mit einem großen und einem kleinen Fluss den Anfang unserer Blutlinie begründet hatten. Die Nabelschnüre, verschrumpelt und stinkend, hatten sich im Laufe der Jahre und Generationen schwarz und braun verfärbt, aber jedes Mal, wenn dem Knäuel etwas hinzugefügt wurde, wirkte es noch lebendiger, band es uns noch fester an unsere Vergangenheit und Zukunft. Wir wussten, was es bedeutete: den Kern unserer Existenz. Wenn man das Nabelschnurknäuel in den Händen hielt und eine Erklärung abgab, war man sich bewusst, diese Worte würden einen für den Rest des Lebens begleiten. Weshalb unsere Väter es nur dann hervorholten, wenn es einen Schwur zu leisten galt, dessen Einhaltung über die Zukunft unserer Familien entscheiden würde.

An diesem Abend hielten wir alle nacheinander das Knäuel und schworen auf alles, wofür es stand. Wir schworen, wir würden nie irgendwem erzählen, was unsere Väter getan hätten. Wir versprachen, dass wir keinem Freund oder Verwandten, der unser Dorf besuchen käme, je etwas verraten würden. Wenn wir das Dorf verlassen würden, um auf den großen Markt zu gehen oder einen entfernten Verwandten in einem der fünf Schwesterdörfer oder der zwei Brüderdörfer zu besuchen, hätten wir ihnen nicht mehr als ein Lächeln und Gespräche über Pexton anzubieten. Wenn man uns fragen würde, was es Neues aus Kosawa gebe, würden wir antworten, dass alles gut sei, abgesehen von den üblichen Sorgen, einer neuen Krankheit hier, einem weiteren Tod da, das Leben aber hier und da natürlich auch Freuden einstreuen würde, also auch diese eine Hochzeit anstehe und nächsten Monat die Feier einer weiteren Geburt. Nie würden wir irgendwem irgendwas von der Gefangennahme erzählen, außer vielleicht in ferner Zukunft, wenn sich die Geschichte verbreiten würde, weil sie nicht länger verheimlicht werden könne, so wie sich auch eine Schwangerschaft irgendwann zeigt, ganz egal wie gut weite Kleidung sie in den ersten Monaten kaschiert. Bis es so weit war, würde sich für uns alles zum Guten gewendet haben und die Enthüllung der Geschichte würde keine großen Konsequenzen nach sich ziehen. Und wenn wir diejenigen wären, die die Geschichte erzählen müssten, wäre die Geschichte, die wir erzählen würden – aber nur, wenn es wirklich nicht anders ginge –, die Geschichte davon, wie unsere Väter getan hätten, was der große Geist von ihnen verlangt habe.

Mit dem Knäuel in den Händen forderten wir den großen Geist auf, uns mit dem schlimmsten aller Flüche zu strafen, wenn wir den Schwur brechen und damit Unheil über unsere Familien und unser Dorf bringen würden. Wenn wir Mädchen wären, würden sich unsere Leiber verschließen und wir würden kinderlos bleiben, wertlose Frauen bis ans Ende unserer Zeit. Wenn wir Jungen wären, würden wir unsere Kraft und Männlichkeit verlieren; wir würden zum Erbärmlichsten werden, das je auf dieser Erde umhergewandelt wäre.

Wenn wir unseren Schwur geleistet hatten, reichten wir das Nabelschnurknäuel an die nächste Person in unserer Familie weiter und hörten mit geschlossenen Augen zu, wie sie ihren Schwur tat.

Jeder in unserer Hütte leistete den Schwur, auch unsere Yayas und Big Papas, die sich vor wenig fürchteten, weil das Grab zu nah war für irgendwelche Sorgen; auch unsere kleinen Geschwister, die noch nicht lange genug auf der Welt waren, um miterlebt zu haben, wie das Leben Einzelner durch Flüche zerstört worden war. Leben wie das eines Mannes aus Kosawa namens Gombe, der gelähmt war, drei Tage nachdem seine Mutter ihn mit einem Fluch belegt hatte, weil er sie erst bestohlen und sie dann, als sie ihn zur Rede stellte, geschlagen hatte. Unsere Kleinen gaben ihre Erklärung langsam ab, sprachen nach, was unsere Väter ihnen vorsagten. Auch sie mussten den Schwur schon leisten, trotz ihres Alters, weil sie eines Tages herausfinden würden, welche Wirkung mit Überzeugung gesprochene Worte haben, welche Macht, zu segnen und zu erhöhen, welche Kraft, zu entwurzeln und zu zerstören.

Aber es waren nicht nur die Flüche, die wir zu vermeiden suchten; es war auch all das Schöne, nach dem wir uns sehnten. Wir wussten, wie ein schönes Leben aussah, und auch wenn unsere Eltern es im Würgegriff von Pexton nicht lebten, wussten wir, dass es in guten Zeiten möglich war und dass dazu vor allem eine sich liebende Familie gehörte, Gesundheit, reichlich Essen, Lachen und Sonnenschein. Wir leisteten unseren Schwur, im Vertrauen darauf, dass unser Leben mit Schönem überschwemmt werden würde, wenn wir ihn nur hielten. An diesem Abend gingen wir mit dem festen Glauben ins Bett, dass wir schon bald frei wären und erblühen und uns wie ein Adler auf Schwingen in die Lüfte erheben würden.

Wir wissen nicht, ob auch Woja Beki das Nabelschnurknäuel seiner Familie kreisen ließ. Möglich wär's, denn als eine unserer Tanten ein paar Tage nach Woja Bekis Freilassung Woja Bekis dritte Frau Jofi an der Weggabelung zum Wald sah, wo sie mit ihrer Schwester stand, die gerade zu Besuch war, und ihr etwas zuflüsterte und dabei wild gestikulierte, erzählt diese Tante einem unserer Großväter davon, und dieser Großvater sprach mit Lusaka, der zu Woja Beki ging und zu erfahren verlangte, was Woja Bekis dritte Frau zu ihrer Schwester gesagt habe. Woja Beki rief Jofi zu sich, die beim Grab ihres Vaters schwor, dass sie und ihre Schwester nur die bevorstehende Totenfeier für ihre Großmutter besprochen hätten. Woja Beki versicherte Lusaka, dass seine Frau die Wahrheit sage und dass er und seine Familie das Dorfgeheimnis niemals verraten würden, weder am heutigen noch an irgendeinem anderen Tag in der Zukunft, an dem Menschen ohne einen Gedanken an die Konsequenzen Versprechen brechen würden. Woja Beki sagte, er sei nach wie vor einer von uns.

Der Kranke blieb in Woja Bekis Haus, und jeden Abend beteten wir für ihn und dafür, dass Lusaka und seine Gruppe bald mit der Medizin aus Bézam zurückkämen, die uns allen wieder Frieden schenken würde. Einer von uns hatte einen Traum, in dem der Kranke ein fetter Mann war, der uns grinsend darüber informierte, dass er wieder zurück in der Pexton-Zentrale sei und sich auf das nächste Dorftreffen vorbereite. Von einem solchen Traum zu hören, machte uns andere nicht froh. Wir wünschten uns den Kranken nicht gesund, um ihn schon jetzt wieder frei zu sehen; wir wollten ihn wieder in Lusakas Hinterzimmer wissen, damit unsere Väter mit ihrem Plan fortfahren könnten. Wir sehnten uns verzweifelt nach einer Erlösung von unserer Angst vor dem Tod, die sich noch verschlimmert hatte, seit eine unserer kleinen Schwestern genau an dem Tag gestorben war, an dem Lusaka und seine Männer in die Hauptstadt aufgebrochen waren. Der Tod dieser kleinen Schwester kam plötzlich – weder ihr Ausschlag noch ihr Fieber waren besonders heftig gewesen –, und wir schlossen daraus, dass der Tod in letzter Zeit unbarmherziger geworden war. Der Kranke musste leben, damit der Tod gezähmt werden konnte.

Wir versprachen uns, sobald Kosawa seine Freiheit zurückerlangt hätte, würden wir dem Kranken einen neuen Namen geben, als Akt der Sühne. Es würde ein wunderbarer Name sein, ein Name, den wir ihm vielleicht sogar stolz verraten würden, sollten wir ihm irgendwo und irgendwann wiederbegegnen, wenn er keine Macht mehr über uns hätte.

Wir bekamen nie die Gelegenheit, uns einen neuen Namen für

ihn auszudenken, denn während wir in der Schule waren, starb er in Woja Bekis Bett. Er starb in den Armen unseres Dorfs.

An diesem Abend blieben unsere Väter nur kurz bei uns in der Hütte. Als sie aus dem Wald zurückkamen, aßen sie hastig, wuschen sich und gingen zu Woja Bekis Haus, um die Nacht mit ihm in seinem Wohnzimmer zu verbringen; sie konnten ihn nicht allein lassen mit dem Leichnam eines Fremden. Auch wenn Woja Beki nicht mehr ganz zu uns gehörte, war er noch immer unser Blut, und unsere Väter würden ihn und seine Familie niemals bestrafen, indem sie sie allein neben einer verwelkenden Leiche sitzen ließen.

Unsere Mütter schnitten Obst für unsere Väter, damit sie während der langen, heißen Nacht, die vor ihnen lag, etwas Kühles zu essen hätten. Als sie uns Gute Nacht wünschten und mit ihren Hockern und Taschen voller Essen vor die Hütten traten und sich auf den Weg zu Woja Beki machten, sahen unsere Väter älter und trauriger aus, als wir sie in Erinnerung hatten. Wir hatten sie noch nie so verloren, noch nie so durcheinander gesehen. Erst als wir älter wurden, erst als wir ungefähr in das Alter kamen, in dem sie damals waren, verstanden wir, dass das, was sich an diesem Abend in ihren Gesichtern abzeichnete, nicht die Trauer über den Tod des Kranken, sondern eine tiefe Art von Angst war, nicht ihretwegen, nicht wegen dem, was ihnen bevorstand, nun, da ein Mann durch ihr Tun gestorben war, sondern um uns, ihre Kinder, vor dem Leid, das uns widerfahren würde wegen dem, was sie für uns hatten tun wollen. Erst als wir selbst Eltern wurden, verstanden wir, wie sehr wir unseren Kindern schaden können, wenn wir versuchen, die erstickende Fäulnis der Welt für sie zu beseitigen.

Wir malten uns aus, wie unsere Väter die ganze Nacht schweigend rings um den Toten saßen.

Die Bräuche aus dem Dorf der Ahnen des Verstorbenen nicht zu kennen, nicht zu wissen, was die beste Art war, mit den Überresten zu verfahren, bedeutete, dass die ganze Nacht lang kein Wort gesprochen werden konnte. Unsere Väter hätten es niemals gewagt, dem Leichnam eines Fremden unrecht zu tun. Wäre der Kranke aus Kosawa gewesen, hätte ihn die ganze Nacht Gesang umgeben, wäre jeder gesunde Erwachsene anwesend gewesen. Jakani und Sakani hätten ihm alle Haare und alle Nägel abgeschnitten, um sie zu verbrennen und mit der Asche etwas zu tun, von dem wir nie erfahren würden, was es war. Für diesen Fremden konnte nichts von alledem getan werden. Sein Geist konnte nur den Gesetzen seines Landes und keinen anderen Gesetzen folgen. Und so saßen unsere Väter wohl schweigend auf ihren Hockern und ließen die Stunden vergehen, erlaubten dem Geist des Verstorbenen den Körper vollständig zu verlassen und dorthin zu gehen, wo er erwartet wurde. Als eine Berührung bestätigte, dass jegliche Wärme aus dem Körper gewichen war, der Beweis dafür, dass sein Geist fort war, begannen sie wohl das Gespräch darüber, was nun mit dem Leichnam zu tun sei.

An diesem Abend blieben wir mit dem Rest unserer Familien bis spät in die Nacht wach. Zusammen mit unseren Geschwistern stellten wir unseren Müttern und Großmüttern eine Frage nach der anderen. Sie sollten uns versichern, dass unser Dorf nichts falsch gemacht habe, dass unsere Väter Pexton nichts angetan hätten, was Pexton zuvor nicht auch uns angetan hätte, dass der Kranke auch in seinem eigenen Bett gestorben wäre, dass Woja Beki alles getan habe, um den Kranken zu heilen. Vielleicht war die Krankheit des Kranken ja unheilbar gewesen. Und außerdem, war der Tod eines Mannes von Pexton etwa tragischer als der Tod all unserer Freunde und Geschwister zusammen? Unsere Mütter sollten uns überzeugen, dass alles gut sei, dass solche Sachen passierten und dass die Familie des Kranken eines Tages aufhören würde, um ihn zu trauern, wenn sie begreifen würde, dass sie nie eine Antwort darauf bekäme, warum er gestorben sei. Sie würden irgendwann aufhören müssen zu weinen, genau wie wir aufgehört hatten, um unsere verschwundenen Väter und Onkel zu weinen. Und selbst wenn ihr Weinen für immer anhalten würde, würden ihre Tränen dann etwa heißer fließen als unsere? Unsere Mütter sollten uns beruhigen, wieder und wieder, und das taten sie, aber es konnte uns nicht hinreichend trösten, denn in ihren Augen sahen wir die Zweifel.

In dieser Nacht war unser Schlaf fast genauso unruhig wie in der Nacht, als alles begann.

Am nächsten Morgen, während wir noch Mühe hatten, unsere Ängste beiseitezuschieben und unseren morgendlichen Pflichten nachzukommen, erfuhren wir, dass Lusaka und Bongo und Tunis soeben mit einem jungen Mann mit heller Haut und verfilzten Haaren aus Bézam zurückgekehrt seien. Wir bekamen kaum unser Frühstück runter, so müde waren wir, und so besorgt, was die Ankunft dieses jungen Mannes zu bedeuten habe.

Als wir zur Schule aufbrachen, waren unsere Väter schon losgezogen, um den Besucher aus Bézam zu begrüßen, von Lusaka und seiner Gruppe zu hören, was sich während der Reise ereignet hatte, und später einen Sarg für den Kranken zu bauen.

Auf dem Weg zur Schule besprachen wir, was ein paar vom Geflüster ihrer Eltern aufgeschnappt hatten: dass der Kranke der Onkel von dem jungen Mann sei. Die Neuigkeiten verwirrten uns. War der junge Mann hierhergekommen, um seinen Onkel zu retten, oder hatte er erst erfahren, dass wir seinen Onkel hatten, nachdem er hier angekommen war? In der Pause gingen wenige von uns nach Hause zum Essen. Wir saßen auf dem grasbewachsenen Hof und sagten uns, nur weil der junge Mann der

Neffe des Kranken sei, bedeutete das nicht, dass er uns aus Rache töten werde.

Nach der Schule folgten wir dem Trauerzug zum Friedhof, um den Kranken zu begraben. Es gab keinen Gesang, nur ein Omen in Form eines Sargs. Das gesamte Dorf versammelte sich um das Grab, ausgehoben in einer Ecke von Woja Bekis Bereich. Ebendort, beim Blick in die Gesichter rundum, sahen wir den Fremden mit den verfilzten Haaren zum ersten Mal. Er war der Einzige, der weinte, als der Leichnam des Kranken in die Erde gelassen wurde.

Auch wenn er freundlich aussah, verstanden wir nicht, warum dieser junge Mann, der in Bézam wohnte und daher entweder für Pexton oder die Regierung arbeitete, nicht nach Gardens gerannt war, um dem Aufseher – wahrscheinlich ein Freund von ihm, da sie beide aus Amerika kamen – zu melden, dass wir seinen Onkel getötet hatten. Warum erlaubte er den Männern, seinen Onkel in Kosawa zu begraben? Warum brachte er den Leichnam seines Onkels nicht zurück nach Bézam? Er wirkte unglücklich, bei uns im Dorf zu sein, mit den blutunterlaufenen Augen, die er oft niederschlug und so unseren Blicken auswich, auch wenn er uns zu keinem Zeitpunkt wütend oder angewidert ansah. Er war in unserer Mitte einfach allein.

Als einer unserer Großväter über den herabgelassenen Sarg gebeugt ein paar Worte sprach, dem Kranken eine gute Reise zu seinen Ahnen wünschte, ihm sagte, er möge ein weites Herz haben und uns vergeben, dass wir versagt hätten, ihn wieder gesund zu machen, schauten wir zu unseren Müttern, unsere Augen voll mit Tränen, unsere Körper aufgespalten in gleich große Stücke aus Angst und Trauer und Scham. An den Gesichtern unserer Mütter, am Zittern ihrer Hände und daran, wie fest sie unsere jüngsten Geschwister an die Brust drückten, sahen wir, dass auch sie in Stücken lagen. Wenn wir sie gebeten hätten, uns zu erklären, was gerade vor sich gehe, wären sie nicht imstande gewesen, uns zu antworten. Sie wussten nur, was unsere Väter gesagt hatten: Dass der Neffe des Kranken auf unserer Seite stehe, er gekommen sei, um unser Leid zu sehen, damit er der Welt davon erzählen könne und so die Veränderung bewirken würde, die sein Onkel nicht habe bewirken können. Es ergab keinen Sinn, dass der Verwandte des Kranken auf unserer Seite stand, andererseits hatte sich alles Einfache aus Kosawa verflüchtigt, seit wir einem Irren gehorcht und drei Pexton-Vertreter gefangen genommen hatten. Der junge Mann, der irgendwas mit U hieß, lächelte uns zu, als wir den Friedhof verließen. Wir hätten ihn zu gern umarmt und ihm gesagt, dass alles gut werden würde, aber Bongo zog seine Aufmerksamkeit von uns ab, weil er U-Irgendwas irgendwas ins Ohr flüstern wollte. Wir hofften, U-Irgendwas würde bei Bongo im Hinterzimmer der Nangis wohnen, und wir hofften, unsere Freundin Thula würde sie belauschen, ihre Schweigsamkeit kurz brechen und uns alles Wichtige über den Amerikaner erzählen.

Doch dazu kam es nicht.

Warum war uns bei all den Szenarien, die wir in den Nächten durchgespielt hatten, als wir steif vor Angst in unseren Betten lagen, nie in den Sinn gekommen, dass die Soldaten eintreffen könnten, während wir gerade weg wären, und dass wir zurückkehren und sie auf dem Dorfplatz vorfinden würden, neun geladene und auf uns gerichtete Gewehre? Wo war der große Geist an diesem Nachmittag? Wo war das Schöne, das man uns versprochen hatte?

Wie schnell diese Kugeln kamen.

Wie wir stolperten, wie wir wankten, wie wir schrien bei unserer Flucht in den Wald.

Wie schwer das Blut floss – das Blut unserer Familien, das Blut unserer Freunde. Warum hoffen wir weiter, wenn sich das Leben als sinnlos erweist?

SAHEL

In der Woche, bevor Thula nach Amerika ging, sagte sie auf der Veranda zu mir, Mama, du weißt doch, dass ich zurückkomme, oder?, und als ich nicht antwortete, sagte sie, ich werde dich nie alleine lassen, und als ich noch immer nicht antwortete, weinte sie die Art von Tränen, die ich sie zuletzt als Baby hatte weinen sehen. Sie wurde noch einmal zu meinem Baby, ein allerletztes Mal.

Sie erzählten mir von Thulas neuem Zuhause. Sie sagten, sie würde in der Schule wohnen. Als ich fragte, wie das möglich sei, sagten sie mir, dass das Schulgelände viele Male so groß sei wie Kosawa, dass zu dieser Schule Häuser mit Büchern und Häuser mit Betten und Häuser mit Essen gehörten und dass Thula, wenn sie erst einmal dort wohne, einfach von einem Haus zum anderen gehen könne und nicht mehr jeden Morgen zur Schule fahren müsse wie die letzten fünf Jahre. Sie versprachen mir, dass diese Schule die Ozeanüberquerung wert sei, dass sie zu den wenigen Schulen auf der Welt zähle, wo man alles dem Menschen zur Verfügung stehende Wissen finden könne, und dass Thula bei ihrer Rückkehr ein größeres Verständnis von allem Verstehenswerten haben würde, als sie in ihrem Leben jemals bräuchte, was bedeutete, dass wir alle mehr Verständnis haben würden. Und was könne wichtiger sein? Unser Volk sterbe, weil es ihm an Wissen fehle, sagten sie, und wenn eines unserer Kinder nach Amerika gehen und mit Wissen zu uns zurückkommen würde, würde uns irgendwann keine Regierung und kein Konzern mehr antun können, was man uns angetan habe.

Ich stand von meinem Platz auf und sagte ihr, ich müsse nach dem Fleisch sehen, das ich in der Küche räucherte, aber in Wahrheit wollte ich nur alleine weinen. Ich hatte ihr nichts Tröstendes anzubieten. Ich hatte nur meine Tränen. Was nützen einem Kind die Tränen seiner Mutter?

Als sie kamen, um mir zu sagen, dass man Thula für den Platz an dieser Schule ausgewählt habe, starrte ich den Nachrichtenüberbringer die ganze Zeit an: seine gewaltigen spröden Lippen, die nur noch größer wirkten durch seinen kleinen Kopf. Er hat einen Namen, aber die Kinder nennen ihn den Lieben, da er sich die Freundlichkeit offenbar nicht aus dem Gesicht wischen kann. Er ist der Vertreter der Aktion Neuanfang für Kosawa, seit unsere Geschichte nach Amerika gelangt ist und Menschen, die kein Blut mit uns teilen, entschlossen angereist sind, uns zu retten.

Unzählige Male hatte ich mir seine Ansprachen auf dem Dorfplatz angehört, hatte mich mit ihm hingesetzt und über Malabos Verschwinden geredet, hatte zugesehen, wie er Thula bei den Hausaufgaben half, aber noch nie hatte ich ihn angesehen wie an diesem Tag, als er vor Freude strahlend meine Hütte betrat. Minutenlang sagte ich nichts, sah nur die Bewegung seiner Lippen, unfähig, Trost im Leuchten seiner Augen zu finden. Er wiederholte die Neuigkeiten lauter. Vielleicht glaubte er, ich könne aus der Laustärke heraushören, was er aus Respekt nicht sagen konnte: Wie schön für dich, Sahel; wie wunderbar, dass dein Kind nach Amerika geht.

Als ich noch immer nicht antwortete, schaute er zu seinem Begleiter, einem Mann, den die Kinder treffend den Süßen nennen. Der Süße fragte mich, wie es mir mit den Neuigkeiten gehe und ob ich meine Gedanken mit ihnen teilen wolle. Ich schüttelte den Kopf und mied seinen Blick. Diesem gnadenlos schönen Gesicht gegenüberzustehen, weckte in mir die Sehnsucht nach Dingen, auf die ich kein Recht mehr hatte.

Bei einem der ersten Treffen dieser Männer von der Aktion Neuanfang mit unserem Dorf sagte der Liebe, er sei einer von uns. Sein Großvater stamme aus einem unserer Schwesterdörfer; sein Vater sei aufgewachsen wie die Jungen bei uns, habe mit Kautschukbällen gespielt und davon geträumt, zu heiraten und Vater zu werden und in seiner eigenen Hütte alt zu werden. Aber der Vater seines Vaters habe sich für seinen einzigen Sohn ein anderes Leben gewünscht, ein Leben inmitten derer, die die Reichtümer des Landes verteilten, nicht derer, die auf die Zuteilung ihres Anteils hofften. Also hatte der Mann Wege gefunden, seinem Sohn aus dem Dorf in die Hauptstadt zu verhelfen. Dort beendete der Vater des Lieben seine Schulausbildung, bevor er nach Hause zurückkehrte, um sich eine Frau aus dem Kreis seines Volkes zu suchen, und so wurde der Liebe geboren. »Trotzdem«, sagte der Liebe, »hat mein Vater mir beigebracht, dass ich nie vergessen soll, wo ich herkomme.« An dem Tag, als er mir die Neuigkeiten überbrachte und detailliert erläuterte, warum Thulas Aufenthalt in Amerika gut für sie sei, für mich, für ganz Kosawa, wollte ich ihn fragen, wie sein Großvater es angestellt hatte, wie er es nicht nur geschafft hatte, dass sein Sohn das Dorf verlassen, sondern auch eine Stelle in Bézam gefunden hatte und so hoch aufgestiegen war, dass sein Enkel jetzt eine Arbeit verrichtete, in der er im Namen freundlicher Menschen in Amerika sprach. Ich wollte wissen, was all das seinen Großvater gekostet hatte und ob der Liebe mich nun bat, denselben Preis zu zahlen, aber ich fand nicht die Worte, ihn danach zu fragen.

»Das ist okay, Sie müssen heute nichts dazu sagen«, sagte der Liebe schließlich, als er und der Süße sich zum Gehen erhoben.

»Manchmal braucht es Schlaf, damit einem die richtigen Fragen einfallen«, fügte der Süße hinzu. Sie wünschten mir einen guten Abend und versprachen, am nächsten Tag wiederzukommen.

Am Abend, nach Thulas Rückkehr aus der Schule, erzählte ich ihr nicht, wo sie sie hinschicken wollten, aber am Morgen – wie der

Süße vorhergesagt hatte – hatten meine Fragen Form angenommen. Als die Männer nach dem Mittag wiederkamen, zu einer Zeit, da es in Kosawa still war, abgesehen von dem schwachen Geräusch abfackelnder Gase in Gardens, setzte ich mich erneut mit ihnen ins Wohnzimmer und legte los.

Ich fragte, wer in Amerika auf mein Kind aufpassen werde, wer Thula ihr Lieblingsessen kochen, ihre Kleidung waschen, sie morgens pünktlich wecken werde. Sie sagten, es gebe dort Leute, die für sie kochen würden, und dass die Speisen nicht annähernd so köstlich seien wie unsere, aber essbar wären, was man daran sehe, dass die meisten Kinder in ihrem ersten Jahr an dieser Schule fett würden. Sie sagten, die Schule habe Maschinen, die Thulas Kleidung waschen würden, und Maschinen, die sie morgens wecken würden, und wenn sie krank werde, gebe es in Amerika jede Art von Medizin, um jede Art von Krankheit zu heilen.

Ich wollte wissen, wie die Stadt aussehe, in der sie leben würde. Sie sagten, die Stadt sei ein einziges Wunder, wundersamer als jede andere Stadt, die je existiert habe oder je existieren werde. Sie sagten, das seien nicht ihre Worte, sie sagten, Männer und Frauen mit einem großen Wissensschatz, von denen viele die Welt bereist und andere Städte gesehen hätten, hätten das gesagt, sie würden nur wiederholen, was weithin bekannt sei.

Sie nannten mir den Namen dieser erstaunlichen Stadt, aber kaum traf er auf meine Ohren, ging er wieder verloren, und bei ihrem nächsten Besuch, eine Woche später, nannten sie ihn erneut, aber meine Zunge bekam ihn nicht zu fassen. Jedes Mal, wenn ich versuchte, ihn zu sagen, glitt er mir von den Lippen. Als die ersten Leute mich nach dem Namen fragten, beschloss ich deshalb, dass es besser sei, mich nicht so abzukämpfen und ihnen zu sagen, dass Thula an einen Ort gehen würde, den man Große Stadt nenne. Als ich dem Lieben und dem Süßen von diesem Namen erzählte, lachten sie und sagten, der Name sei viel passender als der echte Name der Stadt.

Die Neuigkeit erzählten wir Thula zusammen.

Das Reden überließ ich dem Lieben. Er erzählte ihr, die Aktion Neuanfang habe mit Schulen in Amerika gesprochen und sie gebeten, unserem Dorf dadurch zu helfen, dass man den Kindern eine Schulausbildung ermöglichte, und eine der Schulen habe gesagt, wunderbar, sehr gern würden sie einem unserer Kinder eine Schulausbildung ermöglichen. Die Schule und die Aktion Neuanfang hätten sich die Zeugnisse aller Kinder angeschaut und wären sich sofort einig gewesen, dass Thula diejenige sei, die die Schule nach Amerika holen müsse. Thulas Miene blieb unverändert, während der Liebe sprach. Als er fertig war, dankte sie ihm und dem Süßen, sagte aber, sie würde mich und Juba und Yaya auf keinen Fall alleine lassen, nicht in Zeiten, in denen wir zusammen sein müssten. Dann drehte sie sich zu mir und sagte, wenn es mein Wunsch sei, dass sie gehe, würde sie gehen, ich solle mir aber überlegen, was ich mir für mich wünschen würde, nicht was ich mir für sie wünschen würde, sie selbst wolle nur, dass ich glücklich sei. Als sie zu Ende gesprochen hatte, verließ sie das Wohnzimmer. Ich wusste, dass sie weinen musste – durch die Art, wie sie gesprochen hatte, wie sie den Blick gesenkt gehalten hatte, war klar, dass sie gehen wollte. Sie sehnte sich schrecklich danach, die Welt besser zu verstehen, aber sie wollte uns nicht alleine lassen.

Anschließend statteten der Liebe und der Süße uns viele weitere Besuche ab, um uns bei den Reisevorbereitungen zu helfen. Wir beschlossen, niemandem im Dorf davon zu erzählen, nicht einmal Yaya oder Juba, solange Thula nicht in Bézam gewesen sei – zusammen mit dem Lieben, unter dem Vorwand, Kosawa bei einem Lesewettbewerb zu vertreten – und alle nötigen Reisepapiere hätte und solange wir den Tag ihrer Abreise noch nicht wüssten. Wir wussten, Thula würde niemandem davon erzählen, denn die Reise wog schwer, und je mehr sie im Herzen trug, desto weniger sprach sie.

Meine Mutter ermahnte mich immer, nicht zu viele Gedanken auf die Vergangenheit oder die Zukunft zu verwenden. Was geschehen ist, ist geschehen, sagte sie oft, und was geschehen soll, wird geschehen; konzentrier dich lieber auf das, was vor deinen Augen geschieht. Aber an Abenden wie diesem, wenn ich allein auf der Veranda sitze – Yaya und Juba in der Hütte, Thula nun schon seit mehreren Monaten in Amerika, meine Freundinnen und Cousinen beschäftigt mit ihren eigenen Sorgen –, höre ich einzig die Stimmen der Vergangenheit und der Zukunft. Sie sitzen rechts und links von mir, streiten um meine Aufmerksamkeit. Vergiss nicht, was geschehen ist, sagt die Vergangenheit. Denk dran, was geschehen kann, sagt die Zukunft. Die Vergangenheit siegt immer, denn was sie sagt, ist wahr. Was geschehen ist, lebt in mir fort, umgibt mich, ist immer präsent. Der Zukunft und ihrer Unwägbarkeit kann ich nicht trauen.

In Jubas Augen sehe ich die Vergangenheit, die Leere, die nach dem Massaker aus ihnen sprach. Er kann nicht ungesehen machen, was er gesehen hat. Keiner von uns kann das. Er kann das Dröhnen der Gewehre nicht ungehört machen. Keiner von uns wird das je können. Er ist ein Kind, ist da, aber fort, ist noch so jung, aber im Geist schon so zermürbt. Ich höre, dass er gebrochen wurde, wenn er von mir wissen will: Ob sein Vater wohl je zurückkehren werde? Was Bongo falsch gemacht habe? Ob wir denn nicht weggehen könnten aus Kosawa? Er hat Angst, weil er der letzte Mann in unserer Familie ist – Big Papa ist fort, Malabo ist fort, und nun auch Bongo. Wie lange noch, ehe er an der Reihe ist? Würde Jakani ihn auch ein zweites Mal zurückholen, wenn er wieder sterben würde?, fragt er mich. Ich höre seinen Schmerz, wenn er sagt, dass er so gerne verstehen wolle, was mit unserer Familie passiert sei. Ich habe mein Bestes getan, um ihm zu erklären, was ich erklären kann; ich habe gesagt, dass es im Leben zu viele Dinge gebe, in die man sich fügen müsse, auch wenn ich ihm wünschte, dass es anders wäre.

Jedes Mal, wenn ich zum großen Markt gehe, bittet er mich, ihm Zeichenhefte und Buntstifte mitzubringen. Morgens, mittags, abends, man weiß nie, wann es ihn packt. Ein Dutzend Hefte hat er mit Bildern gefüllt. Er zeichnet Sachen, die ich nicht verstehe: das Gesicht eines Mannes mit verstreuten Zügen, der Mund auf der Stirn, die Nase auf der Wange; am Himmel Fische und Bäume statt Wolken; Sonne und Sterne im freien Fall. Ich frage ihn, warum er so zeichnet, warum er die Dinge nicht so zeichnen kann, wie sie sind. Er sagt, er wisse es nicht. Er kann es nicht erklären, aber ich weiß, dass es die Trauer ist.

Ich sehe seinen Schmerz, wenn er zu Yaya ans Bett geht und sich neben sie legt. Er ist elf, ein Alter, in dem die anderen Jungen im Dorf ihr Bedürfnis nach Zuneigung abgeschüttelt haben, nur damit beschäftigt sind, sich auf ihren Übergangsritus zum Mannsein vorzubereiten, aber Juba schämt sich nicht, seinen Freunden zu sagen, dass er den Nachmittag lieber mit seiner Großmutter verbringt, statt neue Schleudern für die Vogeljagd zu bauen. Ich höre, wie er das sagt, und ich weiß, es ist der Schmerz. Ich erkenne es daran, wie unbedingt er mir helfen will, Yaya zu füttern, wie schnell er losrennt, um einen Becher Wasser für sie zu holen, wie vorsichtig er ist, wenn wir sie mindestens viermal am Tag von einer Seite auf die andere drehen, damit sie sich nicht wund liegt. Ich höre es, wenn er mich fragt, ob Yaya wohl je wieder laufen werde, warum ihre Beine ihr nicht mehr gehorchen, seit wir mit der Nachricht aus Bézam zurückgekehrt seien. Ich sage ihm, ein gebrochenes Herz sei die schlimmste Krankheit von allen.

Bevor Thula fortging, stand ich fünf Jahre lang jeden Tag auf, um Juba und ihr vor der Schule Eier zu braten, zwei für jeden. In Kosawa isst niemand regelmäßig Eier. Hühner legen nur gelegentlich Eier, und am besten lässt man das Ei in Ruhe, damit irgendwann ein Huhn aus ihm wird, und füttert die ganze Familie damit, anstatt es aufzuschlagen und gerade mal einen Magen damit zu füllen, aber ich achtete darauf, dass meine Kinder Eier aßen, weil Malabo glaubte, sie seien gut für den Körper, und immer gewollt hatte, dass seine Kinder so oft wie möglich welche bekämen. In diesen fünf Jahren kaufte ich die Eier auf dem großen Markt, mit dem Geld, dass die Leute von der Aktion Neuanfang uns gegeben hatten. Es war das Geld, das Pexton ihnen gegeben hatte, nachdem die Aktion Neuanfang in unserem Namen gegen sie gekämpft hatte.

Der Kampf wurde in Amerika ausgetragen, darum blieb uns die Genugtuung verwehrt, den Gesichtsausdruck der Leute von Pexton zu sehen, als ihnen klar wurde, dass sie einen Kampf gegen uns verloren hatten. Aber mein Cousin Tunis erzählte mir, er habe von jemandem in Lokunja gehört, dass nicht wirklich ein Kampf stattgefunden habe, sondern dass Pexton, nachdem die Nachricht von dem Massaker nach Amerika gelangt war, zur Aktion Neuanfang gegangen sei und ihnen Geld gegeben habe, das sie den Einwohnern von Kosawa zusammen mit Beileidsbekundungen überbringen sollten. Pexton wollte zeigen, wie sehr unser Leid sie schmerze, wollte beweisen, wie viel seine Leute dafür täten, unser Leben in enger Zusammenarbeit mit der Aktion Neuanfang zu verbessern, aber alle sagten, sie hätten uns das Geld nur gegeben, damit der Sturm wüster Beschimpfungen von beiden Seiten des Ozeans nachlassen würde und damit die Menschen, die aufgehört hätten, ihr Öl zu kaufen, es wieder tun würden und Pexton sagen könne: Seht nur, was wir tun, wir helfen dem Volk von Kosawa, wer behauptet also, dass sie nicht von unserer Anwesenheit profitieren?

Pexton beteuerte, sie hätten nichts damit zu tun, was die Soldaten an diesem Tag getan hätten. Sie sagten, sie hätten unserer Regierung lediglich Geld gezahlt, um auf unserem Land bohren zu dürfen. Warum gebe man ihnen die Schuld an der Inkompetenz unserer Regierung? Seine Exzellenz muss wütend gewesen sein, als er das hörte, seine Leute müssen Drohungen ausgesprochen haben, aber wir hörten nichts davon. Uns gegenüber mussten sie zusammenstehen. Pexton wollte mehr von unserem Öl. Unsere Regierung wollte mehr von Pextons Geld. Ihre Exzellenz wollte mehr von den schönsten Dingen der Welt. Acht Jahre nach dem Massaker, das Thula elf Tage ohne Sprache zurückließ, befindet sich Pexton noch immer auf unserem Land.

Als die Aktion Neuanfang das erste Mal zu uns kam, um sich anzusehen, was sich in unserem Dorf abspiele, wurden sie von fünf Leuten vertreten: dem Lieben und dem Süßen; einem Mann, der aussah, als würde er aus unserer Gegend kommen, der aber aus dem Nachbarland kam; und einem Mann und einer Frau aus Amerika, beide ungefähr in meinem Alter, mit braunen Shorts und Hüten mit Schnüren unterm Kinn, der Farbton ihrer Gesichter in etwa der reifer Äpfel.

Sie spazierten im Dorf herum und sahen die Pipelines und die Stellen, an denen über die Jahre Rohöl ausgelaufen war. Wir nahmen sie mit in den Wald, und sie sahen Ackerland, das nach Bränden nutzlos geworden war. Sie untersuchten die verschrumpelten Erzeugnisse unseres Bodens. Sie machten Fotos von dem Müll, der auf dem großen Fluss trieb. Sie zeigten auf löchrige Blätter und sagten, das komme von saurem Regen; sie erklärten uns, dass unser Regen schon lange kein reines Wasser mehr sei. Wir führten sie zu den Gräbern der Kinder; wir sahen, wie sich ihre Lippen bewegten, als sie die kleinen Hügel zählten. Sie schauten nach Gardens und sahen die Gasfackeln.

Als wir uns auf dem Dorfplatz versammelten und der Liebe das Wort ergriff, schüttelten der Mann und die Frau aus Amerika immer wieder seufzend die Köpfe, obwohl sie unsere Sprache nicht verstanden. Der Liebe sagte, der Mann und die Frau aus Amerika hätten sich mit eigenen Augen ein Bild von uns machen wollen. Sie wüssten, dass es Geschichten wie unsere gebe, denn es sei ihre Aufgabe, für Menschen wie uns zu kämpfen, aber noch nie hätten sie einen Fall wie unseren gesehen, ein solches Ausmaß an Unterdrückung. Der Mann und die Frau aus Amerika schenkten unseren Kindern Bücher und Süßigkeiten, die wie Honig schmeckten. Sie wollten eine Umarmung, das konnten wir sehen, vor allem die Frau mit all den Tränen in den Augen, aber sie baten nicht um eine Umarmung, und auch wenn wir sie zum Dank gern umarmt hätten, hielten wir es nicht für angebracht, uns Amerikanern gegenüber so zu verhalten.

Niemand hatte uns gesagt, dass sie kommen würden, darum hatten wir kein Essen für sie vorbereitet. Als ein paar Frauen die Köpfe zusammensteckten und den Lieben dann fragten, ob die Gruppe warten könne, damit die Frauen von Kosawa ein paar Hühner schlachten und für die Gäste grillen könnten, sprach der Liebe im Flüsterton mit dem Mann und der Frau aus Amerika, die lächelten und sagten, er solle uns herzlich danken, das sei wahnsinnig freundlich von uns, aber sie hätten bereits gegessen. Als sie den Platz verließen, um in ihren Wagen zu steigen und nach Bézam und später dann nach Amerika zurückzukehren, stimmte irgendwer ein Lied an, und kurz darauf fielen alle Frauen und Mädchen mit ein, auch ich. Ich konnte mich nicht erinnern, wann ich das letzte Mal gesungen hatte, und trotzdem fügte ich der Melodie eine dritte Stimme hinzu, alle Frauen schwangen die Hüften und wirbelten Staub auf, unsere Stimmen erhoben sich, zuerst zu einem Lied zum Dank, der Bitte an den großen Geist, unsere Gäste dafür zu segnen, dass sie uns besucht hätten, dann zu einem Lied mit der Geschichte, die unsere Mütter uns als Kindern erzählt hatten, das über die drei kleinen Fische, die dem Bauch einer grusligen Kreatur entkamen, indem sie so lange an der Innenwand ihres Magens kratzten, bis sich das Monster krümmte und sie erbrach. Die Leute von der Aktion Neuanfang schwangen ihre Hüften mit uns, die Frau aus Amerika mit rotem Gesicht und triefender Nase und dicken Tränen. Auf einmal hörte man Trommeln. Als die Männer sie im Gleichklang schlugen, sangen wir den Appell der Fische: *This story must be told, it might not feel good to all ears, it gives our mouths no joy to say it, but our story cannot be left untold. Diese Geschichte muss erzählt werden, sie mag sich nicht gut anfühlen für alle Ohren, ihre Wiedergabe bereitet unseren Mündern keine Freude, aber unsere Geschichte darf nicht unerzählt bleiben.*

Einen Monat später kamen der Liebe und der Süße die ersten Male allein.

Obwohl sie in Bézam wohnen und auch andere Dörfer besuchen, haben sie offenbar immer Zeit für uns, bleiben bei uns, wenn ein weiterer Tod unseren Kummer vergrößert, schlafen auf dem blanken Boden, wenn es sein muss, oder in der Hütte vom Onkel des Lieben in einem der Schwesterdörfer.

An dem Tag, an dem sie uns das Geld von Pexton brachten, sagten sie vor der Übergabe, dass wir es nicht annehmen müssten. Sie sagten, keine Summe der Welt würde ungeschehen machen, was Pexton uns angetan habe, aber wir nahmen es trotzdem, denn auch wenn wir Pexton hassten, brauchten wir das Geld, um weiterzumachen nach allem, was wir verloren hatten. Außerdem war es unser Geld, von unserem Öl.

Die Männer von der Aktion Neuanfang sagten, das Geld sei nur ein Anfang, es solle uns helfen, unsere Tränen zu trocknen. Sie sagten, ihre Leute in Amerika würden noch mehr Geld für uns erstreiten, für jeden Tropfen Öl, der je ausgelaufen sei. Pexton werde bezahlen für den giftigen Abfall auf dem Fluss und für den Schmutz in der Luft und für das Gift im Brunnenwasser und im Boden, der dadurch vielleicht noch eine ganze Generation lang nicht wieder benutzt werden könne, und warum nicht auch für die Kinder, die nie hätten aufwachsen dürfen, und die Eltern, deren gebrochene Herzen nie heilen würden.

Wenn sie all das getan hätten, sagten sie, würden sie Pexton auffordern, unser Land zu säubern, damit Kosawa wieder in den gleichen Zustand wie zur Ankunft unserer Vorfahren zurückkehren könne. Aber das alles werde Jahre dauern, warnten sie uns; manche von uns würden die nächste Geldzahlung und den Neuanfang von Kosawa nicht mehr erleben, in dem Fall werde das Geld an unsere Kinder gehen.

Das Geld von Pexton übergaben sie uns in großen Strohsäcken. Einen Strohsack für jede der circa neunzig Hütten, überreicht an das Oberhaupt der Familie. In meiner Familie war ich das Oberhaupt. Welche Frau träumt davon, das Oberhaupt ihrer Familie zu werden? Eine solche Last habe ich nie gewollt – ich hatte gesehen, was es mit Malabos Beziehung zu Bongo gemacht hatte –, aber da stand ich, streckte die Hände aus und erhielt das Geld, mehr Geld, als mein Mann in seinen letzten drei Lebensjahren zusammen verdient hatte.

Jemand setzte die Geschichte in die Welt, dass das erhaltene Geld unmöglich das ganze Geld von Pexton gewesen sein könne, dass die Leute im Büro der Aktion Neuanfang in Bézam sicher einen Teil für sich behalten und der Liebe und der Süße ihren Anteil eingestrichen hätten. Die Gerüchte huschten von Hütte zu Hütte, manche sagten, die Aktion Neuanfang gebe uns nur so viel, wie es bräuchte, um uns zufriedenzustellen; vielleicht sollten wir nach Gardens gehen und den Aufseher fragen, wie viel Geld genau die Pexton-Leute uns aus Amerika geschickt hätten. Ich erfuhr durch Tunis von den Gerüchten. Er sagte, Malabos Cousin Sonni, der nach dem Massaker unser neues Dorfoberhaupt geworden war, habe darum gebeten, er möge ihm helfen, diesen Gerüchten ein Ende zu bereiten. Ich habe Sonni und seine Art, ewig zu überlegen, bevor er etwas sagt, nie gemocht, und ich bezweifle, dass Malabo glücklich gewesen wäre, dass jemand, dessen Auftreten nach Schwäche roch, das Oberhaupt von Kosawa geworden war, aber in dieser Sache teile ich Sonnis Meinung: Wenn wir herausfänden, dass die Aktion Neuanfang und der Liebe und der Süße einen Teil des Geldes für sich behalten hätten, was würden wir dann unternehmen? Würden wir ausgerechnet den Menschen, die für uns kämpften, den Kampf ansagen?

Der Strohsack liegt in einer schwarzen Kiste unter meinem Bett, derselben Kiste, in der früher auch Malabo das Geld lagerte, das er vom Verkauf seiner Beute auf dem großen Markt nach Hause brachte. Er brachte nie viel Geld nach Hause. Hauptsächlich Münzen, gerade genug für Essen und Kleidung und Medizin, Dinge, die wir brauchten. Das einzige Geld, das er mir vor seinem Tod hinterlassen hatte, war Geld, das sein Vater ihm hinterlassen hatte: mehrere Scheine, die Big Papa am Tag von Thulas Geburt in einen Umschlag gesteckt hatte, den Yaya Malabo geben sollte, wenn er gestorben sei, damit es Thula nie an etwas fehle.

Big Papa war keiner, der seine Liebe durch Worte ausdrückte, oder durch Blicke, aber er war einer, der so oft wie nur möglich das tat, was Liebe tun sollte. Nur wenige Menschen nahmen das wahr. Auch seinen eigenen Söhnen fiel es schwer. Sie sahen nicht, was es noch gab, jenseits der Unfähigkeit, ihnen der Vater zu sein, den sie sich wünschten. Sie bewunderten nicht wie ich, dass er als junger Mann nach Kosawa gezogen war und viele Jahre auf dem Acker von Woja Bekis Vater gearbeitet hatte, der ihm das Land schenkte, auf dem heute unsere Hütte steht, zum Dank für seine harte Arbeit. Sie hielten es für nichts Besonderes, dass Big Papa unsere Hütte und unser Außenklo selbst gebaut hatte, Bambus für Bambus, Abend für Abend, nach einem Tag Plackerei auf dem Acker. Daran erinnerte ich Malabo jedes Mal, wenn er sich mürrisch über irgendetwas beschwerte, dass sein Vater aufgrund seiner Launen getan oder nicht getan hätte. Ich sagte, dein Vater kann nur tun, was ihm möglich ist; sicher schmerzt es ihn, dich zu enttäuschen. Aber Malabo konnte seine Kränkung und die vielen traurigen Abende seiner Kindheit nicht vergessen. Obwohl Big Papa aufgehört hatte herumzuschreien und zu wüten, als ich Malabo heiratete – er war meist nur melancholisch –, lebte die Erinnerung an seine Verfehlungen in seinen Söhnen weiter. Über nichts davon sprach ich je mit Yaya. Sie war Big Papas Frau, und ich durfte sie nicht in die Position bringen, schlecht über ihren Mann sprechen zu müssen, aber ich glaube, es schmerzte sie mehr als mich, dass die Leute ihn ansahen, als stünde er nur eine Stufe über Konga.

Sogar die Kinder lachten hinter seinem Rücken über ihn, nannten ihn Bitterfratze und Feuerauge; im Gegensatz zu mir erfuhren sie nie, wie viel mehr hinter dieser Fassade lag. Es stimmt, es war kein Vergnügen, ihn anzusehen, aber nur selten dachte ich, dass sich die Wut in seinem Gesicht gegen mich richtete. Etwas in seinen Augen verriet mir, dass er gern glücklich gewesen wäre, aber dass er zu sehr von Verzweiflung aufgefressen wurde und nicht wusste, wie er sich aus ihr befreien sollte. Die Leute wollten hören, das Leben mit ihm sei wie jeden Abend Bitterspinat essen, aber ich konnte das nie sagen, denn Big Papa war gut zu mir, trotz seiner selbst. Nein, er brachte mir gegenüber nie ein Guten Morgen über die Lippen, und wenn ich ihm sein Essen hinstellte, kam statt Dank nur Gegrummel. So oft fand ich mich mit ihm allein im Hof wieder und brauchte einen Grund, um ihm zu entfliehen, damit mich sein stechender Blick nicht versengte, aber er ging zur Jagd in den Wald und erlegte Wild, das ich später aß. Wenn seine Stimmung es zuließ, hackte er Holz für mich zum Kochen. Als meine Tochter geboren wurde, hielt er sie im Arm und wiegte sie in den Schlaf.

An den meisten Abenden, wenn alles still ist, denke ich daran, wie Big Papa schweigend auf der Veranda saß. Ich denke daran, wie Bongo sang, wenn er sich wusch, seine Lieder so wahnsinnig weich, nachdem er Elali kennengelernt hatte. Meistens aber denke ich an Malabo, meinen Mann, meinen Herzensbrecher. Ich denke daran, wie vollkommen unvollständig mein Leben an dem Tag war, als er an der Hütte meiner Freundin auf mich zukam.

Das war, bevor Cocody meine Freundin wurde, damals, als sie für mich noch die Freundin meiner Freundin Uwe war. Uwe und ich kamen nach Kosawa, weil sie Cocody treffen und ich meine Tanten hier besuchen wollte. Ich war gerade neunzehn geworden. Ich erinnere mich, dass ich an dem Tag eine Schicht aus Angst trug. Ich hatte das Heiratsalter erreicht, doch niemand Gutaussehendes war in Sicht. Ein Mann aus meinem Dorf namens Neba war meine einzige Option, aber mein Blick verfing sich jedes Mal an seinen Nasenflügeln, die sich aufblähten wie ein windgepeitschter Rock. »Wie kannst du einen Mann ablehnen, nur weil dir seine Nase nicht gefällt?«, hatte meine Mutter seufzend gesagt. »Wie denn nicht, wenn ich sie jeden Tag vor mir habe?«, hatte ich geantwortet. Als meine Mutter mich ermahnte, meine Ansprüche herunterzuschrauben, lachte ich. Neba würde gut zu mir sein, das wusste ich, aber reichte das für eine Ehe?

Malabo stand plötzlich vor Cocodys Hütte, auf der Suche nach seinem besten Freund Bissau, Cocodys Mann. Ich sah seine Wangenknochen, scharf wie Speerklingen, und einen dazu passenden spitzen Bart. Was für ein Gesicht. Was für ein Mann. Konnte irgendwer auf der Welt noch besser aussehen als dieses gefährlich schöne Exemplar?

Jedes Mal, wenn ich Kosawa nach diesem Tag besuchte, suchten meine Augen angestrengt nach ihm, von meiner Ankunft bis zu meiner Abreise. Cocody und ich spazierten bei jedem Besuch mindestens zweimal an seiner Hütte vorbei. Immer wenn ich ihn sah, streckte ich meine Brust raus, um ihm ihre Größe zu präsentieren, und tupfte mir allen Schweiß aus dem Gesicht, während Cocody das für sie typische Lachen lachte: ka ka ka oh. Doch meine Bemühungen zeigten keine Wirkung bei Malabo; er bemerkte mich erst, als er bereit dazu war.

Es dauerte noch ein paar Monate, bis es dann so weit war, an einem Nachmittag, als wir lachend auf Cocodys Veranda standen –

Uwe, Cocody, ihre Freundin Lulu und ich. Wie aus dem Nichts tauchte Malabo vor mir auf. »Ich will nur sagen, dass ich noch nie so schöne Zähne gesehen habe wie deine«, sagte er. Ich starb. Ich erwachte wieder zum Leben und starb erneut. Wochen später sagte er, das Weiß meiner Zähne müsse für die Wolken eine Bedrohung sein, und ich sagte, die Schärfe seiner Wangenknochen müsse jedes Messer neidisch machen, aber an diesem Nachmittag kam kein Wort von mir. Jetzt, im vollen Licht seiner strahlenden Augen brachte ich keinen Laut hervor. Wäre Verlegenheit eine Krankheit, ich wäre an ihr gestorben. Er sagte, er habe mich im Dorf gesehen und sich gefragt, wie ich es wohl hinbekäme, dass meine Zähne so weiß blieben. Palmkernöl, wollte ich sagen; damit putze ich sie jeden Morgen. »Was auch immer du machst«, sagte er, »mach weiter so.«

Ich zwang mich zu einem Lächeln.

»Sag irgendwas«, flüsterten Cocody und Uwe, was meine Demütigung noch größer machte.

Mit aufgerissenen Augen schaute ich sie an, hoffte, sie könnten darin lesen: Was denn sagen? Stundenlang hatte ich mir alles Mögliche ausgemalt, aber ich hatte keinen Plan für den Moment, in dem Malabo seine Wange dicht vor meine schob und mich auf einen Spaziergang einlud. Etwas hob mich plötzlich vom Boden hoch, und ich bekam die Füße auch nicht wieder aufgesetzt. Ich schwebte mit Malabo davon, von diesem Moment an bis zum Schluss.

Wir waren glücklich, Malabo und ich.

Ich versuche, das nicht zu vergessen, aber das Trübe unserer letzten gemeinsamen Tage droht alle Erinnerung an unsere Seelenvereinigung zu verdunkeln. Nach diesem ersten Spaziergang durch Kosawa – Hand in Hand, unsere Schritte im selben Rhythmus, ich strahlend – konnte mir niemand ausreden, dass die Tage, die ich auf seinen Besuch bei mir im Dorf wartete oder auf meinen Besuch bei ihm im Dorf, die Qualen nicht wert seien. Zehn Trockenzeiten und zehn Regenzeiten hätte ich gewartet, um nur eine Minute seinen Herzschlag zu spüren. Meine Freundinnen lachten über mich. »Sahel hat endlich die Wangenknochen ihrer Träume«, sagten sie. Ich lachte auch. Alles, was mit Malabo zu tun hatte, machte mich glücklich. Sogar die nervigen Fragen meiner Freundin Lulu: Ob ich wirklich den Sohn des unglücklichsten Mannes heiraten wolle, der je gelebt habe? Ob ich nicht Angst hätte, Kinder in die Welt zu setzen, die genauso ernst und niedergeschlagen seien wie ihr Großvater? Ob ich mir gar nicht ausmalen würde, wie unangenehm es sicher sein würde, die Hütte mit jemandem zu teilen, der knurrte, sobald man ihm Guten Tag wünschte? Ich antwortete, natürlich hätte ich mir über all das Gedanken gemacht, aber wer würde Malabo, den Erstgeborenen des unglücklichsten Mannes, der je gelebt hätte, nicht heiraten wollen? Wer würde sich nicht wünschen, jeden Tag dieses verschmitzte Lächeln geschenkt zu bekommen? Als die ersten Kinder starben, verschwand dieses Lächeln immer mehr. Am Tag von Malabos Aufbruch war es völlig verschwunden.

Aber erstrahlte es je für mich?

Erstrahlte es an dem Abend, als er mich mit in sein Schlafzimmer nahm, an einem Tag, als seine Eltern bei einer Beerdigung in einem unserer Bruderdörfer waren und Bongo sich verkrümelt hatte, um Malabo den Raum zu geben, den er brauchte, so wie Malabo es tat, wenn Bongo ein Mädchen hatte? Erstrahlte es, als ich mich ungefragt, er vor mir auf dem Bett, sein Blick auf mich gerichtet, vor Freude gespannt, glitzernde Schweißperlen auf der Stirn, langsam auszog, ein Teil nach dem anderen ablegte, bis nur noch mein nackter Körper übrig blieb, und ihn anflehte, aufzustehen und mich zu halten, was er tat, mit ausgestreckten Händen, geöffneten Lippen und ohne den Blick von mir zu lösen. Ich bettelte nicht, er möge mich auf sein Bett legen, und er fragte nicht, ob er es dürfe. Wir hatten darüber gesprochen und darüber gelacht, dass wir in nicht allzu ferner Zukunft verheiratet wären, und, sobald die ersten Kinder kämen, nur noch in den dunkelsten Stunden der Nacht die Möglichkeit zu solchen Dingen hätten, unter unseren Laken, so leise wie möglich, und dass es so vieles gebe, das wir mit ihnen im Schlafzimmer nicht tun könnten, und dass wir das alles darum jetzt tun müssten, sooft wir könnten, solange wir jung und frei wären.

Yaya und Big Papa haben uns in unserer Hochzeitsnacht gewiss gehört, so aufgeregt, wie wir waren, zusammen in unserem Ehebett zu liegen, noch ohne irgendein Kind in Sicht. Unsere Kleider lagen auf dem Boden, da waren die Frauen aus meinem Dorf noch nicht ganz weg, jene, die mit meinen Habseligkeiten auf dem Kopf und meiner Mutter als Anführerin des Festzugs singend von der Hütte meiner Tante zur Hütte meiner neuen Familie getanzt waren, wo sie alles in den Hof gestellt und Malabo und mich in unser Schlafzimmer geschoben und die Tür geschlossen, gelacht und von draußen gerufen hatten, dass wir ja nicht rauskommen sollten, ehe ich nicht schwanger sei. Wir gehorchten nur zu gern. Mindestens einmal sagte ich zwischendurch zu Malabo, dass wir versuchen sollten, nicht so laut zu sein, um den Schlaf von Big Papa und Yaya nicht zu stören, aber Malabo lachte und sagte, Big Papa und Yaya würden wahrscheinlich nicht schlafen, sondern das Gleiche tun wie wir, und dass wir sie nur deshalb nicht hören würden, weil sie durch jahrzehntelange Erfahrung gelernt hätten, wie man leise dabei sei. Schwer zu glauben bei den Blicken, die Big Papa mir am Morgen zuwarf, die Bestätigung, dass er mich gehört hatte, zusammen mit etwas, das ich nicht zu deuten wusste. Ich wünschte, er hätte mir diese Blicke nicht zugeworfen, aber es hielt uns auch in der folgenden Nacht nicht auf. Nichts hielt uns auf, bis ich mit Thula kugelrund war und Yaya eines Tages in der Küche zu mir sagte, dass es gewisse Dinge gebe, die eine Frau zum Wohl ihres Kindes unterlassen müsse. Mit einem Nicken signalisierte ich ihr, dass ich verstanden hätte. Malabo protestierte. Er sagte, seine Freunde hätten gesagt, dass das nicht wahr sei, dass ihre Kinder alle wunderbar herausgekommen seien, man nur wissen müsse, wie man um den Fötus herummanövriere, aber ich sagte, wir sollten es für Yaya tun, und er stimmte mir zu; es war damals nicht leicht für uns, aber wir hielten uns daran, auch wenn ich später in der Schwangerschaft mit Juba unersättlich war, was Malabo restlos begeisterte.

Mein Verlangen ist und bleibt ein wildes Tier, rebellisch und unbezähmbar.

In dieser Anfangszeit unserer Liebe war es keine Strafe. Für meinen Mann war es ein Geschenk, diese unersättliche Gier jede Nacht. Cocody und Lulu lachten immer über mich, wenn ich mitten am Tag gähnte und ihnen erzählte, wir könnten einfach nicht aufhören, es sei einfach zu schwer. Sie sagten, keine Frau sollte einen Appetit haben wie ich und dass ihre Männer, wenn sie herausfänden, dass eine Frau genauso viel Lust haben könne wie ein Mann, zu Sakani gehen würden, damit er ihnen für sie gebe, was auch immer ich getrunken hätte. »Hoffentlich erzählt Malabo Bissau nichts von dem, was ihr macht, und bringt ihn nicht auf dumme Ideen«, sagte Cocody. »Ich will keinen Ärger mit ihm, weil er mich mitten in der Nacht bittet, meinen Topf zu öffnen, damit er irgendein verrücktes Gericht darin kochen kann.« Woraufhin Lulu seufzte und, die Zunge gegen die Schneidezähne gepresst, sagte: »Ich habe seit über zwei Monaten keine Lust, den Deckel von meinem Topf zu nehmen. Ich will gar nicht daran denken, wie viele Spinnweben sich schon dadrinnen gesammelt haben.« Lulu war überzeugt, meine wahre Natur sei männlich. Sie sagte, ich hätte bestimmt unsichtbare Haare am Kinn und einen Knorpel am Hals, den niemand sehen könne. Cocody stimmte ihr zu und lachte, ka ka ka oh, und sie klatschten sich ab. Damals stimmte ich in ihr Lachen mit ein, denn Malabo war da und würdigte mich und meine Unersättlichkeit, doch jetzt, wo er fort ist, was gibt es da noch zu lachen?

In dem ersten Jahr nach seinem Verschwinden weinte ich viele verschiedene Arten von Tränen. Die Tränen, die ich am Morgen weinte, waren anders als die Tränen, die ich am Abend weinte. Nachts dachte ich an unsere gemeinsamen Nächte. Ich dachte an meine Hand auf seiner Wange, an seine auf meiner. Ich dachte daran, wie sehr er meine Brüste geliebt hatte, und weinte vor Sehnsucht, allein unter meinem Laken. Ich weinte, weil mich niemand berührt hatte, seit er mich das letzte Mal berührt hatte, und weil mich bis heute niemand berührt.

Wie jede Frau vor mir, die ihren Mann verloren hat, und wie jede Frau nach mir, die ihren Mann verlieren wird, bin ich zum Alleinsein verdammt. Vorbei ist die Zeit, da ich gehalten und gestreichelt wurde. In meinem Kopf höre ich die Stimme meiner Mutter aus meinen Kindertagen. Genau wie ich hat sie ihren Mann verloren, wenn auch viel später als ich mit meinen neunundzwanzig. Ich höre, wie sie zu ihren Freundinnen sagt: Ich habe den einen Mann verloren, den das Leben mir geschenkt hat, ich habe nicht das Recht, um einen weiteren zu bitten, nicht wenn es andere Frauen gibt, die darauf warten, dass man sie bedenkt. Ich sehe, wie ihre Freundinnen traurig nicken: Welchen Sinn hat es, ein gebrochenes Herz in Zweifel zu ziehen?

Ich war acht, als mein Vater starb, und da meine fünf älteren Schwestern verheiratet waren, blieben nur meine Mutter und ich in der Hütte zurück. Sie hat nie mit ihrem Schicksal gehadert, so viel war klar, sie hat sich nie beklagt, aber ich betete zum großen Geist, dass ich nicht so enden würde wie sie. Malabo hatte mir versprochen, dass er mich nie alleine zurücklassen würde. Warum sollte ich diesen Körper je verlassen?, hat er immer gesagt.

Es gibt etliche Frauen wie mich in Kosawa und überall in den Geschwisterdörfern, Frauen mit verstorbenen Ehemännern. Die Männer heiraten uns jung und sterben vor uns, durch die Natur oder Missachtung unserer Weisheit. Bei ihrem Tod weinen wir, trocknen unsere Tränen, stellen uns darauf ein, den Rest des Lebens den Jungen, Kranken und Alten zu widmen. Das Begehren gehört der Vergangenheit an. Nie wird man uns dieselben Privilegien zugestehen wie den Männern mit verstorbenen Ehefrauen.

Für diese Männer gibt es eigentlich immer eine neue Partnerin, dank dem Plan des großen Geistes, dass unsere Frauen in der Mehrzahl sind. Für trauernde Männer kommt schon bald eine Jüngere, die bereit ist, den Kindern eine Mutter zu sein, eine, die zur Ahnenreihe des Mannes gern noch etwas beitragen möchte. Wenn Männer nicht schon mit einem Bein im Grab stehen, werden sie nie erfahren, wie es ist, wenn der Körper nachts um wenigstens eine winzige Berührung fleht. Sie werden sich nie dafür schämen, dass eine andere den Platz ihrer verstorbenen Frau einnimmt, weil ihnen jeder darin recht gibt, dass ein Mann nicht allein sein sollte.

Ihr könnt allein sein, sagen die Männer. Ihr seid Frauen, ihr seid so gemacht, dass ihr Schmerzen ertragt.

Im ersten Jahr nach Malabos Verschwinden betete ich zum großen Geist, er möge mir fürs Bett den Mann einer anderen schicken. In manchen Nächten betete ich für einen jungen Mann, der sich noch keine Frau ausgesucht hatte und mich zur Übergangslösung machte, sich meinen benutzten Körper nahm und genoss, bis ein frischer des Weges käme; und selbst dann hätte er für die kritischen Monate der Schwangerschaft seiner Frau über mich verfügen können. Ich hätte getan, was andere Frauen in meiner Position offenbar taten: ihn tief im Wald getroffen, unter einem Baum, wo nur Vögel und Tiere zusahen, oder in einem Stall spät in der Nacht. Ich hätte ihn all das machen lassen, was er sich bei seiner Frau nicht traute.

An unseren schlimmsten Tagen weinten Cocody und ich zusammen in meinem Schlafzimmer.

Hatten wir uns einst gefreut, beste Freunde geheiratet zu haben, die alles zusammen machten, weinten wir nun, dass wir beste Freunde geheiratet hatten, die alles zusammen machten. Zwischendurch witzelten wir, dass wir vielleicht einander heiraten sollten. Eines Abends war Cocodys jüngere Cousine Aisha zu Besuch, als ich das sagte. Sie lachte über diesen Vorschlag, ehe sie antwortete, dass die Ehe unter Frauen vielleicht keine schlechte

Idee sei, vielleicht sogar das Beste, das einem Menschen passieren könne. Cocody und ich lachten wie verrückt. Aisha war jung, noch kam sie damit durch, solchen Unsinn zu sagen.

Cocody will einen Mann nicht so wie ich. Sie will einen Mann, der ihr hilft, ihren Söhnen den Weg zu weisen, weil sie in Kosawa keinen männlichen Verwandten hat, mit dem sie ungeniert über das Mannwerden ihrer Söhne sprechen kann. Sie sorgt sich um ihr jüngstes Kind, das zwei Monate nach dem Verschwinden unserer Männer geboren wurde. Wir waren zur selben Zeit schwanger, sie und ich. Mein Kind würde heute auch im Dorf umherlaufen, wenn alles gut gegangen wäre, aber ich danke dem großen Geist, dass nur ich diesen Verlust erlitten habe und meine Freundin verschont geblieben ist. Ich stimme Cocody zu, dass ihr jüngster Sohn einen neuen Vater braucht, der ihm beibringt, eines Tages so zu werden wie der Vater, den er nie kennengelernt hat, aber ich brauche keinen neuen Vater für meine Kinder. Ich habe die Familie meines Mannes und meinen Cousin Tunis, der zwar auch leidet – wer in Kosawa leidet nicht? Wer in der Welt hat nicht gerade gelitten, oder leidet in diesem Moment, oder wird bald leiden? –, mir aber trotzdem der Bruder ist, den mir der große Geist nie geschenkt hat.

Eines Abends, ungefähr ein Jahr nach Malabos Verschwinden, kam Tunis, um nach mir zu sehen, und traf mich allein auf der Veranda an, wo ich ins Nichts starrte. Er setzte sich neben mich und flüsterte mir ins Ohr, dass er auf dem großen Markt mitbekommen habe, wie sich ein paar Männer über meinen Hintern unterhalten hätten; die Männer hätten gesagt, mein Hintern sehe aus wie eine saftige Ananas. Zum Spaß verpasste ich ihm eine, obwohl ich mir wünschte, dass er die Wahrheit sagte, damit ich die Männer ausfindig machen, mir einen aussuchen und mit in meine Hütte nehmen könne, um meine Lust auf ihn loszulassen.

Während mein Cousin neben mir saß und mich zum Lachen brachte, dachte ich nur wenig an Malabo. Aber nachdem Tunis nach Hause gegangen war, fragte ich mich die ganze Nacht, wie Malabo gestorben war. Wenn ich ein Grab hätte, auf das ich mich setzen und weinen könnte, würde ich das tun, jeden Trost aufsaugen, den ich auf dem Hügel finden könnte, unter dem dieser geliebte Mensch begraben liegt. Aber der Staub, aus dem das Fleisch meines Mannes geformt war, ist schon eins mit der Erde in Bézam. Oder vielleicht hat ein Fluss dort sein Blut fortgespült. Vielleicht wurden seine verbrannten Knochen vor langer Zeit von einem grausamen Windstoß weggeweht. Ich werde es nie erfahren. Ich spreche täglich mit ihm, vor allem draußen an der frischen Luft, in der Hoffnung, dass die Vögel, die Richtung Bézam fliegen, meine Worte zu ihm tragen. Und selbst wenn meine Worte nicht das sind, was er hören will, weiß er sich durch den Klang meiner Stimme weniger allein. Vielleicht ist er nicht mehr allein. Vielleicht ist Bongo bei ihm, Brüder im Leben wie im Tod.

An dem Tag, an dem wir ohne Bongo aus Bézam zurückkamen, legte sich Thula in Bongos Bett und rollte sich unter seinen alten Sachen zusammen. Den ganzen Tag und die ganze Nacht blieb sie da. Sie reagierte nicht, als ihre Freundinnen an die Tür klopften und sie baten, doch aufzumachen, damit sie bei ihr sein und sie trösten könnten. Sie kam nicht ins Wohnzimmer, als immer mehr Verwandte eintrafen, um Bongo mit uns zu beweinen und uns Mut zuzusprechen. Sie war nicht dabei, als meine Tanten die unerträgliche Aufgabe übernahmen, Yaya zu erzählen, was in Bézam geschehen war. Thula war nicht dabei, als wir Yayas Hände hielten, während ihr gesagt wurde, Bongo sei tot.

Es war nicht meine Trauer, unter der ich zusammenbrach, sondern der Anblick von Yayas Verzweiflung über die Nachricht, ihr Zittern und Hyperventilieren, als würde das Leben sie verlassen. Ich ertrug es nicht, sie so zu sehen. Der große Geist hat nicht das Recht, eine gute Frau im Laufe eines einzigen Lebens so zu strafen.

Thula war nicht da, als die Frauen mich wiederbelebten und ich die Augen öffnete, um zu sehen, dass Yaya nicht mehr Yaya war, sondern nur noch ein atmendes Ding mit Sehnsucht nach dem Tod. Thula blieb allein in Bongos Schlafzimmer, wo sie auf den Laken lag, die wir nicht mehr gewechselt hatten, seit man ihn abgeholt und nach Bézam gebracht hatte. Sie hielt sich fern, als wären ihre Trauer und unsere Trauer zwei parallel verlaufende Flüsse.

Nach diesem ersten Tag im finsteren Nebel sammelte ich alles an Kraft, was ich aufbringen konnte, und ließ meinem Cousin Tunis ausrichten, er möge kommen und mir helfen, die Tür zum Hinterzimmer aufzubrechen, damit wir Thula herausholen könnten. Ich konnte nicht zulassen, dass sie ohne Essen und Trinken dadrinnen blieb. Tunis kam und rief Thula durch die Tür zu, sie solle bitte aufmachen, damit er keine Gewalt anwenden müsse. Thula blieb im Bett und ignorierte uns. Tunis fand einen Weg, die Tür ohne größeren Schaden zu öffnen, und ging. Leise betrat ich das Zimmer.

Sie lag unter einem Berg aus Bongos Sachen, tränenüberströmt.

Sie hielt das Buch an die Brust gepresst, aus dem Bongo ihr früher vorgelesen hatte, das über ein Reich namens Nubien, dieses Reich, über das Bongo so gerne sprach: Ob wir wüssten, dass in Nubien Frauen genauso viel Macht besäßen wie Männer?, sagte er gern zu Malabo und mir auf der Veranda, woraufhin Malabo ihm jedes Mal einen bösen Blick zuwarf, während ich lachte und bat, er möge doch weiterreden.

Ich kniete mich neben das Bett und flehte Thula an, aus dem Zimmer zu kommen. Sie drehte ihr Gesicht zur Wand. Es sei wichtig, das Zimmer so zu erhalten, wie es war, sagte ich, falls Bongos Geist eine Weile darin umherstreifen wolle, ehe er sich auf die Reise zu den Ahnen mache. Sie ignorierte mich. »Du bist zu jung, um allein hier zu schlafen«, sagte ich, noch immer auf Knien neben dem Bett. Keine Reaktion. Ich sagte, als Mädchen könne sie das Hinterzimmer nicht zu ihrem Zimmer erklären; Bongo habe das gekonnt, weil junge Männer mit der Gefahr umgehen könnten, in einem Zimmer mit eigenem Eingang zu schlafen. Noch immer keine Reaktion. Ich erhob mich. Ohne die bisherige Zärtlichkeit in der Stimme sagte ich, ich würde mir ihre Unverschämtheit nicht länger bieten lassen; ich hätte weder ihren Vater noch ihren Onkel getötet, meine Geduld mit ihr habe Grenzen. Noch immer machte sie keine Anstalten aufzustehen. Aus meinen Ermahnungen wurden Drohungen. »Ich lasse dich nie wieder in die Hütte, wenn du nicht sofort reinkommst«, sagte ich. Genauso gut hätte ich mit einem Fels sprechen können. Entschlossen, eine Antwort zu erhalten, zog ich sie vom Bett. In dem Augenblick merkte ich, wie nass das Kissen war, durchtränkt von ihren Tränen.

Was konnte ich tun? Unser Wohnzimmer war voll mit Frauen, die rings um Yaya auf dem Boden saßen und in ihrem Zustand der Taubheit für sie sangen; ich wollte ihnen nicht verkünden, dass Thula meinen Kummer noch verstärkte, indem sie sich mir widersetzte. Darum ging ich in mein Schlafzimmer und machte Tür und Fenster zu. Im Dunkeln setzte ich mich auf mein Bett und senkte den Kopf. Ich bat den großen Geist, mir zu sagen, wo ich auf Abwege geraten war. Ich wollte wissen, wo wir als Volk vom rechten Weg abgekommen waren. Bestimmt hatten unsere Vorfahren ein Unrecht begangen, und ihre Strafe wurde nun über uns verhängt. Ich weinte um Bongo, ich verfluchte Malabo. Ich wünschte mir, meinen Mann nicht dafür zu hassen, dass er mich zu diesem Leben verdammt hatte, in dem ich ganz allein für ein gebrochenes Mädchen und einen verlorenen Jungen und eine alte Frau verantwortlich war, die mir ihre Wut und Traurigkeit aufbürdeten, ohne dass irgendwer die meine mit mir trug, weil es so nun mal sein musste.

Ich schrie in mein Kissen. Ich erzählte Malabo, dass ich wünschte, ich hätte Neba aus meinem Dorf geheiratet, den ersten Mann, der um meine Hand angehalten hatte. Ich wünschte mir, ich hätte meiner Mutter nicht aufgetragen, Neba zu sagen, dass sie keine Geschenke von ihm annehmen könne, weil sie mich bereits einem anderen Mann versprochen hätte. Meine Freundinnen und ich hatten über diese Lüge gelacht, denn ich glaubte, dass ich irgendwann einen Mann finden würde, den ich wollte und der mich auch wollte. Ich war überzeugt, dass dieser Mann es wert wäre, auf ihn zu warten. Und das war er auch, mein Mann, mein Traum, der mir mit einem verschmitzten Lächeln die Wolken vom Himmel holte und sie mir vor die Füße legte, damit ich über sie hinweglaufen könne, der mich mit einer einzigen Berührung schwerelos auf dem ruhigsten, saubersten Wasser treiben ließ, alles an ihm das Unheil wert, geboren zu sein. In unserer Jugend und Unbeschwertheit war es, als habe dieses Hochgefühl für immer Bestand. Sieh nur, wohin mich meine Lüge gebracht hat.

Bevor ich mir die Augen trocknete und mich erhob, sagte ich Malabo, dass ich hoffen würde, seine Reise von dieser Welt in die nächste werde hundert Ewigkeiten dauern, auf dass er für immer allein sei, nie bei uns, nie bei seinen Vorfahren. Ich verfluchte ihn dafür, dass er mich auserwählt hatte, nur um mich für seine Tollkühnheit bezahlen zu lassen, dass er mich geliebt hatte, nur um mir dann ein Leben zu hinterlassen, das ich hasste, dass er mir alles gegeben hatte, was ich mir je erträumt hatte, nur damit ich mir nun wünschte, ich hätte nie für die Dinge gebetet, die ich bekam.

Seit Malabo meinen Rat in den Wind geschlagen hat und nach Bézam aufgebrochen ist, verliert der Schlaf fast jede Nacht den Kampf gegen meine aufgewühlten Gedanken. Stunde um Stunde warte ich auf die Hähne, die mir sagen, dass der Tag anbricht, damit ich eine Pause von meinem Grübeln und meiner Reue finde. Was geschehen ist, ist geschehen, und doch denke ich immer wieder darüber nach, dass ich ihn hätte aufhalten können, wenn ich eine bessere Frau wäre, eine bessere Mutter, ein Mensch mit mehr Überzeugungskraft.

Ich versuche, mich mit solchen Gedanken nicht zu quälen, aber ich kann nicht aufhören, all die Sorgen zu zählen, die über unsere Familie hereingebrochen sind, weil Malabo nicht auf mich gehört hat. Ich liste jede einzelne auf, von dem Moment an, als ich Schmerzen im Bauch verspürte, obwohl ich in der Schwangerschaft noch nicht so weit war, solche Schmerzen zu verspüren, über den Moment, als das Baby herauskam und ich schrie und die Augen schloss, weil ich es nicht sehen wollte, über den Nachmittag, an dem die Soldaten mit Gewehren kamen und ich eine größere Grausamkeit erlebte, als ich mir je hätte vorstellen können, bis hin zu dem Abend, an dem wir mit der Nachricht von Bongos Tod aus Bézam kamen.

»Du tust so, als wäre es nur dein Problem«, sagte ich in der Nacht vor seiner Abreise zu Malabo.

»Wessen Problem ist es denn?«, sagte er.

»Sind deine Kinder die einzigen, die das Wasser trinken? Warum musst du die Sache alleine lösen?«

»Was glaubst du, was für ein Mann ich bin, Sahel? Einer, der sich zurücklehnt und darauf wartet, dass jemand anders was unternimmt? Ist das der Mann, den du geheiratet hast?«

»Juba ist zu uns zurückgekehrt«, sagte ich weinend. »Das ist ein Zeichen. Siehst du das denn nicht? Es heißt, dass er nicht so bald wieder fortgehen wird. Niemand stirbt und kommt zurück, nur um bald wieder zu sterben.«

»Wie viele Menschen kennst du, die gestorben und wieder zurückgekommen sind?«

Ich sagte nichts; wir kannten beide die Antwort.

»Juba ist seit einer Generation der Erste in Kosawa, der wieder zurück ins Leben geholt wurde«, sagte er, als wüsste ich das nicht. »Von all den kranken Kindern hat der große Geist ausgerechnet uns verschont. Warum? Hast du dich das je gefragt? Findest du nicht, dass wir eine größere Rolle dabei spielen sollten, das alles zu beenden, wenn man bedenkt, wie sehr wir bevorzugt wurden? Hast du auch nur eine Sekunde an Jubas Jugend gedacht, daran, was dieses Wiedererwecktwordensein später mal mit ihm macht?«

»Wir reden nicht über später. Wir reden über jetzt. Und jetzt geht es ihm gut. Oder etwa nicht?«

»Was ist mit Thula? Was, wenn sie auch krank wird?«

»Thula wird nie krank. Wenn es sein muss, koche ich das Wasser für die beiden auch zehn Stunden lang ab. Geh nicht nach Bézam, bitte. Genau jetzt in dieser Minute fleht Cocody Bissau an, dich nicht zu begleiten. Lulu und ihre Familie flehen Lobi an, zu Hause zu bleiben. Keiner weiß, wie die Regierung reagiert, wenn ihr in ihrer Stadt aufkreuzt und Forderungen stellt. Bézam ist voller böser Menschen.«

»Ich verstehe dich nicht. Wie kannst du nicht an die Zukunft denken?«

»Wir werden überleben«, sagte ich unter Tränen. »Mit der Güte des großen Geistes –«

»Du hast Angst, darum willst du nicht, dass ich für die Zukunft meiner Kinder kämpfe.«

»Ich flehe dich an, keinen Fehler zu machen … Ich habe kein gutes Gefühl bei der Sache …«

»Du bist schwanger. Wenn du schwanger bist, hast du nie ein gutes Gefühl bei irgendwas.«

»Das hat nichts mit der Schwangerschaft zu tun.«

»Sahel, bitte.«

Habe ich Malabo je eine Bitte ausgeschlagen? Wenn er sagte, Sahel, heute möchte ich dieses oder jenes essen, kochte ich es für ihn. Wenn er sagte, Sahel, zieh dieses Kleid hier und nicht jenes da an, sagte ich, natürlich mache ich das. Ich hielt mich an die Tradition, ja, aber es brauchte keine Eheregeln zwischen uns. Alles an mir wollte ihn zufrieden sehen. Und nun hatte ich einmal eine Bitte, und was sagte er? Er sagte, nein, das mache ich nicht. Er ging nach Bézam und scheiterte, und Bongo versuchte, alles wieder in Ordnung zu bringen, und scheiterte ebenso. Jetzt versuchen die Leute von der Aktion Neuanfang, alles wieder in Ordnung zu bringen.

Ich weiß nicht, was bei dem Kampf herauskommen wird, den die Aktion Neuanfang in unserem Namen führt, aber Thula glaubte vom ersten Moment an, als sie sie reden hörte, dass wir mit ihnen an unserer Seite Seine Exzellenz und Pexton besiegen würden.

Ich bemerkte die Ruhe, die sich ein paar Tage nach dem ersten Besuch der Leute von der Aktion Neuanfang in ihrem Gesicht zeigte, ein paar Monate nachdem Bongo nach Bézam gebracht worden war. Das Licht, das in ihre Augen zurückgekehrt war, verriet mir, dass sie sie überzeugt hatten mit dem Versprechen, uns zu helfen, unser Land und unser Wasser und unsere Luft zurückzuerobern und zu retten. Nach diesem Treffen hatten sich die anderen Kinder um die süßen Sachen von dem Mann und der Frau aus Amerika gestritten, aber Thula nicht. Sie hatte die Bücher aufgehoben, die sie mitgebracht hatten, und sie mit nach Hause genommen. An diesem Tag fing sie an, in Büchern zu leben, und damit letztlich in Amerika.

Sechs Jahre später, an dem Tag, als der Liebe und der Süße sie über die Einladung der Schule in Amerika informierten, kam sie abends zu mir in die Küche, wo ich Yams kochte, und sagte erneut, dass sie gehen würde, wenn es wirklich mein Wunsch sei, dass sie gehe, und wenn ihr ganzes Wesen ihr sagen würde, dass sie gehen solle. Schweigend saßen wir da und schauten zu, wie das Holz unter dem Eisentopf zu glühend roter Kohle wurde.

Es waren der Liebe und der Süße, die auf die Idee kamen, dass die Kinder von Kosawa von einer höheren Schulbildung profitieren würden. Sie sagten, es wäre gut für unser Dorf und künftige

Generationen, wenn unsere Kinder die Schule in Lokunja besuchen würden, auf die auch die Bezirksbeamten ihre Kinder schickten. Anstatt dass die Jungen nach Beendigung der Schule in Kosawa zu den Speeren griffen, um jagen zu gehen, und die Mädchen bei ihren Müttern in die Lehre gingen, würden sie Dinge lernen, die selbst einige unserer Dorflehrer nicht wussten. Die Männer von der Aktion Neuanfang sagten, wir könnten die Regierung bitten, unsere Schule besser auszustatten und uns zusätzliche gut ausgebildete Lehrer zu schicken, aber die Regierung würde sicher dagegenhalten, dass Kosawa zu klein sei für eine bessere Schule. In Anbetracht dessen, sagten die Männer, hätten wir am ehesten eine Chance, unsere Kinder auf eine Zukunft vorzubereiten, die vielleicht weit weg von Kosawa liege, wenn wir sie auf die höhere Schule schicken würden, die es bereits gebe. Die Aktion Neuanfang würde einen Bus bezahlen, der alle Kinder über zwölf in die Schule nach Lokunja bringen würde.

Was wir darüber denken würden?, fragten sie uns auf dem Dorfplatz.

Am Morgen war Regen heruntergekommen, aber am Nachmittag brutzelte die Sonne; es war, als würden wir zwei Jahreszeiten an einem Tag durchleben. Der Liebe und der Süße saßen neben Sonni, unserem neuen Dorfoberhaupt, unter dem Mangobaum. Zwei Jahre war das Massaker inzwischen her. Gras war gewachsen und bedeckte die Erdhügel, unter denen die Hingerichteten lagen.

Sonni erhob sich und setzte zum Sprechen an, zählte jedes Wort in der für ihn typischen Art, die bei mir bewirkt, dass ich am liebsten an seiner Zunge ziehen und sie dazu zwingen will, schneller zu machen. Er dankte den Männern von der Aktion Neuanfang für ihr Angebot, sagte, dass es gut sei, wenn unsere Kinder eine bessere Schulausbildung bekämen. Es müsse erst ein zusätzliches Treffen der Männer geben, sagte er, damit die Väter über all das sprechen könnten, um abzuschätzen, wie offen man für diese Idee sei ... Aber die Stimmen der Mütter und Väter übertönten ihn längst, um zu sagen, dass es kein weiteres Treffen brauche, dass es niemals eine gute Idee wäre, unsere Kinder jeden Tag mit dem Bus in die Schule nach Lokunja zu schicken; ein solch hoher Preis könne nie gerechtfertigt sein für weiteres Lernen. Was wäre der Sinn von noch mehr Schule? Wir waren wilden Tieren in die Falle gegangen: Wie würde all das, was die Kinder zusätzlich zu den Grundkenntnissen in Lesen, Schreiben und Rechnen lernen würden, Veränderung im Herzen unserer Geiselnehmer bewirken und ihren Blick auf uns verändern, sodass sie in uns etwas Wertvolles sähen? Auch wenn wir den Leuten von der Aktion Neuanfang vertrauen würden, sagten viele, auch wenn wir dankbar seien für alles, was sie für uns getan hätten, könnten wir unsere Kinder nicht einfach in die Hände von Fremden in Lokunja geben. Wir hätten sie dort nicht im Blick. Wenn die Regierung sie in unserer Anwesenheit töten würde, wozu wäre sie dann in unserer Abwesenheit fähig?

Der Liebe und der Süße sagten, sie hätten Verständnis für unsere Sorgen, aber dass die Schule zwar der Regierung gehöre, der Bus aber der Aktion Neuanfang gehöre und von denselben Menschen aus Amerika bezahlt werde, die der Aktion Neuanfang Geld geben würden, um unseren Kampf gegen Pexton zu unterstützen, seit Austins Geschichte in ihrer Zeitung erschienen sei. Die Vertreter sagten, die Leute, die den Bus bezahlen würden, seien dieselben, die Geld gegeben hätten, um für die Freilassung von Bongo und Konga und Woja Beki und Lusaka zu kämpfen. Sie seien damals auf unserer Seite gewesen und würden es immer sein. Trotzdem, meinten die Gegenstimmen. Wenn der Liebe und der Süße gesehen hätten, was wir gesehen hatten, riefen mehrere Eltern, wenn sie an dem Tag des Massakers hier gewesen wären, würden sie verstehen, warum uns selbst das Rascheln von Blättern Angst einjage.

Die Möglichkeit, die Schule in Lokunja zu besuchen, war der Grund dafür, dass Thula drei Jahre nach Malabos Verschwinden häufiger sprach.

Sie war noch immer dasselbe Mädchen und sagte nur, was gesagt werden musste, aber die Wut über das Massaker und über alles, was unserer Familie widerfahren war, hielt sie nicht länger in Ketten, oder zumindest saßen die Ketten nicht mehr so fest. Vielleicht war es die Hoffnung, die die Männer von der Aktion Neuanfang bei ihren Besuchen mitbrachten, und die Nachricht, dass die Kinder nun die Chance bekämen, sich Wissen anzueignen, das uns womöglich vor künftigem Kummer bewahren könne. Oder es war die Einsicht, dass wir alle in Ketten lagen und ihr Schmerz einzigartig, aber nicht größer war als der der anderen, was sonst sollten wir also tun, als weiterzumachen? Sie kehrte nicht dahin zurück, wieder unbeschwert zu lächeln oder so zu lachen wie früher mit ihrem Vater, aber ihr Gesicht klarte jeden Tag auf und unterstrich das reizvolle Rund ihrer Augen.

Jedes Mal, wenn ich sie und ihre Freundinnen irgendwo im Dorf sitzen sah, trödelte ich ein wenig herum, um mitzubekommen, ob sie lachte, und wenn sie es tat, hätten mich tausend fette Ernten nicht glücklicher machen können. Ohne dass ich sie darum bat, setzte sie sich immer häufiger zu mir in die Küche und half mir beim Kochen. An Tagen, an denen Yaya zusätzliche Zuwendung brauchte, weil sie einen besonders schlechten Tag hatte – vielleicht weil einer ihrer Söhne ihr im Traum erschienen war – und ich sie immer wieder von einer Seite auf die andere drehen musste, damit sie bequemer lag, oder ihr das Gesicht trocknen musste, weil sie nicht aufhörte zu weinen, kochte Thula für uns. Immer wenn sie mich bat, ich möge mehr essen, musste ich fast lachen, weil sie doch selbst so wenig aß – kaum je mehr als die Hälfte des Essens auf ihrem Teller, oft weniger, trotz meines Bittens, doch mehr zu essen.

Ich machte mir Sorgen wegen ihres Gewichts. Ich machte mir Sorgen, weil ihre Blutung noch nicht kam, obwohl sie das Alter dafür erreicht hatte. Ich machte mir Sorgen, weil die Brüste ihrer Freundinnen größer als Orangen waren, während ihre aussahen wie Cashews. Die Konkurrenz um Männer mit dem Potenzial, gute Ehemänner abzugeben, war groß in den acht Geschwisterdörfern, und Thula war in dem Alter, wo Mädchen anfangen mussten, Signale auszusenden und ihre Waren anzupreisen. Ihre Freundinnen hatten bereits einen Hintern, auf den die Männer starrten, neben ihnen wirkte Thula wie ein Kind am Rockzipfel seiner Mutter und Tanten. Malabo hatte zu gern damit geprahlt, dass seine Tochter mit ihren geheimnisvollen Augen und ihrem breiten Lächeln einmal zur schönsten Frau heranwachsen würde, die die acht Dörfer je gesehen hätten. Auch als Thula kein Gramm zulegte, blieb er dabei. Als Vater konnte er blind sein, was gewisse Dinge anging, aber als Mutter musste ich auf alle Probleme vorbereitet sein, auf die meine Tochter stoßen würde. Auch wenn ihr Gesicht überwältigend schön war, wusste ich doch, dass ihr Dünnsein und Flachsein, in Kombination mit ihrem unzugänglichen Wesen, sie in den Augen der Männer auf Brautsuche weniger attraktiv machen würde.

Als ich Cocody und Lulu mein Leid klagte, lachten sie und fragten mich, warum ich die Last von heute nicht heute tragen könne und mir die von morgen erst dann aufladen würde, wenn es so weit wäre. Ob ich denn nicht sehen würde, dass es keinen Sinn hätte, mir über Thulas Brüste und ihre Blutung den Kopf zu zerbrechen, wenn ich ohnehin nur warten könne, bis ihr Körper bereit für beides sei? »Hast du je eine Frau kennengelernt, die nicht blutet und kein Brüste hat?«, fragte mich Lulu lachend. Warum ich meine Zeit damit vergeuden würde, über den Augenblick nachzudenken, in dem Thula ihr erstes Blut sehen würde und auf der Suche nach Trost zu mir gerannt käme? Warum sei ich mir so sicher, dass sie es mir überhaupt erzählen würde, wenn es so weit wäre? Cocody und Lulu, sowohl Töchter ihrer Mütter als auch Mütter ihrer Töchter, verstanden, warum all diese Sachen wichtig waren, aber sie dachten lieber über andere Sachen nach als über die Feier des ersten Blutes einer Tochter wie ich so oft – den fröhlichen Abend, wenn alle älteren Frauen unserer Familie und Freundinnen zusammenkämen, um Thula in all die Wunder einzuweihen, die auf sie warteten, da sie nun eine Frau war. Ich grinste jedes Mal beim Gedanken an ihr Gesicht, irgendwo zwischen Bedrohung und Verwirrung, wenn die Frauen ihr zuflüstern würden, in den Händen des richtigen Mannes werde der Genuss sie mehr als nur entschädigen für den Schmerz, und je lieblicher der Genuss bei der Empfängnis, desto größer der Schmerz bei der Geburt des Kindes, und ob das nicht eine der schönsten Sachen am Frausein sei?

Eines Abends in Lulus Küche, während Thula und eine Freundin zu Hause Yaya versorgten, erzählten mir Cocody und Lulu von dem Abend nach ihrer ersten Blutung, als ihre Mütter die Frauen von Kosawa zusammengerufen hatten, um sie zu feiern. Wir lachten, als sie sich an die Frauen erinnerten, die meisten längst verstorben, die Geschichten von ihren Reisen durch das Frausein erzählt hatten. Geschichten, die sie in verräucherten Küchen rauf und runter erzählt haben dürften, aber die sie erneut mit anderen teilen mussten, da sie es einfach genossen, sie immer wieder zu erzählen: wie sie ihren Männern in Momenten der Wut in die Suppe gespuckt hatten, in welcher Position man ein Mädchen zeugte und in welcher einen Jungen, wie sie Krankheiten vorgetäuscht hatten, wenn sie keine Lust gehabt hätten zu kochen, und ihre Männer den Kindern Obst zum Abendessen vorgesetzt hätten. Wenn ihre Männer doch nur gewusst hätten, wie viele Schritte ihre Frauen ihnen immerzu voraus gewesen seien. Aber was nützte diese Klugheit den Frauen, die durch einen Bekannten oder einen Freund herausfanden, dass ihre Männer sich in einem anderen Dorf in das Bett einer anderen Frau gelegt hatten? Was könne eine Frau tun, außer zu seufzen und weiterzumachen, wenn sie ihren Mann zur Rede stellt und er antwortet, was für ein Unsinn, was komme sie ihm mit solchen Fragen, sie solle ihn in Ruhe lassen. Die Geschichten seien nie langweilig gewesen, sagte Lulu, und hätten sie stolz und zugleich wütend gemacht, als Frau geboren zu sein.

Vier Tage nachdem der Liebe und der Süße von der Schule in Lokunja gesprochen hatten, betrat Thula mein Zimmer. »Mama«, sagte sie, als ich auf dem Bett Wäsche zusammenlegte, »ich würde gern mit dem Bus in die Schule nach Lokunja fahren.«

»Nein«, sagte ich. Sie drehte sich um und ging.

Am nächsten Morgen kam sie zu mir in die Küche, nachdem sie sich gewaschen und sich ihre blaue Uniform angezogen hatte.

»Mama, bitte«, sagte sie. »Es ist mir ernst mit der Schule in Lokunja.«

Ich konzentrierte mich auf das Braten der Eier; ich sagte nichts.

Als die Eier fertig waren, tat ich sie ihr auf einen Teller, zusammen mit ein paar frittierten Kochbananen. Ich reichte ihr den Teller und sagte, sie solle am Tisch im Wohnzimmer essen, weg von dem Rauch.

Sie ging, und ich tat Juba sein Frühstück auf und brachte es ihm an den Tisch, während er gerade noch sein blaues Hemd und seine Khaki-Shorts anzog. Wie jeden Morgen sah ich den beiden beim Essen zu: Thula, wie sie vier Scheiben Kochbananen aß und ein paar Bissen Ei, und Juba, wie er alles von seinem Essen und auch noch die Reste von Thula hinunterschlang. Als sie fertig gegessen hatten, gingen sie zu Yaya, um sie zum Abschied zu umarmen. Yaya blieb in ihrer Liegeposition; nur ihr Mund bewegte sich, als sie sie ermahnte, auf ihre Lehrer zu hören. Thula und Juba nickten, verließen Yayas Zimmer und umarmten mich, bevor sie sich auf den Weg machten, Thula mit Juba an der Hand, ihr Gang nur so schnell, wie die Beine ihres kleinen Bruders ihn trugen. Noch brauchte er ihren Schutz. Er hatte erst nach Bongos Tod mit der Schule angefangen, nachdem sein Großonkel Manga zur Schule gegangen war und den Direktor angefleht hatte, Juba mitten im Schuljahr aufzunehmen, denn auch wenn seine gleichaltrigen Freunde noch nackt umherrannten, konnte Juba die rechte Hand schon hinter dem Kopf entlang zum linken Ohr führen, ein Beweis dafür, dass sein Gehirn groß genug war.

Sobald die Kinder nicht mehr zu sehen waren, schaute ich nach Yaya. Ich brachte ihr einen Topf, damit sie hineinspucken oder urinieren oder sich entleeren konnte, was auch immer ihr Bedürfnis war. Auch heute noch mache ich das täglich. An manchen Tagen kann sie sich nicht aufsetzen, um den Topf zu benutzen, dann schiebe ich eine Plastikplane unter ihren Po und darüber lege ich ein Stück Stoff, damit sie sich im Liegen entleeren kann, wonach ich sie wasche und trocken wische.

Falls ihr Kot riecht, rieche ich es nicht. Sie ist meine Mutter. Ganz gleich, welches Leid sie erdulden muss, ich erdulde es mit ihr. Bis zu dem Tag, an dem sie mich verlässt oder mir sagt, dass ich sie verlassen soll, gehöre ich ihr und sie gehört mir. Sie hatte alle Zähne verloren, also schneide ich ihr das Fleisch in kleine Stücke und kaue ihr den Cocoyams vor, ehe ich sie damit füttere, genau so, wie sie früher das Essen vorgekaut hat, ehe sie meinen Mann und meine Kinder damit fütterte. Wenn sie weinen muss, setze ich mich zu ihr ans Bett und wir weinen zusammen. Ich wische ihr die Tränen weg und flehe sie an, mit dem Weinen aufzuhören. Solange sie weint, muss auch ich es tun, ich kann nicht zulassen, dass sie alleine weint. Andere Male lassen wir unsere Tränen still laufen, bis wir keine mehr haben. Wir trauern um die Männer, die wir geliebt und verloren haben, und Augenblicke später malen wir uns den wundervollen Tag aus, an dem wir alle wieder vereint sind in dem Land auf der anderen Seite.

Eine Woche nachdem Thula das erste Mal von der Schule in Lokunja gehört hat, bettelt sie mich erneut an, sie gehen zu lassen. Ich sitze auf der Veranda; eine meiner Tanten ist nach einem Besuch gerade gegangen. Thula kommt und setzt sich zu mir. Sie fragt, ob ich ihr zuliebe mit dem Lieben und dem Süßen reden könne, ihnen sagen könne, dass sie die Idee, die Dorfkinder auf eine bessere Schule zu schicken, wahnsinnig gut fände. Ich seufze und drehe den Kopf weg. Sie setzt sich anders hin, damit sie mir in die Augen sehen kann.

»Mama, bitte«, sagt sie.

»Du willst wirklich auf diese Schule gehen?«, frage ich sie.

Sie nickt.

Ich sage, ich müsse eine Nacht darüber schlafen. Am nächsten Morgen wache ich auf und mache mir Sorgen um sie.

Seit dem Tag ihrer Geburt hat sie nie von etwas abgelassen, das sie wollte. Wenn Thula vor dem Schlafen ihren Vater sehen wollte, schloss sie erst die Augen, wenn er vom Rauchen mit seinen Freunden auf dem Dorfplatz zurückkam. Ich erinnere mich noch an einen Abend, als sie fünf war. Ich erzählte ihr, Malabo würde in einem anderen Dorf einen kranken Freund besuchen und erst am nächsten Tag zurückkommen, sodass sie bei mir im Bett schlafen könne. Als es Zeit fürs Bett war, konnte ich sie nirgendwo finden. Yaya und ich waren schon in Panik, als Bongo aus der Hütte rannte und Minuten später mit Thula im Schlepptau wiederkam. Er hatte sie auf dem Weg nach Gardens gefunden, wo sie auf den Bus wartete, um die Nacht bei ihrem Vater zu verbringen, ganz gleich, wo er war.

Als sie aus der Schule kommt, rufe ich sie zu mir ins Schlafzimmer und bitte sie, sich zu mir aufs Bett zu setzen. Ich sage, dass ich verstünde, warum sie auf die bessere Schule gehen wolle – über ein größeres Wissen zu verfügen, könne nie etwas Schlechtes sein –, dass es aber nicht gut für sie sei, nach Lokunja zu gehen. Ich erkläre ihr, wie anstrengend es für sie wäre, eine Stunde lang mit dem Bus zu fahren, jeden Morgen und jeden Nachmittag. Sie sagt, das würde ihr nichts ausmachen. Ich erinnere sie daran, dass ihre Freundinnen nicht dort in der neuen Schule sein würden, die meisten von ihnen werden in nicht einmal vier, fünf Jahren verheiratet sein. Und wenn sie die Schule in Lokunja besuchen würde, eine Stadt, in der wir keine Familie haben, wer würde uns dann Bescheid geben, wenn ihr etwas zustoßen sollte? Sie fragt mich, was ihr meiner Meinung nach zustoßen könne. Als ich ihr nichts von all den schrecklichen Dingen erzähle, die mir jeden Tag durch den Kopf gehen, all den Verschwörungen, die sich das Leben ausdenken könnte, um mir meine Kinder wegzunehmen und mich mit leeren Händen zurückzulassen, sagt sie, dass mir deshalb nichts einfalle, weil es nichts gebe, was ihr dort zustoßen könne, was ihr nicht auch hier zustoßen könne. »Mit wem willst du jeden Tag im Bus fahren?«, frage ich sie. »Niemand in Kosawa erlaubt seinem Kind, auf diese Schule zu gehen.« Erwarte sie, dass die Aktion Neuanfang nur für sie einen Bus schicken würde?

Sie verlässt mein Schlafzimmer, geht wieder in Bongos Zimmer, legt sich aufs Bett und dreht das Gesicht zur Wand. Als Juba in der Tür steht und ihr zeigen will, was er gemalt hat – ob es ihr gefalle? –, reagiert sie nicht. Juba betritt das Zimmer, knufft ihr zum Spaß in die Seite, um sie zu provozieren. Sie dreht sich nicht um, nicht einmal, um einen kurzen Blick auf sein Bild zu werfen und ihm zu sagen, dass er das schön gemacht habe. Juba knufft sie noch einmal, zuckt mit den Schultern und geht ins Wohnzimmer zurück, um etwas anderes zu malen.

Am Morgen mache ich ihr Spiegeleier und Kochbananen zum Frühstück, ehe sie in die Schule geht, aber sie weigert sich, etwas zu essen. Abends koche ich Süßkartoffeln mit Kürbisblattsauce, und sie schaut das Essen an, als wäre es ein Batzen Schlamm. Ich seufze und setze mich im Wohnzimmer auf die Bank. Ich bin erschöpft, das Kind hat mich ausgepresst, ich habe nichts übrig, womit ich sie kleinkriegen und sie neu zurechtbiegen könnte. Ich erhebe mich und sage ihr mit knirschenden Zähnen, dass sie undankbar sei und egoistisch und das bockigste Kind, das eine Frau je geboren habe. Sie starrt mich an, als wäre ich ein leerer Kessel, der lauten Krach macht, als könne meine Enttäuschung nicht mit ihrer Entschlossenheit mithalten. Ich will ihr gerade an den Kopf werfen, dass sie weder Skrupel noch Scham habe, mir noch mehr Kummer zu bereiten, als Yaya nach mir ruft. Yaya sagt, ich solle Thula doch bitte erlauben, was sie sich so sehr wünscht.

An dem Tag fing ich an, von Hütte zu Hütte zu gehen, um die Väter dazu zu überreden, dass auch sie ihre Kinder mit dem Bus in die Schule nach Lokunja fahren lassen würden.

Immer wieder sagt man mir, ein Mädchen müsse mit überhaupt keinem Bus fahren, um sich zusätzlich zu dem Wissen aus der Dorfschule noch mehr Wissen anzueignen. Man fasst noch mal für mich zusammen, was die Regierung uns angetan habe und noch immer antue. Man erzählt mir, nur falls ich es vergessen haben sollte, dass die Kinder von Kosawa noch immer in Gefahr seien, dass sie noch immer sterben würden, obwohl die Aktion Neuanfang Pexton ein derart schlechtes Gewissen gemacht habe, dass es uns nun Wasser in Flaschen für die Babys zukommen lasse. Man belehrt mich, dass niemand in Kosawa der Regierung trauen dürfe, auch wenn der Liebe und der Süße der Meinung wären, in manchen Dingen könne man das schon, dass wir nie ein Gebäude der Regierung betreten dürften, solange wir nicht müssten, und dass es selbst dann nur möglich sei, wenn wir uns Augen in den Ohren und Augen im Nacken wachsen lassen würden. Wir sollten nicht glauben, die Regierung wolle irgendetwas anderes als unseren Untergang; die Regierung bestehe nicht aus Menschen mit einer Seele und einem Herzen aus Fleisch.

Das alles und noch mehr höre ich mir an.

Ich sage »ja, Papa« zu jedem Vater und »ja, Big Papa« zu jedem Großvater.

Sie stellen mir Fragen, und ich antworte ihnen so, dass sie das Gefühl haben, ich verstünde im Grunde nicht, was ich da sagen würde. Ich nicke, während sie sprechen, senke immer wieder den

Blick. Ich muss den Eindruck erwecken, dass ich ihre Weisheit verehre. Sie wollen wissen, warum ich das tue, warum ich meiner Tochter diese ganze Sache nicht einfach verweigere. Ob es nicht an der Zeit wäre, dass meine Tochter lerne, welche Optionen sie im Leben habe? Warum ich meiner Tochter nicht beigebracht hätte, dass sie als Frau vor allem Wissen darüber bräuchte, wie sie Zufriedenheit in dem finden könne, was das Leben ihr biete?

Ich kann nicht streiten oder meine Entscheidung verteidigen; es ist mir nicht erlaubt, aus Respekt.

Ich sage nur, dass meine Mutterliebe mich dazu zwinge.

Ein paarmal begleitet mich Cocodys jüngere Cousine Aisha, die inzwischen wie eine kleine Schwester für mich ist, um mich bei meinen Überzeugungsversuchen zu unterstützen. Als einer der Großväter zu uns sagt, früher hätten Frauen es nicht gewagt, im Dorf umherzulaufen und die wertvolle Zeit der Männer wegen irgendwelcher Mädchensachen in Anspruch zu nehmen, sagt Aisha, ohne allzu viel Demut in der Stimme, in nicht allzu ferner Zukunft werde die Welt so funktionieren, wie die Frauen es wollen. Ich bin zu geschockt, um zu lachen.

Nachdem ich wochenlang jede Hütte in Kosawa aufgesucht habe, sagen vier Väter, dass sie neun von ihren Söhnen erlauben, mit Thula nach Lokunja zu fahren. Keiner von ihnen verrät mir den Grund für seine Entscheidung; als ich das dritte oder vierte Mal an ihrer Hütte auftauche, teilen sie mir einfach mit, dass ich mich nicht zu wiederholen bräuchte, ihre Söhne würden den Bus nehmen, aber nicht meiner Tochter zuliebe. Die übrigen Väter finden einen Grund, mir aus dem Weg zu gehen, wenn sie mich kommen sehen: »Papa besucht gerade seinen Onkel«, sagt ein Kind; »er sieht gerade im Wald nach seiner Falle«, sagt eine der Frauen zu mir, obwohl es draußen dunkel ist. Ich setze mich und warte, während um mich herum die Kinder spielen. Ich verwickle Frauen in Gespräche, mit denen ich nicht befreundet bin, Frauen, zu denen ich kaum je mehr als Hallo sage, wenn sie mir im Dorf begegnen. Nachdem ich genug von alldem veranstaltet habe, beschließe ich, dass neun Jungen mehr als genug Kinder für die gemeinsame Busfahrt mit Thula sind.

An dem Abend, an dem ich Thula erzähle, dass ich am Vormittag im Büro der Aktion Neuanfang in Lokunja gewesen sei, mit dem Lieben und dem Süßen gesprochen hätte und sie einverstanden seien, den Bus zu schicken, wenn das alte Schuljahr zu Ende sei und das neue Schuljahr beginne, springt sie vor Freude in die Luft und zeigt das breiteste Lächeln seit Jahren. Sie rennt auf mich zu und umarmt mich, schlingt ihre dünne Arme um meinen Hals. Ich drücke sie an mich und halte die Tränen zurück.

Ich denke an Malabo.

Genau so hat sie ihn immer umarmt, als er mit seinem verschmitzten Lächeln umherlief und sie oft fröhlich war, damals, als sie noch ein kitzliges Kleinkind war, nicht diese fast fertige Frau voller geheimer Gedanken, damals, als mein Leben größtenteils schön war und Schmerzen nur so groß, dass ich sie ertragen konnte, und ich mich jeden Tag bemühte, das Richtige zu tun, kein unfreundliches Wort zu sagen, keine schlechten Gedanken zu denken, damit mich der große Geist nicht aus Zorn zugrunde richten würde.

Die Bücher, die sie ihr in der Schule in Lokunja gaben, wurden zu ihrem Kissen und ihrer Decke, zu dem Essen auf ihrem Teller und dem Wasser in ihrem Becher. Wenn ich morgens erwachte, war sie schon auf, in Bongos Zimmer, saß neben der Lampe und las, als hätte sie die Bücher im Traum verloren und beim Aufwachen wiedergefunden. Sie las, während sie sich die Uniform anzog und winzige Bissen von ihrem Frühstück aß. Sie las, sobald sie im Schulbus nach Lokunja saß.

Abends, wenn sie las, schaute ich sie an und fragte mich, was sie in diesen Büchern sah. Beim Lesen schien sie wie in Trance zu sein; manchmal lief ihr eine Träne über die Wange. Wenn ich sie fragte, was in den Büchern passiere, sagte sie, das sei schwer zu erklären, es sei mehr, als sie in Worte fassen könne. Wenn sie ein Buch weglegte und das Wohnzimmer verließ, sah ich mir das Cover an. Ich kann nicht lesen, aber an meine Buchstaben erinnere ich mich noch. Wörter wie »der«, »die«, »das« erkenne ich wieder. Eines der Bücher hieß P-Ä-D-A-G-O-G-I-K »der« U-N-T-E-R-D-R-Ü-C-K-T-E-N. Ein anderes war »Die« V-E-R-D-A-M-M-T-E-N D-I-E-S-E-R E-R-D-E. Ihr liebstes war ein dünnes Buch: »Das« K-O-M-M-U-N-I-S-T-I-S-C-H-E M-A-N-I-F-E-S-T. Einmal fragte ich sie, ob ihr Lehrer ihr diese Bücher gegeben habe, ob alle Kinder an ihrer Schule so viel darin lesen würden wie sie, und sie sagte, nein, diese drei hätten Bongo gehört, er habe sie von seiner Lehrerausbildung mitgebracht. Die meisten der großen Wörter darin könne sie inzwischen lesen, ihr Onkel habe das nicht gekonnt.

Diese drei Bücher waren ihre engsten Freunde. Auch ihre Schulbücher liebte sie. Einmal bekam ich mit, wie sie Juba eine Geschichte aus einem dieser Bücher erzählte, in der es um eine junge Frau in Europa ging, die einem bösen Mann befahl, einem anderen Mann ins Fleisch zu schneiden, ohne dass dieser auch nur einen Tropfen Blut verlor, was dem bösen Mann nicht gelang. Als Juba sagte, die junge Frau klinge verrückt, sagte Thula, das fände sie nicht. Wenn sie groß sei, wolle sie sein wie sie.

Sie besuchte weiter ihre Freundinnen, immer mit einem Buch in der Hand.

Die älteren Jungen suchten die Nähe der Mädchen, und Thula unterhielt sich manchmal mit ihnen und lächelte, aber ihre Bücher legte sie nie weg. Es war, als wolle sie den Jungen damit sagen: Wenn ihr mir näherkommen wollt, müsst ihr mir beweisen, dass ihr es wert seid, dass ich meine Bücher für euch weglege. Schon sehr früh sah man auf ihrem Gesicht, dass sie das alles irgendwie erniedrigend fand, dieses verzweifelte Bemühen, von einem Mann gewollt zu werden, dessen Verstand es nicht annähernd mit ihrem aufnehmen konnte. Manchmal dachte ich, sie würde mich eines Besseren belehren und als Erste ihrer Freundinnen heiraten. Frauen, die kein Interesse zeigen, sind für Männer oft am interessantesten. An Tagen, an denen nicht viel los war, vertrieb ich mir die Zeit damit, von Männern zu träumen, die nach Kosawa kamen und um sie kämpften. Sie wusste, dass sie schön war, denn Malabo hatte es ihr jeden Tag gesagt, und für mich wies nichts darauf hin, dass auch sie sich Sorgen wegen ihrer fehlenden Rundungen machte. Vielleicht wollte sie, dass ihr ein Mann nachlief und mit Schweinen und Ziegen im Schlepptau um ihre Hand anhielt, so wie es sich Mädchen auf der ganzen Welt erträumen. Was auch immer sie in Bezug auf die Ehe wollte, sie verriet es nicht. Das Einzige, was wir von ihr sehen durften, waren sie und ihre Bücher und ihre Liebe zueinander. Nie lag ein Hauch von Traurigkeit auf ihrem Gesicht, wenn sie stundenlang Hausaufgaben erledigte und las, während ihre Freundinnen oberkörperfreie junge Männer begafften und lachten. Vielleicht sangen ihr die Bücher abends Schlaflieder, wenn sie sie auf Bongos Bett gelegt hatte, direkt neben sich aufs Kissen.

In Thulas viertem Schuljahr kam meine junge Freundin Aisha vorbei, um mir zu erzählen, dass man den Tag festgesetzt habe, an dem sie einen Mann aus einem der Bruderdörfer heiraten würde. Sie war gerade achtzehn geworden und hatte es überhaupt nicht eilig, aus Kosawa fortzugehen, aber ihr baldiger Ehemann mit seinen fast dreißig wollte sie endlich zu sich holen. Sie erzählte mir die Neuigkeiten ohne das kleinste bisschen Freude, gar nicht so, als hätte sie gerade etwas Fantastisches erreicht.

»Wenn auf deiner Hochzeitsfeier alle tanzen und singen, mach nicht dasselbe lange Gesicht, okay?«, sagte ich, während wir bei mir in der Küche saßen.

»Rede nicht wie meine Mutter«, sagte sie. »Ich bin nicht hier, um mir denselben Unsinn anzuhören wie zu Hause. Am liebsten würde ich wegrennen und mich verstecken, bis die ganze Sache vorbei ist.«

»Welche Sache?«

»Die Sache, wo ihr alle tanzt und mich zu seiner Hütte bringt, er auf mich steigt, ich ihm Kinder schenke, er stirbt, die Kinder groß werden und ihr eigenes Leben leben und ich wieder frei bin.«

»Möge der große Geist diesem garstigen Gebet kein Gehör schenken«, sagte ich. »Wie kannst du dir einen Fluch aufladen, indem du dir wünschst, die beste Zeit deines Lebens möge möglichst schnell vorbeigehen?«

»Die beste Zeit meines Lebens? Was genau soll so toll daran sein, von morgens bis abends anderen zu dienen?«

»Ach bitte, verschon mich mit dieser Leier vom Leid der Frau. Du bist kein Kind mehr.«

Aisha spottete. »Du willst wohl eher das Lied von der Lust der Frau singen, was, wo dir der Süße doch dauernd süße Dinge ins Ohr flüstert«, sagte sie.

»Was?« Ich wusste nicht, ob ich lachen oder sie für ihre Respektlosigkeit tadeln sollte. »Ich und der Süße –«

»Tu doch nicht so, Sahel, ich habe dich längst durchschaut. Ich habe gesehen, wie du mit ihm geflirtet hast.«

»Ich?«

»So wie er dich anlächelt, ist doch klar, dass er deine Künste kennt.«

Aus Verlegenheit lachte ich los, wodurch sie wohl glaubte, sie hätte mich erwischt, denn sie sagte: »Ich wusste es … Ich kann es nicht fassen …«

»Aisha, was redest du da für einen Unsinn«, sagte ich lachend. »Deine Fantasie … ich hoffe, dein Mann kann sie zähmen. Der Süße? Soll ich mich übergeben? Allein der Gedanken daran – igitt.«

»Wie du meinst. Aber eine Sache interessiert mich noch, Sahel.

Wo treibt ihr es am liebsten? Im Schuppen oder tief im Wald, damit du so laut stöhnen kannst wie du –«

»Raus aus meiner Küche, sofort, ehe ich dich mit dem Kochlöffel totschlage«, sagte ich und riss den Löffel in die Luft, worauf sie lachend davonrannte.

An dem Tag nach meinem Gespräch mit Aisha wachte ich morgens auf und dachte an den Süßen. Den ganzen Tag dachte ich an ihn und überlegte, wie er wohl nackt aussah. Hätte mir jemand bei der ersten Begegnung mit ihm gesagt, dass ich ihn eines Tages begehren würde, hätte ich vor Scham geweint. Ich hatte nie mit ihm geflirtet – Aisha hatte nur versucht, von ihrer bevorstehenden Hochzeit abzulenken –, aber jetzt, da Aisha mich auf die Idee gebracht hatte, dachte ich plötzlich, warum nicht? Er sah nicht annähernd so gut aus wie Malabo, und es bestand die Gefahr, dass mich sein dicker Bauch erdrücken würde, aber seine Hände waren groß und sein Hintern fest. Aber vor allem lebte seine Frau in Bézam. Sie würde nie davon erfahren. Ich würde nie erwachen und eine Frau auf meiner Veranda antreffen, die eine Erklärung von mir verlangte.

Im Wissen, dass der Liebe und der Süße bei ihrem nächsten Besuch im Dorf zu uns kommen würden, um mit Thula ihre Schulaufgaben durchzugehen, suchte ich am dritten Tag nach meinem Gespräch mit Aisha das Outfit aus, das ich für den Süßen tragen würde. Meine Wahl fiel auf ein Kleid, das für Ausflüge zum großen Markt reserviert war. Ich gab Lulu Bescheid, dass sie mir in acht Tagen beim Haaremachen helfen müsse. Meine Brüste waren nicht mehr das, was sie waren, als ich sie stolz Malabo präsentiert hatte, darum machte ich meinen einzigen BH mit ein paar Nadelstichen enger, um mir zu einem möglichst üppigen Dekolleté zu verhelfen.

Falls der Süße überrascht war, mich bei Betreten der Hütte so strahlend anzutreffen, zeigte er es auf wunderbare Weise. Er riss die Augen auf. Er konnte nicht aufhören, mich anzusehen und zu lächeln. Als er mich fragte, aus welchem Anlass ich mich so zurechtgemacht hätte, sagte ich, das Leben sei der Anlass. Er lachte lauter, als ich ihn je hatte lachen hören. Als ich lächelte, nahm er offenbar zum ersten Mal meine Zähne wahr. Er starrte sie auf die gleiche Weise an, wie Malabo es jenes eine Mal getan hatte. Es war herrlich, das wieder zu tun, mich so ins Zeug zu legen, damit ein Mann mich sah. Während der Liebe Thulas Hausaufgaben kontrollierte, saß ich neben dem Süßen auf einer Bank in Yayas Zimmer, gab vor, ihn zufällig zu berühren, während er Yaya Fragen zu ihrer Gesundheit stellte und sie ihm mit Floskeln antwortete, dass sie sich nicht beschweren könne, es ein Glück sei, dass sie mich habe und sie jedem alten Menschen eine solche Tochter wünsche. Ich lächelte bei Yayas Worten. Nicht weil ich ihr Lob gebraucht hätte, sondern weil ich hoffte, dass dem Süßen klar sei, dass ich mich auch um ihn kümmern würde, ganz gleich, welche Wünsche er auch hätte.

Als er sich an diesem Tag verabschiedete, ohne mich zu fragen, ob wir uns einmal alleine treffen wollten, ärgerte ich mich nicht. Auch beim nächsten Mal ärgerte ich mich nicht, oder beim Mal darauf. Ich machte mich nicht immer für ihn schön, aber sein Lächeln sagte mir, dass es sicher nicht mehr lange dauern würde bis zu unserer ersten Verabredung.

Ich konnte Thulas Zeugnisse nicht lesen, aber ich ging zu jedem Elterngespräch, immer die alleinerziehende Mutter, die wegen eines Mädchens kam. Ihre Lehrer sagten mir jedes Mal, wie intelligent sie sei, was für eine fleißige Schülerin, die beste, die sie je unterrichtet hätten.

Alles, was man mir über ihren Wissensdurst sagte, all die Bewertungen, die ich ihren Zeugnissen entnahm, machten mich glücklich, weil sie Thula glücklich machten. Trotzdem war mir bewusst, wie wertlos ihr Wissen in Kosawa war. All die Stunden, die sie mit dem Erledigen von Hausaufgaben zugebracht hatte, wozu würden die gut sein, wenn sie die Schule mit siebzehn beenden und nur noch merkwürdiger sein würde als jetzt schon, ein Adler im Taubenschlag? Einmal hatte einer ihrer Lehrer gesagt, dass sie die höhere Schule in Bézam besuchen könne, um dann eine Stelle bei der Regierung zu kriegen. Ich hätte ihm am liebsten ins Gesicht gespuckt oder ihm einen üblen Fluch an den Hals gewünscht. Wie konnte er vorschlagen, meine Tochter solle sich in den Dienst derselben Leute stellen, die ihren Vater getötet hatten? Aber dann, zu Beginn des fünften und letzten Jahres in Lokunja, überbrachten mir der Liebe und der Süße den Brief der amerikanischen Schule, und auch wenn ich noch immer nicht verstehe, wie ihr die Zeit in Amerika helfen soll, in Kosawa alleine alt zu werden, willige ich ein, Thula in ihre Hände zu geben, denn Wissen ist das, was sie sucht, und Wissen ist das, was sie ihr dort bieten.

Ich sorge mich Tag und Nacht um sie. Was, wenn sie mich braucht und ich nicht da bin, um ihr zu helfen? Was habe ich mir bloß dabei gedacht, ein siebzehnjähriges Kind allein nach Amerika zu schicken? Werde ich sie je wiedersehen? Wann werde ich sie wiedersehen? Der Süße sagte, es hänge von ihr ab, wie lange sie in Amerika bleibe, davon, wie viel Unterricht sie haben wolle, bevor sie nach Hause zurückkomme. Ich träume von ihrer Heimkehr. Ich sage mir, ich müsse mir keine Sorgen machen, und mache mir nur noch mehr Sorgen. Ich kann nicht aufhören, mir Sorgen um meine Kinder zu machen. Aber selbst wenn ich mir zehntausend Jahre lang über all das Sorgen machen würde, was ihnen zustoßen könnte, was würde es ändern?

Aisha heiratete kurz vor Thulas Abreise nach Amerika. Was habe ich an dem Tag getanzt. Ich erinnere mich nicht, wann ich das letzte Mal so viel Spaß hatte. Noch vor dem Hahnenschrei stand ich auf, um das Frühstück für Yaya und die Kinder zu machen, und eilte gleich danach zur Hütte von Aishas Familie, um mit den Frauen von Kosawa für das Fest zu kochen. Wir sangen, während wir Gemüse schnitten, wir erzählten Geschichten, während wir Essen brieten. Irgendwann kam einer von Aishas Onkeln mit seiner Trommel, und das Tanzen vor dem Fest begann, Frauen mit kreisenden Hintern beim Hacken von Kräutern nach rechts, Frauen mit stampfenden Füßen beim Raspeln von Cocoyams nach links. Aus dem Augenwinkel sah ich Thula, die im Kreis ihrer Freundinnen Kochbananen schälte. Sogar sie, die nicht gern tanzte, wiegte vergnügt ihre schmalen Hüften. Als wir schließlich nach Hause zurückkamen, um uns zu waschen und zurechtzumachen, war ich müde, aber als Aisha später mit weißem Schleier und weißem Gewand aus ihrer Hütte geführt wurde, fiel alle Erschöpfung von mir ab.

Vor dem gesamten Dorf und ihren Verwandten aus den Geschwisterdörfern fragte ihr Vater sie, ob er den Brautpreis akzeptieren solle, den man ihm angeboten habe. »Denk daran«, sagte er, »wenn ich diese Tiere erst einmal gegessen und diese Flaschen Wein getrunken habe, kann ich sie nicht mehr zurückgeben. Du kannst dann nicht angelaufen kommen und sagen, dass du nicht mehr mit diesem Mann verheiratet sein möchtest. Sobald du mit ihm gehst, gibt es kein Zurück. Möchtest du trotzdem gehen?« Als Aisha mit zarter Stimme sagte, »ja, Papa«, erhob sich ihr Ehemann und hob ihren Schleier an, und wir alle schrien vor Freude. Wir tanzten, bis der Staub aufstieg. Wir aßen und wir sangen und wir tanzten weiter, bis der Mond am Himmel stand und Aisha Kosawa für immer verließ.

Inzwischen hatte ich fast ein Jahr darauf gewartet, dass der Süße mehr tun würde, als mich nur anzulächeln. Statt mich hübsch zurechtzumachen, war ich dazu übergegangen, ihm und dem Lieben Essen anzubieten, Gerichte, die ich in Gedanken an den Genuss des Süßen zubereitet hatte. Für meine Bemühungen erhielt ich jedoch lediglich Worte des Danks. Trotzdem gab ich nicht auf. Erst nach einem Gespräch, in dem der Süße den Namen seiner Frau drei Mal beiläufig nannte, beschloss ich, Wasser auf mein loderndes Verlangen zu gießen. Ich beschloss, dass es an der Zeit sei, das Flirten mit dem Süßen und all den Männern zu unterlassen, mit denen ich etwas zu laut gelacht hatte, kaum dass sich ihre Frauen kurz umgedreht hatten. Dieser schamlose Wettstreit musste ein Ende haben – ich würde mit meiner Not leben, bis ans Ende meines Lebens. Ich bat Malabo, mir meine untreuen Gedanken zu vergeben, und versprach ihm, dass ich bis zu unserem Wiedersehen nur ihm gehören würde.

Ein paar Tage vor ihrer Hochzeitsfeier erzählte ich Aisha davon, während wir an einem verregneten Abend auf meinem Bett lagen. Ich sagte, sie solle diese Zeit genießen, in der sie einen Mann ganz für sich habe, ihren eigenen Mann, nicht den Mann einer anderen Frau, den sie gestohlen habe. Ich sagte, sie solle gut auf ihren Mann aufpassen, weil es überall Ehemanndiebinnen gebe wie mich. Sie lachte und seufzte, ehe sie sagte, dass Frauen endlich untereinander heiraten sollten. Noch ehe ich darüber lachen konnte, sagte sie, es sei ihr Ernst. Ich solle doch einmal darüber nachdenken, was für ein Frieden sich über Kosawa ausbreiten würde, wenn sich all die Frauen, die wie ich keinen Mann mehr hätten, nachts in den Ställen träfen, sich in Paaren zusammenfänden und miteinander machten, wofür sie keine Männer mehr hätten.

Was spräche denn dagegen?, fuhr sie fort. Wir hätten so vieles verloren, Ehemänner und Kinder und Jugend. Den ganzen Tag würden wir uns um Familienmitglieder kümmern, die sich nicht mehr erkenntlich zeigen könnten. Wir seien den Kräften machtlos ausgeliefert, die uns nicht zugestanden, wieder liebkost zu werden. Welches Übel würden wir begehen, wenn wir uns einer der letzten Möglichkeiten der Verzückung hingeben würden? Warum sollten wir unsere abgekämpften Körper nicht feiern, sie massieren und streicheln und in ihnen den letzten Rest

Begehren wecken? Wenn wir Männer wollten, es aber keine für uns gebe, warum sollten wir es dann nicht alleine tun? Weil wir nicht das Recht dazu hätten? Weil die Frauen vor uns und die Männer rings um uns sagen würden, wir dürften es nicht? »Findest du nicht«, sagte sie, »dass du anfangen solltest, nach deinen eigenen Regeln zu leben?«

Die Leute von der Aktion Neuanfang versprachen mir, dass sie nicht aufhören würden, Fragen zu stellen, ehe sie nicht herausgefunden hätten, was in Wahrheit mit Malabo passiert sei und wo man Bongo beerdigt habe. Das sagten der Liebe und der Süße gleich beim ersten Mal, als wir zusammensaßen, so wie sie sich in Kosawa mit allen zusammensetzten, die ein Kind oder einen Mann verloren hatten, als sie in diesen ersten Monaten von Hütte zu Hütte zogen, um die Namen und das Alter derer zusammenzutragen, die im Namen des Öls getötet worden waren. In einem Brief, den sie uns aus Amerika geschickt hatten und den der Süße uns vorlas, erzählten uns die Leute von der Aktion Neuanfang, beim Anblick der Bilder des Massakers hätten sie sofort gewusst, dass unser Dorf eines von den Dörfern auf der ganzen Welt werden müsse, deren Würde sie mit ihrer Hilfe wieder herstellen wollten. Sie würden der Speer von Kosawa sein, sagten sie.

Ihr voller Name, erfuhren wir, lautete Aktion Neuanfang – Verein zu Wiederherstellung der Würde unterjochter Völker. Dem Süßen zufolge waren die Leute von der Aktion Neuanfang nach Austins erster Zeitungsgeschichte zu einem Treffen in ihrem Büro zusammengekommen, um über den Bericht zu sprechen. Sie hatten Pexton schon lange unter Verdacht, besonders sein Vorgehen an Orten, wo niemand von außen auf den Konzern schaute und kein Gesetz ihn zu gerechtem Verhalten zwang. Austins Geschichte gab ihnen recht.

Am selben Tag, an dem die Geschichte bekannt wurde, riefen die Leute von der Aktion Neuanfang im Pexton-Büro an, um die Wahrheit zu erfragen: Ob Pexton wisse, was die Ölausbeutung mit dem Dorf Kosawa mache? Ob Pexton irgendetwas tue, um den Dorfbewohnern zu helfen, die von dem ausgelaufenen Öl und dem giftigen Müll betroffen seien? Die Leute im Pexton-Büro stammelten. Sie konnten sich nicht erklären, wie unsere belanglose Geschichte in einer amerikanischen Zeitung gelandet war. Pexton muss sehr wütend gewesen sein, denn soweit wir in Erfahrung brachten, trafen sich die Pexton-Leute in Bézam mit den Männern Seiner Exzellenz. Bei diesem Treffen muss es Streitereien und Anschuldigungen gegeben haben. Zum Schluss beruhigten sich alle wohl wieder und verständigten sich darauf, so schnell wie möglich herauszufinden, warum Kosawa Lügen über Pexton verbreite und dabei letztlich den guten Ruf Seiner Exzellenz beschädige. Wahrscheinlich war das das Gespräch, bei dem man beschloss, Soldaten nach Kosawa zu schicken. Jemand musste für die Verleumdungen zur Rechenschaft gezogen werden.

Ich war hinten in der Gruppe, als wir an jenem Tag den schmalen Fluss überquerten. Der Tod und die Beerdigung des Mannes, den die Kinder den Kranken nannten, hatte uns so ausgezehrt, dass auch die Wärme der zarten Sonne auf unseren Gesichtern nach einem verregneten Morgen uns kein bisschen aufbauen konnte. Vor mir ging Bongo mit Austin, der unter der Last des Schocks und der Trauer hinzufallen drohte; uns allen war klar, wie sehr er dem entkommen wollte, in das er hier hineingestolpert war.

In Bézam sei alles weit besser gelaufen als geplant, erzählte mir Bongo Monate später, als ich ihn im Gefängnis besuchte. Noch bevor sie die Stadt wieder verlassen hätten, habe Austin schon die erste Geschichte an seine Zeitung in Amerika geschickt. In Kosawa wollte Austin Fotos machen und so viele Leute wie nur möglich interviewen, um eine zweite, längere Geschichte zu schreiben. Für die Zeit seiner Anwesenheit in Kosawa sollte sichergestellt werden, dass er nichts von dem Aufenthalt seines Onkels im Dorf erfahren würde. Bongo, Lusaka und Tunis hatten darüber gesprochen, wie sie dem Zeitungsmann nicht nur beibringen würden, dass sie ihren Onkel gefangen hielten, sondern dass er, als sie ihn das letzte Mal gesehen hätten, krank gewesen sei, nachdem er tagelang auf dem blanken Boden geschlafen habe. Wie viel Ehrlichkeit waren sie Austin schuldig, wenn man bedachte, wie viel Gutes er gerade für Kosawa tat? Würde er verstehen, wenn sie ihm alles beichteten, warum sie tun mussten, was sie getan hatten? Und wenn er nun eine Geschichte darüber schrieb? Dann würden die Menschen in Amerika uns nicht als eine geschwächte Gruppe betrachten, die verzweifelt auf ihre Peiniger einschlug – einfach tat, was getan werden musste –, sondern als genauso skrupellos wie diejenigen, die wir bekämpften.

Nein, sie durften Austin nichts sagen.

Austin würde lediglich erfahren, dass sein Onkel in Kosawa haltgemacht habe. Ja, das wäre Auskunft genug. Sobald Austin alles Wichtige erledigt und Kosawa verlassen habe, werde man die Pexton-Männer und ihren Fahrer schnellstmöglich zur Hütte von Jakani und Sakani bringen, um ihre Erinnerungen auslöschen zu lassen, wonach sich das Dorf von ihnen verabschieden werde. Sie würden in ihren Wagen steigen, Austin werde den Bus nehmen, und Onkel und Neffe würden erst wieder aufeinandertreffen, wenn sie gut in Bézam angekommen seien. Sollte Austin bei seinem nächsten Besuch, den er seinem Onkel sicher bald nach der Rückkehr abstatten würde, den Brief erwähnen, den ihm der Onkel über Bongo hatte zukommen lassen, werde sich sein Onkel nicht daran erinnern können, dass er ihn geschrieben habe. Da Bongo den Brief behalten würde, hätte Austin nichts in der Hand, was er seinem Onkel zum Beweis dafür vorlegen könne, dass er ihn in einem Brief zweifellos gebeten hätte, Kosawa zu helfen. Austin werde sich nicht erklären können, warum sein Onkel sich nicht daran erinnere, aber das sei nicht unser

Problem. Das nächste Mal, wenn wir die Pexton-Männer treffen oder von ihnen hören würden, würden sie uns nicht länger erzählen, was Pexton alles nicht für uns tun könne, sondern uns den Tag nennen, an dem Pexton Veränderungen in Angriff nehmen würde, die uns zugutekämen.

Nachdem Bongo mir all das erzählt hatte, schloss er die Augen und schüttelte reumütig den Kopf.

Als sie aus Bézam abgereist seien, an dem Abend nach ihrem Treffen mit Austin, fuhr Bongo fort, hätten Tunis und er einander in die Seite geknufft, getuschelt und gekichert, kaum dass der Bus sicher die Stadt verlassen habe. Hätte der große Geist noch gütiger sein können? Hätte er diese Reise noch bequemer für sie machen können? Zur selben Zeit, zu Hause in Kosawa, blieb dem Kranken noch ein Tag bis zu seinem Tod. Neben ihm saß Woja Beki und betete. Im Bus, rechts von Bongo und Tunis, schlief Austin auf dem Sitz neben Lusaka, der Kopf des Amerikaners gegen die Fensterscheibe gelehnt, Frieden im Gesicht.

Als die Gruppe Gardens erreichte, war das Grab des Kranken schon ausgehoben.

Sonni fing sie ab, ehe sie ins Dorf gelangten; ein Kind hatte sie kommen sehen, einen Mann mit heller Haut in ihrer Mitte. Sonni nahm Bongo und Lusaka beiseite und erzählte ihnen alles. Gleich dort, auf dem Weg, der unsere Hütten mit den Ölquellen von Pexton verbindet, bat Bongo Austin, sich auf einen vertrockneten Baumstumpf zu setzen, und erzählte ihm die ganze Wahrheit.

Austin lachte zuerst, erzählte mir Bongo. Er dachte, Bongo denke sich eine Geschichte aus, um sich einen Spaß mit ihm zu machen. Es sei doch völlig unmöglich, dass er mit Menschen, die er kaum kannte, in einem Bus in ein abgelegenes Dorf gefahren sei, um dann zu erfahren, dass diese Leute die Überreste seines Onkels verwahrten. Aber als er die Männer zu dem Haus von Woja Beki begleitet und den Leichnam seines Onkels gesehen habe, habe er geschrien und sei neben der Matte, auf der sein toter Onkel gelegen habe, auf die Knie gefallen. Er habe die Hand des Onkels in seine genommen, hineingeweint und gesagt, ich verstehe nicht, das kann doch nicht sein, was ist passiert? Bongo sagte, in Austins Weinen liege der Schmerz eines Kindes, das gerade begriffen habe, dass sich die Bruchstücke seiner Welt nie wieder zusammenfügen würden. Alle verließen das Wohnzimmer, um ihn ungestört trauern zu lassen.

Als er aus dem Zimmer kam, mit geröteten Augen und triefender Nase, ging er durch den Flur hinaus in den Hinterhof. Bongo folgte ihm, aber Austin sagte, er müsse allein sein. Er fand einen Stein hinter der Küche von Woja Bekis Frauen, auf den er sich setzte und leise weinte. Woja Bekis erste Frau brachte ihm einen Teller Reis mit Erdnusssauce; er rührte ihn nicht an.

Als er sich schließlich erhob, sagte er zu Bongo, dass er zu benommen und zu sehr von Schmerz erfüllt sei, um klar zu denken: Aus Stoffen wie diesem seien Albträume gemacht. Er müsse so schnell wie möglich weg aus Kosawa. Was auch immer wir getan hätten, sagte er, was auch immer wir uns erhoffen würden, jetzt sei nicht der richtige Moment für ihn, es zu verstehen. Wieder fing er an zu weinen, seine Schultern bebten. Sein Onkel sei ein guter Mann gewesen. Wie hätten wir ihm das nur antun können? Wie habe Bongo ihn derart belügen können? Sei es naiv gewesen, dass er Bongo für einen ehrenvollen Mann gehalten habe, weil er sich ihm als solcher präsentiert hätte? Es sei nicht mehr wichtig. Er wolle nun nur noch, dass Bongo ihn nach Lokunja bringe, damit er den Transport des Leichnams seines Onkels organisieren könne.

Bongo kam nie dazu, mir zu erzählen, wie er Austin überzeugt hatte zu bleiben oder wie er Austin überzeugt hatte, dass es das Beste sei, seinen Onkel in Kosawa zu beerdigen. Austin muss verstanden haben, dass sein Niederschreiben unserer Geschichte und seine Anwesenheit bei uns im Dorf unmittelbar nach dem Tod seines Onkels die Regierung sicher stutzig machen würde, inwieweit er in unser Vorhaben verwickelt sei; Jahre später sollten wir erfahren, dass die Regierung ihm, kurz bevor er nach Kosawa gekommen war, einen Brief geschickt und ihm gedroht hatte, ihn des Landes zu verweisen, wenn er nicht aufhöre, Dinge zu schreiben, die Seiner Exzellenz nicht gefielen, und wenn er nicht unterlasse, an heimlichen Treffen teilzunehmen, bei denen Menschen darüber redeten, wie sie ein »besseres Land« gestalten könnten. Ich habe nie herausgefunden, ob Austin der Beerdigung seines Onkels in Kosawa aus Trauer, aus Angst oder aus einem Kalkül heraus zugestimmt hatte, das nichts mit Kosawa zu tun hatte, weil Bongo nicht mehr die Zeit blieb, um mich aufzuklären.

An dem Tag, an dem er mir die Geschichte erzählte, informierten die Wachen uns Besucher bei der Ankunft, ohne einen Grund dafür zu nennen, dass uns nur dreißig Minuten mit unseren Liebsten erlaubt seien. Als Bongo das von Thula und mir mitgebrachte Essen verputzt hatte und in der Hälfte der Geschichte angekommen war, läuteten die Wachen die Glocke und herrschten die Frauen und Kinder an, dass es Zeit für eine letzte Umarmung und das Einsammeln der Schüssel sei, die Tränen könne man sich für draußen aufheben. Das nächste Mal, als ich Bongo besuchte, hatten wir wichtigere Dinge zu besprechen: Jubas Albträume, Yayas Gesundheitszustand, den anhaltenden Kampf der Aktion Neuanfang, um ihn freizukriegen. Er glaubte fest daran, dass er wieder freikommen würde. Sie alle. Sie alle hätten sich an dem Nachmittag, als der Kranke beerdigt wurde, niemals vorstellen können, dass sie Kosawa nach diesem Tag nie mehr wiedersehen würden.

Bei jedem Gefängnisbesuch saßen wir auf parallel stehenden Bänken in einem vor Elend strotzenden Raum, die Frauen und Kinder auf der einen Seite, die Gefangenen auf der anderen. Überall um uns herum hörte man Geflüster. Woja Beki saß immer ganz außen auf der Bank unserer Männer, das Gesicht aufgedunsen und überzogen von Ausschlag. Wer hätte für möglich gehalten, dass der Mann in dem schmutzigen braunen Anzug, den alle Gefangenen tragen mussten, früher einmal mit neuen Sachen aus Amerika durch Kosawa stolziert war, als mächtiger Hahn unter schmächtigen Hühnern? Wer hätte sich beim Anblick dieses zerknitterten alten Mannes vorstellen können, dass dieser Woja Beki früher einmal in einem Steinhaus gewohnt hatte? Nicht mal sein Zahnfleisch oder seine wenigen Zähne fielen in einem Raum von solch aufrichtiger Not noch auf.

Lusaka, auch wenn er nicht besser aussah als Woja Beki, sprach immer mit fester Stimme, stellte seiner Frau und seinen Töchtern Fragen über den Acker, bat sie, seinetwegen nicht zu weinen, keinen in Bézam sehen zu lassen, dass sie weinten. Wenn der Zeitpunkt kam, dass wir uns verabschieden mussten, erinnerte Lusaka seine Familie immer lächelnd daran, die Gräber der Jungen zu säubern. Ein einst kaum emotionaler Mann, der uns Respekt einflößte, weil er jede Empfindung zurückbehielt, war im Gefängnis zu einem gelösten Mann geworden, so fröhlich, als säße er bei sich im Wohnzimmer und als wären seine Söhne am Leben. Ich war nie ganz sicher, ob ich dieser Verwandlung trauen sollte. Ob das Gefängnis ihn tatsächlich befreit hatte oder ob er das alles nur zum Wohl seiner Familie spielte.

Bei meinem ersten Besuch im Gefängnis, zu dem ich mit einer meiner Tanten ging, sprang jede Frau auf, als die Wache die Tür öffnete und die Männer zu uns in den Raum reinließ. Ich rannte auf Bongo zu und umarmte ihn, spürte die Knochen, die sich deutlich abzeichneten, nun, da das meiste von seinem Fleisch aufgezehrt war. Er sah schlimmer aus als befürchtet, mehr als doppelt so alt. Seine lebhaften Augen waren trüb und so zusammengekniffen, als wären sie verschrumpelt. Nachdem wir uns umarmt und geweint und noch weiter umarmt und geweint hatten, wischten wir uns die Tränen weg. Meine Tante führte uns zu unserer Bank, ermahnte uns, dass wir die Stunde sicher nicht damit verbringen wollten, die ganze Zeit weinend an einem Fleck zu stehen, und außerdem wollten wir sicher nicht, dass die anderen Frauen zu Hause erzählten, wie verdächtig unsere ausgiebige Umarmung gewirkt habe und wie seltsam es sei, dass eine Frau den Bruder ihres toten Mannes so lange umarme. Bongo hatte losgelacht, aber gleich wieder aufgehört, vielleicht weil er sich erinnerte, dass der besagte Bruder Malabo war. Nachdem wir uns hingesetzt und uns die Nase geputzt hatten, erzählte ich ihm von Yaya. Ich erzählte ihm, dass Yaya nicht mehr esse. Er schluchzte. Ich gab ihm das Essen, das Yaya für ihn zubereitet hatte. Er lachte, als er sah, dass sie Pilze unter das geschmorte Hähnchen gemischt hatte, obwohl Yaya glaubte, Pilze seien schädlich; sie hatte es getan, um ihm wenigstens eine kleine Freude zu machen.

Überall im Raum hörte ich Frauen, die ihre Männer inständig anflehten, doch zu essen, es wäre noch genug da für die kommenden Tage. Bongo und Woja Beki und Lusaka teilten immer ihr Essen miteinander, und wir alle dachten daran, auch für Konga eine Schüssel mitzubringen, auch wenn uns die Wachen nie erlaubten, ihn zu sehen. Wir hofften, sie würden ihm das Essen geben, aber selbst wenn es Hinweise dafür gegeben hätte, dass sie es nicht taten, hätten wir ihm trotzdem weiter Essen mitgebracht. Konga war einer von uns; wir konnten nicht unversucht lassen, ihn zu versorgen.

Aus Bosheit oder aus Angst hielten sie Konga in einem Schuppen an der Rückseite des Gefängnisses fest, einem Verschlag, in dem man früher den Gefängnishund untergebracht hatte, ehe er starb. Bongo erzählte mir, dass, obwohl alle Gefangenen in einem großen Raum lebten, auf eng aneinandergereihten Matten aßen und schliefen und sich nach dem Waschen im Gefängnishof voreinander anzogen, Konga Tag und Nacht allein in diesem Schuppen blieb, eine Kette um den Hals, Ketten an den Füßen, Ketten um die Taille, so eng angelegt, dass er gerade mal Wasser trinken und essen konnte, was die Wachen ihm hinwarfen, wenn sie sich gnädig zeigten. Ihre Großzügigkeit ging nie so weit, dass er nach draußen durfte, nicht einmal, um für einen kurzen Moment die Wärme der Sonne zu spüren. Er musste im Schuppen urinieren, und er musste sich dort entleeren, in ein Loch, das sie Bongo und Lusaka hatten ausheben lassen, gegenüber von der Stelle, wo Konga auf der Decke des verstorbenen Hundes schlief.

Tag für Tag, erzählte mir Bongo, bettelte Konga, freigelassen zu werden. Nachts, wenn sich die Wachen wegen Kongas unablässigem Flehen, ihm doch die Ketten abzunehmen, in ihrem Schlaf gestört fühlten, stürmten sie in seinen Schuppen. Alle Gefangenen hörten Kongas Schreie, wenn er die Wachen fragte, die ihn mit ihren schweren Stiefeln traten und auf ihm herumtrampelten, wer sie seien, warum sie täten, was sie ihm antäten, Fragen, die die Wachen nur noch entschlossener machten, ihn zu brechen und zu zähmen, dem stinkenden Idioten eine Lektion zu erteilen. Aber wenn Konga sang, schlugen die Wachen ihn nicht. Die Lieder gefielen ihnen offenbar, Lieder, in denen es immer um einen fernen Ort ging, an dem er nie gewesen war, von dem er aber gehört hatte, einem Ort, an dem die Flüsse wie Honig schmeckten und das Gras so grün wuchs, dass man es roh essen konnte, einem Ort, an dem das Lachen von Kindern erschallte und üppige Frauen hervorragendes Essen kochten; oh, ob ihm nicht irgendwer den Weg zu diesem Ort weisen könne. Wenn er sang und seine Stimme sich beseelt erhob, war klar, dass sein Geist bereits an diesem Ort eintraf. Die Wachen verspotteten ihn immer nur belustigt, sagten ihm, sie würden den Ort kennen, aber als Gefangener könne er dort nicht hin. Wenn Konga so mächtig sei, wie man ihnen gesagt habe, warum befreie er sich dann nicht und gehe an diesen Ort und suche sich eine feine Frau und köstliches Wasser?

Mir war bewusst, dass unsere Situation mit dem Tod des Kranken nun gefährlich kompliziert geworden war, aber ich hoffte auch, dass Austins Anwesenheit etwas Unfassbares bewirken und uns von unserer Rolle in diesem Todesfall befreien würde.

Als ich fast mit dem gesamten Dorf den Friedhof verließ, schickte ich ein stilles Gebet hinauf zum großen Geist, er möge meine Kinder und mich verschonen, was auch immer geschehen werde. Mein Blick war hoch zu den Hügeln gerichtet, als vorn jemand rief: Soldaten.

Stille legte sich über uns.

Kinder rannten zu ihren Müttern und versteckten sich hinter ihrem Rücken.

Soldaten standen auf dem Platz. Neun an der Zahl. Neun auf uns gerichtete Gewehre. Einer der Soldaten rief, wir sollten näher kommen.

Wir gingen auf sie zu, mitten auf den Platz. Wir standen vor ihnen, wir alle, bis auf Austin. Während wir noch immer erstarrt waren, war es ihm gelungen, ihren Blicken zu entwischen und hinter eine Hütte zu stürmen, von wo er alles beobachtete. Dort in seinem Versteck nahm er die Kamera ab, die er um den Hals getragen hatte. Mit der Kamera stürzte er sich von der Rückwand einer Hütte zur nächsten, den Finger die ganze Zeit auf dem Auslöser. Erst später, nach den Beerdigungen, erfuhren wir dann, dass er von allem Bilder geschossen hatte, Bilder, die er nach Amerika schickte.

Die Bilder zeigten, dass Bongo und Lusaka vor die Menge traten, um im Namen des Dorfes zu sprechen, auch wenn sie nicht zeigten, was gesprochen wurde. Austin schrieb auf, was er gehört hatte. Austin erzählte den Menschen in Amerika, dass Bongo und Lusaka den Soldaten mitgeteilt hätten, dass unser Dorf nichts von dieser Zeitungsgeschichte wisse, von der die Soldaten sprechen würden, sie hätten keine Ahnung, warum man in Amerika Lügen über Pextons Umgang mit uns verbreite. Austin erzählte, wie Bongo und Lusaka plötzlich stammelten, als man sie fragte, wer von ihnen das Dorfoberhaupt sei, ehe sie antworteten, offiziell sei es keiner von beiden, aber im Dorf habe es gerade einige

Änderungen gegeben, was die Führung betreffe. Austin schrieb über den Moment, als der Sprecher der Soldaten – ein Mann, auf dessen Stirn man eine Hütte hätte bauen können und immer noch Platz für einen Garten gehabt hätte – Bongo und Lusaka unterbrach und schrie, das echte Dorfoberhaupt solle vortreten, es solle sich zu erkennen geben, woraufhin Woja Beki vortrat und sagte, er sei bislang das Dorfoberhaupt gewesen, seinen Namen habe die Regierung in ihren Büchern stehen, aber das habe sich vor Kurzem geändert. »Was hat sich geändert?«, schrie der Soldat Riesenstirn. Woja Beki war dabei, eine Antwort zusammenzustottern, als man plötzlich den Anführer und den Runden und ihren Fahrer hörte, die sich alle drei noch immer im Hinterzimmer von Lusakas Hütte befanden und die Soldaten um Hilfe riefen. Da wussten wir, dass das Ende gekommen war.

An das Blut werde ich mich mein Leben lang erinnern.

Wenn ich irgendwann im Sterben liege, werde ich vielleicht das Geräusch der Gewehre vergessen, als sie losfeuerten, oder die Schreie der Mütter, die mit ihren Babys auf dem Rücken flohen, die Kinder hinter sich herzerrend, die sie nicht tragen konnten, aber nie werde ich das Blut unseres Volkes vergessen. Das Blut von Jakani und Sakani, das als erstes floss. Wäre es überhaupt zu dem Blutvergießen gekommen, wenn sie nicht auf die Soldaten zugerannt wären? Warum sind die Zwillinge nicht in ihrer Hütte geblieben? Jeder mit zwei Speeren, einen in jeder Hand. Speere, schneller als Kugeln. Speere, die im selben Moment vier Soldaten niederstreckten, als sich Kugeln in die Schädel der Zwillinge bohrten. Ihr Blut schoss nach oben, bevor ihre Körper niedersanken. Vier Soldaten tot, und nur zwei von uns am Boden. Die Soldaten mussten die Zahl mindestens ausgleichen. Dann die ersten Kugeln. Sie fällten die Kinder wie kleine Bäume, die es nicht verdienten zu leben. Brachten Mütter rücklings zu Fall. Rissen Väter nieder beim Versuch, ihre Familien zu retten. Fünf Kinder. Vier Frauen. Fünf Männer. Noch wussten wir nicht, wer sie waren.

Wo war Thula? Juba war zu Hause bei Yaya, aber wo war Thula? Ich schrie im Laufen ihren Namen. Thula, Thula. Erst später erfuhr ich, dass mein Kind während alldem auf dem Dorfplatz gelegen und sich tot gestellt hatte. Sie hatte versucht wegzurennen, war aber gestolpert und gestürzt. Aus Angst, ihre Beine könnten sie nicht schnell genug tragen, war sie still liegen geblieben, in der Hoffnung, sie würde einen schnellen Tod sterben, wenn man ihr auf die Schliche käme. Erst nach elf Tagen Sprachlosigkeit erzählte sie mir, dass sie die Augen geöffnet und mitangesehen habe, wie die Soldaten erneut die Gewehre luden, während sich ihre Tränen mit dem Blut der Getöteten um sie herum vermischten: einer davon ein gleichaltriger Junge, ein anderer ein Cousin.

Ich rannte am Friedhof vorbei. Manche rannten hoch in die Hügel. Ich fand Schutz hinter einem Baum. Thula, schrie ich. Die Schreie der vielen, die andere Namen riefen, übertönten meine Stimme. Wieder hörten wir Schüsse. Wir rannten tiefer in den Wald.

Aber Bongo konnte nicht weg. Lusaka konnte nicht weg. Woja Beki konnte nicht weg.

Die Soldaten schnappten sich alle drei, ehe wir die Chance hatten, uns von ihnen zu verabschieden. Sie ergriffen sie und befreiten die Pexton-Männer, während wir zitterten im Wald.

Die Pexton-Männer erzählten ihnen alles; ganz sicher taten sie das.

Ich kann mir das Gesicht des Anführers vorstellen, als er den Soldaten von der Tortur erzählte, die er durchgemacht habe. Lusaka sei der führende Kopf gewesen, Bongo sein Adjutant und Woja Beki der große Verräter. Es gehöre noch einer dazu, muss er den Soldaten erzählt haben. Der Durchgeknallte, der Irre, der hirnlose Idiot. Die Soldaten suchten im ganzen Dorf nach ihm. Komm raus, riefen sie. Komm raus oder wir machen Jagd auf jeden Einzelnen in diesem Dorf und metzeln alle nieder. In unseren

Verstecken wagten wir kaum zu atmen. Sie stürmten in unsere Hütten und richteten die Gewehre auf die Alten und Kranken. Wo ist der Dorfirre?, sagten sie. Macht den Mund auf oder wir schießen.

Yaya auf ihrem Bett sagte nichts. Juba kniete vor den Soldaten und weinte. Bitte, sagte er, ich weiß es nicht. Sie stürmten in die nächste Hütte, und die nächste. Sie verfolgten uns in den Wald. Aber auch wenn sie schnell waren, sie kriegten uns nicht. Wir kannten den Wald besser, wir wussten, wie man darin verschwand.

Sie bekamen die Schwester meiner Freundin Lulu zu fassen, die mit ihrem Bein nicht so schnell rennen konnte wie wir. »Bring uns zu dem Irren«, sagten sie. Lulus Schwester führte sie zum Schulhof, wo Konga schlief und schnarchte. Sie schlugen ihn mit den Gewehren auf den Kopf. Aufgewacht. Konga wachte auf, das Blut lief ihm vom Scheitel bis zum Mund. Austin war ihnen gefolgt. Aus seinem Versteck hinter einem der Klassenzimmer schoss er ein Foto von Kongas Gesicht, benommen, und dem Ausdruck des Anführers, verächtlich; er zeigt auf den Irren und sagt den Soldaten zweifellos, das ist er, das ist er. Austin schoss ein Foto von der Hand des Anführers, hart gegen Kongas Brust gepresst, die Nasenlöcher aufgebläht, die Augen voller Verachtung funkelnd, als er sehr wahrscheinlich sagte: Ich dachte, du wärst unantastbar, na los, zeig allen, was mit mir passiert, jetzt, wo ich dich berührt habe.

Die Soldaten luden ihre toten Freunde auf den Laster und nahmen sie mit, zusammen mit unseren Männern: Bongo, Lusaka, Woja Beki und Konga. Als wir sicher waren, dass der Laster abgefahren war, kamen wir aus unseren Verstecken. Manche von uns brachen auf dem Weg den Hügel hinab zusammen. Thula erhob sich blutüberströmt aus der Mitte der Toten. Aus den Wäldern und von den Hügeln kehrten wir alle zurück, um unsere Toten im Arm zu halten. Unser Wehgeschrei drang bis in die andere Welt, als wir sahen, wer die Toten waren, die alle um Jakani und

Sakani auf dem Boden lagen. Die Augen offen. Die Münder offen. Die durchlöcherten Bäuche, das heraussickernde Blut. Eine meiner Freundinnen und ihr einziges Kind. Ein Nachbar, dessen Tochter nach langer Krankheit genesen war. Ein Mädchen in Thulas Alter mit einem Loch in der Brust. Kinder hielten die Köpfe ihrer toten Eltern und schluchzten. Mädchen sanken nieder auf die toten Körper ihrer Geschwister. Mütter brachen im Schock zusammen; wir anderen hielten sie, trockneten ihre Tränen, während wir weinten, flehten sie an, stark zu sein, obwohl in keinem von uns noch ein Rest Kraft übrig war.

Die Männer trugen die Toten fort, zwei oder drei Männer für jeden Leichnam, wobei das Blut Spuren vom Platz zu jeder Hütte hinterließ, in der die Getöteten gelebt hatten. Jakani und Sakani waren die letzten Toten, die fortgetragen wurden.

Sie starben nebeneinander, Hand in Hand. Unzertrennlich von der Geburt bis in den Tod, das Blut lief aus ihren Köpfen nach unten und zwischen sie, zuerst parallel, dann ineinander und an ihren Füßen vorbei, teilte sich und schlug einen Bogen noch oben zu ihren Köpfen, um sich oberhalb von ihnen zu treffen und so einen Kreis um sie zu bilden. In diesem roten Kreis lagen sie, bis sechs Männer kamen, um sie fortzutragen und ganz genau aufzupassen, dass sich die Hände der Zwillinge keine Sekunde voneinander lösten.

In dieser Nacht schliefen wir nicht.

Wir mussten unsere Toten waschen und bei ihnen sitzen, bis ihre Geister die Körper ganz verlassen hatten. Sie dann am nächsten Nachmittag beerdigen. Wie sollten wir für jeden einen Sarg bauen? Wir hatten nicht genügend Bretter. Keiner konnte an einem solchen Tag zum großen Markt fahren und noch Bretter kaufen. Jemand schlug vor, wir könnten die Kinder ohne Särge beerdigen, aber die Mütter setzten sich weinend zur Wehr. Wie konnten sie ihre Kinder im Leben und im Tod enttäuschen? Wir mussten Bambus verwenden. Särge aus glatten Brettern und zerfurchtem Bambus. Hässliche Särge, aber unsere Toten hätten in der Erde immerhin eine Heimstatt, einen Hauch an Schutz, ehe die Maden kämen.

Sangen wir während des Trauerzugs zum Friedhof? Andere vielleicht, ich nicht.

Von einem Ende des Zugs bis zum anderen saß Sarg hinter Sarg auf den Schultern unserer Leute, zwölf an der Zahl. Außerdem der erste Zwillingssarg, den Kosawa je gebaut hatte. Wäre ich doch nur frei von diesen Erinnerungen: dem Ausmaß unserer gemeinsamen Wehklage an diesem Nachmittag. Dem Anblick von Müttern und Vätern und Brüdern und Schwestern und Ehemännern und Ehefrauen, die noch die Kleidung mit dem Blut ihrer verlorenen Liebsten trugen. Thula hinter ihnen, die ebenfalls noch ihre blutbefleckten Sachen trug, weinte, ihre drei Bücher in den Händen hielt, sie fest umklammerte, als wären sie die Quelle ihres Atems. Meinem Cousin Tunis, völlig betäubt, sein ältestes Kind in einem der Särge, ein Mädchen, deren erste Blutung wir erst gefeiert hatten. Was hat der Tod von so viel Grausamkeit?

Nur einen Tag nachdem wir den Friedhof verlassen hatten, kehrten wir zu ihm zurück und fragten uns nicht länger, welche Strafe uns wohl erwarten würde für das, was wir dem Kranken angetan hatten. Wir beerdigten unsere Toten nebeneinander, achteten nicht weiter darauf, welche Grabstelle wem gehörte. Wir ließen die Särge in die Erde und baten den großen Geist um Vergebung für die Abwege, auf die wir geraten waren. Wir mussten ganz sicher irgendwo auf Abwege geraten sein; ganz sicher hatten wir ganz allein dieses Unheil über uns gebracht. Wenn nicht wir, dann unsere Vorfahren. Welcher von ihnen hatte das Unrecht begangen, das uns so zum Verhängnis geworden war?

Als wir an den Sarg von Jakani und Sakani traten, glaubten wir, schon keine Tränen mehr zu haben, aber an jenem Tag erkannten wir, dass sich in uns ein ganzer Ozean erstreckt. Die Zwillinge lagen nebeneinander, noch immer Hand in Hand, in dem größten Sarg, den unser Dorf je gebaut hatte. Sie würden den Weg in die andere Welt gemeinsam gehen. Wir hatten niemanden mehr, der unsere Krankheiten heilen oder Fürsprache beim großen Geist für uns halten würde, viele Jahre lang nicht, bis uns ein neues Kind der Geister geboren würde; wer wusste schon, ob und wann es je dazu kommen sollte?

Austin hielt alles fest: Die Einschüsse in den Toten, als wir sie wuschen. Die ineinanderliegenden Hände der Zwillinge. Die Eltern, die im Wohnzimmer neben ihren Kindern knieten, um ihnen letzte Liebkosewörter zu sagen, bevor die Särge verschlossen wurden. Zwölf Särge, die vor zwölf frisch ausgehobenen Gräbern standen. Kinder, die sich an die Särge ihrer Eltern klammerten, ehe sie in die Erde gelassen wurden, und sie anflehten, bitte nicht zu gehen, bitte zurückzukommen.

Unsere Familie aus den anderen sieben Dörfern kam zu uns geeilt, als sie von der Nachricht hörten. Einen Tag nach dem großen Begräbnis trafen sie ein. Austin fing ihre Gesichter ein, als sie auf den Platz traten und die roten Flecken sahen, wo die Erde getränkt war vom Blut unseres Volkes.

Zwei Tage nach der Beerdigung fuhr Austin nach Bézam und kam in einem Laster mit dem ältesten Sohn seines Onkels und anderen Verwandten zurück. Die Männer gruben den Kranken aus, damit er im Land seiner Vorfahren Ruhe fände. Austin überbrachte uns eine Nachricht von Bongo; ein Freund bei der Regierung hatte ihm geholfen, ins Gefängnis zu kommen und nach Bongo zu schauen. Als uns Austin einen Besuch abstattete, um uns zu erzählen, dass Bongo am Leben sei und fest an seine Freilassung glaube, liefen Yaya leise Tränen über das Gesicht; zum ersten Mal seit Bongos Festnahme aß sie ein wenig. Wir waren fest überzeugt, die Soldaten hätten die Vier an einen Ort gebracht, wo man sie dem schlimmstmöglichen Tod zuführen würde, aber Austin sagte, wir sollten gut essen und gut schlafen und uns möglichst keine Sorgen machen, Bongo wäre bald wieder zu Hause. Während er sprach, schaute er Yaya in die Augen, hielt Yayas Hand in seiner. Auch wenn Yaya seine Worte nicht verstand, verstand sie die Gewissheit in seinem Gesicht.

Austin berief kurzerhand ein Treffen mit den Familien der gefangenen Männer ein und bat uns, stark zu sein – es käme bald Hilfe. Sobald unsere Geschichte in der Zeitung in Amerika erscheine, würde sie dort für Schlagzeilen sorgen, und Pexton würde zur Verantwortung gezogen werden.

Er hatte recht. Zwei Monate nach dem Massaker trafen der Liebe und der Süße mit dem Mann aus dem Nachbarland und dem Mann und der Frau aus Amerika zu diesem ersten Treffen ein.

Der Liebe und der Süße – ihre Güte werden wir nie vergessen. Wie sie immer wieder die Familien der Getöteten und Gefangenen besuchten. Wie sie schweigend in jeder Hütte saßen, im Wissen, dass kein Wort vermögen würde, was ihre Anwesenheit vermochte. Wenn wir weinten, schauten sie zu Boden, und wenn wir ihnen zu Essen anboten, aßen sie davon.

Ihr Einsatz überzeugte uns, dass der Tag unseres Neuanfangs nahte.

In Amerika lasen Tausende Menschen unsere Geschichte. Hunderte riefen im Büro der Aktion Neuanfang in Große Stadt an und fragten, wie sie uns helfen könnten. Das erfuhren wir beim ersten Treffen von dem Mann und der Frau aus Amerika. Mütter riefen weinend an, nachdem sie von unseren Kindern gelesen hatten. Junge Menschen marschierten um das Büro von Pexton und riefen: »Schande«; »Mörder«; »Pexton raus«. Wir waren nicht mehr allein. Viele hörten auf, Öl von Pexton zu kaufen. Geld floss an die Aktion Neuanfang für unsere Rettung. Leute, die Austins Fotos gesehen hatten, erzählten anderen Leuten davon, und diese anderen Leute gaben die Geschichte weiter an ihre Freunde und Nachbarn. Der Liebe erzählte uns, dass die Menschen in Amerika genauso seien wie wir, sie würden Geschichten von Mund zu Mund weitergeben, und dass unsere Geschichte sich schneller verbreite als ein Feuer nach ausgelaufenem Öl in der Trockenzeit.

Pexton schwor, nichts mit dem Massaker zu tun zu haben, aber in Austins Zeitungsgeschichte gab es Fotos von Dokumenten, die den Pakt mit Seiner Exzellenz bewiesen. Je vehementer Pexton argumentierte, die Geschäftsbeziehung mit Seiner Exzellenz bedeute nicht, dass Pexton das Niedermetzeln friedliebender Menschen gutheiße, desto mehr Menschen glaubten unsere Geschichte und desto mehr Geld floss für unsere Rettung.

Die Aktion Neuanfang würde einen Teil des Geldes dafür verwenden, unsere Männer aus dem Gefängnis zu holen und alle damit verbundenen Kosten zu decken, erzählte uns der Liebe. Einen anderen Teil würden sie für einen Bus bereitstellen, der uns alle drei Wochen nach Bézam brächte, um unsere Männer zu besuchen. Nach ihrer Freilassung würde man den Rest des Geldes dafür benutzen, die besten amerikanischen Anwälte anzuheuern, um so lange gegen Pexton zu kämpfen, bis man dort auf unsere Forderungen eingehe. Während dieser Treffen weinten wir die ersten Tränen der Erleichterung, auch wenn unsere Hoffnung so eng mit unserem Kummer verwoben war, dass es kein Aufatmen gab.

Wie versprochen brachten uns der Liebe und der Süße alle drei Wochen nach Bézam. Mit allerletzter Kraft schleppte sich Yaya in den frühen Morgenstunden vor jeder Fahrt in die Küche, um mir Anweisungen für die Zubereitung von Bongos Essen zu geben. Wir packten gebratenes Fleisch und geräuchertes Hähnchen für ihn ein, Geschenke, die uns Verwandte aus anderen Dörfern in unserem Leid gebracht hatten. Wir packten Früchte ein, die wir in der Sonne getrocknet hatten, sodass Bongo etwas zu essen hätte, wenn alle anderen Reste aufgebraucht wären.

Da wir nicht umsteigen mussten, dauerte die Fahrt nur einen Tag. Manchmal las uns der Süße auf der Fahrt Briefe von Menschen aus Amerika vor, in denen sie uns baten, stark zu sein, und uns daran erinnerten, dass unser Kampf auch ihr Kampf sei. Der Süße zeigte uns Bilder, die Kinder in Amerika für uns gemalt hatten. Auf einem der Bilder waren ein kleines Männchen und ein großes Männchen zu sehen, das kleine Männchen stand da und lachte, während das große Männchen umfiel, weil das kleine Männchen dem großen Männchen seinen kleinen Speer in den Hals gerammt hatte. Der Süße erzählte uns, dass das Kind in der Schule gelernt habe, ab und an gebe es einen Sieg des kleinen Mannes. Wir zwangen uns zu einem Lächeln: Wir hatten nichts dergleichen in der Schule gelernt, in unserem Leben war es noch nie so gewesen.

Wir erreichten Bézam am frühen Morgen. Ganz gleich, wie müde wir bei unserer Ankunft im Gefängnis waren, der Anblick unserer Männer und die Gewissheit, dass sie noch am Leben waren, stärkten uns. Wir schliefen auf der Busfahrt zurück ins Dorf, erschöpft in jeder Hinsicht.

Als ich Bongo das letzte Mal sah, ging es ihm schlecht.

Nur eine Erkältung, sagte er, aber seine Augen sprachen eine andere Sprache. Er aß nur wenig von seinem Essen. Bitte, iss, sagte ich, sonst mache ich mir Sorgen und rede mit Yaya darüber, und sie wird sich auch Sorgen machen. Er zwang sich zu einem Lächeln, im Wissen, dass ich Yaya niemals von seinem Zustand erzählen und ihr Leid damit nur noch vergrößern würde. Ich flehte ihn an, tat ihm das Essen auf den Löffel, aber er aß einfach nicht. Neben uns lauschte Lusaka seiner Frau, die ihm eine Geschichte erzählte. Lusakas Tochter versuchte, Bongo in ein Gespräch zu verwickeln, fragte nach, wie er geschlafen habe, aber Bongo mied ihren Blick, was mich wunderte, weil Bongo im Beisein von Mädchen sonst nie verlegen war. Ein Stück weiter drüben auf der Bank saß Gono, der sich notierte, was Woja Beki zwischen Hustenanfällen zu ihm sagte. Wir hatten gehört, dass Gono eigene Bemühungen anstellte, um seinen Vater freizubekommen – zusätzlich zu denen der Aktion Neuanfang –, aber wir konnten nicht wissen, ob das stimmte und ob es stimmte, dass Gono seinen Job bei Pexton gekündigt hatte, aus Wut darüber, dass Pexton behauptet hatte, dass es nichts tun könne, um ihm bei der Sache mit seinem Vater behilflich zu sein. Wir hörten auch, dass Gono und seine Mutter nicht mehr mit den anderen beiden Brüdern mit Jobs bei der Regierung sprachen, weil die Brüder sich geweigert hätten, die Jobs bei der Regierung aus Solidarität mit ihrem Vater zu kündigen. Bestimmt hatten die Brüder gesagt, dass sie Familien zu ernähren hätten, und Woja Beki hatte seine Söhne weder getadelt noch ihnen die Entscheidung übel genommen: Auch er hatte das alles nur für die Familie getan. Wir glaubten die Gerüchte, auch wenn wir keine Möglichkeit hatten, sie auf ihren Wahrheitsgehalt zu überprüfen. Jofi, Woja Bekis dritte Frau und unsere geheime Quelle, war einen Tag nach dem Massaker mit ihren Kindern aus Kosawa geflohen.

»Yaya überlebt es nicht, falls dir irgendwas zustößt«, sagte ich zu Bongo.

Er hielt meine Hand und versprach mir, dass ich keine Angst zu haben bräuchte. Kurz hörte ich, wie Malabo dasselbe zu mir sagte. Mir passiert nichts, sagte Bongo, und Cocody neben mir nickte. Die Sache laufe gut, rief er mir in Erinnerung. Der Süße habe gesagt, dass Seine Exzellenz versprochen hätte, schon bald einen Termin für die Gerichtsverhandlung anzusetzen. Er rieb sich die Augen und zwang sich erneut zu einem Lächeln. Sag Yaya, sie soll sich keine Sorgen machen, sagte er.

An dem Tag, an dem uns der Liebe und der Süße mitteilten, dass ein Verhandlungstermin angesetzt worden sei, jubelten wir. Wir beteten für kluge Richter, vor denen die Vier ihre Unschuld beweisen könnten. Falls irgendeiner von ihnen ein Verbrechen begangen hatte, hatte ganz Kosawa ein Verbrechen begangen, und wir würden als ein Volk für unser Verbrechen bezahlen. Niemals würden wir zulassen, dass einer allein für unsere gemeinsamen Taten leiden würde.

Die Ältesten beschlossen, eine Delegation zu der Verhandlung zu schicken, die als Zeugen für die Vier dienen und vor Gericht anführen würde, dass wir alle die Pexton-Männer gepackt, wir alle sie gefangen gehalten, wir alle den Kranken getötet und wir alle danebengestanden und zugesehen hätten, wie Jakani und Sakani mit ihren Speeren auf die vier Soldaten geschossen hätten. Wir würden jede Strafe akzeptieren. Wir würden nur verlangen, dass es gerecht zugehe, dass die Verbrechen derer, die uns zu diesen Untaten getrieben hätten, zuerst berücksichtigt würden, wenn jene, die über uns urteilten, sich selbst als gerecht bezeichneten.

Der Verhandlungstermin wurde fast auf den Tag genau ein Jahr nach dem Massaker angesetzt. Wir nahmen das als Zeichen des großen Geistes, dass wir diesen Kreislauf aus trockenen und verregneten Monaten, in denen wir fast alle unsere Tränen aufgebraucht hatten, bald überstanden hätten. Es hatte auch früher schon Jahre gegeben, in denen wir mehr gelitten hatten, als wir glaubten, ertragen zu können, und wir wussten, vor uns lagen noch weitere harte Jahre, doch dieses Jahr, das uns fast hatte glauben lassen, wir seien bloße Objekte in Menschengestalt – wie sehnlich wollten wir es hinter uns lassen. Obwohl wir uns seit Jahrzehnten gut benommen hatten, obwohl wir uns nie bestialischer Taten schuldig gemacht hatten, hatten wir unsere Peiniger nicht davon überzeugen können, dass wir Menschen waren, die das Privileg verdienten, ihr Leben so zu leben, wie sie es wollten.

Aber die Verhandlung – sie könnte uns die große Chance bieten, sie zu überzeugen, uns noch mal neu zu denken, uns als die kennenzulernen, die wir sind, und uns letztlich zuzugestehen, dass wir die verlorene Freude ruhiger Existenz wiederfinden.

An diesem Morgen erwachten wir und zogen unsere besten Sachen an.

Auf dem Weg nach Bézam flehten wir den großen Geist um Gnade an und dankten ihm, dass er uns ohne Worte Gerechtigkeit versprochen hatte. Thula begleitete mich. Ich wollte mir für immer den Moment einprägen, wie Bongo und sie aus dem Gefängnis spazierten, Hand in Hand, lächelnd.

Als wir am Gericht eintrafen, erwartete uns ein Wachmann vor dem Gebäude. Er führte uns einen Gang entlang und wies uns ein leeres Zimmer zu, in dem wir Platz nehmen sollten.

Er verließ das Zimmer und schloss die Tür.

Schweigend saßen wir da: Thula und ich, Lusakas Frau, zwei seiner Töchter und sein einziger noch lebender Sohn; Gono und Woja Bekis zwei noch verbleibende Frauen und vier seiner jüngeren Kinder, fünf der Ältesten, um für Kosawa zu sprechen. Der Wachmann hatte dem Lieben den Zutritt zum Gerichtsgebäude verwehrt und gesagt, dass unter Umständen wie diesen nur ein Vertreter im Gebäude zugelassen sei. Der Liebe hatte widersprechen wollen, aber der Süße hatte gesagt, er solle sich auf den Weg ins Büro machen und Große Stadt berichten, was vor sich gehe.

Und so saßen wir in dem kahlen Zimmer, fürchteten uns vor dem Urteil und sehnten es verzweifelt herbei.

Wir mieden jeden Blickkontakt, unsere Hoffnung so schwach, dass wir nicht wagten, sie durch Geflüster zu zerstören. Aber wir konnten nicht für immer schweigen. Wir hatten gerade erst angefangen, uns leise zu unterhalten, uns gefragt, ob das Verfahren in diesem Wartezimmer stattfinden würde, als die Tür aufging und ein anderer Wachmann eintrat. Ohne ein Wort überreichte er dem Süßen einen Brief und eilte hinaus. Der Süße las den Brief. Er hielt ihn mit zitternden Fingern. Er stürzte dem Wachmann hinterher. Kurz darauf hörten wir, wie er ihn anschrie. Der Wachmann schrie zurück, aber für uns, auf der anderen Seite der Wand, waren die Stimmen nicht auseinanderzuhalten.

Wir schauten uns an.

»Was ist denn, Mama?«, fragte Thula.

Woja Bekis erste Frau sah ihren Sohn an und bat ihn, herauszufinden, was vor sich gehe. Gono verließ das Zimmer. Er blieb draußen bei dem Süßen. Die Stille ließ darauf schließen, dass sie in einen anderen Teil des Gebäudes gewechselt waren. Über eine Stunde warteten wir. Als sie zurückkamen, las Gono uns vor, was die Regierung in dem Brief geschrieben hatte:

> Hiermit möchten wir Sie darüber informieren, dass die vier Angeklagten Anfang der Woche ihrer rechtmäßigen Strafe zugeführt und für die Entführung von vier Angestellten des Konzerns Pexton und für ihre Schuld am Tod des Angestellten Kumbum Owawe und für ihre Beihilfe am Mord von vier Soldaten unseres Landes gehängt wurden. Unser rechtschaffener und unparteiischer Kreis von Richtern, die das Volk unseres Landes repräsentieren, beriet sich mehrere Stunden nach der Anhörung aller Zeugen, einschließlich der Entführungsopfer und der Angeklagten, ehe die Angeklagten der Entführung und des Mordes und der Beihilfe zum Mord schuldig gesprochen wurden. Die Richter kamen zu dem Schluss, dass die Angeklagten die Taten begangen haben, um Geld von Pexton zu erpressen, einem Konzern, der dem Dorf der Angeklagten und unserem Land nichts als Chancen verschafft habe. Die Richter kamen überein, dass die Angeklagten für ihre Schuld bezahlen müssten, denn alle, die es darauf anlegen, unserem Land zu schaden, müssen einen Preis dafür zahlen. Die Angeklagten wurden gehängt, nachdem jeder von ihnen eine letzte Erklärung abgelegt und Pexton und unser Volk um Vergebung gebeten hat. Es sei ihr Wunsch gewesen, dass ihre Familien aus ih-

ren Fehlern lernen und sich entscheiden mögen, weise zu leben. Aufgrund ihrer unehrenhaften Taten und ihres unehrenhaften Todes wurden sie in einem Massengrab an einem Ort beigesetzt, der nicht preisgegeben wird. Wir hoffen, Sie werden die richtigen Schlüsse aus dem Leben der Gehängten ziehen und hingehen und in Frieden leben.

DIE KINDER

Wir waren gelähmt, in Stücke zerrieben, feiner als Staub. Als der Bus aus Bézam an diesem Tag mit der Nachricht zurückkam, dass wir kaum noch etwas zum Kämpfen übrig hätten, jetzt, wo man die Mutigsten von uns in ein einziges Grab geschmissen hatte, knieten wir nieder und hämmerten mit den Fäusten auf den Boden. Wir baten den großen Geist flehentlich, uns unsere wachsenden Zweifel an seiner Existenz zu vergeben, denn obwohl wir Beweise für seine Überlegenheit gesehen hatten, hatten wir auch Beweise für seine Unterlegenheit gesehen, und wir bekamen das nicht zusammen, seine Unfähigkeit, nichts anderes zu tun, als danebenzustehen und zuzusehen, wie sie uns zerstörten. Wir hatten keinen Sakani mehr als unseren Führer, keinen, der uns dabei half zu verstehen, was wir gerade durchlebten, und so krochen wir von einem Tag zum nächsten, zu geschwächt, um uns aufzurichten. Wie hatten wir uns so hemmungslos unseren Träumen hingeben können? Warum hatten wir uns so lange geweigert, uns vor dem Unvermeidlichen niederzuwerfen? Weil in unseren Venen das Blut von Männern fließt, die zwischen zwei Flüssen auf einem Stück Land standen und es vom großen Geist geschenkt bekamen? Weil sie sich sagten, dass dieses Land ihnen gehöre, an ihre Kinder und Kindeskinder weitergereicht werde, eine Generation nach der anderen? Wenn unsere Vorväter von dem Öl unter unseren Füßen gewusst hätten, hätten sie uns dieses Land dann so freudig vererbt? Sie dachten, wir würden nie eine solche Verwüstung erleben, denn in uns fließt das Blut des Leoparden, aber wenn sie das Ausmaß der Macht unserer Feinde gesehen hätten, hätte sich ihr Glaube in Asche verwandelt.

In den ersten Monaten der Haft unserer Vier wandte sich die Aktion Neuanfang mit unserer Geschichte an zahlreiche Zeitungen in ganz Amerika. Manche der Zeitungen schickten Männer aus Bézam zu uns, die Fotos machen und uns darüber ausfragen sollten, was wir durch die Hand der Regierung Seiner Exzellenz und durch die Hand von Pexton hätten ertragen müssen. Jedes Mal, wenn der Liebe und der Süße uns besuchten, versicherten sie uns, dass wir auf der anderen Seite des Ozeans ein wachsendes Heer an Unterstützern hätten. Sie zeigten uns Bilder von Menschen in Amerika, die vor dem Pexton-Büro ihre Fäuste in die Luft reckten. In ganz Amerika schrieben Menschen Briefe an Pexton und flehten, die Vier doch bitte freizulassen. Pexton sagte ihnen, es habe nichts mit der Verhaftung der Männer zu tun, die Entscheidung läge bei Seiner Exzellenz. Das amerikanische Volk bat seine Anführer, mit Seiner Exzellenz zu sprechen, ihm notfalls zu drohen, ihm zu sagen, man werde seiner Regierung sonst in Krisenzeiten nicht mehr helfen, man werde ihn aus Gruppen ausschließen, zu denen er eigentlich gehören sollte, man werde unser Land so gründlich strafen, dass es sich noch viele Jahre nicht davon erholen werde. Die Anführer von Amerika sagten diese und weitere Sachen, und Anführer auf der ganzen Welt sagten das Gleiche, denn die Menschen in ihren Ländern wollten nicht, dass man sie mit dem Bösen in Verbindung brachte. Konzerne in Europa, die Seiner Exzellenz oft Kredite gewährten, um gemeinsamen Reichtum zu erlangen, mahnten an, dass sie aufhören würden, ihm Kredite zu gewähren, wenn er die Vier nicht freiließe, sie würden nicht billigen, dass man Menschen ungerecht behandle. Doch jeder wusste, dass diese Kreditgeber nicht aufhören würden, Kredite zu gewähren – dass Länder wie unseres in ihrer Schuld stehen, ist der Grund für ihre Existenz. Darum lachte Seine Exzellenz über ihre Drohungen. Er hatte den Völkern in Europa und in Amerika nur weiter gezeigt, wie unwichtig ihm ihre Meinung war, denn an dem Tag, als er die Vier hängen ließ, tat er genau das, was er wollte. Pexton verurteilte ihn dafür, genauso wie

Regierungen überall auf der Welt, aber Seine Exzellenz lachte nur noch ein bisschen mehr und ließ Pexton ausrichten, es stehe dem Konzern frei, sein Land zu verlassen, wenn man so enttäuscht von ihm sei. Aber Pexton konnte unser Land nicht verlassen. Es gab noch immer so viel Öl unter unserem Land. Warum wegen Gewissensbissen darauf verzichten?

Unser Dorf nahm das Geld, das Pexton uns als Zeichen der Solidarität übergab, obwohl wir zugleich jeden verfluchten, der dort arbeitete. Leider fügen unsere Flüche nur denen Leid zu, die vom selben Blut sind wie wir, darum geschah unseren Feinden nie ein Leid wegen der Worte aus unserem Mund.

Auch wenn unsere Eltern wütend waren, als die Aktion Neuanfang einen Schulbus schickte, den Pexton als Geschenk für uns erworben hatte – die Aktion Neuanfang zahlte für den Fahrer und die Instandhaltung –, setzten sie uns rein. Im ersten Jahr fuhren nur ein paar von uns mit; die meisten unserer Eltern waren misstrauisch. Als das Schuljahr zu Ende ging und keiner von uns in Lokunja umgekommen war, setzten immer mehr Eltern ihre Kinder in den Bus. Es dauerte nicht lange, da musste die Aktion Neuanfang ihre eigenen Mittel anzapfen, um einen weiteren Bus zu kaufen, da unsere Eltern alle Söhne über zwölf auf die Schule in Lokunja schicken wollten.

Wir wussten, dass die Verbindung unter uns Gleichaltrigen eines Tages zerfasern würde und wir nicht mehr so stark auf die Freundschaften untereinander angewiesen wären. Wir hatten es bei den Gleichaltrigen vor uns erlebt. Wir hatten bei unseren Geschwistern mitbekommen, wie die Gruppen der Gleichaltrigen zusammenschrumpften, wenn die Körper der Mädchen erste

Anzeichen ihres Frauseins zeigten und sie darum die Gesellschaft junger Männer vorzogen, die ihnen Dinge geben konnten, die die gleichaltrigen Jungen noch nicht hatten. Mit elf oder zwölf waren die meisten Kinder in Kosawa zu dem Schluss gekommen, dass es kein gemeinsames Geburtsjahr brauchte, um sich anderen nah zu fühlen, wodurch mehr Freundschaften mit Älteren entstanden. Genau das ist bei uns passiert, als die Jungen weiter zur Schule gingen, während die Mädchen zu Hause blieben. Die Mädchen fingen an, mehr Zeit mit den älteren Mädchen und Frauen zu verbringen: auf dem Acker, beim Wäschemachen, beim Gang zum Markt, bei der Betreuung der Kleinsten, beim Tratschen in der Küche. Die Jungen besuchten die Schule und verbrachten ihre Abende mit Jagen oder Fußballspielen. So kam es, dass wir noch vor Ende des zweiten Jahres unserer Busfahrerei nach Lokunja nicht mehr ein Haufen gleichaltriger Jungen und Mädchen waren, die gemeinsam durchs Leben gingen, sondern sieben Jungen, die sich oft zum Hausaufgabenmachen trafen, plus Thula.

Mit fünfzehn hatten drei Mädchen unserer Gruppe Gleichaltriger, allesamt gute Freundinnen von Thula, Ehemänner gefunden. Die Mädchen, denen das noch nicht geglückt war, tummelten sich auf jeder Hochzeit in jedem Dorf, die Haare geflochten und die Gesichter angemalt, voller Hoffnung, einen heiratswilligen Mann kennenzulernen, wo doch Hochzeitsfeierlichkeiten besser als jeder andere Ort dafür geeignet waren, in den Ungebundenen die Sehnsucht nach einer festen Bindung zu wecken. Eine unserer Freundinnen wurde die Frau eines Soldaten in Lokunja und zog in sein Haus, wovon wir uns verraten und verletzt fühlten, aber das Mädchen war ohnehin nicht mit besonders viel Grips gesegnet. Wir versuchten, nicht schlecht von ihr zu reden, denn es war für uns alle wichtig, Liebe zu finden und die nächste Lebensphase zu meistern, allen Schwierigkeiten zum

Trotz. Das Schicksal hatte uns nicht allzu oft gestattet, Kind zu sein, aber wir hatten jede Gelegenheit genutzt, auch wenn jetzt, da wir reifer wurden, kaum noch etwas von unserer Kindlichkeit blieb. Doch ganz gleich, wie weit die Vergangenheit auch zurücklag, wir sahen sie in aller Klarheit, auch wenn wir uns nicht nach ihr umdrehten. Wir konnten nicht von der Zukunft sprechen, ohne seufzend über die vergangenen Tage unserer Vorfahren zu sprechen, jene einfacheren Tage, die wir womöglich niemals erleben würden.

Eine unserer gleichaltrigen Freundinnen war bei dem Massaker gestorben, als eine Kugel die Jahre ihrer Hochzeitsträumerei in einen grausamen Scherz verwandelt hatte. Zwei andere gleichaltrige Freunde starben ein paar Jahre später: der eine an den Jahren mit dem Gift, das sich in ihm angesammelt hatte und seinen Bauch derart anschwellen ließ, dass dieser Freund aussah wie eine Schwangere kurz vor der Entbindung; der andere bei einem Unfall, als er in Gardens einen Bus nahm, der auf dem Weg ins Schlingern geriet und an einem Baum zerschellte. Obwohl bei dem Unfall auch drei Arbeiter gestorben waren, verfluchten wir Pexton, als wir das Grab unseres Freundes aushoben. Wie sollten wir das, was uns passierte, und das, was sie uns antaten, auseinanderhalten?

Mehrere Gleichaltrige verließen Kosawa in unserer Teenagerzeit, von ihren Eltern, die einst geschworen hatten, niemals vor den Gasfackeln und dem ausgelaufenen Öl zu kapitulieren, dazu gezwungen, ihren Freunden und Cousins Lebewohl zu sagen. Eine von uns musste das Dorf wegen eines Leidens verlassen, das ihre monatliche Blutung auf Wochen ausdehnte, begleitet von Blutklümpchen und Rückenschmerzen und starken Krämpfen. Diese Freundin hatte jeden Rat der Unterleibsärztin befolgt und die verschriebenen Heilkräuter getrunken, ohne dass je eine Besserung eingetreten wäre. Da wir keinen Jakani und Sakani mehr hatten, blieb ihr nichts anderes übrig, als auf der Suche nach Heilung das Dorf zu verlassen. Ein paar unserer Freunde mussten in andere Dörfer ziehen, weil ein Vater gestorben war und eine Mutter es für das Beste hielt, unter ihrem eigenen Volk zu leben, oder eine Mutter mehr als nur ein Kind begraben hatte und wusste, das Begräbnis eines weiteren wäre mehr, als sie verkraften könne.

In ihren neuen Dörfern zwängten sich unsere Freunde in die Hütten von Verwandten, schliefen auf dem Boden oder in den Hinterzimmern, die die verheirateten Söhne geräumt hatten, weil sie es für besser hielten, in einer anderen Ecke des Dorfes eine neue Hütte zu bauen und ihre Frauen und Mütter voneinander fernzuhalten. Unsere Freunde lebten wie Herumtreiber, bis ihnen der ein oder andere Verwandte ein Stück Land am Rand des Dorfes schenkte. Dort bauten sie Hütten, von denen sie fürchteten, dass in ihnen nie die Wärme einziehen würde, die sie in Kosawa zurückgelassen hatten.

Jedes Mal, wenn sie uns in Kosawa besuchten, warfen unsere entflohenen Freunde einen sehnsuchtsvollen Blick auf alles, was einst ihres gewesen war. Aber wenn einer von uns erwähnte, dass der Rauch, der über Gardens aufstieg, erst neulich so schwarz ausgesehen hätte wie noch nie, oder wenn wir uns seufzend darüber beklagten, dass die Flaschen Wasser, die Pexton uns für die Babys schickte, nicht ausreichten und manche Babys noch immer abgekochtes Brunnenwasser zu trinken bekämen, sahen wir, wie die Sehnsucht unserer Freunde nach ihrem Zuhause sich verflüchtigte wie Tau. Manchmal nahmen sie ein paar der leeren Plastikflaschen mit, um sie als Brennstoff zu verwenden – was wir auch taten – oder um bei Folgebesuchen darin ihr eigenes Trinkwasser mitzubringen.

Es war offensichtlich, wie dankbar sie über die Hügel zwischen uns waren, die Trennung unseres Leids von ihrem neuen Leben. Aber nichts, was Pexton tat, konnte die Eltern von uns anderen dazu veranlassen, aus Kosawa fortzugehen. In den meisten Hütten in Kosawa blieb es trubelig und laut, und junge Frauen aus anderen Dörfern heirateten weiter Männer aus Kosawa und zogen zu uns ins Dorf, um zu unserem Wachstum beizutragen. Nun, da wir fast zu Männern herangewachsen waren, hätten wir auf eigene Faust fortgehen können, hätten wir in ein giftfreies Leben entfliehen können, aber wir waren entschlossen, unser Land niemals aufzugeben, weder jetzt noch sonst irgendwann, und die Aktion Neuanfang und Sonni erinnerten uns daran, dass es unser Land war, und komme Regen oder Dürre, es würde immer unseres bleiben.

Eigentlich hatte Sonni gar nicht das neue Dorfoberhaupt werden sollen. Gono, Woja Bekis erstgeborener Sohn, wäre am Zug gewesen. Wenn Gono das Amt nicht gewollt hätte, hätte es jeder seiner Brüder übernehmen können, aber keiner von ihnen hatte es gewollt. Nachdem Gonos Brüder erfahren hatten, was unsere Väter ihrem Vater angetan hatten, wollte keiner von ihnen jemals wieder Kosawas Luft atmen oder sich mit irgendeinem unserer Probleme beschäftigen. Nach der Hinrichtung kam Gono ein letztes Mal nach Kosawa, um die Sachen seiner Familie zusammenzupacken und seine zwei jüngsten Vollgeschwister mitzunehmen. Wie genau er sie und seine Familie in Bezám ernähren würde, wo er doch seinen Job bei Pexton gekündigt hatte, würden wir nie erfahren, aber wir hatten andere Sorgen, als uns darum zu kümmern. Die Frauen von Kosawa machten es jedoch zu ihrer eigenen Angelegenheit. Sie analysierten die Situation der Familie bis ins kleinste Detail und kamen zu dem Schluss, dass Woja Beki einen Teil seines Geldes bei Gono versteckt haben müsse, sodass es Gonos Familie nie an etwas fehlen würde, dank der von Pexton und der Regierung geflossenen Gelder.

Gono lud alles aus dem Steinhaus seines Vaters auf einen Laster, angefangen bei Bett und Teppich und Uhr seines Vaters, bis hin zu Mörser und Stößel seiner Mutter. Der zweiten Frau seines Vaters überließ er nur das Haus selbst, fast völlig leer, aber trotzdem prächtig. Woja Bekis zweite Frau verlor keine Träne in ihrem geerbten Haus. Ihre Mit-Ehefrauen und deren Kinder waren allesamt fort; jedes ihrer Kinder würde nun ein eigenes Zimmer in einem Steinhaus bewohnen. Wir nahmen an, sie wusste – sie musste es wissen –, dass irgendwann einer von Woja Bekis älteren Söhnen zurückkehren würde, um ihr das Haus wieder wegzunehmen; diese Familie war nicht für ihre Großzügigkeit bekannt. Trotzdem wussten wir bei Gonos Abfahrt, dass die Familie für lange Zeit aus unserem Leben verschwinden würde. Genauso war es auch. Keiner von ihnen kam für die tagelange Totenfeier der Vier nach Kosawa.

Obwohl wir den Todestag der Vier nicht wussten, begingen wir ihn zum ersten Mal nach drei Monaten und dann noch einmal, als er sich jährte, ausgehend von dem Tag, an dem uns das Gericht den Brief übergeben hatte. Wir begingen die Feierlichkeiten in der Hoffnung, der große Geist möge uns nicht übel nehmen, dass wir ein Datum gewählt hatten, das zwar nicht willkürlich, aber doch alles andere als präzise war und ganz sicher nicht die nötige Exaktheit aufwies, um sicherzustellen, dass die Toten gut in der neuen Welt ankämen. Als wir an den drei Tagen vor der Feier unseren Ahnen im Namen der Vier Gebete darbrachten – beim ersten Hahnenschrei, auf Knien zusammen mit unseren Familien in unserem Wohnzimmer, wenn einer der Männer unmittelbar mit uns verwandt war, andernfalls allein auf unseren Betten oder unseren Matratzen sitzend, die Augen geschlossen, die Hände auf der Brust –, versuchten wir, nicht daran zu denken, wie beschwerlich sich ihre Reise womöglich gestalten würde, nachdem man sie mit einem um den Hals gelegten Seil zu Tode hatte zappeln und baumeln lassen, ehe man sie dann in eine Grube geworfen hatte, einen Leichnam auf den anderen, alle noch in Gefängniskleidung, keiner der Körper gewaschen, ihre Geister gezwungen, mit dem Schmutz der alten Welt in die neue überzusetzen.

Für die ersten Feierlichkeiten schlachteten wir vier Ziegen und vier Schweine und sechzehn Hühner, wie der große Geist es verlangte. Wir kleideten uns in Weiß, trugen keine Schuhe. Das Medium aus einem der Geschwisterdörfer brachte Trankopfer dar, und wir schlugen leise die Trommeln, wünschten den Männern den Frieden, den ihnen diese Welt verwehrt hatte, einen Frieden, den wir finden würden, wenn wir eines Tages wieder mit ihnen vereint wären.

Nach der ersten Totenfeier ernannten wir Sonni zu unserem neuen Oberhaupt.

Pondo, einer unserer Großväter, hatte Dorfoberhaupt werden wollen. Als früherer Ratgeber für Bongo und Lusaka, sagte er, und als angeheirateter Verwandter von Woja Beki wisse er, was die getöteten Männer getan hätten, wenn andere gehängt worden wären und es an ihnen gewesen wäre, etwas aus diesem Verlust zu entwickeln. Pondo sagte, er könne sich vorstellen, auf welche Weise Lusaka und Bongo mit der Aktion Neuanfang zusammengearbeitet hätten, um den flammenden Zorn des amerikanischen Volkes am Lodern zu halten, damit man unsere Geschichte dort nicht vergessen würde. Manga, ein anderer unserer Großväter, war aufgestanden und hatte alle Anwesenden daran erinnert, dass auch er Berater gewesen sei und dass er an dem Tag des Massakers das Wegtragen der Toten zu ihren Hütten koordiniert und dafür gesorgt habe, dass es für jeden Leichnam einen Sarg gegeben hätte. Manga brachte vor, dass sein Sohn Sonni über ebenso viel Weisheit und Gelassenheit verfüge wie er und deshalb unser neuer Anführer werden solle. Mehr noch, fügte er hinzu, Sonni habe das Recht auf den Posten, schließlich sei er Bongos Vetter ersten Grades, Bongos Amt müsse an ihn vererbt werden; wenn Bongo anwesend wäre, wäre er derselben Meinung, wo er Sonni doch so verehrt habe.

Wir hatten nicht an dem Treffen teilnehmen dürfen, bei dem man Bongo zum Anführer ernannt hatte, aber unsere Väter erlaubten uns nun, bei den Beratungen über Bongos Nachfolger dabei zu sein, obwohl wir nur ein Jahr älter waren. Sie waren sich einig, dass wir alt genug seien, wenn auch nicht gemessen an Jahren, das sicher nicht, aber gemessen an dem, was wir erlebt hätten, denn wir hatten sehr viel mehr erlebt, als man in einem Leben verarbeiten konnte. Doch an dem Abend, als sich die Männer spät unter dem Mangobaum versammelten, um darüber zu sprechen, wie es weitergehen solle, hörten wir nur zu, denn man hielt uns noch nicht für weise genug, um uns zu beteiligen. Uns fehlten noch mindestens zwei Jahre, ehe wir überhaupt in das Alter der Weisheit eintreten würden.

Wir beobachteten, wie Pondo und Manga diskutierten und unsere Väter sich entweder auf die Seite des einen oder des anderen schlugen, weil ihre Blutsverbindung zu dem einen oder anderen Mann stärker war. Schlussendlich kamen alle Männer überein, dass Streitereien und Parteinahme uns niemals ein neues Oberhaupt einbringen würden. Sie beschlossen, drei Tage später erneut zusammenzukommen, um mitzuteilen, wen jeder wollte. Wen auch immer die Mehrzahl der Männer wollte, wäre unser neuer Woja.

So etwas hatte es noch nie gegeben, seit unsere Vorfahren hier angekommen waren – das Blut bestimmte, wer die Macht bekam –, aber wir wussten auch, dass sich vieles nicht so entwickelt hatte, wie unsere Vorfahren es sich vorgestellt hatten, und so brachten am Abend der Entscheidung all die Männer, die Pondo als nächstes Oberhaupt wollten, Zweige mit, und all die Männer, die Sonni als Oberhaupt wollten, Steine. Nachdem alles abgelegt und vor den Augen der Versammlung gezählt worden war, übertraf die Zahl der Steine die Zahl der Zweige, und somit wurde Sonni unser neues Oberhaupt.

Pondo verlor kein Wort mehr über die Sache, auch später nicht, als das Gerücht von Hütte zu Hütte ging, dass Manga und Sonni spätabends noch einige der Männer besucht hätten, um sie zu überzeugen, dass Pondo zu alt sei, um uns anzuführen. Vielleicht sah Pondo ein, dass das Dorf nun den Jungen gehörte, die Alten würden bald gehen, warum dagegen ankämpfen? Aber wenn sich der große Geist gnädig erwies, würde Pondo vielleicht alt genug werden, um den Tag unseres Neuanfangs mitzuerleben.

Von dem Punkt an, als wir siebzehn waren, sprachen wir täglich darüber, über den Tag, an dem wir Pexton alles heimzahlen würden. Auf Veranden und auf dem Dorfplatz und auf unserem Weg in den Wald sprachen wir darüber, was wir mit den Pexton-Leuten machen würden. Was wir mit Seiner Exzellenz machen würden. Wir malten uns aus, wie wir Gebäude in Gardens abfackeln, Arbeiter töten, uns Waffen beschaffen und nach Bezám ziehen und hochrangige Regierungsleute töten würden. Solche Gedanken trösteten uns, die bloße Vorstellung, dass wir ihnen das Fürchten lehren könnten. Wir behielten diese Fantasien für uns, denn auch wenn unser Herzschmerz nicht größer war als der aller anderen, wussten wir, dass unsere Familie und unsere Freunde, anders als wir, an der Auffassung festhielten, dass es unmoralisch sei, unsere Feinde zu verletzen. Das Massaker hatte das Dorf derart gebrochen, dass Sonni und die Ältesten beschlossen hatten, unser Schicksal in die Hände der Aktion Neuanfang zu legen und ihren Leuten zu glauben, wenn sie sagten, dass sie den Kampf für uns nie einstellen würden. Sonni wiederholte das während der Treffen: dass bald Hilfe kommen werde. Aber wir wollten nicht auf freundliche Amerikaner warten. Ihr Hass auf Pexton loderte sicher nicht so wild wie unserer.

Über solche Sachen sprachen wir gerade, an einem Abend Anfang 1988, auf der Veranda einer unserer Hütten, als Thula zu uns kam, um uns mit ihrem eigenen Mund zu sagen, dass sie in ein paar Monaten nach Amerika gehen würde. Hätte das irgendwer sonst aus den acht Dörfern gesagt, hätten wir gelacht – um in Amerika was zu machen?, hätten wir gesagt –, aber weil es Thula war und weil sich ihr Gesichtsausdruck kein bisschen veränderte, nachdem sie es gesagt hatte, hatten wir keinen Zweifel, dass es wahr war, dass Thula nach Amerika gehen würde, um noch mehr Bücher zu lesen als ohnehin schon. Wir johlten und umarmten sie und fragten sie, ob sie mit einer anderen Hautfarbe zu uns zurückkommen werde. Sie kicherte und sagte, das würde doch gar nicht gehen.

Wir schickten die Nachricht an unsere Freunde in den anderen Dörfern.

Drei Tage vor ihrer Abreise waren sie alle da, als Sonni alle auf dem Dorfplatz versammelte, kurz nach Sonnenuntergang, um Thula Nangi hochleben zu lassen, unsere Thula, die nach Amerika gehen würde. Wir grillten drei Stachelschweine über dem Feuer, die Frauen trugen Schalen mit reifen Kochbananen heran, die Männer Palmwein. Den ganzen Abend sangen und tanzten wir. Eine von uns würde sich in die Lüfte erheben, und dank ihr würden wir uns eines Tages alle in die Lüfte erheben.

Unsere Großväter und Väter nahmen Thula nacheinander zur Seite, um ihr zu erzählen, was sie über das Leben in Amerika wissen müsse, Weisheiten, die sie auf schleierhaft bleibende Weise erlangt hatten. Thula hörte ihnen allen zu. »Ja, Papa«, »aber natürlich, Big Papa«. Als einer von ihnen zu ihr sagte, sie solle den Mond niemals direkt anschauen, weil er über einen Zauber verfüge, der ihre Nase schrumpfen lassen und ihr die Luft zum Atmen nehmen könne, senkte sie den Kopf und nickte und sagte: »Ich werde nicht hinsehen, Big Papa; auf gar keinen Fall möchte ich eine kleine Nase haben.«

Wir konnten nicht alle mit ihr in den Bus nach Bezám steigen – es gab nicht genug Plätze –, aber zwei Nächte vor ihrer Abreise besuchten wir sie in ihrem Zimmer, dem Hinterzimmer in der Hütte ihrer Familie, das früher ihrem Onkel Bongo gehört hatte. Alle, die von unserer Gruppe Gleichaltriger noch lebten, waren da: Mädchen, die jetzt Frauen und Mütter waren, manche mit dem zweiten Baby im Bauch, Jungen an der Schwelle zum Mannsein, die eines Tages die Anführer Kosawas wären.

Wir saßen auf dem Bett und dem Boden und erinnerten uns an die Zeiten, die wir zusammen durchgemacht hatten. Wir sprachen über unser Leben vor Wambis Tod, jene Tage, als wir uns nackt im Regen wuschen und es nicht viel zu fürchten gab. Wir trauerten um Wambi und all die anderen, die schon gestorben waren, die Letzte vor einem Monat bei der Geburt ihres Kindes. Wir gingen sie alle durch, Name für Name, Geschichte für Geschichte, und tupften uns die Tränen weg. Dann lachten wir über den Morgen, an dem wir Lehrer Penda eine tote Ratte auf den Stuhl gelegt hatten. Und über all den anderen verzapften Unfug. Wir umarmten einander im Wechsel und umarmten Thula, als sie weinte. Noch nie hatten wir sie so glücklich und zugleich so traurig gesehen. Wir sangen für sie, und sie versprach, uns nie zu vergessen, auch wenn wir meinten, dass sie uns das nicht sagen müsse, wir wüssten in unseren Herzen, sie würde uns überallhin mitnehmen, egal, wo das sei. Am Ende der Nacht traten wir alle zu einer langen Umarmung zusammen und beteten, eines Tages wieder alle vereint in Kosawa zu sein.

Drei Monate später bekamen wir den ersten Brief von ihr. Darin erzählte sie uns von ihrem Flug, wie viel lauter und schaukliger als in unseren Büchern das Flugzeug gewesen sei. Sie schrieb, die Leute im Büro der Aktion Neuanfang hätten ein kleines Willkommensfest für sie veranstaltet. Alle hätten sie umarmen wollen, und sie hätte sie auch umarmt. Sie erzählte, dass ihr Essen zwar nach nichts schmeckte, aber sie hätte es trotzdem genossen, mit ihnen zu essen und unter Leuten zu sein, die sie durch die Geschichte ihres Volkes kannten.

Über Große Stadt schrieb sie:

Es ist schwer vorstellbar, dass New York und Kosawa auf demselben Planeten existieren und ich an beiden Orten gewesen bin und so verschiedene Leben gelebt habe. Wären da nicht meine Erinnerungen, würde ich schwören, dass die bisherigen Tage meines Lebens ein Traum waren, denn um mich herum gibt es nichts, dass mich daran erinnert, dass ich die bin, für die ich mich halte. Die Kälte ist so extrem, dass ich vergesse, dass mir je warm war. Womit kann ich sie vergleichen? Stellt euch vor, euch wäre so kalt, dass die Feuerstelle in der Küche eurer Mütter, eine Schüssel Gemüsesuppe mit geräucherten Fleischstückchen und das Lachen eurer Familien nicht reichen, um euch zu wärmen. Jedes Mal, bevor ich nach draußen trete, schlinge ich die Arme um mich. Ein Atemzug, und schon ist alle Wärme weg. Wie gern würde ich zurück nach Kosawa rennen, aber ich bin ja nicht hergekommen, um zu fliehen. Ganz langsam nehme ich die kalte Luft auf. Ich sage mir, dass mir eines Tages schon wieder warm sein wird.

Aber ich staune nicht nur über die Kälte. Hier stellen sich die Menschen wegen allem in eine Schlange. Wer zuerst kommt, steht vorn, keiner achtet darauf, wer der Älteste ist oder der Bedürftigste. Die Gesichter haben so viele verschiedene Farben. Manchmal, wenn ich hinter die Farbe sehe, dann sehe ich einen jungen Mann, der aussieht wie einer von euch, wirklich wahr, und das macht mich glücklich. Gestern habe ich diese Frau gesehen, die hatte die gleichen glatten dünnen Beine mit so entgegengesetzt ausgerichteten Füßen wie die alte Bata. Wenn ich so was sehe, ist die Freude immer groß. Ich wünschte, es käme öfter vor. Manchmal bleibe ich den ganzen Tag in meinem Zimmer, weil ich den Gedanken an die Entfernung zwischen hier und zu Hause nicht ertragen kann. Im Bett, die Augen zu, gibt es keine Entfernung. Aber dann stehe ich auf und sage mir, dass ich nicht hier bin, um mich nach dem zu sehnen, was ich zurückgelassen habe. Ich bin hier, damit ich finde, wonach ich suche, und das tue ich jeden Tag, in meinem Unterricht und in den Büchern, die ich lese, und bei so einem Treffen von Studenten, die glauben, dass sie etwas gegen die Dinge tun müssen, die sie nicht akzeptieren wollen. Mit ein paar von den Leuten dort habe ich mich angefreundet. Zusammen reden wir darüber, was wir tun müssen für unsere Völker.

Ein paar meiner Freunde kommen auch von weit her und fühlen sich in der Stadt genauso verloren wie ich, obwohl sie schon seit drei, vier Jahren hier leben. Ein paar von ihnen sind aus Amerika. Sie sind aus ihren Städten weggegangen und hergekommen, um verloren zu gehen und gefunden zu werden, denn nirgendwo kann man sich so dazugehörig, aber trotzdem so schrecklich allein fühlen wie in New York. Es fühlt sich traurig an, Teil einer fremden, neuen Welt sein zu wollen, während man sie mit Abstand betrachtet und die beobachtet, die sie schon erobert haben und mit breiter Brust umherspazieren. Manchmal steige ich an der Schule in einen Bus und schaue mir an, wie der Rest der Stadt aussieht. Durch das Fenster sehe ich glückliche Kinder und Mülltonnen mit dem Abfall von Menschen, die wenig Zeit hergeben können. Hier drüben herrscht ein ziemliches Tempo; jeder scheint schneller irgendwo sein zu müssen als machbar ist.

Die Straßen hier haben alle Namen, und die Häuser haben Nummern. Ich habe gelacht, als ich das zum ersten Mal sah. Ich konnte mir nicht vorstellen, warum wir je Nummern an unsere Hütten anbringen sollten. Die Namen von Straßen stehen auf grünen Tafeln, vielleicht zugunsten von Neulingen wie mir, die Wegweiser brauchen, um sich in der

Stadt zu orientieren, damit sie vielleicht irgendwann aus ihr rausfinden. Die Menschen um mich herum wirken nicht so, als würden sie dieses ausgeklügelte System ihrer Welt groß schätzen. Ich habe mich nie nach einer solchen Ordnung gesehnt, da wir sie nicht brauchen, aber jetzt, wo ich sie sehe – Häuser hübsch in Reihen, Straßen so parallel wie Bambusrohre, Bezeichnungen für alles, von Sonnenaufgang bis Sonnenuntergang durchstrukturierte Tage –, erkenne ich eine eigene Schönheit darin.

Es gibt hier auch einen Fluss, der im Osten der Stadt und dann um die Südspitze verläuft. Am Ufer stehen unter Bäumen Bänke, auf denen Menschen sitzen, die kein Zuhause haben, und Frauen, die auf Ehemänner hoffen, und Leute wie ich, die aufs Wasser starren. An diesen Fluss gehe ich immer, wenn ich mich nach der Ruhe sehne, die man nur an seinem Geburtsort findet. Hier sitze ich auch jetzt, während ich euch schreibe.

Nun muss ich zurück auf mein Zimmer. Die Schulaufgaben hier sind schwieriger als die in Lokunja, aber das tut mir gut. In einem der Kurse, die ich besuche, sprechen wir über eins von den Büchern meines Onkels, das ich so liebe, dieses eine, das *Die Verdammten dieser Erde* heißt. Ich lese mein altes Exemplar, und dank der vielen Vorträge und Gruppendiskussionen verstehe ich es endlich. Was dieser Mann darüber schreibt, was Völker in unserer Situation tun sollten, ist einfach nur bewundernswert. Meine Freunde und ich nehmen seine Ideen stundenlang auseinander. Ich hoffe, eines Tages werden alle Kinder in Kosawa dieses Buch lesen; es ist eine ganze neue Art zu denken. Morgen nimmt mich ein Freund mit zu einem Treffen. Es findet in einem Teil der Stadt statt, der Village heißt, aber meine Freunde sagen, dass dieses Village überhaupt nicht wie unser Dorf Kosawa ist. Das ist okay für mich – dass der Ort wenigstens wie die Art von Ort heißt, aus dem ich komme, reicht mir.

Danke, dass ihr euch weiter um meine Mutter und Juba und Yaya kümmert. Ich weiß, dass ihr das nicht für mich macht, sondern weil ihr ein gutes Herz habt, aber ich danke euch trotzdem. Wenn ihr auf diesen Brief antwortet, fragt meine Mutter bitte, ob sie mir irgendwas sagen möchte, dass sie dem Süßen ungern diktieren will. Ich glaube nicht, dass es irgendwas gibt, dass sie ihm nicht sagen kann, aber ich möchte nicht, dass sie Angst haben muss, sie könnte mir bestimmte Dinge nicht erzählen. Ich weiß, dass ihr mir ehrlich und vollständig alles an Neuigkeiten berichtet, was ich wissen muss.

Sind irgendwelche Kinder geboren, seit ich weg bin? Hat es irgendwelche Hochzeiten gegeben? Meine Ankunft in New York war gut, und auch wenn ich hier keinen Tag länger bleibe, als ich muss, bin ich froh, jetzt hier zu sein. Jeden Tag lerne ich etwas Neues. Ich weiß nicht, wie, aber ich bin überzeugt, dass mein neu erworbenes Wissen unserem Volk helfen kann.

Ich werde immer eine von uns sein.

Thula

Wir freuten uns so über ihren Brief. Sogar auf dem Papier wurde klar, dass Amerika sie veränderte. Sie benutzte mehr Wörter, gewährte uns Zutritt zu dem, was hinter ihren Augen geschah. Vielleicht schenkte das Zusammensein mit Freunden, die auf eine Weise waren wie sie, wie wir es nicht waren, ihr die Freiheit, über Dinge zu sprechen, wie sie es in Kosawa nicht gekonnt hatte. Vielleicht hatte das Alleinleben die Sehnsucht nach mehr Gespräch in ihr geweckt. Ganz gleich, was es war, wenn sie das Leben als Außenseiterin überleben wollte, konnte sie nicht länger die undurchschaubare Thula bleiben, die wir kannten. Ganz gleich, was es kosten mochte, wenn sie mit dem zurückkehren wollte, wonach sie suchte, war es an der Zeit, der Welt Einlass zu gewähren.

In unserer Antwort an sie hatten wir nicht viel zu erzählen; für uns hatte sich wenig verändert.

Wir waren noch immer die unzertrennlichen Sieben, warteten auf das Kommen und Gehen des Regens, jagten Antilopen und Stachelschweine und brachten sie zum großen Markt. Wir trafen uns weiterhin auf dem Dorfplatz und nahmen an Totenfeiern und Neugeborenenfeiern und Hochzeitsfeiern teil, behielten die Mädchen im Auge, die wir uns als Ehefrauen ausgesucht hatten, um sicherzugehen, dass sie unsere Liebe und unseren Schutz auch weiter verdienten. Der Vater von einem von uns war kürzlich verstorben, und wir wussten, es wäre nicht mehr lange, bis alle unsere Väter zu den Ahnen gingen und wir Kinder in die Welt setzen müssten, um die Hütten wieder mit Leben zu füllen, und dann selbst Väter wären, und irgendwann Großväter, auch wenn uns der Gedanke daran nicht gefiel.

Das Dorf traf sich noch immer mit dem Lieben und dem Süßen. Sie hatten selten viel zu erzählen, außer dass es vorangehe, langsam, aber stetig. Sie behaupteten, sobald die Verhandlungen zwischen der Aktion Neuanfang und Pexton abgeschlossen seien, würden die Pipelines repariert und der Müll vom großen Fluss gefischt und das Abfackeln der Gase gedrosselt werden. Fürs Erste, sagten sie, wäre es aber das Beste, wenn wir uns darauf konzentrieren würden, dass dank des Flaschenwassers seltener Kinder sterben und Busse die Jungen nach Lokunja bringen würden, damit sie dort Wissen erwerben könnten. Ehe wir uns versehen würden, wäre Kosawa wieder Kosawa.

Als wir sie beim letzten Treffen fragten, wann Pexton wohl gehen würde, ob in Jahren oder Jahrzehnten, antworteten sie, nun, das lasse sich schwer sagen. Unterdessen sei es das Beste, in möglichst guter Nachbarschaft mit dem Konzern zu leben. Wir erklärten ihnen, dass Pexton niemals unser Nachbar sein könne, weil ihnen das Land nicht gehöre. Das Land sei unser Land. Es würde niemals ihnen gehören, ganz gleich, wie oft sie es behaupteten. Der Liebe antwortete, dass er das verstehe und genauso sehe wie wir, aber nun das Gesetz den Besitz des Landes regele, nur die Regierung bestimmen könne, wem welches Land gehöre. Er erzählte uns, dass Seine Exzellenz in der Woche zuvor verkündet habe, nur weil unsere Vorfahren das gesamte Tal als ihres beanspruchen würden, heiße das nicht, dass das Tal ihnen und damit uns gehöre. Was heiße, dass das Land allen Menschen unseres Landes gehöre; die Regierung, als Diener des Volkes, besitze die Autorität, einen Teil des Landes, das dem Volk gehöre, an Pexton zu geben, damit Pexton es dafür verwenden könne, das Leben aller Bürger zu verbessern.

Bei dieser Nachricht sprangen wir auf, die Stimmen in schmerzhafter Ungläubigkeit erhoben, denn es war das erste Mal, dass wir von so etwas hörten. Bitte beruhigt euch, flehte der Süße uns an. Er sagte, die ganze Welt würde es sehen wie wir: keine Regierung habe das Recht, solche Ansprüche zu erheben. Aber, fügte er hinzu, bis zu dem Tag, an dem auch Seine Exzellenz es so sehen würde wie wir, würde Pexton nicht gehen.

Das erzählten wir Thula in unserem Brief.

Wir erzählten ihr, nach dem, was der Liebe uns mitgeteilt habe, sehe es nicht so aus, als ob Pexton unser Land je säubern oder verlassen würde; unsere Kinder und deren Kinder würden gewiss für immer mitten in ihrem Gift leben. Wir schrieben ihr, wir würden nicht verstehen, warum die Aktion Neuanfang uns solchen Unsinn auftische. Die Tatsache, dass sie das taten, warf die Frage auf, wie sehr unser Leid sie schmerzte. Wie sehr konnten wir darauf vertrauen, dass sie hart für uns kämpfen würden, wo doch ihre mächtigste Waffe das Wort war? War es denn nicht an der Zeit, dass wir aufhörten, Wörter zu benutzen, und etwas anderes versuchten, etwas völlig anderes?

Thulas Antwort blieb monatelang aus.

Der Tag, an dem sie endlich kam, war ein Regentag, an dem wir alle zu Hause hockten. Sie erzählte uns in ihrem Brief, dass die kalte Jahreszeit aus der Stadt verschwunden und es inzwischen fast schon warm geworden sei, wenn auch nicht so heiß, wie sie es sich wünsche. In ihren Kursen habe sie sich besser geschlagen als erhofft. Dann sagte sie:

> Erinnert ihr euch an das Treffen, von dem ich euch in meinem letzten Brief erzählt habe? Das an dem Ort namens Village, zu dem ich gehen wollte? Mein Freund hatte recht, nichts an dem Ort hat mich an Kosawa erinnert, aber ich kann euch gar nicht sagen, wie viel Auftrieb mir das Treffen gegeben hat. Gleich auf dem Rückweg habe ich angefangen, in Gedanken diesen Brief zu schreiben, um euch sofort alles zu erzählen, was ich dort erlebt habe. Die Leute sind zu dem Treffen gekommen, um darüber zu sprechen, was wir gegen Konzerne wie Pexton tun können. Diese Leute waren nicht wie die von der Aktion Neuanfang, die immer davon reden, wie wir auf friedlichem Weg – durch Gespräche, Verhandlungen, Gemeinsamkeiten und noch mehr Gespräche – Veränderungen herbeiführen können. Nein, diese Leute waren wütend. Ein Mann stand auf und erzählte von einem Ort mehrere Tage Autofahrt von New York entfernt, einem Ort, an dem es auch Pipelines gibt. Die Pipelines laufen nicht aus wie unsere, aber die Menschen dort wollen nicht, dass sie quer durch ihr Land gehen, sie sagen, Pipelines sind eine tickende Zeitbombe. Ihre Regierung ist anderer Meinung, darum müssen diese Menschen mit den Pipelines leben, genau wie wir. Pipelines in Amerika, könnt ihr das glauben? Die Pipelines hier verlaufen unter der Erde, aber die Menschen sagen, dass es keinen Unterschied macht. Allein dass sie da sind, raubt ihrem Land die Ursprünglichkeit. Aber ihre Regierung macht sich keine Gedanken über die Ursprünglichkeit ihres Landes. Regierungen und Konzerne sind auch in diesem Land Freunde. Auch hierzulande lehnen sich die Regierungen zurück und tun nichts, während Konzerne Menschen in Ketten legen und in Knechtschaft zwingen.

Und dann gibt es noch einen anderen Ort auf der anderen Seite des Landes, wo die Kinder vergiftetes Wasser trinken. Die Regierung wusste, dass das Wasser vergiftet war, und hat nichts dagegen unternommen. All das zu hören, hat sich angefühlt, als ob ich mich in irgendeinem absurden Traum befinde, in dem sich Amerika plötzlich als Kosawa entpuppt. Die Geschichten nahmen kein Ende. Südlich von hier gibt es eine Gegend, wo das Land im Meer verschwindet. Jeden Tag geht Land von der Größe eines Dorfes verloren, und das alles nur, weil Ölkonzerne tun und lassen können, was sie wollen, und die Regierung so gut wie nichts unternimmt, während die Bürger hilflos zusehen. Ich habe kaum Luft bekommen bei diesen ganzen Geschichten über kleine Konzerne und große Konzerne, über Regierungsbüros, die das eine sagen, obwohl etwas anderes der Fall ist, über Vertreter, die den Menschen erzählen, es ist alles in Ordnung, obwohl sie wissen, dass eine Katastrophe anrollt. Wir wussten ja, dass wir in unserem Land nicht die Einzigen sind, aber hättet ihr euch je vorstellen können, dass solche Sachen auch Menschen in großen Ländern passieren?

Ich dachte lange, unser Problem besteht darin, dass wir schwach sind und dass fehlendes Wissen unser größtes Hindernis darstellt. Mein Vater, mein Onkel, alle, die für Kosawa aufgestanden sind und ihr Leben verloren haben, ich dachte, sie sind gescheitert, weil sie nicht gelernt haben, wie die Welt funktioniert. Nach dem Massaker habe ich mir geschworen, dass ich Wissen anhäufe und es in eine Machete verwandle, um alle zu zerstören, die uns wie Ungeziefer behandeln. Ich konnte es kaum erwarten, endlich erwachsen zu werden, um Kosawa zu beschützen und dafür zu sorgen, dass die Kinder der Zukunft nie so leiden müssen wie wir. Wissen, dachte ich, kann Kosawa Macht verleihen. Aber diese Amerikaner mit ihrem Überfluss an Wissen, wie können auch sie machtlos sein? Wie kann es sein, dass ihre

Regierung, die eigentlich ihr Diener sein soll, sich aufführt wie ihr Herr? Durch die Bücher, die ich in unseren letzten Jahren an der Schule in Lokunja gelesen habe, war ich überzeugt, dass unser Land, mit einer neu geschaffenen demokratischen Regierung, eine so wie in Amerika, ein wunderbarer Ort zum Leben ist. Aber jetzt, wo ich hier lebe, wird mir klar, dass überall auf der Welt etwas sehr viel Komplexeres vor sich geht, etwas, das uns mit diesen leidgeprüften Amerikanern und anderen wie uns in Dörfern und Städten und Metropolen in kleinen und großen Staaten verbindet. Was auch immer es ist, wir finden es raus, und wenn es so weit ist, wird nichts mehr sein, wie es war.

Ich wollte auch aufstehen bei dem Treffen und unsere Geschichte erzählen, aber ich wusste nicht, ob meine Stimme fest bleibt, und ich wollte kein Mitleid, wo ich doch zum ersten Mal in einem Raum voller Fremder gesprochen hätte. Ich habe noch mit mir gerungen, doch aufzustehen, als dieser schlanke Mann aufgestanden ist, um sich zu denen zu stellen, die als Nächste sprechen wollten. Ich habe die langen Haare nach vorne gehen sehen und sofort gewusst, dass er es ist: Austin.

Als er dran war, hat er allen einen guten Abend gewünscht und gesagt, dass das erst sein zweites Mal bei diesem Treffen ist. Er hat erzählt, dass er viele Jahre im Ausland gelebt und Dutzende Treffen dieser Art besucht und dabei sehr viel gelernt hat. Er meinte, dass er nicht wüsste, was er ohne solche Treffen tun würde, ohne Möglichkeiten der Solidarität mit Leuten wie uns. Was würden wir ohne solche Treffen mit unserer Wut machen?, hat er gefragt. Sie in eine Flasche stecken und anzünden und eine gute Bombe daraus bauen, hat einer gerufen. Der Raum hat gegrölt. Austin hat gelacht. Er meinte, er ist schon an vielen Orten gewesen und hat das Ausmaß menschlicher Boshaftigkeit gesehen, aber er würde noch immer nicht wissen, worauf er sie zurückführen kann.

Gier wäre wohl zu banal als Grund. Er würde nur wissen, dass wir noch sehr viel über uns selbst lernen müssen, ehe wir Lösungen finden können. Und dann meinte er, dass es da dieses Dorf gibt, in dem er war, und dass er nicht weiß, was die Lösung für die Menschen dort sein könnte. Er würde die Geschichte dieses Dorfs auch weiter mit anderen teilen wollen, weil es eine Geschichte ist, die ein paar im Raum vielleicht in der Zeitung gelesen hätten, aber außer ihm wahrscheinlich niemand in dem Dorf gewesen ist.

Als das Treffen zu Ende ging, war er von Leuten umzingelt, die ihm Fragen über dieses Dorf stellen wollten. Ich habe gewartet, bis ich an der Reihe war, mein Herz hat geklopft, alles war einfach zu verrückt. Dann war es so weit. Ich habe ihn begrüßt, gelächelt. Er hat zurückgelächelt, aber nichts gesagt, vielleicht gewartet, dass ich ihm eine Frage stelle. Weil ich unsicher war, was ich sagen sollte, ist aus mir rausgeplatzt, dass ich Bongos Nichte bin. Er hat die Augenbrauen hochgezogen; er hat geguckt, als würde er sich nur schwer an Bongo erinnern. Bongo, aus Kosawa, habe ich gesagt. Aber er blieb verwirrt. Also habe ich es noch mal gesagt, und dann ganz leise, dass ich da war an dem Nachmittag, als die Soldaten kamen. Plötzlich hat sein Gesicht ganz anders ausgesehen, so eine Mischung aus Erstaunen und etwas Zärtlichem, das ich nicht beschreiben kann.

Ich kann euch nicht sagen, wie fest er mich umarmt hat oder wie sehr ich mich seit dem Tag meiner Abreise aus Kosawa nach einer solchen Umarmung gesehnt habe. Als wir uns wieder voneinander gelöst haben, habe ich ganz deutlich sein Gesicht gesehen. Er war noch immer schöner als jeder Mann, den ich je gesehen habe.

Seine Haare waren noch immer so lang wie damals, als wir ihn das erste Mal gesehen und ein paar der Mädchen gekichert und sich gewünscht haben, sie hätten auch so voll aussehendes Haar wie er. Wo seine Züge früher noch jungenhaft weich waren, hatten sie jetzt etwas männlich Markantes. Mir ging durch den Kopf, dass er wahrscheinlich so alt war wie mein Vater damals, als er verschwand.

Wir haben dann im hinteren Teil des Zimmers zwei Stühle entdeckt. Er wollte wissen, wie ich mich in New York eingelebt hätte, und hat sich dafür entschuldigt, sich nicht bei mir gemeldet zu haben; der Liebe hätte ihm geschrieben und ihm erzählt, dass ich komme, und ihn gebeten, mir zu helfen, wann immer ich bei irgendetwas Unterstützung bräuchte. Austin meinte, er hätte dem Lieben gesagt, dass er tut, was er kann, solange ich hier bin, aber sein Job bei der Zeitung hätte ihn durchs ganze Land geschickt; er meinte, er ist nur selten mal in seiner Wohnung in dieser Gegend, die Brooklyn heißt. Um ehrlich zu sein, hatte er vergessen, dass ich in der Stadt bin; er hätte nicht unhöflich sein wollen, als ich ihn angesprochen habe, er hätte nur zu verstehen versucht, wie es sein konnte, dass ihn eine Fremde auf Bongo anspricht.

Ich habe genickt, weggeschaut, mich von seinem sanften Blick gelöst.

Ich wollte wissen, ob er unser Land freiwillig verlassen hat oder ob er dazu gezwungen worden ist. Er hat mir erzählt, dass ihn der Tod seines Onkels und das Massaker noch immer verfolgen, dass er aber in unserem Land geblieben wäre, wenn er die Chance dazu bekommen hätte. Er hat gesagt, dass er die Menschen bei uns im Land sehr liebt. Die Entscheidung, zu gehen oder zu bleiben, hat nicht er getroffen. Zwei Wochen nachdem Fotos von dem Massaker in seiner Zeitung in Amerika erschienen sind, haben Soldaten bei ihm vor der Tür gestanden und ihn zum Flughafen gebracht. Sie haben gesagt, dass Seine Exzellenz keinen Zeitungsmann in seinem Land haben will, der sich irgendwelche Lügengeschichten ausdenkt. Damit hatte er sich zum Feind Seiner Exzellenz erklärt, und somit zum Feind des

Landes. Austin hätte mir an dem Abend am liebsten noch viel mehr erzählt, das konnte ich spüren, aber ich wusste, ich würde ihn wiedertreffen, darum habe ich nicht gefragt, ob das heißt, dass er nie wieder in unser Land zurückkehren kann. Außerdem musste er weg, um irgendjemanden wegen einer Zeitungsgeschichte zu treffen. Also haben wir uns noch mal umarmt, und er hat beim Rausgehen meine Hand gehalten und sie erst draußen auf der Straße wieder losgelassen. Als ich ihm hinterhergeschaut habe, konnte ich nicht sagen, ob er meine Hand gehalten hatte, weil ihn etwas mit Bongo verband oder weil der Liebe ihn gebeten hatte, sich um mich zu kümmern, oder aus eigenem Antrieb, weil er selbst es gewollt hatte.

Seitdem haben wir uns zweimal gesehen. Er hat mich an der Uni besucht. Wir reden meist über Kosawa und darüber, wie sehr er bedauert, dass er nicht mehr für uns tun konnte. Es ist das erste Mal seit den Abenden auf der Veranda mit meinem Vater, dass ich mich mit jemandem hinsetze und so viel über das Leben philosophiere. Nächsten Monat treffen wir uns wieder. Er will mir diese Gegend namens Brooklyn zeigen. Ich habe gehört, dass es dort so leckeres Essen wie bei uns geben soll, darauf freue ich mich wie verrückt. Aber im Moment kann ich es gar nicht erwarten, zu dem nächsten Treffen im Village zu gehen. Ich will mit jemandem reden, einem Mann, der beim letzten Treffen gesprochen hat. Dieser Mann namens Maxim hat etwas gesagt, das mir die Augen geöffnet hat, etwas, das ich euch erzählen muss.

Bei dem Treffen hat Maxim als Letzter gesprochen. Er ist alt, so alt wie unsere Großväter ungefähr. Er brauchte einen Stuhl auf der Bühne, weil er mit seinen Beinen nicht lange stehen konnte. Wir waren über hundert da in dem Raum, und keiner von uns hat einen Laut von sich gegeben, als Maxim erzählt hat, wie er als junger Mann in einem armen, kalten Land in Europa zusammen mit einer Gruppe von Freunden ein Bürogebäude der Regierung abgefackelt hat. Er hat erzählt, wie sie das ganze Ding mit Benzin und Streichhölzern einfach abgefackelt haben. Seine Augen haben geleuchtet, als er von der Schönheit der Flammen und des Rauchs erzählt hat, der in dieser dunklen, eisigen Nacht aufgestiegen ist. Es hat nie irgendwer rausgefunden, dass sie es waren. Monate später sind sie in ein anderes Regierungsgebäude eingestiegen und haben Unterlagen zerrissen und Schränke aufgebrochen und alles mit Farbe besprüht. Danach haben sie sich noch in einem der Büros auf den Boden gesetzt und Alkohol getrunken. Bevor sie abgehauen sind, haben sie lachend auf die Tische und Stühle gepinkelt. Maxim hat gelacht, als er das erzählt hat, und wir mussten auch alle lachen und haben geklatscht. Das Klatschen hat gar nicht mehr aufgehört, bis er meinte, dass die Regierung ziemlich schnell herausgefunden hätte, wer für die Sache verantwortlich gewesen ist. Die Regierung hat ihn und seine Freunde verhaftet; ein Jahr saßen sie im Gefängnis. In diesem Jahr war er so stolz auf sich wie noch nie, meinte er, denn anstatt herumzusitzen und zu reden und zu warten, dass irgendwer etwas unternimmt, hat er selbst getan, was er konnte. Er hat getan, was er tun musste. Er hat diesen Verbrechern gezeigt, dass er sich wehrt und dass er, solange noch ein Hauch Lebenskraft in ihm steckt, nie mehr aufhört, sich zu wehren.

Ich wünschte, ihr wärt da gewesen, um zu sehen, wie stolz der Mann war, wie furchtlos, wie sehr wir anderen ihn bewundert haben. Wir sind alle aufgestanden und haben so lange geklatscht, dass es bis zum westlichen Ende des Universums widergehallt sein muss. Mir standen die Tränen in den Augen. Richtet sich die Botschaft von Maxim an mich? An uns? Ich erinnere mich, wie oft ihr auf dem Dorfplatz darüber geredet habt, dass wir Pexton einen Dämpfer verpassen müssen. Damals war ich anderer Meinung. Ein Gebäude abzufackeln kam mir so sinnlos vor. Pexton kann Gardens an einem Tag wieder aufbauen. Aber vielleicht geht es nicht darum, Pexton derart zu schaden, dass es sich niemals mehr erholt. Vielleicht geht es darum, Pexton wissen zu lassen, dass wir da sind. Und dass wir wütend sind.

Gestern haben meine Freunde und ich die Geschichte von Maxim bei mir im Zimmer diskutiert. Wir waren zu sechst, und nur eine andere Person war wie ich der Meinung, dass es etwas Positives bewirken kann, wenn man das Eigentum seiner Feinde zerstört. Konsens war, es sei einfach nicht effektiv. Ich habe dagegengehalten, dass der Begriff der Effektivität nicht ausschlaggebend für die Entscheidung sein darf, denn woher sollen wir wissen, ob eine Strategie Generationen später nicht doch noch aufgeht, obwohl man sie eigentlich schon als gescheitert abgeschrieben hat? Es ist unsere Pflicht, jetzt zu tun, was wir können. Das ist es, was Sonni und die Ältesten aus Angst nicht sehen. Darauf zu warten, dass die Aktion Neuanfang uns rettet, ist sicher, aber feige; das gebe ich zu, desto länger ich darüber nachdenke, desto mehr mich der Gedanke, das Eigentum von jemand anderem zu zerstören, schwummrig macht. Aber mein Vater hat immer gesagt, man kann nicht nur das tun, was angenehm ist, sondern muss tun, was getan werden muss.

Entschuldigt, dass mein Brief so lang geworden ist. Vor allem sollt ihr wissen, dass ich offen bin für eure Ideen, wie wir Pexton verklickern können, dass es nicht vorbei ist.

Ich werde immer eine von uns sein.
Thula

In unserem Antwortbrief erinnerten wir sie an die Geschichte mit den Ameisen, die einen knurrenden Hund töten, Biss für Biss. So etwas konnten wir auch tun. Es gab keinen besseren Zeitpunkt als jetzt, um damit anzufangen, Pexton zu beißen. Kosawa lief

Gefahr, bald nicht mehr bewohnbar zu sein. Wir wollten bald heiraten, danach würden Kinder kommen. Wie konnten wir zulassen, dass unsere Kinder leiden würden, wie wir einst gelitten hatten? Wenn wir es jetzt auf einen Versuch ankommen ließen und dann scheiterten, wären wir dann nicht froh, unseren Kindern sagen zu können, dass wir alles getan hätten, was in unserer Macht gestanden habe? Thula stimmte uns zu und schrieb:

> Ja, wenn man uns besiegt, dann nicht, weil wir nie gekämpft hätten. Unsere Väter, Brüder, Onkel, Freunde – wofür haben sie ihr Leben gelassen? Dafür, dass wir in Frieden in Kosawa leben würden, und wenn nicht wir, dann zumindest die nächste Generation. Keiner hat das Recht, uns auf unserem eigenen Land zu Gefangenen zu machen. Keiner hat das Recht, uns das zu nehmen, was der große Geist unseren Vorfahren übereignet hat. Überall in Amerika leben Menschen, die auf ihrem eigenen Land zu Gefangenen gemacht wurden. Man hat ihnen das Land ihrer Vorfahren genommen, und jetzt leben sie am Rand der Gesellschaft, eine noch schlimmere Misere als unsere. Wenigstens gehen wir noch auf den Wegen unserer Vorfahren, aber wer kann schon sagen, ob uns nicht eines Tages all unser Land weggenommen wird, so wie es hier passiert ist? Die Vorfahren dieser mit Füßen getretenen Völker in Amerika haben schwer gekämpft und verloren, aber wichtig ist vor allem, dass sie gekämpft haben. So traurig mich die Geschichte ihrer Niederlage auch macht, so sehr macht sie mir auch Mut, denn mir wird immer bewusster, dass wir, genau wie sie, nicht schwach sind, sondern das Blut eines wilden Tiers in uns tragen. Pexton und die Regierung lassen uns keine andere Wahl, als das zu tun, was wir tun müssen, damit man uns hört. Sie sprechen mit uns in der Sprache der Zerstörung, darum sollten wir das auch tun, denn das ist die Sprache, die sie verstehen.

Tut, was nötig ist, meinen Segen habt ihr. Ich bitte euch nur, keine Menschen zu verletzen; wir werden nie zu Mördern werden wie sie, denn in unseren Adern fließt das Blut ehrwürdiger Menschen. Ich schicke euch so viel Geld, wie ich kann, und ich bete dafür, dass der große Geist euch beschützt.

Ich werde immer eine von uns sein.
Thula

YAYA

Ich bedaure an meiner Ehe nur eins: Wie wenig ich gelacht habe. Es gibt im Leben so viel zu lachen, und doch habe ich mich darum gebracht. Warum? Weil die Liebe zu meinem Mann von mir verlangte, mich nicht in Seligkeit zu sonnen, während er in Trauer ertrank? Weil es auf der Welt ohnehin kaum Grund zum Lachen gibt? Dabei gibt es so viel Grund zu lachen. Ich begreife es erst jetzt, wo ich im Sterben liege: Das Leben ist komisch. Menschen, die sich um ein Stück Land streiten, das keiner von ihnen mitnehmen kann, wenn der Tod sie holt – das ist doch komisch. Menschen, die alle Sachen wollen, die sie glücklich machen sollen, nur um dann zu merken, wenn sie sie haben, dass sie andere Sachen wollen, die sie glücklich machen sollen – das ist doch komisch. Das Leben ist wie die Jagd nach dem Wind, bedeutungslos und lächerlich. Wie konnte mir das entgehen? Warum wird diese Welt erst jetzt amüsant, wo ich im Begriff bin, sie zu verlassen? Vielleicht liegt es daran, dass ich jetzt ununterbrochen darüber nachdenke, wie traurig es ist, dass ich das alles nicht schon vor langer Zeit erkannt und viel mehr gelacht habe. Leider ist es zu spät, um noch damit anzufangen. Je näher der Tod rückt, desto weniger kümmert mich die Gegenwart. Meine Gedanken gelten hauptsächlich der Vergangenheit, den Dingen, die ich gesehen habe. In schlaflosen Nächten, wenn ich auf den neuen Tag warte, der ja doch nur wird wie der alte, denke ich an die Ereignisse, die zu dem geführt haben, was meiner Familie und meinem Dorf widerfahren ist. Ich denke an die Geschichten, die mir mein Mann früher an seinen besseren Tagen erzählt hat, wie die von dem einen Mal, als er zwei Wochen am Strand verbrachte.

Er war jung damals, bis zu unserem Kennenlernen würde es noch ein paar Jahre dauern. Drei Männer aus Europa kamen auf ihrem Weg zur Küste, wo sie ihr Boot besteigen und nach Hause segeln wollten, durch Kosawa. Sie hatten einen ihrer Fremdenführer eingebüßt und suchten nach einem harten Arbeiter, der ihn ersetzte; mein Mann erfuhr davon durch einen, der ihn als diszipliniert kannte und für geeignet hielt. Das war lange, ehe mein Mann nach Kosawa zog, um für Woja Beki zu arbeiten und dessen Acker zu bestellen. Er wusste, dass die Tätigkeit als Fremdenführer gewisse Vorteile mit sich brachte, aber wie der Rest von uns war er misstrauisch gegenüber Männern aus Europa, diesen Männern, die gekommen waren, um sich als Herren über uns zu erheben. Kurz darauf fand er jedoch heraus, dass die Männer ihn gut bezahlen und seine Pflichten ihn zum Meer führen würden. Er war noch nie am Meer gewesen; niemand aus unserer Gegend hatte es je gesehen. Wir wussten, dass es da irgendwo in der Ferne existierte, aber nicht viele von uns dachten darüber nach. Wir hatten Bäche und Flüsse, damit begnügten wir uns. Aber mein Mann wollte mehr als sich begnügen. Obwohl er sich vor den Gefahren fürchtete, die die Arbeit als Fremdenführer mit sich bringt, nahm er sie an, um das Meer zu sehen.

An dem Tag, als er mit den Männern aufbrach, bestieg er zum ersten Mal ein Auto.

Er und der andere Fremdenführer fuhren auf der freien Fläche hinten auf dem Wagen mit. Damals bestand unser Land zu großen Teilen aus einer Landschaft dicht gedrängter Bäume, vereinzelter Dörfer hier und da und mehr nicht. Wenn die Gruppe in einem Dorf auf dem Weg hielt, um dort die Nacht zu verbringen, oder wenn sie ihr Lager an irgendeiner anderen sicher wirkenden Stelle auf den Wegen durch den Wald aufschlug, weil bei Einbruch der Dunkelheit kein Dorf in Sicht war, machte mein Mann das Feuer und kochte für die Männer aus Europa. Der andere Fremdenführer war aus der Gegend um Bezám und hatte ein gutes Gehör; der Mann hatte Englisch gelernt und den Europäern während der Reise als Dolmetscher gedient. Dieser Dolmetscher-Fremdenführer wies meinen Mann an, wie warm er das Wasser für die Männer zu machen, wie lange er das jeweils erspähte und erlegte Tier für die Männer zu grillen und wie er die getrockneten Früchte und süßen Sachen für die Männer anzurichten und zu servieren habe, die sie aus ihrem Land mitgebracht hatten. Der Dolmetscher-Fremdenführer erzählte meinem Mann, dass die Europäer und ihre Freunde, die in Städten im ganzen Land stationiert waren, überaus neugierige Menschen seien. Er sagte, die Europäer seien zu uns gekommen, um zu verstehen, was für Menschen wir seien, warum wir uns verhielten, wie wir uns verhielten, und wie sie uns helfen könnten, ein besseres Leben zu führen.

Den Großteil der Reise ließ mein Mann den Dolmetscher-Fremdenführer einfach reden; es machte die Stunden des Gerumpels und Gepolters hinten auf dem Wagen erträglich. Außerdem konnte der Mann nicht zum Schweigen gebracht werden; er war offenbar unfähig, die wunderbaren Veränderungen, die diese europäischen Männer unserem Land beschert hatten, für sich zu behalten. Ihm zufolge hätten die Europäer das Licht der Aufklärung mitgebracht. Auch wenn er vieles an seinen Herren nicht mochte – zum Beispiel, dass sie mit ihm sprachen, als wäre er ein Hund –, so war er doch begeistert davon, dass sie ihm die Chance boten, sich von anderen Gleichaltrigen abzuheben. Seine Augen glänzten, wenn er davon erzählte, wie er in der geschenkten Kleidung seiner Herren durchs Dorf spazierte, seine Freunde ihm neidische Blicke zuwarfen, wo er so kurz davorstand, selbst zu einem Europäer zu werden. Auch wenn er während der Reisen die Kochkünste seiner Frau vermisste, genoss er es, die Reste seiner Herren zu essen und den Alkohol zu trinken, den sie nicht allein geleert bekamen, auch wenn er ihm nicht annähernd so gut schmeckte wie Palmwein. Hoffentlich würde die Mission seiner Herren erfolgreich enden, sagte er. Wenn alles nach ihren Plänen verlief, würden schon bald alle Menschen in jedem Dorf Englisch sprechen und feine Kleidung tragen und Bücher lesen und süße Sachen essen und Autos besitzen, und vielleicht, fügte er sehnsüchtig hinzu, würde auch bald eins seiner Kinder ein Auto besitzen, und dann würde er vorne sitzen, nicht mehr hinten.

Mein Mann wusste später nicht mehr, wie viele Tage es bis zur Küste gedauert hatte; nach Tag zwei hatte er aufgehört zu zählen, fest entschlossen, lieber nicht wissen zu wollen, wie weit weg von der einzigen ihm vertrauten Welt er eigentlich sei. Als er schließlich in dem Küstendorf ankam, von dem die Europäer ablegen würden, war alles dort wie in dem Dorf seiner Geburt, bis auf eine Sache: den Geruch der Luft. Der sei unverwechselbar, ein Geruch, den er mir nicht beschreiben könne, sagte er, weil er nicht süß im eigentlichen Sinn sei, nicht so himmlisch wie der Geruch von Schmorhuhn, man ihn aber schmecken und hinunterschlucken könne. Es sei eine ganze neue Art von Vergnügen für seine Zunge gewesen, diese Luft, die das Meer in seine Richtung geschickt habe. Er habe sie eingeatmet, sich an ihr berauscht, immer und immer wieder.

Sobald er seinen Herren dabei geholfen hatte, sich in der Hütte des Dorfoberhaupts einzurichten, rannte er zum Strand. Der Horizont fiel ihm als Erstes auf, seine zarte Wölbung und Weite. »Wie kann ich dir das beschreiben?«, sagte er. »Was kann ich sagen, damit du das Ausmaß begreifst?« Bei diesem Anblick erkannte er mit einem Mal, wie winzig er gegenüber den unendlichen Wundern des Lebens war. Er erkannte, dass er alles war und nichts. Mit offen stehendem Mund und schlaff herunterhängenden Armen setzte er sich in den Sand. Stundenlang blieb er dort am Strand, während die Dorfkinder vor ihm im Wasser tobten und sich gegenseitig mit Wasser bespritzten. Als die Fischer mit ihrem Fang zurückkehrten, saß er noch immer da. Ein paar der Fischer sahen ihn im Sand sitzen, mit offen stehendem Mund, und lachten. Sie hatten Menschen wie ihn schon oft gesehen, Menschen aus dem Hinterland, die noch nie dieses endlose Blau erblickt hatten. An jenem Abend sah er, wie am Horizont die Sonne thronte. Er schaute ihr zu, wie sie sich vor der Erde verneigte. Als er seine Wange berührte, war da Wasser; es war das einzige Mal, dass er als Erwachsener weinte.

Zwei Wochen lang schlief er an diesem Strand, während der andere Fremdenführer in das Bett einer unverheirateten Frau schlüpfte, mit der er eine Vereinbarung hatte (die Herren legten am dritten Tag ab; das Boot, das sie mitnahm, setzte neue Herren ab, vier Europäer, die vorhatten, eine Weile in dem Küstendorf zu bleiben). Ein paar der Männer aus dem Dorf boten meinem Mann einen Platz in ihren Hütten an, aber er dankte ihnen und lehnte ab. Schon bald würde er für den Rest seines Lebens dahin zurückkehren, in einer Hütte zu schlafen, aber wenn er erst mal abgereist wäre, würde er nie wieder an einem Strand schlafen. An den Abenden machte er Strandspaziergänge und kaufte sich frisch gefangenen Fisch in einer Marinade aus Salz, Pfeffer, Ingwer und Knoblauch, belegt mit roten Zwiebeln und frittierten Kochbananen und pfeffriger Sauce als Beilage. Nach Einbruch der Dunkelheit, wenn die Dorfbewohner an den Vollmondabenden zum Strand kamen, um dort zu singen und zu tanzen, half er den Männern, die Trommeln zu schlagen. Zum ersten Mal in über zwanzig Jahren seines Lebens war er glücklich. Doch er wusste, dass er nicht in diesem Dorf bleiben konnte: Ein Mann gehört zu seinem Volk, in die Mitte derer, die dieselben Vorfahren haben wie er, nicht zu Fremden, ganz gleich, wie schön ihr Land auch ist.

Ich erinnere mich, wie einmal, als ich noch klein war, zwei Europäer mit ihrem Dolmetscher nach Kosawa kamen. Sie kamen, um uns von ihrem Geist zu erzählen. Ihr Geist werde uns aus der Finsternis führen, in der wir lebten, ohne es zu wissen, sagten sie. Wir würden das Licht erblicken.

Die Männer waren von Mücken zerstochen und schwitzten, obwohl es kühl war, keine Sonne in Sicht. Einer von ihnen hätte vom Alter her auch ein Großvater sein können, und doch stand er da mitten unter uns und sagte, er könne nicht sterben, solange er uns nicht die Wahrheit erzählt habe. Später fanden wir heraus, dass dieser Mann seit seiner Jugend durch Dörfer gereist war, überzeugt, dass er eines Tages fruchtbare Herzen kennenlernen werde, in denen die Samen seiner Worte keimen und reifen würden. Er hoffte, die daraus erwachsenden Früchte würden in unserem Teil der Welt weit reisen und alle Geister sich voller Ergebenheit vor seinem Geist verneigen.

Wir versammelten uns auf dem Dorfplatz, um ihnen zuzuhören, nicht weil es uns groß gekümmert hätte, sondern weil unser Woja damals glaubte, alle europäischen Männer besäßen Waffen. Warum den Tod riskieren, wenn wir ihnen nur eine Stunde lang zuhören müssten? Ihr Dolmetscher, ein junger Mann aus dem dritten der fünf Schwesterdörfer, eröffnete das Treffen mit einem Lied. Klatschend sang er mit zum Himmel gerichtetem Blick von jemandem, der vor langer Zeit übers Wasser gelaufen war, ein Mann mit zwölf Freunden, die ihm überallhin folgten. Das Lied ergab überhaupt keinen Sinn. Als das Lied zu Ende war, überbrachten uns die europäischen Männer die Botschaft, dass wir nach dem Tod ein viel besseres Leben leben würden, wenn wir unserem großen Geist den Rücken kehren und uns für ihren Geist entscheiden würden. »Eure Vorfahren warten nicht in der nächsten Welt auf euch«, sagten sie. »Eure Vorfahren brennen in einem Feuer – wollt ihr ihnen dort Gesellschaft leisten?« Sie sagten uns nicht, warum uns ihr Geist in ein Feuer stürzen würde, obwohl wir ihm so gar nichts getan hatten. Während wir ihnen zuhörten, fragten wir uns, warum ihr Geist so verbittert und irrational war. Wenn wir die Augen schließen und ein paar Worte zum Gebet sprechen würden, sagten die Männer, würde ihr Geist auch unser Geist werden. Nach dem Tod würden wir dann, statt unseren Vorfahren im Feuer Gesellschaft zu leisten und mit ihnen in ewiger Nacht in den Flammen zu brennen, unser Leben an einem Ort verbringen, an dem es keine Nacht gebe, nur einen einzigen prächtigen Morgen, einem Ort, an dem die Straßen gerade und glänzend seien, und die Gärten voll mit den schönsten Blumen. Dort hätten sich alle lieb, und ein Chor in glänzend weißen Roben würde ununterbrochen singen.

Was haben mein Vater und die anderen Männer von Kosawa nach diesem Treffen gelacht. Es war nicht das erste Mal, dass sie sich solches Gerede anhören mussten, aber es erheiterte sie immer wieder. Noch heftiger lachten sie, wenn uns mal wieder die Nachricht erreichte, dass sich irgendjemand Bekanntes aus einem anderen Dorf für den Geist der europäischen Männer entschieden hatte, weil ihm die Vorstellung von einem Leben im Feuer nicht behagte: kein Wasser zu trinken, alle in Tränen aufgelöst, keine Möglichkeit für irgendwen, mal zu schlafen. Ein Verwandter, der verzweifelt versuchte, diesen europäischen Flammen zu entgehen, hatte das Nabelschnurknäuel seiner Familie ins Feuer geworfen, im Glauben, dass die Macht des Knäuels falsch sei, überzeugt, dass die einzig wahre Macht in der Welt bei den Europäern und ihrem Geist liege. Auch wenn es wenige gab wie ihn, zeigte mir das schon damals die Launenhaftigkeit des menschlichen Herzens.

Ich erinnere mich, wie mein Vater und sein Bruder sich nach einem langen Lachanfall die Augen trocken wischten. Es blieb ihnen ein Rätsel, wie ein Mensch, dessen Kopf ein einigermaßen großes Gehirn beherbergte, solchen Unsinn wie den vom ewigen Feuer glauben konnte. Aber sie hätten nicht gelacht, wenn sie sich ins Gedächtnis gerufen hätten, dass seit Generationen eine andere Art von Feuer unsere Lebensweise verschlang.

Kosawa wurde verschont, als die ersten Männer die Küste erreichten und nach Menschen suchten, um sie zu fangen und zu verkaufen, aber wir hätten wissen müssen, dass wir nicht auf ewig von dem Unheil verschont bleiben würden, das aus der Ferne kam. Die Häscher kamen mehrere Generationen vor meiner Geburt. Meine Großmutter erzählte mir davon. Man hatte ihr die Geschichte überliefert, wie einst Männer und Frauen aus entlegenen Dörfern blutüberströmt und weinend in Kosawa auftauchten und berichteten, dass man ohne Unterschied Junge und Alte in Ketten geworfen habe. Die Kranken hatte man ihrem einsamen Tod überlassen und die Babys auf den Boden geworfen, um die Mütter mit noch warmer, aus der Brust laufender Milch fortzuschleppen. Diejenigen, die entkommen konnten, waren tagelang gerannt, ehe sie zufällig nach Kosawa gerieten, ihre Kleidung zu Fetzen zerrissen. Viele weitere schafften es in eines unserer Geschwisterdörfer. Noch immer unter Schock warnten sie unsere Vorfahren, sie müssten sich auf das Schlimmste gefasst machen. Kosawa oder eines der Geschwisterdörfer sei sicher als Nächstes dran.

Unsere Vorfahren gaben den Entflohenen zu essen und erlaubten ihnen, sich bei uns niederzulassen; ihre Nachfahren leben bis heute in unserer Mitte, auch wenn ihr Blut längst durch unseres verdünnt worden ist. Laut meiner Großmutter schärften unsere Vorfahren ihre Speere und schlugen Flugschneisen in den Wald. Sie sagten ihren Kindern, was sie zu tun hätten, wenn es so weit sei. Doch die Häscher kamen nie. Die Angst aber, dass sie irgendwann kommen könnten, blieb in den acht Dörfern zurück. Jedes Mal, wenn neue Gruppen Entflohener mit Geschichten von leer gehaschten Dörfern eintrafen, stellten unsere Vorfahren noch mehr Speere und Macheten her, obwohl ihnen die Entflohenen sagten, dass ihnen solche Waffen nichts nützen würden, da die Häscher ein Ding hätten, das Feuer spucke und einen Menschen mit nur einem Klick töte. Auch als keine weiteren Entflohenen mehr eintrafen, zogen die Männer selten allein zum Jagen in den Wald. Mütter ermahnten ihre Kinder, liebe Jungen und Mädchen zu sein, sonst würden die Häscher sie holen. Nur wenige schliefen nachts ruhig durch. Viele Jahre lang war Kosawa in Unruhe gehüllt.

Heute höre ich, wie Kinder im Spiel ihre Späße darüber machen; sie sagen, Tue dies, oder, Lass das, sonst holen dich die Häscher. Ihre Freunde lachen, und ich weiß, dass sie das nur tun, weil wir verschont geblieben sind. In meiner Mädchenzeit sangen die jungen Frauen sogar ein Lied über eine Jungfrau, die keinen Ehemann fand und betete, der große Geist möge ihr einen Häscher schicken, einen Mann, der sie aus der Hütte ihres Vaters weghaschen und sie, nach einem Blick in ihr Gesicht, zu seiner Frau machen und von den Ketten ihres unverheirateten Daseins befreien würde. Die jungen Frauen kicherten, wenn sie dieses Lied sangen. Mir gefiel seine Melodie, aber jetzt, auf meine alten Tage, frage ich mich, was für ein Lied sie wohl gesungen hätten, wenn man uns geraubt oder vertrieben hätte und niemand mehr übrig wäre, um unsere Geschichten zu erzählen? Diejenigen, die man fortgebracht hat, wo leben deren Nachfahren heute? Was wissen diese Nachfahren über die Dörfer ihrer Ahnen? Welche Qualen leiden sie, weil sie nichts über die Männer und Frauen wissen, die vor ihnen kamen, jene, die ihnen ihren Mut geschenkt haben?

Einmal fragte ich meinen Mann, warum Kosawa und die sieben Dörfer wohl verschont geblieben seien. Habe der große Geist eine besondere Zuneigung für uns? Erzählt hatte man uns, dass die mächtigsten Medien, die je existiert hätten, damals unter unseren Vorfahren gewandelt seien und dass diese Medien frisch geborene Ferkel als Brandopfer dargebracht hätten und es diesen Opfern zu verdanken sei, dass der große Geist verhindert habe, dass die Häscher unsere Dörfer finden konnten. Wären die Häscher an Kosawa vorbeigekommen, hätten sie weder seine Hütten gesehen noch seine Bewohner, sie hätten nur Bäume gesehen und Sträucher. Mein Mann seufzte, als ich ihn das fragte, und sagte nichts, doch ich ließ nicht davon ab. Mit einem weiteren Seufzen fragte er mich, warum man jene, die man geraubt hätte, dafür bestraft habe, dass sie keine mächtigen Medien in ihrer Mitte gehabt hätten. Warum habe der große Geist ihnen trotz des fehlenden Opfers keine Gnade gewährt? Außerdem habe man uns nicht verschont, sagte er, sondern nur zurückgestellt, um auf die Ankunft einer anderen Art von Terror zu warten. Was stimmte. Heutzutage reden die Jungen über das Öl, als wäre es die erste Katastrophe, die uns heimsucht. Sie vergessen, dass den Eltern unserer Eltern lange vor dem Öl im Namen von Kautschuk großes Leid widerfahren ist.

Die jungen Männer, die zur Arbeit auf den Kautschukplantagen gingen, verließen Kosawa oder die anderen sieben Dörfer nicht mit Ketten um den Hals, aber es hätten genauso gut welche sein können. Es waren Hunderte an der Zahl, darunter meine Verwandten, alle mitgenommen per Gesetz. Anders als die Häscher von der Küste, die in der Dunkelheit gekommen waren, trafen diese Europäer und ihre Dolmetscher bei Tageslicht ein. Mit vorgehaltener Waffe erklärten sie, dass jedes Dorf Männer für die Arbeit auf den Kautschukplantagen zur Verfügung stellen müsse. Das neue Land, das sie gerade bauten, benötige jede verfügbare Arbeitskraft. Die Europäer suchten sich so viele gesunde Männer aus, wie sie brauchten. Wer Widerstand leistete, wurde erschossen. Den Familien versicherten sie, dass die Männer, die sie mitnahmen, zurückkehren würden, sobald sie ihre Lieferquote an Kautschuk erfüllt hätten.

Erst später erfuhren unsere Leute, dass man ihre Söhne und Ehemänner auf den Plantagen geschlagen und ausgehungert und zur Arbeit bis weit nach Sonnenuntergang gezwungen hatte. Wenn ein Mann floh, ohne seine Quote Kautschuk abzuliefern, holten die Dolmetscher seine Familie. Kinder wurden aus ihren Hütten gezerrt und auf dem Dorfplatz verprügelt, weil ihre Väter von den Kautschukplantagen geflohen waren. Ehefrauen wurden vergewaltigt. Mütter mit Fäusten geschlagen. Niemand blieb verschont. Europa brauchte Kautschuk, und es oblag unseren Vorfahren, den Bedarf zu decken. Für Kautschuk wurde eine ganze Generation unserer jungen Männer ausgelöscht. Wie viele Männer aus Kosawa starben auf diesen Plantagen? Während ihres Fehlens schnappten sich die Europäer kleine Jungen, die sie auspeitschten, weil sie den Kautschuk nicht schnell genug auffingen. Durch all das hindurch blieb Kosawa jedoch bestehen. Nicht jedes Dorf, dem die Kautschukmänner ihren Besuch abstatteten, überlebte, um seine Geschichte zu erzählen; wir hörten von vielen, die man gänzlich ausradiert hatte.

Als ich geboren wurde, zeichnete sich ab, dass der Frieden in unsere Gegend zurückkehren würde, wenn auch nie wieder so wie früher. Die Geschichten über die Häscher klangen wie Legenden, und in Europa hatte sich die Gier nach Kautschuk so weit gelegt, dass das Blut unserer Völker nicht mehr dafür vergossen werden musste. Doch unsere Mütter und Väter behielten die Angst, in Europa könnte die Nachfrage nach etwas anderem erwachsen und man könnte ihnen ihre Kinder wegnehmen. Als wir ins Erwachsenenalter kamen, sahen wir allerdings keine Anzeichen dafür, dass uns neues Leid bevorstand. Die Europäer waren schon so lange da, dass unsere Angst vor ihnen nachgelassen hatte, auch wenn wir nie vergaßen, dass sie nicht als Freunde zu uns gekommen waren, sondern um uns zu zwingen, all das zu tun, was sie von uns verlangten. Sie machten uns nicht deshalb mit Geld bekannt, weil es für uns wichtig gewesen wäre, sondern weil wir ihretwegen lernen sollten, wie es funktionierte. Sie zwängten den Willensschwachen und Dummen nicht deshalb ihren Geist auf und bauten nicht deshalb eine Kirche in Lokunja, weil wir sie gebraucht hätten, sondern weil sie uns glauben machen wollten, unser großer Geist wäre böse, unsere Lebensweise unmoralisch. Wenn sie uns zu einem Teil ihrer Welt machen sollten, hätten wir die Prinzipien, nach denen sie lebten, gefälligst in unser Leben zu integrieren.

Kurz nachdem Bongo geboren wurde, erfuhren wir, dass die europäischen Herren beschlossen hatten, nach Europa zurückzugehen. Was war das für ein Freudentag. Wir würden keine Herren mehr haben. Unsere Kinder würden keine Herren mehr haben. Sie würden ihr Leben damit verbringen, aufrecht auf ihrem eigenen Land zu wandeln. Zu sehen, wie meine Kinder in einer Welt aufwuchsen, die sich anscheinend mit größter Eile von der Welt entfernen wollte, in der ich aufgewachsen war, und zu hören, wie aus der Dorfschule die von allen nachgesprochenen Wörter einer fremden Sprache drangen, hatte mir Angst gemacht, unsere Bräuche könnten binnen einer Generation verschwinden, ein seichter Fluss, bedroht von einer gnadenlosen Dürre. Jetzt brauchte ich keine Angst mehr zu haben. Die Bräuche unserer Vorfahren würden für die Nachwelt weiterleben. Obwohl es zu spät war, um wieder so zu leben, wie unsere Vorfahren nach den Gesetzen des großen Geistes gelebt hatten, und obwohl die scheidenden europäischen Herren vor ihrem Abzug nichts taten, um das rückgängig zu machen, was sie über Generationen bei uns angerichtet hatten, würden sie zumindest nicht länger die Reste unseres Erbes untergraben.

Über Woja Beki ließen uns die Herren ausrichten, Lokunja bleibe der Regierungssitz unseres Bezirks. Die Leute, die dort regieren würden, angefangen beim kleinsten Glied bis hinauf zum Bezirksleiter, würden aus der Gegend kommen; wir würden uns mit ihnen verstehen. Zum Regierungssitz unseres Landes, beschlossen die Herren, werde Bézam. Die europäischen Herren glaubten, dass das Volk in Bézam von allen Völkern unseres jungen Landes das intelligenteste sei. Ich fragte mich immer, wie sie zu diesem Schluss gekommen waren. Wir wussten wenig über das Volk in Bézam, außer dass es in der Richtung lebt, in der die Sonne aufgeht. Wir fanden nicht, wir wären ihnen mehr verbunden als anderen Völkern in anderen Teilen der Welt, doch die Entscheidung lag nicht bei uns. Wir hatten auch kein Mitspracherecht bei der Auswahl des Mannes aus Bézam, den die Kolonialherren zum Präsidenten unseres neuen Landes ernannten. Als dieser Präsident starb – wir hörten, die Europäer hätten seinen Tod veranlasst, nachdem er sich als ungehorsamer Diener herausgestellt hatte –, hatten wir kein Mitspracherecht bei der Auswahl des neuen Präsidenten. Derjenige, der uns immer noch regiert, Jahrzehnte später; der Mann, den wir Seine Exzellenz nennen.

Eines Nachts – Seine Exzellenz regierte seit einem Jahrzehnt – drehte ich mich im Bett zu meinem Mann und fragte ihn, wen er schlimmer finde: die europäischen Herren oder Seine Exzellenz. Die Irren, die dieses Schmierentheater von Nation erschaffen hätten, oder den Diener, der dafür zu sorgen habe, es um jeden Preis zusammenzuhalten. Mein Mann zuckte mit den Schultern und sagte, er könne sich nicht entscheiden. Vielleicht seien die Herren besser gewesen, sagte ich. Er antwortete nicht. Er drehte sich um und schlief ein.

In jedem Büro und jedem Klassenzimmer im ganzen Bezirk hängt ein Bild von Seiner Exzellenz an der Wand: eine rechts sitzende Leopardenfellmütze auf dem Kopf, ein senkrecht auf dem Philtrum stehender Schnurrbart, wie um den Schnodder aufzufangen, ehe er nach unten tropft. Wir haben gehört, er sei Soldat gewesen und aufgrund der Leichtigkeit, mit der er andere abgeschlachtet habe, zum Minister ernannt worden. Wir haben gehört, dass er für den Tod unseres ersten Präsidenten verantwortlich sei, dass er den Mann durch Gift am Fuß getötet habe. Er sei bereit gewesen, Präsident zu werden, und habe nicht länger warten können. Der Geschichte nach, die zu uns durchdrang, hätten sich die europäischen Herren an Seine Exzellenz gewandt, nachdem sie sich mit unserem ersten Präsidenten überworfen hatten, in der Hoffnung, einen Plan auszuhecken, wie man den gemeinsamen Feind innerhalb eines Jahres aus dem Amt drängen könne. Seine Exzellenz habe die Herren angewiesen, die Sache ihm zu überlassen; er brauchte nur einen Tag, um den Auftrag zu erledigen. Manche sagen, er habe das Medium im Dorf seiner Ahnen aufgesucht und seine Männlichkeit gegen Macht eingetauscht, um so für den Rest seiner Tage über uns zu herrschen. Einmal im Jahr geht er augenscheinlich nach Europa, damit man dort sein Blut ablässt und durch das Blut eines jüngeren Mannes ersetzt. Bei uns im Land werden alle eines Tages tot und fort sein, nur er wird noch immer da sein. Wir haben gehört, dass er nicht im selben Bett schläft wie seine Frau, dass seine Kinder nicht vom selben Blut sind wie er. Er esse kein Fleisch, heißt es, weil er eine Bestie sei und es nicht ertrage, das Fleisch seiner Brüder zu essen. Wir wissen wenig über seine Frau, außer dass sie ihre Haare hasst. Sie wachsen dicht auf ihrem Kopf wie Tausendfüßer, genau wie bei uns, aber diese Frau findet ihre Haare so furchtbar, dass sie sie abrasiert und ihr Mann Leute aus Europa bezahlt, damit sie ihr neue Haare machen, und zwar lange gelbe, wie die Frauen in Übersee sie haben, aber auf dem Kopf in die Höhe und in die Breite gebauscht, weshalb wir uns fragen, warum eine Frau mit einem reichen Ehemann es für eine gute Idee hält, mit einem Busch auf dem Kopf herumzulaufen. Es heißt, Seiner Exzellenz gefalle es so.

Wir haben sein Gesicht nie leibhaftig gesehen; unser Dorf liegt abgeschieden, viel zu weit weg für ihn, als dass Seine Exzellenz dafür seinen Palast verlassen würde. Wir hören nur Geschichten, die von Bézam zu uns reisen, aber vor ihrem Eintreffen zahlreiche Dörfer durchqueren. Ich kann nicht schwören, dass diese Geschichten wahr sind. Bezeugen kann ich jedoch, dass an dem Tag, als Seine Exzellenz in Bézam an die Spitze stieg, dieses Land zu seinem Eigentum wurde. Er erntet darin, was ihm gefällt, und zerstört, was ihm nicht gefällt. Mit unserem Schweiß und Blut, bezahlt in Form von Steuern, hat er sich in Europa Häuser gebaut, die größer sind, als wir es uns vorstellen können. Er hat europäische Männer beauftragt, Bilder von ihm zu malen, gekleidet wie einer ihrer Könige. Er hat Boote gekauft, auf denen er mit Amerikanern speist. Es heißt, allein seine Schuhe kosten mehr, als hundert Männer im Jahr verdienen.

Immer wenn ich einen seiner Soldaten in Lokunja herumspazieren sah, bereit zu schießen, wurde ich an seine eiserne Hand erinnert, die uns würgte. Durch die Macht, die Seine Exzellenz ihnen verliehen hatte, brauchten die Soldaten keine Erlaubnis von irgendwem, um Strafen zu vollstrecken. Gesetze existierten, damit wir sie befolgten, nicht damit wir sie hinterfragten. Ich habe Verwandte in den Geschwisterdörfern, die Ländereien hergeben mussten, damit Büros gebaut und Straßen, die unseren Bezirk mit dem Rest des Landes verbanden, verbreitert werden konnten. Einem meiner Cousins nahmen sie die Hütte weg und ließen ihn mit nichts zurück. Die Soldaten sagten, wenn die Regierung das Land von jemandem haben wolle, habe sie ein Recht auf das Land. Mein Cousin ging zum Bezirksbüro und weinte, aber man sagte ihm nur, dass nichts unternommen werden könne: die Anordnungen kämen aus Bézam, von Seiner Exzellenz höchstpersönlich.

Dann kam Pexton.

Sie rückten nicht mit Waffen an. Nein, die Männer, die anrückten, lächelten uns zu. Es war fast, als würde zum ersten Mal etwas Gutes aus Bézam kommen. Die Männer erzählten uns von ein paar Leuten, die in Übersee Öl verkauften und sich Pexton nannten. Sie sagten, diese Ölmänner stünden nicht unter dem Befehl Seiner Exzellenz, sondern seien nur den Menschen verpflichtet, die ihr Öl kauften. Als wir »Übersee« hörten, waren viele von uns unsicher, was sie denken sollten – was hatte uns Übersee je Gutes gebracht? –, aber die Männer aus Bézam versicherten uns, dass die Herren und die Leute von Pexton aus verschiedenen Teilen von Übersee stammten. Sie sagten, Pexton käme nicht aus Europa, es käme aus Amerika; sie sagten, Pexton habe keine Verbindung zu unseren einstigen Herren. Wenn wir es genau wissen wollten, fügten sie hinzu, seien die Menschen aus Amerika viel besser als die Europäer. Leute aus Amerika würden sich um ihre eigenen Angelegenheiten kümmern und nur Gutes tun. Schon bald würden wir die Chance erhalten, das selbst zu erleben.

Für uns sei nur wichtig zu wissen, fuhren sie fort, dass für den Fall, dass man Öl unter unserem Land fände, Pexton die Führung über den Großteil des Tals übernehmen würde. Pexton brauche eine Menge Land, um seine Arbeit zu verrichten. Wir würden Pexton nicht das Land abtreten müssen, auf dem unsere Hütten stünden, aber Pexton müsse mit Geräten über den großen Fluss und quer über unseren Acker; die Geräte würden uns nicht stören. Wir verstanden nicht, wie Öl unter unser Land gelangte, aber war das wichtig? Wir mussten uns nur zurücklehnen, Pexton seine Arbeit machen und uns unseren Anteil auszahlen lassen.

Ich erinnere mich, wie jemand die Vertreter bei dem Treffen fragte, wie lange es dauern würde, bis Pexton alles Öl rausgeholt habe, das es brauche, und das Tal wieder verlassen würde. Die Vertreter tauschten Blicke und stammelten, dass es nicht lange dauern würde, überhaupt nicht lange. Natürlich würde es nicht lange dauern, dachten wir – wie viel Öl konnte schon unter der Erde sein? Wir dachten, Pexton würde ein paar Monate, allerhöchstens ein paar Jahre in unserer Mitte verbringen. In der Zeit würden sie mehr Öl rausholen, als sie bräuchten. Dann wären sie wieder weg. Als wir fragten, ob wir mit dieser Vorstellung richtiglägen, sagten die Männer uns nicht, dass wir falschlagen. Genauso wenig erzählten sie uns, dass Pexton sein gesamtes Nutzwasser und seinen gesamten Giftmüll in den großen Fluss leiten würde. Sie erzählten uns nicht, dass durch die Erde Gift von ihrem Standort zu uns gelangen und das Leben unserer Kindeskinder verkürzen könne. Warum sollten wir uns nicht freuen, wo doch die Wahrheit so kunstvoll zurückgehalten wurde? Es war so schön einfach, der Aufrichtigkeit in ihrem Blick zu glauben. Wir begannen von einem prächtigen Leben zu träumen. Alle taten das, außer meinem Mann.

Er glaubte nichts von alledem.

Er sagte, es sei ihm unbegreiflich, wie wir alle diese Märchen glauben könnten, nach dem, was Generationen von Menschen aus Übersee uns angetan hätten, nach dem, was Menschen in Bézam uns antäten. Ich versuchte, ihm in Erinnerung zu rufen, dass die Männer gesagt hätten, dass die Menschen, die wegen des Öls kämen, nicht zu den Leuten Seiner Exzellenz gehören würden und dass sie nicht mit unseren einstigen Herren in Verbindung stünden, aber er schob meine Hand weg, als ich versuchte, seine Hand zu fassen. Er sagte, er habe nicht gewusst, dass er eine Närrin zur Frau genommen habe. Fast wäre ich wütend geworden, doch ich sagte mir, dass er nun mal so sei – er könne sich nicht über gute Neuigkeiten freuen, er habe immer etwas auszusetzen.

An dem Tag, an dem Woja Beki alle Männer Kosawas versammelt hatte und jeder zugestimmt hatte, dass Pexton und sein Vorhaben nichts anderes als ein Geschenk des großen Geistes sei, die Erhörung eines Gebets, das wir gar nicht gesprochen hatten, ging mein Mann abends zu Woja Beki. Mein Mann sagte zu ihm, dass er gänzlich anderer Meinung sei als der Rest des Dorfes; er sagte, er glaube nicht, dass Menschen von Übersee ihre Profite mit uns teilen würden. Warum würden sie es jetzt tun, wo sie es doch nie getan hatten? Woja Beki sollte Pexton übermitteln, dass wir sie nicht auf unserem Land haben wollten, aber Woja Beki lachte ihn aus. Du musst lernen, ab und zu mal glücklich zu sein, sagte Woja Beki. Es müsse doch mühsam sein, immer den Griesgram zu geben. Warum so unnachgiebig mürrisch, wo doch alle über unser Glück jubeln würden?

Woja Beki sagte meinem Mann nicht, weil auch er es damals nicht wusste, dass Seine Exzellenz Pexton das Land schon überlassen hatte, ehe diese Männer bei uns anrückten; wir hatten gar kein Mitspracherecht. Wir erfuhren erst Jahre später davon, von einem Aufseher in Gardens, der im Gespräch mit Woja Beki aus Versehen die Wahrheit ausplauderte. Wir fanden heraus, dass die Männer mit dem Märchen vom Wohlstand uns nur deshalb einen Besuch abgestattet hatten, weil Pexton es aus Anstandsgründen so gewollt habe und weil ein Mann in der Regierung, ein Mann, der mit unseren Bräuchen vertraut war, es vorgeschlagen hatte. Dieser Regierungsmann hatte den Pexton-Leuten nahegelegt, alles in ihrer Macht stehende zu tun, damit wir uns über ihre Ankunft freuen würden. In unserer Freude würden wir den großen Geist anrufen und ihn bitten, Pexton zu segnen und Pexton gedeihen zu lassen, damit auch wir durch sie erblühen würden. Es könne nicht schaden, wenn Pexton den Segen unserer Ahnen bekäme, wenn sie auf unserem Land bohren würden, hatte der Mann gesagt. Die Leute aus Amerika haben wahrscheinlich gelacht, als der Mann unsere Ahnen erwähnte: Was können tote Männer und Frauen schon für uns tun?, werden sie gesagt haben, andererseits, was würde es sie groß kosten, ein paar Männer mit ein paar Lügen zu uns zu schicken? Sobald wir das Gebet für Pexton erst mal gesprochen hätten, fuhr der Mann fort, könnten wir es nicht mehr zurücknehmen, denn ein einmal gesprochenes Gebet würde für alle Ewigkeit gelten, und selbst wenn wir unsere Meinung über Pexton ändern würden, werde das Gebet weiter erhört und Pexton würde auf unserem Land bleiben, gesegnet von unserem Geist.

Und genau so kam es. In unserer Freude über die Neuigkeiten übergossen wir unsere Vorfahren mit dargebrachten Trankopfern. Den künftigen Reichtum betrachteten wir als Wiedergutmachung für all die Jahrhunderte der Schmerzen und der Verwüstung, auf denen wir unser Leben aufgebaut hatten. Wir beteten, Pexton möge sich für immer in die Lüfte erheben.

Jahre später versuchte ich meinem Mann zu sagen, dass er damals mit allem recht gehabt habe, dass wenigstens ich ihm das Gefühl hätte geben müssen, nicht verrückt zu sein, nur weil er anderer Meinung war als alle anderen. Er wollte es nicht hören. Er war noch immer wütend, weil keiner wahrhaben wollte, was für ihn auf der Hand lag: Dass Woja Beki Kosawa verraten würde. Wie nur hatte er das damals erkannt? Was unterschied den jungen Woja so sehr von Woja Bewa – seinem Vater und Vorgänger –, dem mein Mann vertraut hatte? Lag es daran, dass Woja Beki mit seiner aufgesetzten Freundlichkeit schon im Kindesalter unangenehm aufgefallen war? Mein Mann weigerte sich, an den Feierlichkeiten zu Woja Bekis Hochzeit mit seiner zweiten Frau teilzunehmen, überzeugt, dass unser Dorfoberhaupt längst dabei war, unser Blut gegen Ölgeld einzutauschen. Wie erkannte er schon damals, dass wir für unsere vorsätzliche Blindheit eines Tages mit allem bezahlen würden, was uns lieb und teuer ist?

Was würde er heute sagen, wenn ich ihm erzählen würde, welch hohen Preis ich bezahlt habe?

Würdest du mich trotzdem lieben, mein geliebter Mann, wenn ich dir erzählen würde, dass unsere Söhne beide tot sind, gestorben auch deshalb, weil wir deine Worte missachtet haben? Würdest du dich von mir abwenden oder meine Tränen trocknen? Was würdest du tun, wenn ich dir erzählen würde, dass es kein Grab für unsere Söhne gibt, weil sie getötet und dann weggeworfen wurden, um wie Abfall zu verrotten, dein eigenes Fleisch und Blut?

Ich muss es dir nicht erzählen, du weißt es schon, unsere Kinder sind bei dir.

Sie haben dir inzwischen erzählt, was ihnen in Bézam passiert ist.

Du weißt besser als ich, was man ihnen angetan hat in dieser Stadt der Unmenschen. Dinge, die heraufzubeschwören ich mit aller Macht unterdrücke. Schreckliche Dinge, die ich mir in den Nächten, in denen ich sie im Arm hielt und in den Schlaf wiegte, niemals hätte vorstellen können, so wundervoll wie sie waren, die vollkommensten Geschöpfe überhaupt.

Ihr seid dort zusammen. Ich bin hier allein. Der schlimmste Fluch, der auf einer Frau lasten kann, ist mir widerfahren. Weinst du um mich? Wünschst du mir, dass der Tod gnädig ist und sich beeilt?

Ich sehne mich danach, endlich wieder bei meinem Mann und meinen Söhnen zu sein, aber Sahel will nicht, dass ich gehe, und ich will sie noch nicht verlassen. Hoffentlich kann ich bei ihr bleiben, bis jemand kommt und sie aus dieser Hütte holt. Gut möglich, dass bald jemand kommt. Ein Mann aus Bézam, der sie mitnehmen will. Ich habe ihr gesagt, sie solle gehen. Ich habe sie angefleht. Sie hat geweint und gesagt, sie würde es nicht übers Herz bringen, mich je zu verlassen, je hinter sich zu lassen, was sie mit Malabo gehabt habe. Doch sie muss; dieses Dorf stirbt. Ich will, dass sie sich meinen Enkel schnappt und mit ihm nach Bézam geht; die einzige Person, die noch den Nangi-Namen trägt, von hier wegbringt und sicherstellt, dass die Blutlinie meines Mannes nicht verschwindet.

Den Tag vor Thulas Abreise nach Amerika verbrachten Thula, Sahel, Juba und ich in meinem Zimmer, wo wir den ganzen Tag Verwandte und Freunde zu Gast hatten, die sich nicht sicher waren, ob sie im Dorf wären, um Thula ein letztes Mal zu umarmen, ehe sie in den Bus steigen würde. Zwischen den Besuchen saßen wir schweigend da und versuchten, nicht darüber nachzudenken, was der nächste Tag bedeutete. Am Abend trug Sahel den Esstisch aus dem Wohnzimmer zu mir ins Zimmer, und wir aßen alle aus denselben Schüsseln. Juba schlief in der Nacht bei mir im Bett, und Sahel und Thula schliefen neben uns auf einer Matte. Als der Bus am nächsten Tag eintraf, kam Thula zu mir und kniete sich neben mein Bett, ehe sie sich mit Sahel und Juba auf den Weg zum Flughafen machte. Sie sagte: »Yaya, wenn ich zurückkomme, dann tue ich alles, damit Kosawa auch ganz sicher wieder so wird, wie es in deiner Kindheit war.«

Mein armes, liebes Kind.

Ich wollte ihr sagen, nein, bitte, sorge dich nicht um Kosawa, wir müssen Kosawa loslassen. Aber ich sah in ihren Augen, dass sie Kosawa nicht gehen lassen würde. Ihre Entschlossenheit zeichnet sie aus; noch nie habe ich miterlebt, dass ihre Entschlossenheit Risse bekommen hätte. Schon als Baby, ganz gleich, wie hungrig sie war, schob sie alles so lange weg, bis sie genau das Essen bekam, das sie wollte. Später als kleines Mädchen verschränkte sie die Arme, wenn sie ein Kleid nicht anziehen wollte, sodass ihre Mutter es ihr nicht anziehen konnte. Viele Eltern hätten diese Willenskraft aus ihr herausgeprügelt, aber Malabo war anderer Ansicht; er sagte, Kinder müssten so sein dürfen, wie der große Geist sie erschaffen habe. Darum blieb mir am Tag der Abreise nur, ihr die Hände auf den Kopf zu legen. Ich betete zum großen Geist, er möge sie segnen und beschützen, auf ihren Wegen über sie wachen, jetzt und für alle Zeit.

Jeder sagte, Thula sei das Ebenbild meines Mannes, sein Gesicht auf einem Mädchenkopf. Die Augen meines Mannes strahlten, wenn er das hörte. Die Welt sollte nie vergessen, dass sie seine Tochter war. Ich erinnere mich noch an den Tag ihrer Geburt, den Augenblick, als ich sie aus dem Zimmer trug und Malabo übergab, der sie seinem Vater in die Arme legte. Hat je ein Mensch einen anderen mit noch mehr Staunen angesehen? Wann immer mein Mann sie im Arm hielt, selbst dann, wenn sie weinte, wurde sein Stolz offenbar.

Ich erinnere mich, wie ich eines Nachts wach wurde und nach draußen zur Toilette ging. Thula war damals nur etwas über vier Monate alt. Sie fing an zu weinen, als ich die Toilette erreichte, aber ich eilte nicht zurück, obwohl sie weiterschrie. Ich dachte, Sahel habe sie sicher hochgenommen und würde ihr die volle Windel wechseln. Als ich jedoch in unser Zimmer kam, hatte mein Mann sie auf dem Arm. Ganz leise sang er ihr vor. Er hatte mitbekommen, dass Sahel und Malabo nicht in ihrem Zimmer waren – sie waren ein verheiratetes Paar; wir hatten kein Recht, sie zu fragen, warum sie so gern die Hütte verließen, um in tiefster Nacht wer weiß wo hinzugehen –, darum war er zu ihnen ins Zimmer gegangen und hatte Thula hochgenommen. Ich setzte mich neben ihn aufs Bett, und er sang weiter, bis Thula sich allmählich beruhigte. Schon bald wurden ihre Lider schwer, und sie schlief wieder ein. Mein Mann wischte ihr die Tränen weg. Dann stand er auf und brachte sie zurück in ihr Schlafkörbchen am Fußende von Malabos und Sahels Bett. Es war nicht nötig, aber er blieb bei ihr stehen und wachte fast eine Stunde lang über sie, bis Sahel und Malabo nach Hause kamen.

Als mein Mann starb, war Thula inzwischen ein Mädchen und kein Baby mehr, dem man vorsingen und an dessen Körbchen man Wache halten musste, und doch kehrte der Geist meines Mannes an vielen Abenden zurück, um bei ihr am Bett zu sitzen. Nach dem Tod seines Vaters hatte Malabo ein kleines Bett zu mir ins Zimmer gestellt, sodass Thula gelegentlich die Nacht bei mir verbringen konnte. Jedes Mal, wenn Thula bei mir schlief, kehrte mein Mann zurück. Er trug dann immer ein gelbes Hemd, und seine Haut war so weich, als sei sie nie gegen die Elemente angetreten. Fort war der zornige Blick, der ihn die meiste Zeit in unserer Welt begleitet hatte; die Gelassenheit, die er ausstrahlte, hatte ich noch nie an ihm erlebt. Vor dem ersten Hahnenschrei verließ er uns, und ich wartete den Tag über sehnsüchtig, dass Sahel mich fragen würde, ob Thula wieder bei mir im Zimmer schlafen könne. Manchmal fragte Sahel mich, und ich stimmte zu, aber Thula verweigerte sich, weil sie im Zimmer ihrer Eltern bleiben wollte. Ich bedrängte sie nie. Ich wollte, dass mein Mann nur dann zu Besuch kam, wenn das Leben es selbst einfädelte, nicht wenn ich es manipulierte, um die Sehnsucht nach dem Anblick meines Geliebten zu stillen. Sahel war damals schwanger mit Juba, und ich wusste, dass mein Mann nach der Geburt des Babys nicht mehr kommen würde, da der Geist des Neuankömmlings und der Geist des eben Verstorbenen sich nicht am selben Ort aufhalten können, wo sie doch aus Ländern an den entgegengesetzten Enden der Zeit zu uns kamen. Je größer Sahels Bauch wurde, desto schlechter schlief ich, wenn der Geist meines Mannes uns besuchte, denn ich wollte nicht die Augen schließen und irgendetwas verpassen. Ich bekam nicht genug von der Freude auf seinem Gesicht, während er Thula betrachtete, oder von der Ruhe, die ihn umgab und mir bewies, dass er endlich frei war.

Als ich Juba am Tag seiner Geburt im Arm hielt, weinte ich. Alle glaubten, es seien Tränen der Dankbarkeit – ein Mann gestorben, ein anderer geboren, um ihn zu ersetzen –, aber nur ich kannte den wahren Grund für meine Tränen.

In den ersten Jahren unserer Ehe fragten mich die Leute oft, warum ich ihn geheiratet hätte. Wie könnte ich mit einem unglücklichen Menschen glücklich werden? Sei es nicht anstrengend, mich immerzu abzurackern, um ihn glücklich zu machen? Sei es nicht belastend, immer für uns beide fröhlich zu sein?

Meine Antwort war immer dieselbe: Ich sah Dinge in ihm, die sonst keiner sah.

Für sie war er verflucht – Vater vor der Geburt gestorben, Mutter bei der Geburt gestorben, freudloser Geist –, aber für mich war er dieser Vogel, der allein auf einem anderen Ast saß und ein anderes Lied sang. Wie konnte man einen solchen Vogel denn nicht schön finden? Ich erinnere mich noch an die erste Zeit unserer Ehe, als es in der Hütte nur uns beide gab. Er sagte nur das, was gesagt werden musste, zog den Klang der Stille vor. Stundenlang saßen wir auf der Veranda, ohne auch nur ein Wort miteinander zu sprechen, und es fühlte sich an, als hätten wir die zauberhaftesten Gespräche. Nur durch ihn wurde mir bewusst, wie viel Lärm es in dieser Welt gibt und wie herrlich es ist, nicht Teil dieses Lärms zu sein. In jener Zeit zeigte sich seine Wut nur verhalten; erst als er Vater wurde, ging sie mit ihm durch. Irgendetwas daran, plötzlich Kinder zu haben und sie beschützen zu wollen, kleine Wesen, für die er alles in seiner Macht stehende tun musste, damit ihnen kein Leid widerfuhr, irgendetwas daran, sie glücklich machen zu wollen, obwohl er sich selbst nicht glücklich machen konnte, irgendetwas an alldem in einer Welt, die für ihn ununterbrochen in Dunkelheit gehüllt war, war einfach mehr, als er tragen konnte, und das ging einfach nicht.

Malabo hasste es, wenn sein Vater das von mir gekochte Essen auf den Boden warf, weil er nicht in der Stimmung für dieses oder jenes Gericht war, es zu scharf fand oder nicht scharf genug, was auch immer ihn an diesem Tag eben störte. Malabo bestand darauf, dass nicht ich, sondern er das Essen aufheben würde; es war seine Art, Wiedergutmachung für seinen Vater zu leisten. Wenn Malabo sich nach einem solchen Vorfall zu mir setzte, fragte er mich jedes Mal, warum ich zulassen würde, dass sein Vater mich so behandle? Hätte ich keine Angst, dass er irgendwann ausholen und mich schlagen würde? Niemals, sagte ich zu ihm; dein Vater kämpft nur gegen sich selbst, nicht gegen mich oder irgendwen sonst auf dieser Welt. Ich gab ihm immer zu verstehen, dass sein Vater mehr litt als wir alle zusammen. Viel mehr erzählte ich ihm nicht, denn ein Kind sollte nicht in die Feinheiten der elterlichen Beziehung eingeweiht werden. Ich erzählte ihm nicht, wie mein Mann mich oft, wenn wir im Bett lagen, fest an sich zog, meine Hand hielt und mich bat, ihm in die Augen zu schauen, während er mir für alles dankte, was ich je für ihn getan hätte, und für alles, was ich aus Liebe zu ihm und unseren Kindern jeden Tag auf mich nehmen würde. Ich erzählte Malabo nichts davon, wie sein Vater sich an Abenden, wenn er über mein Essen oder ein fehlendes Hemd oder über eine Freundin geschimpft hatte, die zu Besuch gekommen und zu lange geblieben war, bei mir entschuldigte und mich um Verzeihung bat. Wann würde er mich das nächste Mal verletzen? Und trotzdem liebte ich ihn. Und trotzdem bete ich, dass der große Geist mich holen und zu meinem Mann bringen möge.

Wie viele Menschen habe ich geliebt und begraben? Ich wage es nicht, sie zu zählen. Was findest du schlimmer, wenn man vor allen anderen stirbt oder nach allen anderen? Du hast es am besten gehabt, geliebter Mann, du bist nach deinen Eltern und vor deinen Kindern gegangen. Wie vielen Menschen wird dieses Glück wohl gewährt? Dennoch bin ich froh, dass ich es bin, die mit diesem Kummer leben muss – besser ich als du. Manchmal versuche ich mir vorzustellen, wie dein Leben aussähe, wenn unsere Söhne und ich gestorben wären und du hier alleine leben müsstest. Im Wissen darum würde ich in der nächsten Welt keine Ruhe finden. Finde du Ruhe für mich. Mich tröstet, dass Sahel mich braucht, dass sie mich anfleht, noch etwas zu bleiben.

Die Tage kommen und gehen, und ich weiß nicht mehr, wie lange noch, ehe der Regen wiederkehrt. Juba legt sich inzwischen nicht mehr zu mir ins Bett. Thula ist in Übersee. Sahel verlässt kaum noch die Hütte, aus Angst, dass ich während ihrer Abwesenheit sterbe. Ich will für sie leben, ich will sterben, um sie zu befreien. Wie kann der Tod derart grausam und dumm sein, dass er Kinder verschlingt und alte Menschen zwingt, um ihr Ende zu betteln? Wenn das Grab nach Fleisch hungert, warum dann nicht die nehmen, die sich anbieten, und jene verschonen, die den Kelch des Lebens austrinken wollen? Ist Fleisch denn nicht Fleisch?

Ich mache mir Sorgen um Sahel in ihrer Einsamkeit. Wir sind nun zwei Frauen ohne Ehemann, die in mondlosen Nächten Lieder der Trauer singen. Doch wenn ich mich abends zum Schlafen auf die Seite drehe, lässt mich der leere Platz neben mir nicht so verzweifeln wie sie. Wie kann es sein, dass sie in ihren besten Jahren niemanden hat, der sie wärmt? Hat Malabo sich auch um ihre Zukunft gesorgt, oder nur um die seiner Kinder? Nun muss sie die Nächte allein verbringen, ohne je wieder von einem Mann gehalten zu werden.

Aber warum?

Wer hat diese Regel festgelegt? Haben unsere Urväter unseren Urmüttern ein Mitspracherecht eingeräumt, als sie unsere

Traditionen entwickelten? Warum muss Sahel ein Schicksal voller Selbstlosigkeit und Aufopferung erleiden? Weil sie mich hat. Weil sie Juba hat. Weil sie die Erinnerungen an Malabo hat. Weil ihr nur ein Mann pro Leben erlaubt ist. Sie akzeptiert es. Sie sagt, sie muss. Aber ich muss nicht. Ich werde es nicht akzeptieren. Sollen doch andere Frauen tun, was die Tradition ihnen diktiert; ich lasse nicht zu, dass Sahel eine von ihnen wird.

Ich werde nicht aufhören, sie zu bitten, doch endlich nach Bézam zu ziehen. Thula ist weit weg. Ich werde sterben. Was hält sie hier? Ihre Freundin Cocody ist in das zweite der fünf Schwesterdörfer gezogen; Cocodys Bruder hat sie und ihre Kinder zu sich geholt, nachdem ihr jüngstes Kind so krank geworden war, dass es beinah gestorben wäre. Bevor sie fortzog, kam Cocody weinend zu uns, um sich zu verabschieden. Sie wollte fort, aber sie wollte auch nicht fort. Sahel weinte erst, als Cocody gegangen war. Nach dem Tod ihrer Männer waren sie alles füreinander gewesen: hatten einander Essen gebracht, hatten auf die Kinder der jeweils anderen aufgepasst, hatten sich gegenseitig die Tränen weggewischt. Aber Sahel hat hier noch andere Freundinnen. Gestern Abend kam Lulu vorbei und brachte uns zum Lachen mit der Geschichte, wie ihr Sohn aus der Schule in Lokunja nach Hause gekommen sei und erzählt habe, laut seinem Lehrer seien unsere Vorfahren alle Affen gewesen. Welche Verrücktheiten über uns stehen noch in diesen Büchern aus Übersee?

Sahel hat auch ihren Cousin Tunis. Er kommt oft vorbei, um Feuerholz zu hacken und ihr beim Ausgraben von Löchern für den Anbau von Yams und Kochbananen auf ihrem kleinen Acker hinterm Haus zu helfen (sie will nicht auf ihren Acker im Wald, weil sie mich dann alleine lassen müsste). Außerdem hat sie ihre Tanten und ihre jüngeren Cousinen, aber ihre Schwestern – die bekommen wir nie zu Gesicht. Seit ihre zweitälteste Schwester mit dem Ehemann ihrer ältesten Schwester im Bett erwischt wurde, kennt ihre Familie weder Harmonie noch die Freude von Zusammengehörigkeit. Sahel war noch ein kleines Mädchen, als das alles passierte, aber das ersparte ihr nicht, mit hineingezogen zu werden, da sie bei ihrer Mutter lebte. Ihre Mutter hatte sich geweigert, für eins der sich bekriegenden Kinder Partei zu ergreifen, und kurz darauf hörten sie – aus einem Wust an Gründen, den keiner außer ihnen mehr zu entwirren weiß – alle auf, miteinander zu sprechen.

Als Sahels Mutter starb, war mein Mann noch am Leben. Während sie dasaß und schluchzte, sagte er zu ihr, dass sie keine Angst zu haben brauche, seine Familie würde immer ihre Familie sein, es würde ihr nie an Menschen fehlen, denen sie sich absolut zugehörig fühlen könne. Aber ihre Mutter war die stärkste Verbindung zu ihrem Herkunftsdorf, und das wusste Sahel, mit dem Tod ihrer Mutter würde es das Leben, das sie einst gehabt hatte, nur noch in Form von Erinnerungsfetzen geben. Wenn sie sich fragen sollte, ob irgendetwas tatsächlich passiert sei, wäre da niemand, um ihre Fragen zu beantworten, niemand zum Darüberreden, wie es früher einmal war. Unterdessen sieht sie ihre Schwestern nur noch, wenn sie zu einem Fest in einem der anderen Dörfer geht. Keine der Schwestern ist gekommen, nach dem, was Malabo und Bongo zugestoßen ist. Sie hat erfahren, dass sich zwei der Schwestern wieder versöhnt haben, aber weder diese beiden noch die anderen kommen je zu Besuch, ganz gleich, ob zum Trauern oder Jubeln. Wen wird sie noch haben, wenn ihre Tanten irgendwann sterben und ihre Cousinen sich in ihrem eigenen Leben eingerichtet haben?

Nie hätte ich für möglich gehalten, dass sich die Situation in Kosawa in den letzten Tagen meines Lebens noch verschlimmern würde, aber das hat sie. Im vergangenen Jahr sind die Soldaten öfter im Dorf gewesen, als ich zählen kann. Sie ziehen von Hütte zu Hütte und stellen Fragen, suchen diejenigen, die für die Zerstörung des Pexton-Eigentums verantwortlich sind.

Wenn sie zu uns kommen, lässt Sahel sie immer unter meinem Bett nachsehen, dass da auch niemand versteckt ist. Sie glauben nicht, dass es in unserer Hütte niemanden gibt, der in der Lage wäre, durch die Nacht zu schleichen, um Feuer zu legen und Leben zu zerstören.

Als es das erste Mal passierte, hörten wir gleich am Morgen, dass ein Gebäude in Gardens bis auf die Grundmauern niedergebrannt sei. Wir waren nicht traurig über die Nachricht, aber es wäre uns nie in den Sinn gekommen, dass es zwischen dem Feuer und Kosawa irgendeine Verbindung geben könnte. Wochen später explodierte eine Pipeline über dem großen Fluss. Ich hörte, wie Leute hinrannten, um es sich mit eigenen Augen anzusehen. Sonni ging nach Gardens und bettelte den Vorgesetzten an, er möge Männer schicken, um die Pipeline zu reparieren, ehe die Ufer übertreten würden. Die Arbeiter machten die Pipeline dicht, aber nicht unseretwegen. Später erfuhren wir, dass sie einen neuen Aufseher hatten, der nicht einen Tropfen von Pextons Öl vergeudet sehen wollte.

Ein paar Tage nach diesem Vorfall kam ein Vorgesetzter zu uns ins Dorf, um mit Sonni zu sprechen. Mein Bruder Manga besuchte mich, nachdem sich der Vorgesetzte mit seinem Sohn getroffen hatte. Manga sagte, der Vorgesetzte glaube, dass unsere Kinder hinter dem jüngst erlebten Feuer und der Explosion stünden. Ich schüttelte den Kopf. Nein, sagte ich zu meinem Bruder. Nicht die Kinder von Kosawa – sie sind nicht diese Art von Kinder. Wenige Tage nach diesem Abend besuchte mich eine Freundin. Sie hatte ihre letzten beiden Zähne verloren, seit ich sie das letzte Mal gesehen hatte, aber sie konnte auch jetzt noch Hunderte von Wörtern an meine Zähne richten. Sie erzählte mir, im Dorf verbreite sich das Gerücht, dass Sonnis Frau gesehen hätte, wie ihr Sohn spätabends die Hütte verlassen habe, und dass es am nächsten Morgen ein weiteres Feuer in Gardens gegeben habe. Jemand aus Gardens berichtete, er hätte Sonnis Sohn dort gesehen, obwohl der Junge es abstritt und sagte, er sei die ganze

Nacht im Bett gewesen. So entstand der Verdacht, dass diese Kinder, im selben Jahr geboren wie Thula, für die Brände und Beschädigungen in Gardens verantwortlich seien.

Der amerikanische Aufseher ließ Sonni ausrichten, dass er ihn zu einem Gespräch erwarte.

Sonni ging mit den zwei Männern nach Gardens, die uns die ganze Zeit helfen, unsere Freunde aus Bézam, der Liebe und der Süße. Sie gingen zum Haus des Aufsehers, das weit weg steht von den Häusern der Arbeiter und der Vorgesetzten.

Manga erzählte mir, dass Sonni gesagt habe, das Haus des Aufsehers sei innen so kalt gewesen wie Brunnenwasser in der Regenzeit. Überall habe weißer Teppich gelegen, und es habe mehr Stühle gegeben, als irgendein Haus gebrauchen könne. Drei Männer vom Bezirksbüro seien da gewesen. Als alle im Wohnzimmer Platz genommen hätten, habe man Sonni einen einzigen Auftrag gegeben: dafür zu sorgen, dass die Vandalen aus seinem Dorf aufhörten mit dem, was sie da täten, andernfalls würde Kosawa es sehr bereuen. Aber hörten die jungen Männer auf Sonni, als er ihnen diese Nachricht überbrachte? Nein. Sie bestanden darauf, dass sie nicht wüssten, wovon Sonni spreche, dass sie nie irgendwas Schlimmes in Gardens angestellt hätten, dass Pexton Feinde in der ganzen Welt habe, es jeder gewesen sein könne.

Niemand glaubte diesen Kindern; ihre Absichten waren an der Asche erkennbar. Zwei von ihnen hatten erst kürzlich geheiratet; ihre Frauen gingen zu ihren neuen Vätern und weinten und flehten sie an, ihre Söhne davon abzubringen, mitten in der Nacht das Bett zu verlassen, um Ärger zu suchen. Was konnten die Väter tun? Ihre Söhne waren erwachsene Männer, die selbst über ihr Leben bestimmten. Wie mein Mann immer sagte, können die Füße eines Mannes nicht auf seinem Kopf stehen, aber diese Kinder erinnerten die Ältesten daran, dass das zwar so sein mochte, die Füße aber hingehen konnten, wohin sie wollten, und dem Kopf nichts anderes übrig blieb, als mitzugehen.

Pexton hat vor Kurzem bewaffnete Wachmänner eingestellt, aber anscheinend wirkt das eher wie eine Art Anreiz für diese Kinder. Heute ist es ein Pipelinebruch. Morgen ist es ein Brand. Vor zwei Monaten lauerten sie einem Arbeiter auf, der im Dunkeln am großen Fluss langging, und schlugen ihn zusammen; ein Vorgesetzter kam, um mit Sonni zu sprechen, denn der Arbeiter war so zermalmt, dass man ihn zur Behandlung nach Bézam bringen musste. Der Arbeiter hatte die Gesichter nicht gesehen: seine Angreifer hatten Masken getragen. Als man sie befragte, schworen die jungen Männer, sie seien in ihren Hütten gewesen.

Sonni hat ein Treffen nach dem anderen abgehalten und gefleht, die Zerstörung möge ein Ende haben. Manchmal gehen diese jungen Männer nicht einmal zu den Dorftreffen; Sonnis Bitten bedeuten ihnen nichts. Ihre Mütter haben sie inständig gebeten aufzuhören; sie haben gedroht, sie würden nackt durchs Dorf laufen, sodass jeder die Söhne an den Pranger stellen würde, die sich nicht um die Würde ihrer Mütter scherten. Einige Väter haben gesagt, sie würden das Nabelschnurknäuel zum Einsatz bringen. Bisher hat keiner der Eltern seine Drohung wahr gemacht. Leiden wir alle nicht schon genug unter dem uns auferlegten Fluch?

Bei einem der Dorftreffen bettelten der Liebe und der Süße die jungen Männer an, ihrer Wut anderweitig Ausdruck zu verleihen; sie ermutigten sie, einen Brief an die Regierung zu schreiben, der Regierung zu sagen, wie sehr sie um ihre Zukunft fürchten würden.

Die jungen Männer lachten ihnen ins Gesicht; es interessiert sie nicht, was irgendjemand sagt, der ihre Leidenschaft nicht teilt. Sie sagen, Sonni sei ein alter Mann, und weder der Liebe noch der

Süße seien einer von uns. Sie glauben, Kosawa gehöre ihnen, sei ihr Erbe. Sie sagen, sie hätten die Pflicht, auf jede erdenkliche Art für einen Neuanfang Kosawas zu kämpfen. Aber wohin haben all die Brände und Beschädigungen sie gebracht? Hat Pexton zusammengepackt und ist gegangen? Werden sie das je tun?

Als letzten Monat in Gardens ein Kind verschwand, wurde alles noch schlimmer. Die Soldaten trafen vor Tagesanbruch ein. Sie gingen von Hütte zu Hütte und zerrten jeden Jungen über zehn heraus, brüllten ihn an, auf der Veranda sitzen zu bleiben und sich keinen Millimeter zu bewegen. Mütter und Ehefrauen baten weinend um Gnade, sagten, ihre Männer seien unschuldig. Ehe ich Juba zurufen konnte, er solle wegrennen, hämmerten die Soldaten an die Tür. Sahel öffnete. Sie schoben sie zur Seite und zogen Juba raus, der schrie. Von meinem Bett aus, die Hände ausgestreckt, rief ich: »Juba, Juba, bitte tun Sie ihm nicht weh, er ist doch noch ein Kind, er ist ein guter Junge.« Aber hat mir irgendjemand zugehört?

Auf dem Dorfplatz, erzählte mir Sahel später, befahlen die Soldaten allen Jungen und Männern, niederzuknien und die Hände zu heben. Die Soldaten richteten die Gewehre auf ihre Hinterköpfe und fragten nach dem Verbleib des verschwundenen Kindes. Niemand sagte ein Wort. Sie fragten noch einmal. Keine Antwort. Wenn die Jungen und Männer nicht sofort den Mund aufmachen würden, sagten die Soldaten, würden sie anfangen zu schießen. Sonni, den man gezwungen hatte, zusammen mit allen anderen niederzuknien, ergriff endlich das Wort. Mit zitternder Stimme sagte er den Soldaten, dass niemand in Kosawa irgendetwas über dieses Kind wisse, dass er die Wahrheit sage. Er schwöre beim Grab seiner Mutter. Ein Soldat ging auf ihn zu und hielt ihm das Gewehr an die Schläfe. Sonni schloss die Augen, die Hände noch immer in der Luft. Seine Lippen bebten, während er zu verhindern versuchte, dass das gesamte Dorf ihn weinen sah. Er schwor den Soldaten, dass er sofort nach Lokunja käme, wenn er irgendwelche Informationen über den Verbleib des Kindes erhalten sollte. Die Soldaten befahlen ihm, erneut zu schwören, beim Grab jedes einzelnen Vorfahren. Auch sein Vater, mein Bruder, kniete trotz seines Alters neben seinem Sohn auf dem Boden. Die Soldaten hielten ihn für stark genug, ein Verbrechen zu begehen, obwohl er zum Gehen einen Stock benutzte. Sonni schwor dreimal, jedes Mal ein wenig lauter. Sein eigner Sohn kniete nicht zu weit von ihm entfernt – der Sohn, der zu den jungen Männern gehörte, die dieses neue Leid über Kosawa brachten.

Die Soldaten, die Gewehre noch immer erhoben, ermahnten jeden auf dem Platz, sich in Acht zu nehmen. Sie sagten, wenn nötig, würden sie jedes lebende Wesen im Dorf niederschießen, auch Kleinkinder und Tiere, und keiner könne sie dafür belangen.

Sie bestiegen ihre Laster und fuhren davon.

Sonni richtete sich unter Mühen wieder auf. Er zitterte.

»Warum?«, schrie er mit Blick auf die jungen Männer neben sich, die Arme vor Frust in die Luft gerissen. »Warum tut ihr eurem eigenen Volk so etwas an? Haben wir nicht genug gelitten? Wir stehen so kurz davor, all dem ein Ende zu setzen und den Frieden zu erlangen, auf den wir so lange gewartet haben. Warum unsere Chancen zerstören, wenn wir gute Leute haben, die in Amerika für uns kämpfen?«

»Was haben ihre Bemühungen bisher gebracht?«, schrie einer der jungen Männer.

»Sollen uns die Soldaten doch töten, wenn sie wollen«, fügte ein anderer junger Mann hinzu. »Hast du Angst vorm Tod? Wenn wir in unserem Alter keine Angst vorm Tod haben, warum dann du in deinem?«

»Aber warum den Tod herausfordern, wenn es noch eine Chance auf Leben gibt?«, schrie Sonni.

Niemand hörte ihm zu. Stimmen voller Zorn, auch die seines

Sohnes, übertönten ihn, schrien ihn an, dass der Liebe und der Süße nur sinnloses Zeug reden würden, dass sie schwächliche Schwätzer seien. Wartet, wartet, Geduld, Geduld sei alles, was sie je gesagt hätten. Wie lange solle Kosawa noch warten?

An diesem Morgen war klar, dass die Aktionen der jungen Männer in Kosawa vielen Genugtuung verschafften, auch wenn nur wenige von ihnen nachts das Bett verlassen hätten, um Brände zu legen oder Eigentum zu beschädigen. Wut, die sich gegen die jungen Männer hätte richten sollen, entlud sich an Sonni, dessen Entscheidungen die jungen Männer dazu getrieben hätten, die Sache selbst in die Hand zu nehmen.

Als Sahel mir erzählte, wie sich alles abgespielt hatte, wünschte ich, Manga hätte sich schützend vor seinen Sohn gestellt, anstatt während dieses gesamten Angriffs den Kopf gesenkt zu lassen, aber Sahel berichtete mir, Sonni sei nicht ohne Fürsprecher gewesen – Männer aus der Generation seines Vaters und ein paar aus seiner eigenen hätten ihre Söhne ebenso scharf zurechtgewiesen, ihnen gesagt, sie seien Dummköpfe, wenn sie glaubten, Kosawa könne Pexton im Alleingang besiegen, dass sie wohl vergessen hätten, was an der Stelle, wo sie jetzt stehen würden, an diesem einen Tag vor einem Jahrzehnt passiert sei.

Letzte Woche kamen Sonni und der Liebe zu Besuch, um mit Sahel zu sprechen.

Sie nahmen in meinem Zimmer Platz, auf der Bank gegenüber von meinem Bett. Anfangs versuchten wir, alle schweren Themen zu meiden, aber zurzeit ist kaum ein Thema in Kosawa leichte Kost. Während einer Pause wollte der Liebe von Sonni wissen, ob man das Kind schon wiedergefunden habe, das in Gardens verschwunden sei. Sonni schüttelte den Kopf. Der Liebe stellte keine weiteren Fragen. Wir schwiegen wieder, bis Sahel sich zu uns setzte.

Der Liebe räusperte sich.

Er sagte, er wolle Sahel etwas erzählen, aber er müsse es vor Sonni sagen, damit Sonni bezeugen könne, dass er Sahel die ganze Wahrheit erzählt habe. Was er mit ihr besprechen wolle und weswegen er extra aus Bézam gekommen sei, sei sehr wichtig: Bongos Freund Austin, der junge Zeitungsmann aus Amerika, habe ihm wegen Thula einen Brief geschrieben.

Ich erinnere mich noch an den jungen Mann aus Amerika mit seinem schönen Gesicht. Er war gut zu Bongo, er war gut zu uns allen. Der Liebe sagte, der junge Mann wolle uns wissen lassen, dass er Thula sehr gernhabe. Ich warf Sahel einen Blick zu. Beide unterdrücken wir ein Lachen. Das bestätigte uns, worüber wir nach dem letzten Brief von Thula gesprochen hatten. Darin hatte Thula diesen jungen Mann mehrfach erwähnt, erzählt, wie sie sich durch ihn in Amerika zu Hause fühle. Wir wollten nicht, dass Thula einen Mann aus dem Ausland heiratete, aber wenn dieser Mann sie nicht heiratete, wer dann? Wir wussten, ihre Ehe mit ihm wäre voller Missverständnisse, wenn man die unterschiedlichen Traditionen bedenkt, die sie geprägt haben, aber wir würden ihm dennoch dafür danken, dass er Thula vor dem Leben bewahrte, von dem wir immer befürchtet hatten, dass sie es führen würde. Thula mit einem Ehemann. Was für eine Vorstellung.

Aber der Liebe war nicht da, um uns zu sagen, dass Thula heiraten würde.

Nachdem er sich geräuspert hatte, erzählte er uns, dass der junge Mann ihm geschrieben habe, weil er sich Sorgen um Thula mache. Sie würde nicht vernünftig essen, sie würde nicht ausreichend schlafen, sie verbringe zu viel Zeit mit der Organisation von Protesten gegen die Regierung und gegen Konzerne und nicht genug Zeit damit, über ihr eigenes Wohlbefinden nachzudenken.

Der junge Mann habe geschrieben, Thula sei kürzlich mit ein paar Freunden in eine andere Gegend des Landes gereist, um Teil einer Menschenkette zu sein, die Handlanger der Regierung davon abhalten sollte, Arme aus ihren Häuser zu schmeißen und sich ihr Land zu nehmen; die Armen und ihre Unterstützer seien der Meinung, dass die Regierung den Armen viel zu wenig Geld für das Land anbiete. An manchen Tagen, sagte er, gehe Thula nicht zu ihren Seminaren, sondern verbringe stattdessen viel Zeit auf einem der großen Plätze in der Stadt, wo sie Worte der Empörung skandiere. Der junge Mann habe geschrieben, er bewundere Thula für das, was sie tue, es sei nichts Falsches daran, einiges davon habe er in Thulas Alter auch getan; im Grunde habe er selbst Thula mit den Organisatoren von einigen der Proteste bekannt gemacht. Das Problem sei nur, dass Thula kein Gespür für die richtige Balance habe. Sie habe offenbar vergessen, dass sie nach Amerika gekommen sei, um die Universität zu besuchen, und nicht, um sich in Sachen einzumischen, die ihr Wohlergehen beeinträchtigen könnten. In manchen Nächten hätten Thula und ihre Freunde die ganze Nacht in der Kälte protestiert. Einmal sei sie krank geworden; als sie wieder gesund gewesen sei, habe sie ihre Aktivitäten sofort fortgesetzt, um ihre Wut darüber zu zeigen, dass eine kleine Gruppe von Menschen im Land unendlich viel Geld besäße, während Millionen von Familien kaum genug zu essen hätten, was sie einfach nicht richtig fände. Einmal, so der Zeitungsmann, habe Thula wegen ihrer Aktivitäten eine Nacht im Gefängnis verbracht; er sei dann zum Gefängnis gegangen und habe für ihre Freilassung bezahlt.

Als der Liebe zu Ende erzählt hatte, trockneten Sahel und ich uns die Tränen. Wir hätten lieber nicht gehört, was wir gehört hatten – dass Thula durch Amerika zog und den Tod herausforderte. War sie deshalb nach Amerika gegangen? Um dasselbe Schicksal zu erleiden wie ihr Vater und ihr Onkel? Kümmerte es sie denn gar nicht, was wir schon durchlitten hatten?

Der Liebe wollte Sahel dazu bringen, ihm einen Brief zu diktieren, in dem sie Thula inständig bat, aufzuhören mit dem, was sie da tue, und sie daran erinnerte, sich auf die Universität zu konzentrieren und sicher nach Hause zurückzukehren. Sahel müsse Thulas Herz berühren, wie nur eine Mutter es könne.

Und könne Sahel sie außerdem bitten, die Briefe an ihre Freunde einzustellen, in denen sie sie dazu ermutigte, das Eigentum von Pexton zu beschädigen und in Brand zu setzen?, fügte Sonni hinzu.

Noch bevor Sonni zu Ende gesprochen hatte, sprang Sahel von ihrem Hocker.

»Was redest du da?«, sagte sie.

Sonni wirkte verblüfft, als hätte er sie doch nur um einen einfachen Gefallen gebeten.

»Wie kannst du behaupten, dass Thula irgendwas damit zu tun hat?«, sagte Sahel.

»Sahel, jeder im Dorf weiß es«, antwortete Sonni.

»Halt den Mund.«

Wenn mir jemand gesagt hätte, dass Sahel solche Wut in sich tragen würde, ich hätte ihm nicht geglaubt, aber ich sah es an diesem Abend. Es war, als wäre sie schließlich bereit, der Welt ihren Schmerz entgegenzuschreien. Allein ihr Blick hätte gereicht, um Sonni von der Schädeldecke bis zur Lende aufzuschlitzen. Sie fuchtelte mit dem Finger, ballte die Hand zur Faust, schrie, brüllte Sonni an, zu verschwinden und nie wiederzukommen, wenn er ihre Tochter beschuldigen würde, anstatt zuzugeben, was für ein nutzloses Dorfoberhaupt er sei. Sonni sei zu dumm und zu blind, um zu sehen, was sein Sohn anrichte, zu schwach, um etwas dagegen zu unternehmen, und da sei es leichter für ihn, Thula die Schuld zu geben. Thula sei nicht das Problem. Sonni sei das Problem.

Sonni erhob sich und verließ schweigend die Hütte.

Der Liebe folgte ihm.

In dem Moment setzte sich Sahel und schluchzte.

Als ich sie so sah, wusste ich, ich könnte ihr niemals sagen, dass ich Sonnis Meinung war; dass ich wie alle anderen glaube, Thula habe die Hände im Spiel bei dieser neuen Serie von Schwierigkeiten. Das ganze Dorf weiß, dass Thula ihren Freunden über den Lieben manchmal Geld zukommen lässt. Auch uns schickt sie Geld, das wenige, das sie von ihrer Arbeit an der Uni spart, was in Amerika nicht viel ist, für uns aber reichlich. Sahel behält das Geld nie für sich allein. Es gibt zu viele Menschen in Kosawa, die es brauchen. Vielleicht ist das der Grund, weshalb in der Gegenwart ihrer Mutter nie jemand darüber spricht, welche Rolle Thula bei den Zerstörungen spielt. Aber Sahel weiß es bestimmt. Eine Mutter kennt ihr Kind, so rätselhaft es auch ist. Wenn Sahel sich weigert, das Getuschel zu glauben, dann nur, weil manche Wahrheiten einfach zu bitter sind.

Sonni hat mir seit diesem Tag keinen Besuch mehr abgestattet, aber Manga, der sich von einem Sturz erholt hatte, kam vor zwei Tagen vorbei, um nachzusehen, wie es mir ergeht. Er fragte nicht, ob es wahr sei, dass Sahel geschworen habe, nie wieder ein Wort mit Sonni zu sprechen. Wenn er gefragt hätte, hätte ich ihm gesagt, dass Sahels Wut nicht Sonni gelten würde, oder irgendeinem von uns. Ich hätte gesagt, dass Sahel deshalb wütend sei, weil eine Frau in ihrer Position nichts anderes empfinden könne als Wut. Weshalb ich sie an jenem Abend einmal mehr anflehte, doch nach Bézam zu ziehen.

Der Mann in Bézam ist kein junger Mann, aber er ist jünger als mein Mann, als er starb. Er ist der Onkel des Süßen, der so alt ist wie Sahel.

Es war der Süße, der zu Sahel sagte – und ich weiß nicht, wie sie darauf kamen –, dass sein Onkel eine neue Frau suchen würde. Der Süße sagte, sein Onkel sei nicht gern allein; seine Frau sei vor achtzehn Monaten gestorben. Der Mann und seine Frau hätten keine Kinder gehabt, seine Frau habe die Schwangerschaften nicht halten können, aber dieser Mann habe nie in Erwägung gezogen, sie durch eine fruchtbare Frau zu ersetzen. Nun sei sie gestorben, und der Mann lebe allein in seinem Steinhaus in Bézam, wo er einer Arbeit bei der Regierung nachgehe.

Der Süße sagte, sein Onkel sei ein guter Mann, und als sie über sein Alleinsein und seine Suche nach einer neuen Frau gesprochen hätten, habe der Süße sofort an Sahel gedacht, nicht an eine der jungen Frauen aus Bézam. Der Süße sagte in meinem Beisein, dass er gesehen habe, wie gut sich Sahel um mich kümmere, und dass er wisse, sie würde sich auch gut um seinen Onkel kümmern, und im Gegenzug würde sich sein Onkel gut um sie und um Juba kümmern.

Sahel sah wütend aus, als der Süße ihr den Vorschlag machte, als hätte sie etwas Besseres verdient. Die Art, wie der Süße es gesagt hatte, hatte auch mir nicht gefallen: Für mich klang das so, als wolle er Sahel nach Bézam locken, um dort ein paar gute Jahre mit einem alten Mann zu verbringen, auf die dann viele Jahre des Waschens und Fütterns und der Sterbebegleitung folgen würden. Aber dann dachte ich darüber nach, wie wunderbar diese wenigen guten Jahre womöglich für sie wären. Davon abgesehen, wer weiß schon, ob dieser Mann nicht noch ein Jahrzehnt der Vitalität in sich trägt? Die Hände meines Mannes waren stark bis zu dem Tag, an dem er einen Schmerz in der Brust verspürte und wenige Stunden später starb. Selbst wenn dieser Bézam-Mann binnen eines Jahres tot sein sollte, wird der Umzug nach Bézam Sahel und Juba vor dem beschützen, was Kosawa mit Sicherheit bevorsteht.

Gestern Abend rief ich Sahel zu mir ins Zimmer. Ich bat sie zum siebenundsiebzigsten Mal, sie möge den Antrag des Bézam-Mannes annehmen.

»Yaya, ich kann nicht«, sagte sie.

»Warum?«

»Du weißt, dass ich nicht kann …«

Ich sagte, sie solle es für mich tun, und für Juba, aber vor allem für sich. Sie seufzte. Ich konnte sehen, dass sie darüber nachgedacht hatte.

»Geh wenigstens für einen Abend mit dem Süßen nach Bézam und mach dir selbst ein Bild von dem Mann«, sagte ich. »Wenn er zu alt ist, schick ihn zu mir.«

Ich hatte sie zum Lachen bringen wollen, aber sie lachte nicht. »Wie kann mir der Süße so einen Vorschlag machen, wo er doch weiß, dass ich dich niemals verlassen könnte?«, sagte sie.

Ich sagte, den Süßen treffe keine Schuld. Männer, die sich für besonders schlau hielten, würden anderen manchmal Ideen unterbreiten, ohne alle Seiten zu bedenken, aber es habe keinen Sinn, sie darauf hinzuweisen. Außerdem spiele es keine Rolle, ob der Süße den Vorschlag mit mehr Feingefühl hätte unterbreiten sollen; es sei ein großartiger Vorschlag.

»Wenn ich gehe, nicht dass ich es will, aber wenn ich gehe, wird Malabo mir dann verzeihen?«

»Mach dir darüber keine Gedanken«, sagte ich. »Überlass das mir. Ich rede mit ihm, wenn ich ihn das nächste Mal sehe. In Todesjahren wird er älter sein als ich, aber ich bin immer noch seine Mutter.«

Sie kicherte. Es war das erste Mal, dass wir über den Tod lachten. Die Leichtigkeit würde nicht anhalten, das wusste ich; unsere Tränen waren noch zu nah.

»In meinem Schmerz«, sagte sie, »habe ich ihm versprochen, dass ich nie wieder eine Verbindung mit einem anderen Mann eingehen würde, wenn er nicht aus Bézam zurückkommt.«

»Als Malabo noch lebte, hat er dir gesagt, was du tun sollst und was nicht. Du hast ihm gehorcht, weil du ihn geliebt hast«, sagte ich. »Ich saß hier und habe zugesehen, wie du befolgt hast, was er sich gewünscht hat, und nie unglücklich dabei warst.«

»Ihn glücklich zu machen, hat mich glücklich gemacht.«

»Ja, aber jetzt ist er tot, und du richtest dich mit deinen Entscheidungen noch immer nach dem, was ihn in der nächsten Welt glücklich machen könnte. Ich bin alt und werde sterben, darum kann ich heute Dinge sagen, die ich niemals gesagt hätte in deinem Alter. Es ist mir egal, ob mich jemand als verrückt bezeichnet, darum frage ich dich, Sahel: Wann hört das auf, dass wir Frauen immer tun, was getan werden muss, damit es unseren Männern gut geht, den lebenden und den verstorbenen – wann hört das auf?«

Sie zuckte mit den Schultern, als wolle sie ausdrücken, dass meine Frage belanglos sei.

»Warum bestrafst du dich? Weil man es von dir erwartet?«

»Ach Yaya, hättest du noch einmal geheiratet, wenn Big Papa in jüngeren Jahren gestorben wäre?«

»Nein«, sagte ich. »Und ich hätte es bereut.«

Sie schwieg. Sie glaubte mir; warum sollte ich lügen, hier an der Schwelle zum Tod?

»Ich hasse Bézam, ich hasse die Regierungsleute, aber dieser Mann klingt wie ein guter Mann«, sagte sie. »Und ich glaube, für Juba wäre es schön, wieder einen Vater zu haben.«

»Tue es nicht für Juba. Tue es für dich.«

»Was ist mit dir? Ich gehe nicht ohne dich. Wirst du glücklich sein in Bézam?«

Da erzählte ich ihr von meinem Plan.

Dir wird nicht gefallen, wenn ich dir sage, wohin ich gehe, geliebter Mann, aber ich muss.

Du hast dieses Dorf vor langer Zeit verlassen und kamst an den Ort meiner Geburt und hast ihn zu deinem Zuhause gemacht. Wie oft hast du gesagt, dass mein Volk so viel mehr dein Volk sei, als dein eigenes es je gewesen ist. Warum hast du dein Dorf verlassen?, habe ich dich gefragt, als wir uns kennenlernten. Du hast gesagt, du hättest nie dazugehört. Das hat mich beschäftigt. Sich nicht dazugehörig zu fühlen, reicht das als Grund dafür, dass ein Mann so selten das Dorf seiner Vorfahren besuchte? War deine alles umfassende Traurigkeit der Grund dafür, dass du dich von deinen Verwandten losgesagt hast, oder war sie das Ergebnis? Ich verstand nicht, warum du so entschieden dagegen warst, dass deine Söhne etwas über deine Familie erfuhren, wo es doch keinen sichtbaren Streit gab, kein offensichtliches Zerwürfnis zwischen dir und deinen Geschwistern und ihren Kindern. Wiederholt fragte ich dich danach. Immer wieder sagtest du, es gebe da keine Geschichte zu erzählen.

Aber es gibt eine, mein lieber Mann. Es gibt eine Geschichte.

Warum hast du sie mir nicht erzählt?

Warum hast du entschieden, deinen Schmerz allein zu tragen, obwohl ich an deiner Seite war, um ihn mit dir zu teilen?

Wie konntest du mir verwehren, dich zu halten und für dich zu weinen?

Die Großnichte meines Mannes, eine Frau namens Malaika, erzählte mir die Geschichte; ihre Großmutter war diejenige, die meinen Mann nach dem Tod seiner Eltern großgezogen hatte.

Malaika besucht mich, seit Bongo nach Bézam gebracht wurde. Vor der Beerdigung meines Mannes waren wir uns noch nie begegnet. Damals kam sie mit seinen noch lebenden Geschwistern und mehreren Verwandten, mit denen mein Mann seit Jahrzehnten nicht gesprochen hatte. Als ich Malaika fragte, warum uns niemand aus der Familie je besucht habe, sagte sie, mein Mann hätte sehr deutlich gemacht, dass er nicht gewollt habe, dass irgendeiner von ihnen irgendwas mit seiner neuen Familie zu tun hätte. Ich sagte, ich verstünde und dass wir uns nun, wo mein Mann uns keine Vorschriften mehr machen würde, sehen könnten, wann immer wir wollten. Nach der Beerdigung kam sie nur ein einziges Mal, aber als sie von dem Massaker und von Bongos Verhaftung erfuhr, besuchte sie mich häufiger. Nachdem sie Bongo getötet hatten, kam sie und schlief mit anderen Verwandten aus den acht Dörfern auf dem Boden neben meinem Bett. Sie half, mich zu füttern und zu waschen; sie bereitete die Mixtur zu, die es mir erlaubte, ein paar Stunden zu schlafen und der quälenden Einsicht zu entfliehen, dass beide meine Kinder tot waren.

Vor nicht allzu langer Zeit kam sie abends zu Besuch. Aus irgendeinem Grund kamen wir auf ihre Großmutter zu sprechen, die Schwester meines Mannes. Malaika erzählte mir, ihre Großmutter habe sich vor ihrem Tod verzweifelt gewünscht, noch einmal mit meinem Mann zu sprechen und ihm zu sagen, wie leid es ihr tue.

»Was denn?«, sagte ich.

»Alles, was vorgefallen sei«, antwortete sie.

»Was alles?«

Da erzählte sie mir die Geschichte, die ihr die Schwester meines Mannes vor ihrem Tod erzählt hatte, eine Geschichte, die all die Jahre geheim geblieben war. Als die Schwester mit einem riesigen Geschwür im Bauch dahinsiechte, hat ein Medium gesagt, dass sie jemandem ihr dunkelstes Geheimnis anvertrauen müsse, damit der Tod kommen könne, darum hatte sie es ihrer Enkelin anvertraut, ehe sie kurz darauf starb. Sie verriet, was sich ereignet hatte, als mein Mann sieben Jahre alt war.

Eines Abends kamst du zu ihr und erzähltest ihr, was ein Onkel dir angetan hatte. Wie der Onkel dich gebeten habe, mit ihm zur Jagd zu gehen, und wie er, als ihr beide tief im Wald wart, unter einem Irokobaum, nur Fliegen und Vögel in Sicht, seinen Lendenschurz gelöst, die Beine gespreizt und gesagt habe, sein Gemächt würde jucken, könntest du ihn da bitte kratzen? Als du den Kopf schütteltest und wegsahst von seinem angeschwollenen Glied, sagte er, er könne nicht glauben, dass du ihm nicht helfen würdest, nach all den Früchten und Nüssen, die er dir geschenkt habe, zu keinem anderen Jungen aus dem Dorf sei er so großherzig gewesen, er dachte, ihr wärt Freunde, wie könntest du ihm da nicht helfen in seiner Not? Als du anfingst zu weinen, sagte er, wenn du sein Gemächt nicht in beide Hände neh-

men und es reiben würdest, würde er dich allein im Wald zurücklassen, damit die wilden Tiere sich an deinem Fleisch satt essen könnten. So bekam er dich dazu, Dinge mit ihm zu machen, die ein Junge niemals mit einem Mann machen sollte.

Du weintest bitterlich, als du deiner Schwester die Geschichte erzähltest.

Als du zu Ende gesprochen hattest, stellte sie dir keine Fragen. Sie sagte nur, du dürfest die Geschichte niemals jemandem erzählen. Als ihr Ehemann, der Mann, den du Vater nanntest, von einem Besuch bei Verwandten zurückkam, musstest du ihm die ganze Geschichte noch einmal erzählen. Auch er sagte dasselbe wie deine Schwester, dass die Geschichte niemals erzählt werden dürfe. Weder zu ihren Lebzeiten noch zu deinen. Der Onkel, der dich mit in den Wald genommen hatte, war eines der Oberhäupter deiner Familie. Er hatte zwei Ehefrauen und neun Kinder. Niemand würde deine Geschichte glauben. Selbst wenn dir jemand glauben würde, sagten deine Schwester und ihr Mann, was könnten sie schon unternehmen? Würden sie ungeschehen machen, was der Onkel dir angetan hatte? Sie würden dir glauben, sagten sie, denn du seist ein gutes Kind, aber der Onkel sei auch ein guter Mann. Immer wenn es Streit zwischen Familienmitgliedern gebe, würde dein Onkel den Streit schlichten. Er sei ein guter Freund des Dorfoberhaupts und einer seiner Berater. Dass das Dorf so sei, wie es sei, sicher und wohlauf, verdanke es Männern wie ihm. Würdest du wollen, dass das Dorf ins Chaos stürze, weil er etwas mit dir gemacht hätte, das dir nicht gefallen habe? Sei es nicht wichtiger, dass jeder ertragen würde, was er könne, zum Wohl der Familie und des Dorfes? Der Mann deiner Schwester sagte, du sollest dir die Tränen trocknen und ihnen zeigen, dass du ein starker Junge seist. Sieh dir deinen Körper an, sagte der Mann deiner Schwester, hat der Onkel irgendwelche Narben hinterlassen? Du schütteltest den Kopf. Dann müsstest du dich auch nicht länger damit befassen, sagte deine Schwester. Wenn du einfach ablassen würdest von der Sache, gebe es auch keinen Grund, noch weiter darüber zu sprechen.

Als Malaika zu Ende erzählt hatte, zog ich mir die Decke über das Gesicht und weinte. Auch als sie gegangen war, wollten meine Tränen nicht versiegen. Ich weinte um meinen Liebsten – um ihn als Kind, allein mit seiner Scham; um ihn als Mann, allein mit seiner Qual. Sie hatte ihn geopfert, seine eigene Schwester. Hatte ihn für ihre Ehre leiden lassen. Sie hatte ihm die Lippen versiegelt, damit die anderen nicht schlecht über sie reden würden, weil sie zugelassen hätte, dass ihr Bruder mit einer üblen Geschichte das Dorf entzweit habe. Tagelang dachte ich darüber nach, warum mein Mann sich verpflichtet gefühlt hatte, diese Geschichte für sich zu behalten, und dann wurde es mir klar: Selbst wenn er den Vorfall als Erwachsener zur Sprache gebracht hätte, wie viele von uns hätten ihm geglaubt oder verstanden, wie es war für ihn, einen erwachsenen Mann, dass ihn ein längst verstorbener Mensch gefangen hielt?

Und seine Schwester – es gibt so vieles, was ich ihr gegenüber empfinde, bösartige Dinge, aber ich zwinge mich auch dazu, mir ihr Leid auszumalen. Wie schlimm es für sie gewesen sein muss, ihm das anzutun. Wie sie sich mit ihrem Ehemann gestritten haben wird, gesagt haben wird, er müsse etwas unternehmen, irgendetwas, woraufhin er gesagt haben wird, dass sie nichts unternehmen könnten. Opfer, wird ihr Mann gesagt haben, müsse nun mal jeder im Leben bringen. Er wird sie daran erinnert haben, dass jeder zum Wohl der Familie und des Dorfes und des Landes Opfer bringen müsse, um sie zusammenzuhalten, um sie voranzubringen, um zu verhindern, dass sie von innen her auseinanderfallen.

Ich wünschte so sehr, du hättest mir davon erzählt. Ich wünschte, du hättest zugelassen, dass ich in dieser Dunkelheit an deiner Seite bin. Ich hätte mit dir geweint, in den Nächten, in denen die Finsternis undurchdringlich wurde. Ich hätte verstanden, warum du gewütet und geschrien und geschimpft hast, wenn du das Ge-

fühl hattest, dass jemand nicht aufstand und sagte, was gesagt werden musste, oder nicht tat, was getan werden musste. Selbst der kleinste Anlass brachte dich in Rage – ein älteres Kind, das einem jüngeren Kind das Spielzeug wegnahm, ohne dass irgendein Erwachsener irgendetwas unternahm. Wir dachten, das alles habe nur mit deiner schlechten Laune zu tun, deiner Unfähigkeit, die Welt so zu nehmen, wie sie war, aber jetzt denke ich an die Sachen, die du früher gesagt hast, und ich höre sie anders. Wenn wir bald wieder vereint sind, drücke ich deinen Kopf an meine Brust und lass dich so lange gemeine Flüche ausstoßen, wie du willst. Ich werde dich nicht bitten aufzuhören. Ich werde dich nicht anflehen, nicht zu wütend zu werden, das Leben sei nun mal so, diese Dinge würden eben passieren. Ich werde nicht sagen, dass du dich beruhigen sollst, es gut sein lassen sollst.

Ach, geliebter Mann, ich fürchte, genau wie du ist auch Thula davon überzeugt, dass die Welt immerzu versagt, ihre Kinder zu beschützen. Genau wie du ist wohl auch sie dazu verdammt, nicht eher zu ruhen, bis eine neue Welt erschaffen wird, eine, in der allen dasselbe Maß an Würde zugestanden wird. Wie sehr ich mit euch fühle. Mit dir wegen all der Freude, die dir verwehrt wurde, und mit Thula wegen der Enttäuschung, die ihr wahrscheinlich bevorsteht.

Warum wurde sie unter allen Kindern auserwählt, so zu sein? Dieses dringende Bedürfnis, alle Ungerechtigkeiten zu beseitigen, wo kommt das her? Hast du ihr in den Nächten deiner Besuche gesagt, dass sie nie akzeptieren dürfe, wenn etwas nicht so sei, wie es richtigerweise sein müsse? Bitte komm zurück und besuch sie wieder, geliebter Mann, und sag ihr, dass alles gut ist, dass sie Kosawa loslassen darf. Ich bitte dich, tue es für Sahel und Juba.

Mein Geliebter und ich werden noch vor dem nächsten Regen wieder vereint sein, das spüre ich. Ich will an einem lauen, trockenen Tag davonfliegen. Ich sehe schon sein Gesicht, ihn als jungen

Mann, lächelt er mir zu? Meine Reise ins Land unserer Ahnen wird die schnellste Reise aller Zeiten sein. Ich werde so lange rennen, bis ich an diesem Ort voller Wunder angekommen bin und meinen Mann und meine Kinder wiedersehe und mich auf alle Zeit in gesegneter Einheit mit dem großen Geist mit ihnen und meinen Vorfahren vereinige.

Sobald Sahel bereit ist, nach Bézam zu ziehen, kommt Malaika und holt mich zu sich; wir werden uns gegenseitig Gesellschaft leisten. Ihre drei Töchter haben alle geheiratet und sind zu ihren Männern gezogen. Ihr Mann ist vor langer Zeit gestorben, und ihr einziger Sohn hat das Kindesalter nicht überlebt, darum lebt sie nun allein in ihrer Hütte, mit einem leer stehenden Zimmer gleich neben ihrem, das nur auf mich wartet.

Heute habe ich einen Hauch von Kraft verspürt. Vielleicht kann ich schon bald ein paar Schritte gehen, wenn ich muss, aber Malaika versichert mir, dass ich in ihrer Hütte keine weiten Wege zurücklegen brauche. Sie wird mich füttern und mich zur Toilette bringen und zur Veranda, wo ich die erste saubere Luft einatmen werde, seit ich denken kann. Ich wäre lieber hier gestorben, in dieser Hütte, die mein Mann mit eigenen Händen errichtet hat, in diesem Bett, in dem wir die besten Nächte unseres Lebens verbracht haben, aber vielleicht stirbt Kosawa noch vor mir, und ich will nicht teilhaben an diesem Ende. Hoffentlich vergibt mir mein Mann, dass ich an den Ort seiner Geburt ziehe. Er hat ihn verlassen und gesagt, er wolle nichts mehr mit seinem Volk zu tun haben, und all diese Jahre habe ich gesagt, wir sollten sie besuchen und ihnen die Kinder vorstellen, damit sie ihre Verwandten kennen würden, aber er lehnte es ab, und ich bettelte ihn an, und er schrie mich an. Nun gehe ich, obwohl man ihm dort so viel geraubt hat, aber wo sonst sollte ich hingehen?

DIE KINDER

Wir, die noch übrigen Fünf, fuhren nach Bézam, um sie zu Hause willkommen zu heißen. Der Tod war nicht der Grund dafür, dass unsere Gruppe noch einmal geschrumpft war, und dafür waren wir dankbar. Als wir in dem Bus saßen, den wir mit ihrem Geld gemietet hatten, wünschten wir uns trotzdem, es könnte jeder Einzelne von uns, der jemals gelebt hatte, dabei sein, wenn sie auf uns zukäme, zehn Jahre nachdem wir sie das letzte Mal gesehen hatten. Wer hätte je gedacht, dass sie, die Dünnste und Stillste von uns, eines Tages unsere Anführerin werden würde?

Sechs Jahre vor ihrer Rückkehr waren wir noch sieben, aber zwei unserer Freunde beschlossen später, Kosawa zum Wohl ihrer Familien zu verlassen. Einer von ihnen sagte nach einem Abend, an dem wir losgezogen waren, um in Gardens ein Feuer zu legen, dass er nicht länger einer von uns sein wolle. Nichts an der Unternehmung war groß von unserem üblichen Vorgehen abgewichen – einmal mehr waren wir einem Wachmann entwischt, der in unsere Richtung geschossen hatte, als wir in der Dunkelheit verschwanden –, aber am Abend darauf, als wir darüber lachten, wie knapp wir dem Tod entkommen waren, und die nächsten Aktionen planten, hatte dieser Freund geseufzt und gesagt, so könne er nicht weitermachen. Er hatte sich noch nie durch großen Mut hervorgetan, so rein wie sein Herz war, darum versuchten wir gar nicht, ihn zu überreden. Wir drängten ihn nicht, er möge an die Zukunft denken, als er mit gesenktem Blick sagte, dass er sich nicht länger der unmittelbaren Gefahr aussetzen könne, mit dem Gesicht nach oben in einem Sarg oder im Gefängnis zu landen und seine Frau und seine kleinen Kinder noch notleidender zurückzulassen als ohnehin schon. Er brachte vor, dass sich trotz der beschädigten Pipelines, der gelegten Brände und der zerstörten Tanks nichts verändert habe. Nichts davon hätte irgendetwas bewirkt, außer dass die Regierung nun noch härter gegen Gesetzesbrecher vorgehe und die Kapazitäten des Gefängnisses in Lokunja verdoppelt habe, in dem gegenwärtig drei von uns saßen. Wir drei, die wir frei waren, gaben diesem Freund, der nicht mehr einer von uns sein wollte, unseren Segen und dankten ihm für alles. Wir sagten, dass wir die Angriffe nicht einstellen könnten, solange Pexton nicht auf unsere Forderungen eingehen würde, wonach es im Monat darauf aber aussah, als der Liebe uns ausrichten sollte, dass bald ein neuer Aufseher in Gardens eintreffen würde, der ganz wild darauf sei, in einen Dialog mit uns zu treten.

Gleich in der ersten Woche nach seiner Ankunft in Gardens kam der neue Aufseher zu uns. Rechts von ihm stand sein Dolmetscher, links von ihm standen Sonni, der Liebe und der Süße. Zu Beginn des Treffens erzählte uns der Dolmetscher, wie der Aufseher heiße – Mr. Fish, woraufhin unsere Kinder kicherten und unsere Frauen sie mit scharfen Blicken zum Schweigen brachten –, wo in Amerika er geboren sei, welche Ecken der Welt er bereist habe und wie viele Jahre er sich schon mit unserem Land beschäftige. Er sagte, Mr. Fish könne es kaum erwarten, mit uns zusammenzuarbeiten, weil er uns besser kennenlernen und herausfinden wolle, wie wir in Frieden miteinander leben könnten.

Unsere Ohren blieben bei dem Dolmetscher, aber unsere Augen behielten das Gesicht des Aufsehers im Blick. Über eine Stunde stand er mit seinem Waxprinthemd vor uns und ignorierte trotz der Hitze, die sein Gesicht mit Schweiß überzog, den für ihn reservierten Platz. Mit seinem Dauerlächeln wirkte er wie ein Mensch mit einem offenen Herzen, die Art von Herz, die wir aus Übersee oder Bézam kaum kannten, die Art, die Bongo und Lusaka einst gehofft hatten, in der Hauptstadt zu finden.

Von dem Augenblick an, als dieser Amerikaner an diesem heißen Tag der Trockenzeit zu Fuß in Kosawa eintraf – wie wir später erfuhren, hatte er seinen Wagen in Gardens stehen lassen, um uns zu zeigen, dass die Distanz zwischen uns überbrückbar sei –, wussten wir, dass er kein gewöhnlicher Ölmann war. Das Leuchten in seinen Augen war Balsam für unsere angefressenen Seelen. Als er winkend ins Dorf spazierte, linsten die kleinen Kinder – darunter auch unsere eigenen, die sich genauso verhielten wie wir im selben Alter – hinter den Röcken ihrer Mütter hervor. Ein paar von ihnen weinten aus Angst vor dem Fremden, denn sie hatten noch nie einen Mann mit so hellen Haaren und so heller Haut gesehen. Aber als unsere Frauen sie nach Hause bringen wollten, bettelten sie, bleiben zu dürfen, damit sie sich das merkwürdige Gesicht noch möglichst lange ansehen könnten.

Bei diesem ersten Treffen mit Mr. Fish saßen wir auf Hockern weit vorn, unsere älteren Brüder und Onkel noch immer in den ersten Reihen neben unseren Vätern. Nun, da wir verheiratet waren und ein Kind nach dem anderen kam, waren wir Väter geworden, und unsere Väter Großväter, und unsere Großväter hatten sich unter die Ahnen gemischt und es uns übertragen, durch Worte und Taten die Zukunft der nächsten Generation zu bestimmen.

Unsere Frauen warteten mit den Kindern unter dem Mangobaum. Sie weinten nicht so viel wie unsere Mütter in unserer Kindheit, aber in ihren Gesichtern zeichnete sich wenig Hoffnung ab, dass es im Leben ihrer Kinder viel von den einfachen Dingen geben würde, die das Leben zu einem glücklichen machen. Noch waren die meisten Hütten in Kosawa bewohnt, doch ständig gab es Getuschel, wer es nicht mehr ertragen konnte und wohl als Nächstes gehen würde. Auch wenn die Kinder nicht mehr so oft starben wie in unserer Jugend, wurden sie immer noch krank. Pexton schickte mit jedem Jahr weniger Wasser in Flaschen, im

Wissen, dass wir wenig tun konnten, damit sie ihr Wort hielten. Unsere Luft wurde schmutziger, trotz ihrer Versprechen. Die leckenden Pipelines kümmerten sie nicht; aus Rache beschädigten wir die Pipelines noch mehr. Keine weiteren Säcke mit Geld waren in unsere Hände gewandert, nicht mal in die von Sonni. Uns blieb von allem zu wenig, aber davon reichlich.

Der Dolmetscher erzählte uns, dass Mr. Fish in der Woche zuvor mit dem Bezirksbeamten in Lokunja über die Freilassung unserer inhaftierten Freunde gesprochen habe; das Treffen sei gut gelaufen. Warum unsere Freunde in Wahrheit im Gefängnis saßen, wurde nicht erwähnt. Der Dolmetscher sagte nichts über die Tatsache, dass die offizielle Regierungsgeschichte so falsch war wie eine Schlange auf vier Beinen. Unsere Freunde saßen nicht im Gefängnis, weil man sie ohne Steuerbelege auf dem großen Markt in Lokunja erwischt hatte. Ihre Steuerbelege waren ihnen von Soldaten aus den Taschen gezogen und dann vor den Augen des gesamten Marktes zerrissen worden, während die Blicke der Soldaten sagten: Wir waren's, aber ihr könnt uns nichts. Was hätten unsere Freunde tun können, als die Soldaten ihnen Handschellen anlegten und sie in Gefängniszellen steckten? Wen in Bézam kümmerte schon, dass unsere Freunde in Wahrheit hereingelegt worden waren, weil die Soldaten vermuteten, dass wir hinter den Angriffen auf das Eigentum von Pexton steckten?

Wir schäumten vor Wut, aber wir sagten nichts.

Bei der Verhandlung unserer Freunde trat von denen, die das Zerreißen der Steuerbelege gesehen hatten, keiner zu ihrer Verteidigung vor, darum verhängte der Richter eine einjährige Gefängnisstrafe und Steuern für sechs Monate. Als unsere Freunde abgeführt wurden, während ihre Frauen und Mütter und Töchter schluchzend nach ihnen riefen, gaben wir ihnen mit auf den Weg, dass Tage lang sein mögen, aber Jahre selten langsam vergehen.

Einmal mehr schickte uns Thula von dem wenigen, das sie besaß, das Geld zum Begleichen der Strafen.

Das Jahr, das unsere Freunde im Gefängnis verbrachten, nutzten wir anderen dafür, sooft wir konnten, manchmal monatlich, manchmal wöchentlich, mal hier ein Auto in Brand zu setzen, mal da Geräte zu klauen oder Pexton in Briefen zu drohen, dass wir jeden in Gardens töten würden, wenn sie nicht endlich verschwänden. Zweimal überfielen wir auf der Straße zwischen Lokunja und Gardens einen Bus voller Arbeiter. Mit auf sie gerichteten Macheten forderten wir alles Geld, das sie bei sich trugen. Wir zeigten kein Mitleid, obwohl sie uns anflehten und sagten, Pexton zahle ihnen so wenig, dass sie jedes bisschen davon für ihre Familien bräuchten. Wurden wir gnädig in unseren Herzen zum Wohl ihrer Kinder? Wie, außer mit Schlägen, hätten wir auf solches Gefasel reagieren können? Pextons Handlanger in angeblicher Sorge um Kinder – nichts widerte uns mehr an.

Wir zwangen den Busfahrer, uns das Motoröl zu geben, damit wir noch etwas anderes im Besitz von Pexton niederbrennen konnten. Mit Basttaschen über unseren Köpfen und den schmutzigen und öligen Geldscheinen in einer anderen Tasche mahnten wir die Arbeiter, uns gut zuzuhören. Wir sagten, sie täten gut daran, in ihre Dörfer zurückzukehren. Wir gaben ihnen zu verstehen, dass wir sie andernfalls als Feinde betrachteten, da sie die Reste von den Tellern unserer Feinde aßen. Keiner von ihnen würde überleben, wenn wir erst einmal mit Pexton abgerechnet hätten.

Es muss der Liebe gewesen sein, der Thula von den Angriffen und den Androhungen erzählte, denn wir ließen sie in den Briefen unerwähnt. Auch wenn Thula kämpferisch war, blieb sie doch eine Frau, unfähig zur Anwendung körperlicher Gewalt, und wir waren besorgt, dass unsere Jagd auf die Arbeiter Spannungen zwischen uns erzeugen würde. Und genauso sicher, wie jeden Morgen die Sonne aufging, tat sie das auch. Jedes Mal, wenn sie wieder davon erfuhr, kam ein Brief mit der Aufforderung, damit aufzuhören, der Erinnerung, dass das nicht der Plan sei, der Plan darin bestehe, Pextons Aufmerksamkeit zu wecken, sie wissen zu lassen, dass wir wichtig seien und wütend, es nie der Plan gewesen sei zu töten. Was würden wir uns bloß dabei denken? Wir versicherten ihr, dass wir niemanden töten würden, dass wir den Arbeitern nur Angst einjagen wollten, in Gardens Panik verbreiten, sie glauben lassen wollten, dass wir vor nichts haltmachten. Sie war nicht überzeugt. Was, wenn wir den Arbeiter getötet hätten, den wir so schrecklich zusammengeschlagen hatten?, fragte sie. Blut an den Händen sei das Letzte, was Kosawa brauche. Nicht die Arbeiter seien unsere Feinde, sondern Pexton. In manchen Briefen drohte sie damit, ihre finanzielle Unterstützung einzustellen. Und tatsächlich gab es Monate, in denen der Liebe uns keine Umschläge mit Geld von ihr brachte. Dann aber, als wir uns schon fragten, ob sie es sich anders überlegt habe und nicht mehr zu uns gehöre, erhielten wir einen Geldumschlag, zusammen mit der dringenden Bitte, nicht aus den Augen zu verlieren, dass die Arbeiter Väter seien wie wir, Männer mit Familien, für die sie schwere Opfer erbringen würden.

Im dritten Jahr unserer Angriffe informierte Pexton die Arbeiter, dass es ihnen nicht länger gestattet sei, Frauen und Kinder mit nach Gardens zu nehmen. Die Anordnung kam spät und blieb folgenlos: Die ersten Frauen und Kinder waren schon vor über zehn Jahren aus Gardens weggegangen, nachdem drei Kinder ungefähr zu der Zeit gestorben waren, als auch das Sterben unserer Freunde anfing.

Wir hatten damals vom Tod der Kinder in Gardens gehört, aber nie in Betracht gezogen, dass die Ursachen für ihren Tod letztlich die gleichen waren wie bei unseren Freunden. Jahrelang hatten wir geglaubt, dass durch das saubere Wasser, das die Kinder in Gardens tranken, und die amerikanischen Medikamente, die Pexton für alle in der Siedlung rings um seine Bohrlöcher bereitstellte, niemand in Gardens je dasselbe Schicksal erleiden würde wie wir. Erst der Liebe und der Süße erzählten uns die Wahrheit: Kein amerikanisches Medikament, ganz gleich, wie wirkungsvoll, kann ein Kind von jahrelang angesammelten Giftstoffen heilen.

Wir in Kosawa hätten das nicht wissen können.

Niemand aus unserem Dorf hatte je ein richtiges Gespräch mit einem Arbeiter geführt. In unserer Kindheit hatten wir nie mit den Kindern aus Gardens gesprochen, auch dann nicht, wenn wir im Bus neben ihnen saßen, zu groß war der Hass auf sie, den wir zusammen mit der Verachtung übernommen hatten, die unsere Eltern für ihre empfanden. Sie sahen aus wie wir und gaben sich wie wir, aber sie waren keine Kinder wie wir. Sie waren Pexton-Kinder. Erst all diese Jahre später erfuhren wir, dass von ihnen zwar nicht so viele gestorben waren wie von unseren Freunden, aber gestorben waren sie trotzdem, und auch ihre Eltern hatten geweint.

Der Süße erzählte uns, dass ungefähr nach dem ersten halben Dutzend Todesfälle die Mütter ihre Sachen gepackt und aus Gardens geflohen seien, sobald eines ihrer Kinder angefangen habe zu husten. Als ein Jahr nach Beginn unserer Übergriffe ein Kind auf mysteriöse Weise verschwand, nahmen die noch übrig gebliebenen Frauen und Kinder innerhalb weniger Tage Reißaus.

Zu der Zeit, als wir nach Bézam fuhren, um Thula willkommen zu heißen, gab es in Gardens nur noch gebrochene und heimwehgeplagte Männer, die trotzdem am Traum vom Wohlstand festhielten, zum Wohl ihrer Familien. Die Schule stand leer, die Lehrer waren mit den Kindern gegangen. Die einzigen noch übrigen Lehrer waren die Lehrer für die Schule in Kosawa, allesamt frischgebackene Absolventen. Sogar Lehrer Penda war geflohen und hatte sich weder von uns noch von unseren Nichten und Neffen verabschiedet, die er zu der Zeit unterrichtete. Wir verübelten es ihm nicht, dass er sich verhielt, als wären wir seine Feinde. Hätten wir die Chance bekommen, Gardens mit ihm in Asche zu verwandeln, hätten wir nicht verzichtet, um ihn zu verschonen.

Nachdem ihre Frauen alle fort waren, wurden uns die Nöte der Arbeiter zunehmend bewusst. Wir hörten sie im Bus husten, den gleichen Husten wie Wambi früher. Wir sahen ihre Augen tränen, auf die gleiche Weise wie unsere früher. Wir hörten von schaurigen Bohrunfällen, nach denen die Einzelteile der Toten in Plastiksäcke gepackt werden mussten. Viele der Männer, die Unfälle überlebten, kehrten mit fehlenden Armen und Beinen in ihre Dörfer zurück. Wir hörten auch Berichte über nicht zufällige Todesfälle, aber ob diese Todesfälle auf die Nähe der Männer zum Gift zurückzuführen waren, erfuhren wir nicht. Pexton hätte nicht gewollt, dass wir es wissen. Wir wussten aber, dass auf jeden toten Arbeiter in Gardens zehn Männer in fernen Dörfern kamen, die nur darauf warteten, ihn zu ersetzen und am Reichtum aus Amerika teilzuhaben. In Gardens wimmelte es immer von Männern in ölbeschmierten Uniformen voller Ruß und Träume.

In den Monaten nachdem wir unsere Angriffe verschärft hatten, sahen wir in den Augen dieser Männer, wie sehr sie uns fürchteten. Sie mögen unsere Gesichter nicht erkannt haben, die wir bei unseren Überfällen und Hinterhalten immer maskierten, aber sie wussten sicher, dass wir es waren – in den acht Dörfern hasste sie niemand so sehr wie wir. Wenn unsere Blicke sich trafen – an der Bushaltestelle beispielsweise –, schauten wir nach unten und untersuchten bemüht unsere Finger. Trotzdem bekamen sie in unserer Gegenwart kaum Luft. Wie hätte es auch anders sein sollen? Ihre Sorgen nahmen kein Ende: Pexton stand über ihnen und herrschte sie an, bis zum letzten Tropfen weiterzubohren oder nach Hause zu gehen; wir standen vor ihnen und machten keinen Hehl daraus, wie sehr wir sie verachteten; in ihnen schwammen Giftstoffe, die sie auf einen Tod vorbereiteten, von dem sie nur hoffen konnten, er käme nicht zu bald. Ihre Frauen und Kinder waren weit weg, warteten auf Geld zum Leben, beteten zu den Vorfahren, ihre Männer so wohlhabend zu machen wie jene, die Jahrzehnte zuvor auf den Ölfeldern gearbeitet und bei ihrer Rückkehr Steinhäuser gebaut hatten. Bis dahin jedoch lebten ihre Frauen ohne Ehemänner, wuchsen ihre Sprösslinge ohne Väter auf, starben ihre Eltern ohne Verabschiedung.

Wie oft fragten sich die Arbeiter, wie viel ihr Leben wert war? Weinten sie nachts aus Reue? Jedes Mal, wenn wir einen von ihnen mit gepacktem Koffer an der Bushaltestelle stehen sahen, der beschlossen hatte, dass die Aussicht auf Reichtum die Freuden eines einfachen Lebens in Liebe und Ruhe nicht aufwog, wussten wir nicht, ob wir den Mann für seine Stärke bewundern oder für seine Schwäche verspotten sollten.

Einen Monat vor diesem ersten Treffen mit Mr. Fish hielten die Männer von Kosawa eine Versammlung ab. Der Liebe und der Süße hatten sie einberufen und uns erzählt, dass es eine gewaltige Entwicklung gebe, über die sie uns informieren wollten, der Durchbruch, auf den wir gewartet hätten.

Sie erzählten uns, dass die Leute von der Aktion Neuanfang in New York die gebrochenen Versprechen von Pexton sattgehabt und nun Unterlagen bei einem amerikanischen Gericht eingereicht hätten, um Pexton dazu zu zwingen, unser Land und unser Wasser zu säubern und endlich ihren Profit mit uns zu teilen. Die Aktion Neuanfang habe damit argumentieren wollen, dass wir, da Pexton von unserem Land profitiere, das Recht auf einen Teil dessen besäßen, was der Konzern an dem Öl verdiene.

Pexton jedoch stehe unter einer neuen Leitung, die entschlossen sei, der Welt zu zeigen, dass Gerechtigkeit zu den Grundwerten ihres Geschäfts gehöre. Die neue Leitung habe entschieden, dass sie keinen Gerichtsprozess wolle – sie sei bereit, in Zusammenarbeit mit der Aktion Neuanfang, einen Vertrag abzuschließen. Mit diesem Vertrag würden wir nicht Säcke voller Bargeld erhalten, wie Jahre zuvor unsere Mütter und Väter, sondern ab Vertragsabschluss Prozente von all dem Geld, das Pexton mit unserem Land verdiene. Jedes Jahr würden wir Prozente erhalten.

Bei diesem ersten Treffen mit Mr. Fish bestätigte der Dolmetscher das alles.

Er sagte, auch wenn sich die beiden Seiten noch nicht auf die Höhe der Prozente geeinigt hätten, gäbe es keinen Zweifel, dass sie sich alle auf die richtige Höhe einigen würden.

»Wie viel denn ungefähr?«, schrie jemand.

Der Dolmetscher flüsterte Mr. Fish etwas ins Ohr. Mr. Fish nickte und flüsterte zurück.

»Mr. Fish sagt, es ist schwer, die Höhe der Prozente abzuschätzen«, sagte der Dolmetscher. »Ihr dürft nicht vergessen, dass sehr viele Menschen Geld von Pexton wollen. Die Regierung in Amerika will einen Teil. Die Regierung hier will einen Teil. All die Menschen, die für Pexton arbeiten, brauchen jeden Monat ihren Lohn. Aber euer Teil ist auch sehr wichtig, weil wir zusammen in diesem Tal leben, und das muss in Frieden geschehen.«

Aus allen Richtungen kamen Fragen: Wussten die Leute in Bézam von diesem geplanten Vertrag? Was sagten sie dazu? Würden sie Steuern auf unseren Teil erheben? Warum waren sie heute nicht anwesend?

»Pexton will das tun, was richtig für euch ist«, antwortete der Dolmetscher. »Normalerweise teilen Konzerne ihren Profit nicht mit den Menschen vor Ort, aber wir werden das tun, denn genau so sind wir. Uns ist es egal, ob die Regierung dieses Landes unser Vorhaben unterstützt oder nicht. Regierungen machen ohnehin, was sie wollen, so ist das Leben. Wir bei Pexton glauben, dass wir in erster Linie den Menschen verpflichtet sind, nicht den Regierungen.«

»Was soll das heißen?«, fragte einer von uns. »War es nicht die Regierung, die euch unser Land gegeben hat?«

»Natürlich, in gewisser Weise schon«, sagte der Dolmetscher. »Aber Pexton ist Pexton, und die Regierung Seiner Exzellenz ist die Regierung Seiner Exzellenz. Wir handeln nach unseren eigenen Prinzipien. Als Unternehmen besteht unsere Mission darin, das zu tun, was für die Welt das Beste ist, darum sind wir heute hier. Wenn dieser Deal erst mal abgeschlossen ist und wir euch dabei helfen können, wie ihr das Geld am besten verwendet, um euer Leben zu verbessern, schicken wir gern Leute vorbei, die euch helfen. Wenn ihr nach Lokunja ziehen wollt, oder Land in einem der anderen sieben Dörfer …«

»Nach Lokunja ziehen?«, schrien mehrere wie aus einem Mund. »Land kaufen?«

Wir hatten genug gehört.

Wir standen auf und schnappten uns unsere Hocker. Wir bedeuteten unseren Frauen, dass es Zeit sei zu gehen. Ein paar von ihnen sahen aus, als würden sie uns nur ungern gehorchen; nach einem Blickwechsel wussten sie, dass es nicht der richtige Zeitpunkt war, um sich uns zu widersetzen. Als wir gingen, rief uns der Dolmetscher hinterher und sagte, wir müssten unser Land nicht verkaufen und in ein anderes Dorf ziehen, wenn wir das nicht wollten. Wir hörten auch Sonni, der rief, wir sollten Mr. Fish eine Chance geben, die Sache zu erklären.

Ein paar von unseren Vätern blieben noch etwas länger, um sich mit dem Dolmetscher zu unterhalten und herauszufinden, was Pexton in Wahrheit wollte, aber wir wussten, dass es keiner weiteren Fragen bedurfte. Sie wollten das gesamte Tal. Sie wollten jedes bisschen Öl unter dem Boden, auf dem unsere Kinder spielten. Sie wollten unter unseren Hütten nach Öl suchen. Sie wollten all das Öl, das unangetastet unter den Küchen unserer Frauen lag. Eher starben wir, als dass wir es ihnen überließen.

Am nächsten Tag ging Sonni von Hütte zu Hütte, um eine Einladung von Mr. Fish auszusprechen: Der Ölmann wollte sich in seinem Haus mit uns zusammensetzen. Sicher wäre das wieder nur Zeitverschwendung – was konnte er uns noch sagen? –, aber eine Woche später gingen wir trotzdem hin, zusammen mit dem Lieben und dem Süßen, die darauf bestanden, dass wir es unseren Freunden im Gefängnis schuldig seien.

In einem Zimmer voller Bücher und Fotos, auf denen eine langhaarige Frau und drei Jungen mit blattgrünen Augen zu sehen waren, erzählte uns der Dolmetscher von Mr. Fish, dass Pexton absolut nicht erwarte, dass wir ihnen unser Land verkauften. Das Einzige, was Pexton wirklich wolle und weshalb sie den vorherigen Aufseher zurück nach New York geholt und Mr. Fish zu uns geschickt hätten, sei Frieden. Wenn wir dasselbe wollten, warum schüttelten wir einander dann nicht die Hand und fingen von Neuem an? Pexton sei bereit, eine Vereinbarung mit uns zu treffen, eine vorläufige Vereinbarung als Grundlage für die größere Vereinbarung später: Wenn wir den Bränden und Beschädigungen ein Ende setzen und nicht länger Panik unter den Arbeitern verbreiten würden, würden sie mit der Aktion Neuanfang weiter den Vertrag mit unseren Prozenten ausarbeiten. Aber zuerst würde man unsere Freunde aus dem Gefängnis holen, sobald wir alle einander die Hand geschüttelt hätten.

Wir drei, die wir dabei waren, entschuldigten uns und gingen hinaus.

Auf der Veranda von Mr. Fish, den Blick auf die vor uns liegende Ebene gerichtet – die aneinandergereihten Häuser für die Arbeiter und die leer stehende Schule; die Ölfelder mit den in die Höhe ragenden Gerüsten, die schwarzen Rauch ausstießen; in alle Richtungen verlaufende Pipelines, in der Ferne unsere Hütten, entwürdigt und in die Knie gezwungen –, beratschlagten wir, ob wir das Angebot von Mr. Fish annehmen sollten. Wie gern hätten wir Thula bei uns gehabt, aber wir hatten nicht die Zeit, ihr zu schreiben und ihren Rat abzuwarten: Unsere Freunde im

Gefängnis warteten sehnsüchtig darauf, in ihren Betten zu schlafen, warme Mahlzeiten zu essen, die Arme um ihre Frauen zu schlingen und zuzusehen, wie ihre Kinder neben der Petroleumlampe Hausaufgaben machten. Zu ihrem Wohl einigten wir uns darauf, dass wir zurück ins Haus gehen und Mr. Fish die Hand schütteln und unsere Streichhölzer und Macheten niederlegen würden. Wir würden Pexton drei Monate Zeit geben, um mit der Auszahlung unserer Prozente anzufangen, in bar, monatlich, jeden Monat am gleichen Tag. Wir würden ihnen ein Jahr Zeit geben, damit anzufangen, unseren Fluss und unsere Luft und unser Land zu säubern, und wenn sie sie nicht vollständig sauber bekämen, wenigstens damit aufzuhören, sie zu vergiften, damit sie sich von selbst erholen würden.

Der Aufseher stimmte allem zu. Natürlich, sagte er lächelnd. Wir lächelten zurück. Einer von uns lachte. Passierte das wirklich? Trafen wir wirklich gerade eine Vereinbarung mit Pexton?

Der Dolmetscher machte ein Foto davon, wie wir Mr. Fish die Hand schüttelten, der strahlte und sie mit beiden Händen umfasste. Wir schauten einander an, geschmeichelt und belustigt davon, wie aufgeregt er war. Es überraschte uns, dass wir die Macht besaßen, einen wichtigen Mann aus Amerika so glücklich zu machen. Nach dem Händeschütteln machten wir ein Gruppenfoto, Sonni und Mr. Fish in der Mitte, wie sie sich die Hand schüttelten, wir drei und der Liebe und der Süße rechts und links von den beiden. Als der Dolmetscher das Foto schoss, sagte er, es werde an Zeitungen in New York gehen, als Beweis für die Macht des Dialogs.

Mr. Fish klingelte mit einem Glöckchen, und ein Diener in Schwarz und Weiß kam herein.

Er nickte, während Mr. Fish etwas zu ihm sagte. Kurz darauf kehrte er mit einem Tablett voller Gläser zurück, alle zur Hälfte gefüllt. Jeder von uns nahm sich ein Glas. Mr. Fish erhob sein

Glas und sagte etwas in diesem Englisch mit amerikanischer Betonung, das kein bisschen wie das Englisch klang, das wir mit unseren Lehrern an der Schule in Lokunja gesprochen hatten. Sein Dolmetscher lachte über das, was er sagte, und wir lachten auch. Wir erhoben unsere Gläser, um es zu machen wie der Amerikaner, und lächelten wie leichtgläubige Lämmer. Mr. Fish und Sonni stießen ihre Gläser aneinander, und dann stießen auch wir die Gläser aneinander. Mr. Fish trank das, was sich in seinem Glas befand, in einem Zug. Wir sahen einander an und machten es ihm nach. Von dem Geschmack verzogen wir die Gesichter, worauf Mr. Fish loslachte, und kurz darauf lachten wir alle laut mit, ohne noch daran zu denken, dass wir im Haus eines amerikanischen Ölmanns waren. Wir verließen das Haus an dem Nachmittag mit drei Flaschen des gleichen Getränks, seinem Geschenk an uns. Am Abend teilten wir es mit allen Männern von Kosawa, als wir ihnen von dem Treffen erzählten und diesen Augenblick der Einigkeit genossen, der uns lange verwehrt gewesen war. Wir sagten uns, wir dürften nicht zu früh feiern, aber wir waren darauf eingestellt, endlich aufzuatmen.

Das alles ereignete sich ungefähr sechs Jahre vor Thulas Rückkehr.

In dieser Zeit taten wir nichts, um Pexton zu schaden. Öl lief auf unser Land, und wir taten nichts. Unsere Kinder husteten, und wir taten nichts. Wir saßen mit den Arbeitern im Bus nach Lokunja und taten ihnen nichts. Wir hatten Pexton unser Wort gegeben. Wir hielten es.

Wir warteten, dass sie ihres halten würden.

Während dieser Zeit des Wartens erwachte einer von uns durch das Stöhnen seiner schwangeren Frau. Als er sie fragte, was sie habe, antwortete sie nicht. Ihre Augen waren weit aufgerissen, aber ihr Mund war fest geschlossen. Unser Freund stürzte in das Zimmer seiner Mutter und rüttelte sie wach. Als auch seine Mutter seine Frau nicht beschwören konnte, den Mund zu öffnen, rannte unser Freund los, um die Unterleibsärztin zu holen, die nach einer Berührung des Bauchs sagte, dass das Baby komme. Die Unterleibsärztin berührte den Bauch noch einmal und korrigierte sich: die Babys kämen. Seine Mutter setzte Wasser auf. Unser Freund zog seinen Speer unter dem Bett hervor und schärfte ihn auf der Veranda, fest entschlossen, bei Sonnenaufgang zur Jagd zu gehen, dankbar für die Chance, weit weg von der Hütte zu sein, wenn seine Frau den Mund schließlich öffnen würde.

Den gesamten Tag im Wald dachte er an seine Babys, und wir zogen ihn auf, weil er plötzlich unfähig war, sich mit uns zu unterhalten. Auf unserem Nachhauseweg malten wir alle uns aus, dass die Babys bei seiner Rückkehr da wären und es eine lange Nacht mit viel Palmwein geben würde. Aber als wir zurückkamen, waren die Babys noch nicht geboren. Als es dämmerte, hatte sich das Schweigen seiner Frau in ein Stöhnen verwandelt, am Morgen darauf in ein Grunzen. Und da dämmerte es uns, noch ehe das Medium aus dem ersten der fünf Schwesterdörfer eintraf und es bestätigte: Jakani und Sakani kehrten zurück.

Wir wissen nicht, warum die Zwillinge den Leib der Frau unseres Freundes den aller anderen fruchtbaren jungen Frauen von Kosawa vorgezogen haben, auch wenn es wahrscheinlich mit ihrem üppigen Busen und den besonders breiten Hüften in Verbindung steht. Diese Hüften waren ihr allerdings keine große Hilfe, als die Babys drängelten und strampelten und drückten, um sich so erneut den Weg in unsere Welt zu bahnen. Die Lautstärke ihrer Schreie bewies, dass die Qualen, die sie durchmachte, für einen Körper aus Fleisch kaum zu ertragen waren. Genau wie einer unserer Großväter es uns von Jakanis und Sakanis letzter Ankunft erzählt hatte, lag die Frau sieben Tage und sieben Nächte in den Wehen, von Tag zu Tag unter heftigeren Schmerzen, bis in der vierten Nacht keiner in Kosawa mehr schlafen konnte, auch die Grillen und Vögel und Tiere nicht, und sich sämtliche gesangsbegabten Kreaturen nach Sonnenuntergang der gebärenden Frau anschlossen, ein wimmernder Chor rings um ihre gequälten Schreie, begleitet von Blut, das von der Matratze tropfte und ein Gesicht formte, als es auf den Boden traf, die Form der Gesichter von Jakani und Sakani in den Tagen, als sie umherzogen und uns heilten und für uns Fürsprache hielten.

Schließlich kamen die Zwillinge heraus, Hand in Hand.

Wir hatten nie bezweifelt, dass sie zu uns zurückkehren würden – außergewöhnliche Menschen blieben nie tot, nicht solange die Welt solche Menschen braucht –, aber wir waren dennoch ehrfürchtig, dass sie tatsächlich zurückgekehrt waren und dass unsere Jahre ohne eine Verbindung zu den Ahnen ein Ende hatten. Endlich würden wir wieder die Fülle des großen Geistes in unserer Mitte erleben. Wir wussten, dass es noch viele Jahre dauern würde, ehe sie sich ans Heilen und Fürsprachehalten machen könnten, aber als wir nacheinander die Hütte betraten, um sie zu sehen, jeder Mann, jede Frau und jedes Kind von Kosawa wartete, an die Reihe zu kommen, fühlten wir uns allein durch die Anwesenheit der Zwillinge geheilt. Es war ein Gefühl der Ganzheit, das sich über uns legte, dank der Hoffnung, die sie uns schenkten.

Eine Woche nach ihrer Geburt teilte uns ihr Vater mit, dass er sich uns nicht mehr anschließen würde, falls wir den Kampf gegen Pexton wieder aufnehmen sollten; so schrumpfte unsere Gruppe zusammen auf fünf. Unser Freund sagte, er müsse sich der Aufgabe widmen, aus den Zwillingen die Männer zu machen, zu denen sie geboren waren. Wir versuchten nicht, ihn vom Gegenteil zu überzeugen, obwohl wir wussten, dass die Zwillinge, die er in Bamako und Cotonou umbenannt hatte, keine Führung von ihrem menschlichen Vater brauchen würden. Sie wurden als das geboren, wozu sie erschaffen worden waren; sie konnten zu nichts anderem heranwachsen. Trotzdem gaben wir unserem Freund, der nicht länger einer von uns sein wollte, unseren Segen, wussten wir doch, dass er für die Last als Vater von Kindern, die in zwei Welten leben, seine ganze Kraft brauchen würde. Eines Tages würde ein Nachkomme von uns diese Aufgabe übernehmen müssen, denn es war sicher, dass die Zwillinge immer wieder zurückkehren würden, solange Menschen auf der Erde wandeln, und dass sie, egal wie sie starben, gemeinsam zurückkehren würden. Generationen vor unserer Zeit hatten sie an einem anderen Ort gelebt, aber jetzt waren sie in unserer Mitte, weil eine Frau, deren Leib sie sich für ihre Rückkehr ausgewählt hatten, einen Mann aus Kosawa geheiratet hatte. Hier waren sie nun, unsere, so hofften wir, für immer.

Nachts auf dem Dorfplatz dachten wir darüber nach und schüttelten die Köpfe über dieses Wunder. Nicht einmal Kugeln hatten es geschafft, ihr Leben zu beenden. Wir sprachen über die nicht allzu ferne Zukunft, wenn Menschen aus anderen Dörfern auf der Suche nach der Weisheit und Heilung durch das beste Medium und den besten Medizinmann der Gegend mit dem Bus bei uns eintreffen würden. Wir waren uns bewusst, dass Kosawa eines Tages zu einem Leuchtfeuer in der Dunkelheit unserer Nation werden könnte, und bekräftigten unseren Entschluss, dazubleiben, auch wenn alle anderen fliehen würden.

In einem Brief erzählten wir Thula von der Rückkehr der Zwillinge. Wir erzählten ihr, dass sie einander nie losgelassen hatten, nicht einmal im Moment ihres Wiedereintritts in diese Welt. Sie waren Hand in Hand gestorben und darum Hand in Hand zurückgekehrt, und es schien, als würden sie diese Rückkehr Hand in Hand durchleben, denn so schliefen sie und krabbelten sie, und wenn Gäste zu Besuch kamen, mussten sie die beiden immer zusammen auf den Arm nehmen, darauf bedacht, ihre Hände nicht voneinander zu lösen, da sich alle darauf geeinigt hatten, ihre Hände niemals voneinander zu lösen, es sei denn, sie selbst würden es tun.

In ihrer Antwort schrieb Thula, sie habe ihren Freunden in New York von den guten Neuigkeiten erzählt. Sie seien verwirrt gewesen und hätten nicht verstanden, wie Jakani und Sakani hätten zurückkehren können, nachdem sie doch beerdigt worden waren. Sie schrieb, sie habe es ihnen nicht erklären können; solange Menschen nicht in unserer Welt gelebt und mit eigenen Augen gesehen hätten, was wir gesehen hatten, würden sie nie verstehen, wie schwach die Gesetze der Natur in Wahrheit sind.

In den nächsten Jahren, in denen wir wegen Pexton nichts anderes tun konnten außer zu warten und zu hoffen, ging es in unseren Briefen an Thula meist um gewöhnliche Ereignisse im Dorf – Geburten, Erntemengen, Todesfälle, ausgelaufenes Öl und anschließende Säuberungen, Umzüge, alberner Tratsch, den wir von unseren Frauen aus an sie weitergeben sollten –, und in ihren Briefen ging es um neue Erfahrungen, die sie machte, Proteste, an denen sie beteiligt war, und die Fortschritte, die sie in ihrem Studium verzeichnete. In ihrem achten Jahr in Amerika teilte sie uns mit, dass sie vorhabe, 1998 nach Hause zurückzukehren.

Bis dahin werde sie eine bestimmte Ausbildungsstufe erreicht und ein paar Jahre gearbeitet haben und wäre dabei, dank eines Stipendiums, das es ihr ermöglichen würde, zu studieren und zu unterrichten, die höchste Ausbildungsstufe in ihrem Fachgebiet abzuschließen. Seit das Datum für ihren Abschluss feststand, hatte sie begonnen, sich noch mehr auf Kosawa zu konzentrieren, begierig darauf, den von uns begonnenen Dialog mit Pexton fortzusetzen. Sie war überzeugt, eine gemeinsame Basis mit Mr. Fish zu finden, von der Pexton und wir profitieren würden. Sie war zuversichtlich, dass sich die kommenden Jahre als eine günstige Zeit für die Verhandlungen mit Pexton herausstellen würden. Offenbar hatte Pexton sich seinen Ruf in den Jahren seit dem Massaker anderweitig besudelt, unter anderem dadurch, dass eine amerikanische Zeitung aufgedeckt hatte, welche Manöver Pexton nutzte, um Steuerzahlungen an die amerikanische Regierung zu vermeiden. Obwohl Pexton sich gegen sämtliche Anschuldigungen zur Wehr gesetzt hatte, erkannten sie, dass ihre zukünftigen Gewinne davon abhingen, ob sie sich der Welt von ihrer moralischen Seite präsentieren würden. Nach dem, was wir Thula über Mr. Fish erzählt hatten, glaubte sie, dass diese moralische Seite bereits zum Vorschein käme.

Es machte uns Mut, dass die acht Jahre in der Ferne nichts an ihrer Liebe zu Kosawa geändert hatten. In ihrem ersten Jahr hatten wir Angst, Amerika werde sie Kosawa vergessen lassen, beispielsweise, indem es ihr Dinge bot, die wir ihr nicht bieten konnten. In ihrem zweiten Jahr machten wir uns trotz der Briefe und des von ihr geschickten Geldes weiter Sorgen, da wir merkten, dass Austin ihr Herz erobert und verändert hatte. In einem ihrer ersten Briefe hatte sie geschrieben:

> Erst neulich waren wir abends auf einer Party. Er weiß, dass Tanzen nicht so mein Ding ist, aber er hat mich trotzdem auf die Tanzfläche gezogen und gesagt, dass ich lernen müsste, mich durchs Leben zu tanzen. Und schneller, als ich denken konnte, habe ich getanzt und dabei Spaß gehabt. Na, jetzt seid ihr baff, was? Thula und tanzen? Anders als in Kosawa muss man hier nicht auf eine bestimmte Art tanzen. Man kann seinen Körper einfach irgendwie bewegen, auch so ungeschickt wie ich, ohne dass irgendwer sagt, setz dich lieber hin, sonst tust du dir noch weh. Obwohl ich zugebe, dass ich bei einem Mann auf der Party genau das gedacht habe. Es war ein sehr dicker Mann, aber um seine Körperfülle ging es gar nicht. Er hat wild den Kopf geschüttelt und sich grin-

send im Kreis gedreht, als gäbe es auf der Welt nichts als Glück. Ich habe Austin auf ihn aufmerksam gemacht, und er hat gekichert und gesagt, dass jeder Mensch so hemmungslos leben sollte. Er hat gesagt, der Mann würde ihn an den Kollegen seines Onkels erinnern, der genauso dick ist. Der Kollege wäre einer der besten Tänzer, die er je gesehen hätte, er würde jede Party zu einem unvergesslichen Ereignis machen und unzählige Witze und abgefahrene Geschichten kennen. Leute wie er würden ihm am meisten fehlen an Bézam … Er hätte weitere Erinnerungen ausgegraben, wenn ich nicht gesagt hätte, dass ich eigentlich gar nicht noch mehr über diesen Typen erfahren wollte, nicht jetzt, wo ich gerade so viel Spaß hätte. Da hat er aufgehört zu reden und mich herumgewirbelt und wie wild gelacht, als ich wie verrückt herumgehampelt bin.

Ich hätte nicht im Traum gedacht, dass ich mal eine von denen werde, die die Tage zählen, bis sie das Gesicht ihres Liebsten wiedersehen, aber nun ist es so weit, Austin sorgt dafür. Er ist perfekt für mich. Jeder Tag mit ihm fühlt sich an, als würde die Welt mich unbedingt glücklich machen wollen. Er singt für mich. Er zieht mit mir durch die ganze Stadt, damit ich alle möglichen Essenssachen probiere. Letztes Wochenende war herrliches Wetter, da haben wir auf einer Wiese im Park eine Decke ausgebreitet und uns den ganzen Tag gegenseitig vorgelesen. Danach haben wir an einem Straßenstand etwas gegessen und sind Hand in Hand zum Fluss spaziert, um den Sonnenuntergang zu sehen. Am nächsten Tag hat er mir das erste Mal in meinem Leben das Meer gezeigt. Ich würde euch so gerne davon erzählen, aber ich würde eine ganze Woche brauchen, um diese Schönheit und Pracht zu beschreiben, das Gefühl, als die Wellen über meine Füße geschwappt sind.

Wir sind auf jede erdenkliche Weise eins, außer wenn es um Kosawa geht. Austin kann nicht nachempfinden, wie es ist, wenn man einen Ort so sehr liebt wie wir unser Dorf. Er versteht nicht, dass Kosawa der Anfang und das Ende ist von allem, was wir je hatten. Ich versuche ihm zu erklären, dass ich den Kampf nicht aufgeben kann, für den Papa und Bongo ihr Leben gelassen haben, und er sagt, dass er es versteht und dass wir unser Volk nie vergessen dürfen, aber wenn er mich bittet, ihn nicht zu verlassen, weiß ich, dass er es doch nicht versteht. Wie auch, wo er doch diese zerbrechliche Unschuld nicht erlebt hat. Wo doch seine Kindheit nicht durch das reihenweise Sterben von Freunden beendet worden ist. Wo er doch abends nie ins Bett gegangen ist und sich gefragt hat, ob er den nächsten Tag erleben würde, sich gefragt hat, ob Soldaten oder das Wasser aus dem Brunnen seinen Untergang bedeuten. Wie sollte er unseren Entschluss begreifen, den Kindern zurückzugeben, was Pexton uns gestohlen hat?

Er sagt, er muss nicht erlebt haben, was wir durchgemacht haben, um unseren Standpunkt zu verstehen, aber ich glaube ihm nicht. Kein Mensch mit einer Kindheit wie unserer könnte je in dem Land eines anderen zu Hause sein. Selbst die, die nicht wie ich nach Hause zurückkehren können, tun es in Gedanken – ihre psychische Gesundheit hängt davon ab. Ganz gleich, wohin sie gehen, sie nehmen ihren Geburtsort mit, trennen sich nie von allem, was er ihnen gegeben und genommen hat. An kalten Tagen sehnen sie sich nach seiner warmen Luft, wenn die Wolken nicht bezwungen werden können, träumen sie sich in seine Sonne. Sie sehen in einem Meer von Fremden längst verloren geglaubte Gesichter. Sie hören eine Stimme und erinnern sich an eine Begebenheit an einem weit zurückliegenden Abend. Ein Liebeslied bricht ihnen das Herz, weil sie Sehnsucht danach haben, dass ihr Mutterland sie hält, sie wiegt, ihnen Trost zuspricht. Nie wieder wird es so sein; diese Tage sind lange vorbei. Aber die Wehmut macht in den finstersten

Nächten Heulsusen aus erwachsenen Männern – viele von ihnen werden nie wieder ganz sein. Sie werden für immer nur notdürftig zusammengeflickt sein und in einer Welt bestehen müssen, die wenig Zeit hat, um sie nach ihren Geschichten zu fragen – wer interessiert sich schon dafür? Ein solches Leben will ich nicht für mich. Ich will, dass mein Körper und mein Geist in den kommenden Jahren an dem Ort weilen, an dem einst meine Vorfahren stolz umhergeschritten sind.

Manchmal stelle ich mir vor, dass Austin mich bei meiner Rückkehr begleitet. Er spricht oft davon, dass die Jahre in unserem Land, nachdem seine Mutter gestorben und bevor er mir begegnet ist, die glücklichsten für ihn waren. Sein Onkel hat ihn gut behandelt, er hat in Bézam tolle Freunde gefunden, er hat wahnsinnig gern über unser Land geschrieben. Aber es ist unwahrscheinlich, dass er je zurückkommt. Nachdem er seinen Onkel in Kosawa ausgegraben hatte und sein Onkel erneut bestattet worden war und die Frau seines Onkels ihn beschuldigt hatte, an dessen Tod beteiligt gewesen zu sein, und ein paar seiner Cousins aufgehört hatten, mit ihm zu reden, hatte er schon seine Sachen gepackt, um für ein paar Monate nach New York zu fliegen und eine Auszeit zu nehmen, als plötzlich Soldaten vor seiner Tür standen, die ihn nach Amerika abgeschoben und aus seiner Reise einen Dauerzustand gemacht haben. Doch auch nach all diesen Jahren findet er keinen Trost in seinem Heimatland.

Auch wenn wir hofften, dass Thula ihr Herz nicht bereits vollständig an Austin vergeben hatte, wünschten wir ihm alles Gute. Wenn ein Mensch an seinem eigenen Geburtsort keinen Frieden findet, was für eine Chance auf Glück hat er dann? Als wir Thula nach dem Grund für Austins Nichtverwurzeltsein fragten, schrieb sie:

Ich glaube, als das Kind von Eltern aus völlig verschiedenen Teilen der Welt stammt er von irgendwo und anderswo und damit leider von nirgendwo. Das Schlimmste aber ist, dass der Elternteil, den er als Kind am meisten geliebt hat, der Elternteil von anderswo, der ihn zu dem gemacht hat, der er heute ist, jung gestorben ist und ihn auf dieser Reise durch ein verwirrendes Leben allein gelassen hat. Er spricht oft davon, wie schön und einzigartig seine Mutter war. Die einzige Frau in ihrer Liga, die ich je kennengelernt habe, bist du, hat er zu mir gesagt. Wenn man den Geschichten glaubt, die seine Mutter ihm vor ihrem Tod erzählt hat, war die Ehe mit seinem Vater einer dieser wüsten Scherze des Lebens. Sie hat das Leben in ihrem Dorf in der Nähe von Bézam geliebt; sie hatte nie vor wegzugehen. Austins Vater war nur deshalb bei uns im Land, um von der Erlösung zu predigen, nicht weil er nach einer Frau gesucht hat. Aber als Austins Vater die Schönheit von Austins Mutter sah und sie später sagen hörte, dass sie seine Botschaft eines einzigen herrlichen Morgens glaubte, schwor er sich, dass er nicht ohne sie nach Amerika zurückkehren würde. Sie hat immer gelacht, wenn sie zu dieser Stelle der Geschichte gelangt ist, hat Austin erzählt, und sein Vater hat mit ihr gelacht.

Die Eltern von Austins Mutter mussten nicht lange überzeugt werden, um sie einen amerikanischen Missionar heiraten zu lassen. Austins Mutter war das neunte von fünfzehn Kindern und weder das Lieblingskind der Mutter noch das des Vaters, darum haben die Eltern den Brautpreis eingesteckt, den Austins Vater ihnen gezahlt hat, haben eine kleine Hochzeitsfeier geschmissen und dem Bräutigam das Versprechen abgenommen, dass er gut für ihre Tochter sorgen solle. Eine Woche später ist das Paar noch einmal in einem Büro in Bézam verheiratet worden, und kurz darauf sind sie nach Amerika geflogen. Austin hat gesagt, seine Mutter wäre nie warm geworden mit Amerika, aber durch seine Geburt, zehn Monate nach ihrem Neuanfang, sei sie nur noch mit ihrer Liebe zu ihm beschäftigt gewesen. Sie haben alles zusammen gemacht: zusammen gekocht, zusammen Lieder aus ihrem Dorf gesungen und in einem Bett geschlafen, wenn sein Vater in seinem neuen Beruf als Verkäufer von medizinischen Geräten herumgereist ist. Als seine Mutter eines Nachmittags bei einem Autounfall ums Leben kam, während er in der Schule war, dachte er, er würde an der Trauer sterben.

Der Teil seiner Kindheit, der danach kam, war offenbar nicht so, dass er wehmütig daran zurückdenkt. Sein Vater und er zogen in eine andere Stadt, wo er die Tage in einer Schule für Jungen aus reichen Familien und die Abende mit einer Frau verbrachte, die sein Vater als Aufpasserin für ihn eingestellt hatte, da er den Großteil der Woche berufsbedingt auf Reisen war. Die anderen Jungen in seiner Schule fanden ihn seltsam, seine Haut zu dunkel, seine Haare zu hoch aufgerichtet. In der Stille im Haus seines Vaters in einer Kleinstadt im mittleren Amerika las er Bücher, die den Sinn des Lebens infrage stellten, die Sinnhaftigkeit des Ganzen. Er fing an zu schreiben und fand im Schreiben die Freude, von der er befürchtet hatte, er hätte sie mit dem Tod seiner Mutter verloren. Als es für ihn an der Zeit war, woanders weiterzulernen, hat er zu seinem Vater gesagt, er würde die Essenz der Existenz studieren wollen, den Grund für sein Dasein verstehen wollen. Sein Vater ermutigte ihn darin – Akzeptanz war das Mindeste, was dieser Mann tun konnte, um seinen Sohn für all das zu entschädigen, das er ihm nicht geben konnte.

Als Austin zwanzig wurde und allein in einer Wohnung in Brooklyn wohnte, die sein Vater ihm mit einem Kredit gekauft hatte, beschloss er, Zeitungsmann zu werden, in der Hoffnung, im Schreiben über das Leben anderer einen gewissen Sinn zu finden. Würden seine Tage nicht vor Entschlossenheit strotzen, wenn er sie damit verbringen würde, die Geschichten der absichtlich Ungehörten bekannt zu machen? Die Worte anderer hatten seine Welt geformt; warum sollten nicht seine Worte die Welt formen? Heute lacht er, wenn er daran zurückdenkt, aber in seinen ersten Jahren als Zeitungsmann hat er es wirklich geliebt. Er fand es herrlich, Geschichten aufzuspüren, von denen er glaubte, die Welt müsse sie kennen, sie aufzuschreiben, sie umzuschreiben, seine Vorgesetzten zu überzeugen, wenn sie nicht begeistert waren von seinen Ideen. Mittlerweile aber, obwohl er auf der Jagd nach Details kreuz und quer durchs Land reist, obwohl er sich an einen letzten Rest Hoffnung klammert, dass eine von ihm geschriebene Geschichte seine Landsleute eventuell dazu bringt, ihre Denk- und Lebensweise zu hinterfragen, kann er nicht ausblenden, wie überdrüssig er der ganzen Sache ist, wie sehr es ihn frustriert, dass seine Arbeit so wenig bewirkt, dass er so vom Unmöglichen besessen ist, als würde man sich den Mond auf die Erde wünschen.

Er bedauert, dass er die Geschichte über Kosawa geschrieben hat. Er sagt, Bongo wäre heute noch am Leben, wenn er selbst nicht so entschlossen gewesen wäre, eine Enthüllungsgeschichte über Pexton zu liefern. War es das wert? Ich weiß, dass es das wert war, wir alle wissen das, aber es ist nicht an mir, ihn davon zu überzeugen. Ich sage dann jedes Mal, dass die Vier, auch wenn man sie nicht gehängt hätte, sowieso gestorben wären, und er stimmt mir zu. Wir können dem Galgen nur für eine gewisse Zeit entkommen, der Strick erwartet uns alle. Trotzdem ist er sich nicht sicher, wofür es sich noch zu kämpfen lohnt. Gewiss kein Kampf wie unserer gegen Pexton, wenn man das Ungleichgewicht der Kräfte bedenkt. Natürlich will er, dass wir gewinnen. Er sagt, wenn wir Pexton besiegen, dann ist unsere Geschichte eine der seltenen von ihm geschriebenen Geschichten, die noch ein Happy End bekommt. Hat er früher wirklich geglaubt, Zeitungsmänner könnten all die Schäden dieser Welt beheben? Er lacht spöttisch, wenn er daran denkt. Die Menschen lesen die Geschichten, die er und seine Zeitungskollegen schreiben, sagt er, und sie seufzen. Dann setzen sie ihren Tag fort und lassen die Worte einsam und durchweicht auf dem Boden von Mülleimern zurück. Manchmal schreiben Leser Briefe an Gruppen, die die Situation eventuell verändern. Manchmal demonstrieren sie. Oder hören auf, die Produkte eines Unternehmens zu kaufen. Oder sie sorgen für eine andere Regierung. Aber zu viel bleibt gleich. Sie machen weiter. Was sollen sie auch sonst tun? Vielleicht kommt Veränderung, wenn sie bereit dazu ist, sagt er, oder auch nie.

Wir konnten nur schwer verstehen, wie Thula, die für unsere Sache brannte, sich Austin so verbunden fühlte, obwohl er völlig resigniert schien. Die Herzen von Frauen sind launisch und geraten durch die Liebe leicht ins Wanken, weshalb wir oft zum großen Geist beteten, er möge unsere Freundin mit Weisheit segnen. Bevor sie fortging, hatte sie uns versprochen, uns immer alles zu schreiben, was es zu schreiben gebe, damit wir sie, wenn nötig, zur Rechenschaft ziehen würden; und nachdem wir erkannt hatten, dass Austin ein anderes Geschöpf aus ihr machte, sahen wir uns gezwungen, sie zu fragen, ob sie Austin verlassen würde, wenn es Zeit dafür sei. Wir schrieben ihr, dass wir akzeptieren würden, wenn sie beschließen sollte, der Liebe wegen in Amerika zu bleiben. Wir würden uns für sie freuen und ihr nur das Beste wünschen. Darauf antwortete sie:

Wie könnt ihr nur so an mir zweifeln? Wenn ich euch von Austin erzähle, dann nicht, damit ihr euch fragt, ob ich zurückkomme. Ich erzähle es euch, damit ihr wisst, warum ich zurückkomme, obwohl mein Herz aus Protest laut schreit. Ja, ich möchte bis zu meinem letzten Atemzug mit ihm zusammen sein. Ich möchte neben ihm liegen und Papa und Bongo beweinen und eine Welt, die so dermaßen verrückt geworden ist, dass ich sie in Stücke reißen und das Universum von Menschen befreien will. Auch er möchte die Welt neu erschaffen, aber nicht auf dieselbe Art, wie wir sie verfolgen. Er glaubt an den Dialog, daran, dass die Menschen ihre Geschichten mit anderen teilen, die Geschichten anderer hören, Feinde eine neue Sicht aufeinander gewinnen. Ich bin versucht, über seine Naivität zu lachen, wenn er glaubt, Geschichten allein könnten das bewirken. Als ich ihm von eurem ersten Angriff auf Gardens erzählt habe, war er entsetzt, dass wir diesen Weg eingeschlagen haben. Wir haben uns deswegen gestritten; tagelang haben wir nicht miteinander gesprochen. Ich finde es schwer, irgendetwas mit ihm zu diskutieren, das mit unserem Kampf verbunden ist. Trotzdem mache ich es, er ist mein bester Freund. Aber wenn er kein Verständnis für meine Vision hat, wie kann ich dann zulassen, dass er in den kommenden Jahren an meiner Seite steht?

Immer wieder sagt er, wir müssen geduldig sein. Er sagt, früher oder später knicken Seine Exzellenz und seine Regierung unter der Last ihrer rücksichtslosen Gier ein, und mit ihnen flüchtet dann auch Pexton. Es macht mich rasend, wenn er das sagt. Geduld, hab Geduld. Geduld ist nicht, was wir brauchen. Was wir brauchen, ist der Mut zu kämpfen. Aber er glaubt nicht an Feindseligkeit. Er sagt, jeder einzelne Konflikt auf der Welt lässt sich durch Dialog lösen. Ich sage, bei unserem war es nicht so, darum kämpfen wir weiter.

Aber wie sollten wir weiter kämpfen, wo wir doch unsere Waffen niedergelegt hatten?, fragten wir.

Zur Zeit dieses Briefs waren seit der Vereinbarung mit Mr. Fish vier Jahre vergangen, und es flossen noch immer keine Prozente. Wir waren nicht scharf darauf, wieder zu den Macheten zu greifen, aber wir durften uns nicht für dumm verkaufen lassen. Wir schrieben Thula, dass es vielleicht an der Zeit sei, unsere nächtlichen Besuche in Gardens wieder aufzunehmen. Wir mussten sie daran erinnern, dass unser Acker noch immer verschrumpelte Erträge einbrachte, dass das Wasser in unserem Brunnen noch immer vergiftet war, unsere Kinder noch immer schädliche Luft einatmeten.

Thula stimmte uns zu. »Sieht ganz so aus, als hätte ein Versprechen für sie keine Bedeutung«, schrieb sie.

Aus irgendeinem Grund wollte sie, dass wir nicht sofort wieder mit unseren Angriffen loslegten. Sie wollte, dass wir bis zu ihrer Rückkehr damit warteten. Sie wollte sich mit Sonni und den Ältesten zusammensetzen und sie davon überzeugen, dass sie zwar entschlossen war, den Dialog mit Pexton zu suchen, aber auch glaubte, dass wir nicht ewig auf Pexton warten sollten. Es war ihr wichtig, dass die Ältesten und wir uns darin einig waren, dass wir unsere alte Taktik wieder aufgriffen, wenn Pexton nicht auf unsere Forderungen eingehen würde. Sie wollte den Ältesten erklären, dass die Aktion Neuanfang wahrscheinlich irgendwann an einen anderen Ort weiterziehen würde, und das wäre nicht unfreundlich von ihnen, sondern so würden diese Sachen nun mal funktionieren; wir würden endlich Pläne für den Tag machen müssen, da wir nur noch wenig Unterstützung von außen hätten.

Wir stimmten ihr in allem zu. Wir schrieben ihr, dass wir mit der Wiederaufnahme des Kampfs bis zu ihrer Rückkehr warten würden, denn wir wussten, dass unsere Zähigkeit mit ihrer Rückkehr wachsen würde.

In ihrem nächsten Brief erzählte sie uns von einem anderen Gedanken, der sie beschäftigte.

Vergesst nicht, Pexton handelt nicht allein in dieser Sache. Sie haben nur deshalb Macht über uns, weil unsere Regierung ihnen Macht über uns gegeben hat. Die Regierung hat ihnen unser Land gegeben. Die Regierung hat damals die Soldaten geschickt. Die Regierung hat unsere Männer gehängt. Wenn wir Pexton dazu kriegen würden zu gehen, würde die Regierung dann nicht auf andere Weise zurückkehren, um uns weiter zu unterdrücken? Was bedeutet, dass nicht Pexton unser größter Feind ist, sondern die Regierung. Das heißt nicht, dass wir uns nicht gegen Pexton zur Wehr setzen sollten, es heißt, dass wir uns auch gegen die Regierung zur Wehr setzen müssen. Ich weiß, dass das ungeheuerlich klingt, sicher denkt ihr, dass das völlig jenseits unserer Möglichkeiten liegt, aber was haltet ihr davon, wenn wir eine Bewegung starten, die die Regierung Seiner Exzellenz zu Fall bringt? Was haltet ihr davon, wenn wir Bézam die Botschaft schicken, dass wir all das nicht länger hinnehmen?

Ich glaube, dass wir das schaffen. Möglicherweise sind wir das einzige Dorf, das die von Pexton vergiftete Luft atmet, aber Pextons Pipelines verlaufen auch durch andere Dörfer, und auch dort läuft Öl aus. Überall werden Unschuldige von Soldaten bedroht. Alle haben unter dem Joch Seiner Exzellenz zu leiden. Tausende wollen ihn loshaben. Genau das ist unsere Chance. Wir können uns mit Menschen zusammentun, die sich genauso dringend Veränderungen wünschen wie wir. Wir können sie wachrütteln, damit sie auf die Straße gehen und ein neues Land fordern. Ich habe mich während meines Studiums mit solchen Bewegungen beschäftigt; es hat sie in Amerika und in Europa gegeben. Die Menschen sind auf die Straße gegangen und haben ihr Land durch Protestmärsche verändert. Wahrscheinlich brauchen wir Monate oder sogar Jahre, um große Massen zu solchen Märschen zu bewegen, aber mit der richtigen Planung können wir es schaffen.

Wir fangen in Kosawa und in den Geschwisterdörfern an und reisen so weit wie möglich durchs Land. Wenn sich das erst mal herumgesprochen hat, da habe ich vollstes Vertrauen, werden die Menschen begreifen, dass sie nicht alles hinnehmen müssen, dass sie eine Wahl haben, dass sie etwas gegen ihre Regierung unternehmen können. Und genau das wird zentral sein für die Bewegung, denn nur das Volk kann Seine Exzellenz stürzen. Nur das Volk kann sich befreien. Wir müssen den Menschen diese Macht vor Augen führen.

Stimmt ihr mir zu? Ich hoffe es so sehr, weil ich diese Idee seit Jahren mit mir herumtrage, aber erst jetzt die Gewissheit habe, dass der große Geist mich gerufen hat, ihr nachzugehen, uns alle.

Ich habe diese Vision mit meinen Freunden hier besprochen, und sie sind begeistert. Wir haben über zurückliegende Bewegungen geredet und was ich mir von ihnen abgucken kann. Sie haben mir Bücher zu diesem Thema empfohlen. Einer von ihnen hat mich seinem Onkel vorgestellt, einem Mann, der einer Bewegung in Amerika angehörte, die die Verabschiedung von Gesetzen bewirkt hat, durch die für jeden im Land das Recht auf Gleichbehandlung verankert wurde. Der Onkel hat gesagt: Wenn es bei uns geschehen kann, kann es auch bei euch geschehen; der Mensch ist sterblich, genauso wie die Systeme, die er errichtet. Und dann hat er noch gesagt, und zwar irgendwie so, dass es mich an Lehrer Penda erinnert hat, wenn er uns mal wieder vorführen wollte, wie Amerikaner reden: Du darfst nie den Glauben verlieren, Baby. Der Wandel wird kommen.

Aber immer, wenn ich meine Ideen mit Austin bespreche, sagt er, dass ich die Geschichte der Bewegungen in Europa und Amerika ignorieren und mich stattdessen gründlich mit ähnlichen Bestrebungen in Ländern wie meinem auseinandersetzen soll.

Was du da vorschlägst, ist nicht nur eine kleine Bewegung, hat er gesagt, sondern eine Revolution.

Bewegung, Revolution, mir egal, wie man dazu sagt, mein Land braucht es, habe ich ihm geantwortet.

Aber sieh dir an, was Revolutionen mit den Ländern rings um euer Land gemacht haben, Prinzessin, hat er gemeint. Sieh dir das Land im Süden von euch an, ein Land, in dem die Macht einst in den Händen weniger lag. Gute Männer sind dagegen aufgestanden und haben gekämpft, damit der Wohlstand gleichmäßig verteilt wird. Und ist es so gekommen? Oder ist der Wohlstand nicht einfach aus den Händen einer Reihe weniger in die Hände einer anderen Reihe weniger gewandert? Sieh dir das Land im Osten von euch an, wo Rebellen mit den Waffen ihrer Hintermänner aus Übersee den Palast des Präsidenten gestürmt haben. Sie haben den Palast geschändet, seine Bewohner zum Untertauchen gezwungen. Sie haben dem Mann, der so lange auf ihnen herumgetrampelt ist, Kugeln in die Brust gejagt. Sie haben die Waffen in die Luft gerissen und ihre neue Freiheit bejubelt: Sieg, endlich, Sieg. Und was kam dann? Haben sich nicht Völker gegen Völker gerichtet, Dörfer gegen Dörfer, ohne einen starken Mann als Mittler, um eine friedliche Einigung zu erwirken? Sieh dir an, wie die Kinder in diesem Land heute verhungern. Sieh dir an, wie man die Frauen dort zu Sklavinnen für dieselben Männer macht, die für die Befreiung aller gekämpft haben. Glaubst du, diese Menschen würden ein Loblied auf die Revolution singen, wenn du sie danach fragst?

Warum bist du so überzeugt, dass deine Revolution anders ausgeht?, hat er gesagt. Warum den Menschen noch mehr Leid zumuten, wenn dein Vorhaben zum Scheitern verurteilt ist?

Es schmerzt mich, wenn er solche Sachen sagt. Und das Wissen, dass er das nur sagt, damit ich in Amerika bleibe, schmerzt mich noch mehr. Ich sehe die Verzweiflung in seinen Augen, wenn er mich im Arm hält und sagt, dass er mich nicht gehen lassen kann. Wir sind seit fast acht Jahren zusammen. Es war wundervoll, aber er hat von Anfang an gewusst, dass ein Teil meines Herzens besetzt ist und nur Kosawa gehört – obwohl, wenn irgendein Mann ihn stehlen könnte, dann er. Ich verbiete mir, an den Tag zu denken, an dem ich mich von ihm verabschieden werde. Schon allein beim Zuhören, wie er versucht, mich davon abzubringen, um mich zu schützen, so falsch das auch sein mag, kommen mir die Tränen. Aber ich darf keine Tränen vergießen. Es wird keine Tränen geben, bis der Kampf vorbei ist.

Was ich in diesem Brief vorschlage, klingt wie eine Mission, die den Rest unseres Lebens verschlingen wird, ich weiß, aber ich bin bereit, mein Leben dafür einzusetzen, wenn ihr es auch seid. Vielleicht erleben wir den Tag nicht mehr, an dem Kosawa oder unser Land aus der Dunkelheit treten, aber wir werden im Glauben daran vorwärtsgehen, denn einen anderen Weg gibt es nicht.

Einen anderen Weg gibt es nicht, schrieben wir zurück.

Was sie vorschlug, klang in der Tat gewagt, aber wir würden lieber kämpfen und sterben, als als Feiglinge zu leben. Wir würden ihr folgen und ihrem wie auch immer gearteten Plan für ein neues Leben vertrauen – darum war sie nach Amerika gegangen: um mit dem dort Gelernten zu uns zurückzukehren und es zu unserem Wohl einzusetzen. Wir hielten es für unwahrscheinlich, dass die Menschen im ganzen Land genauso begeistert davon wären wie sie, Seine Exzellenz zu stürzen, aus Angst, seinen Zorn auf ihre Städte und Dörfer zu lenken, aber wirklich wissen konnten wir es erst, wenn wir mit ihnen sprechen würden.

In ihrer Antwort schrieb sie, dass sie von Austin gelernt habe, sich nicht auf die Vergangenheit oder die Zukunft zu konzentrieren, sondern auf die Gegenwart. Sie gab zu, dass es Momente gebe, in denen sie noch immer an ihren Vater und ihren Onkel und an all jene denken würde, die Kosawa verloren hatte, und dass sie Angst habe, dass unser Dorf noch viele weitere Verluste erleiden werde, ehe alles vorbei sei. Aber die Erinnerung an unsere Verstorbenen schenke ihr auch Kraft. Sie sagte:

> Letzte Woche hat Austin mir einen Essay vorgelesen, den er als Hommage auf Männer wie meinen Vater und meinen Onkel geschrieben hat. Darin spricht er davon, wie überall auf der Welt immer wieder mutige Männer fallen und die von ihnen gebrachten Opfer sich in nichts auflösen, sobald neue Formen der Gier und Rücksichtslosigkeit die alten ablösen. Was wird aus denen, die sich erheben, um den Platz von Männern wie meinem Vater und meinem Onkel einzunehmen? Es stimmt, aufflackernder Fortschritt erhellt hier und da das Leben in entlegenen Winkeln der Welt, aber eine universelle Lösung ist nicht in Sicht.
>
> Obwohl Austin und ich oft darüber streiten, wie wir uns und alle um uns herum am besten befreien, stimmen wir doch in allem anderen überein. Wir sind uns einig, dass zu viele Menschen das Bewusstsein für ihre wahre Bestimmung verlieren, was dazu führt, dass die Raubtierhaftesten unter uns den Rest als Festmahl betrachten, das es zu verschlingen gilt. Ich bin getröstet und zugleich noch zermürbter durch das, was ich in Amerika gesehen habe, durch das Bewusstsein, dass Kosawa nur einer von Tausenden Orten ist, die so gründlich bezwungen werden; dass sehr viel mächtigere Orte als unserer viel vernichtender zerstört worden sind. Ich gehe noch immer jede Woche zu den Treffen im Village, und bei jedem Treffen fragen wir uns: Was machen wir jetzt? Was machen wir jetzt, wo wir doch schon alles in unserer Macht Stehende getan haben, ohne dass wir irgendeine Veränderung sehen? Was werden unsere Kinder machen, wenn sie alles in ihrer Macht Stehende getan

haben und gescheitert sind, so wie unsere Väter vor uns gescheitert sind?

Austin bettelt immer wieder, dass ich in Amerika bleiben soll. Er sagt, ich könnte hier Geld verdienen und es euch schicken. Er sagt, vielleicht ist es wirklich besser, dass wir Kosawa an Pexton verkaufen. Wie könnte er es je verstehen? Geld leistet seinen Teil, aber wir wollen nicht einfach nur in Ruhe gelassen werden. Wir wollen, dass unser Leben uns gehört; wir wollen herumstolzieren wie die Söhne und Töchter von Leoparden, die wir sind.

Nachdem wir diesen Brief erhalten hatten, streckten wir jedes Mal die Brust raus und strafften die Schultern, wenn wir an ihre Worte dachten und an ihre Überzeugung, dass wir ein absolutes Recht auf Würde und Respekt besaßen. Gegen Ende des Monats gab das ganze Dorf ihre Worte wieder, als wir alle zusammenkamen, um den Übergangsritus einer ins Mannesalter eintretenden Generation von Jungen zu feiern.

Das Mannwerdungsritual beging das ganze Dorf immer mit großer Freude, denn es erinnerte uns daran, wer wir als Volk waren und für welches Leben wir erschaffen wurden. Wir lachten jedes Mal, wenn wir uns an die Nacht unseres Rituals erinnerten, als wir von männlichen Verwandten tief in den Wald geführt und dort zurückgelassen wurden. Manche unserer gleichaltrigen Freunde hatten versucht, ihren Verwandten nach Hause zu folgen, und die Verwandten hatten ihnen die Leviten gelesen und ihnen gedroht, sie an einen Baum zu binden. Keinem von uns war es erlaubt, vor Sonnenaufgang nach Hause zu gehen. Wir brachten die ganze Nacht damit zu, uns inmitten von unergründlichen Geräuschen und Gerüchen gegenseitig zu rufen, hatten Mühe, einander in der Dunkelheit zu finden, und Angst, wir würden auf eine Schlange treten oder auf einen Skorpion. Die von uns, die andere Freunde fanden, kauerten sich mit ihnen unter einen Baum; eine Decke mitzunehmen, war uns nicht erlaubt, obwohl das Ritual immer in der Regenzeit stattfand. Wenn wir keinen Freund fanden, kletterten wir auf einen Baum, um uns in Sicherheit zu bringen, oder saßen die ganze Nacht wach, die Arme um uns geschlungen, weil wir Angst hatten, uns alleine hinzulegen. Am Morgen waren wir von Mückenstichen übersät, aber stolz, dass wir uns als furchtlos erwiesen hatten. Auf dem Weg ins Dorf fielen wir uns lachend ins Wort und verschafften uns lauthals Gehör, begierig darauf, unsere Überlebensgeschichten zu erzählen.

Wir kamen unter dem Jubel unserer Mütter ins Dorf zurück, obwohl sie keinen Grund hatten zu befürchten, dass einer von uns nicht zurückkommen würde – noch nie hatte es ein Junge aus Kosawa nicht geschafft, bis zum Abend der Feier ins Dorf zurückzukommen. Trotzdem wurden mit aller Kraft die Trommeln geschlagen, und unsere Tanten und älteren Schwestern schwitzten bei den Vorbereitungen in der Küche. Aber wir durften noch nichts essen. Wir durften unsere Mütter nicht umarmen. Wir durften nicht einmal in unsere Hütten gehen. Wir wurden von unseren Vätern und den Ältesten direkt auf den Dorfplatz geführt. Dort saßen wir auf Matten unter dem Mangobaum. Es war uns nicht erlaubt, uns zu bewegen oder zu sprechen, denn das Mannsein verlangte von uns, dass wir das Stillsein übten. Nur Handzeichen waren erlaubt, wenn wir zur Toilette gehen mussten, danach kehrten wir hungrig und durchgefroren zu unserer Sitzposition zurück. Den ganzen Vormittag und Nachmittag saßen wir da, bis zu der Stunde, in der das Dorf bereit war, mit dem Fest zu beginnen.

Unsere letzte Prüfung erwartete uns, als sich ganz Kosawa plus Freunde und Verwandte aus den Geschwisterdörfern um uns versammelt hatten, Hunderte an der Zahl.

Unter den Blicken der versammelten Menge zogen wir uns nackt aus, um über glühende Kohlen zu laufen.

Vierzig Schritte mussten wir über die Kohlen gehen, ohne Scham oder Schmerz zu zeigen, denn als Männer sollten wir trotz aller Blicke der Welt unser Haupt erhoben halten und unseren Schmerz weise kanalisieren. Unsere Väter hatten uns geraten, schnell über die Kohlen zu laufen, aber als es so weit war, gelang es nur wenigen; die meisten bissen bei jedem Schritt die Zähne zusammen, und bei mindestens ein paar von uns lief Urin. Nach Abschluss dieser Prüfung wickelten unsere Mütter und andere Frauen aus unserer Familie uns einen Lendenschurz um, und unsere Väter und andere Männer aus unserer Familie trugen uns nach Hause, wo unsere verbrannten Fußsohlen gereinigt und verbunden wurden, nachdem wir uns gewaschen hatten.

Als wir ganz in Rot gekleidet zum Platz zurückkamen, erklang die Dorfhymne, und alle tanzten und sangen: *Sons of the leopard, daughters of the leopard, beware all who dare wrong us, never will our roar be silenced.*

Bevor wir zum Essen und Trinken übergingen – dem Teil, von dem wir während der ganzen Nacht im Wald und des ganzen Tages beim Sitzen in der Stille geträumt hatten –, knieten wir vor den Ältesten nieder. Sie legten uns die Hände auf die Köpfe, brachten Trankopfer dar und salbten uns zur nächsten Generation der Leoparden. Mit dem Aufstehen nach der Salbung traten wir ins Mannesalter ein. Wir wussten jedoch von unseren Vätern, dass das Mannwerdungsritual allein keine Männer aus uns machte. Wir wussten, wir würden erst an dem Tag zu Männern werden, an dem wir die Verantwortung für das Leben anderer übernehmen würden, Ehefrauen und Kinder hätten und sie anschauen und erkennen würden, dass wir nichts wert waren, wenn es uns nicht gelänge, ihnen alles zu geben. Nun, da wir Männer waren, sagten wir genau das oft zur jüngeren Generation, dass der Übergangsritus nur die Tür zum Mannesalter war, die für sie aufgestoßen wurde – sie würden die Welt immer wieder daran erinnern müssen, dass das Blut des Leoparden in ihnen floss; andernfalls würden sie für immer Jungen bleiben.

Als wir Thula vom Ausgang der letzten Feierlichkeiten erzählten, war sie fassungslos, dass Babys, die sie einst im Dorf herumgetragen hatte, nun ins Mannesalter eingetreten waren. »Ich bin froh, dass ich bald zurückkomme«, sagte sie. »Ich will nicht zurückkehren und feststellen, dass meine Freunde schon Großeltern sind.« In diesem Brief, ihrem letzten aus Amerika, erzählte sie uns von einer Abschiedsparty, die ihre Freunde spontan für sie geschmissen hätten, und dass ihre Freunde sie zum Weinen gebracht hätten, als sie über all die gemeinsam erlebten Abenteuer gesprochen hätten, die gemeinsam bereisten Orte in Amerika. Aber der Großteil des Briefs galt ihrem eigenen, kürzlich durchlebten Übergangsritual:

> Vor zwei Tagen bin ich zum Abendessen zu Austin gegangen. Wir hatten beschlossen, besser nicht mehr davon zu sprechen, dass ich in drei Monaten abreise, und uns lieber noch eine schöne Zeit zu machen, so als würden wir für immer zusammenbleiben. Manchmal ist es uns gelungen, aber als ich in die Wohnung gekommen bin, war er so schlecht gelaunt, dass ich gleich gemerkt habe, dass es an diesem Abend nicht so sein würde. Als wir ein Gericht aus frittierten Kochbananen mit einer Pilz-Bohnen-Sauce gegessen haben, das er in Bézam gelernt hat, hat er meine rechte Hand genommen und gemeint, er müsste mir etwas sagen.
>
> Prinzessin, hat er gesagt, ich sterbe.
>
> Ich habe ihm ins Gesicht geschaut, aber mir kam kein Wort über die Lippen.
>
> Was soll das heißen, du stirbst?, habe ich irgendwann gefragt.
>
> Ich sterbe, hat er noch mal gesagt. Ich weiß nicht wann, ich weiß nicht woran, aber heute, morgen, nächste Woche oder nächstes Jahr bin ich tot.
>
> Was ist los?, habe ich gesagt. Warst du beim Arzt? Er hat den Kopf geschüttelt. Mein Herz hat sich beruhigt; ich habe mir gesagt, dass er nur in dieser typisch nachdenklichen Stimmung ist.

Schreibst du an einer Geschichte über den Tod, die dich aufwühlt?, habe ich gefragt.

Jede Geschichte, die ich schreibe, ist über den Tod, hat er gesagt. Heute ist mir klar geworden, dass das Leben Tod ist, der Tod Leben – was ist der Sinn von allem?

Du bist also nicht krank?, habe ich gefragt. Er hat den Kopf geschüttelt. Da ist mir eine Träne aus dem Auge geschossen, und er hat sie mit seiner freien Hand weggewischt.

Wir haben wer weiß wie lange dagesessen und uns in die Augen geschaut. Noch mehr Tränen haben sich ihren Weg gebahnt, warum, habe ich nicht verstanden. Mein Körper hat sich schwer angefühlt, erschöpft von einem turbulenten Leben. Und trotzdem habe ich gespürt, wie meine Sinne erwacht sind. Ich habe geschluchzt, und Austin hat mir die Tränen weggewischt, weswegen ich nur noch heftiger schluchzen musste.

Er hat gesagt: Auch du stirbst, Prinzessin. Wir alle sterben. Ich musste die ganze Woche darüber nachdenken, wie nah der Tod ist. Bewirkt der Gedanke daran bei dir nicht auch, dass du dein Leben umkrempeln willst? Bei mir bewirkt er das. Ich möchte durchs Leben schweben, unberührt von den menschlichen Nichtigkeiten. Weißt du, es ist unfassbar, was für ein Wimpernschlag in den endlosen Weiten des Universums unsere Existenz ist. Es ist verblüffend, so ernüchternd und befreiend, findest du nicht? Wir sind absolut unwichtig.

Er hat gekichert und meine Hand an seine Lippen geführt, um meinen Handrücken zu küssen.

Weißt du, was mir gerade bewusst wird?, hat er gesagt. Dass das Leben schmerzhaft ist. Darum vergessen wir so oft, dass wir sterben. Wir sind zu beschäftigt, um uns unseren Schmerzen zuzuwenden. Ich glaube, das ist ein Trick der Natur – wir dürfen uns nicht zu viel damit beschäftigen, dass wir sterben, denn sonst würden wir unsere Tage damit verbringen, niedrig hängende Früchte von den Bäumen zu essen, in klaren Flüssen zu planschen und zu lachen und unsere sinnentleerten Leben einfach verstreichen zu lassen. Die Natur sorgt dafür, dass uns überall Schmerz erwartet, damit wir in unserem ewigen Bestreben, ihn zu vermeiden oder uns von ihm zu befreien, eine Sache nach der nächsten begehren und die Erde dadurch lebendig bleibt. Wir spüren Schmerz, wir verursachen Schmerz, ein lächerlicher endloser Kreislauf. All das Elend, das wir anderen bereiten, entsteht das nicht nur dadurch, dass wir unseren Schmerz auf ihnen abladen? Ich will mein Leben nicht mehr so leben, wie mein Schmerz es mir diktiert. Den Schmerz, den ich beim Gedanken an deine Abreise spüre, will ich in Liebe verwandeln. Ich will nur noch lieben, ohne Bedingungen. Ich könnte tot sein, ehe du ins Flugzeug steigst. Ich könnte heute Nacht sterben. Ich will nicht makaber klingen, ich will nur lernen, wie man an nichts festhält im Leben. Mein ganzes Leben ist ein einziges Spiel aus Festhalten und Nichtloslassenwollen und dennoch Verlieren. Es tut weh … Meine Mutter, heute ist ihr Todestag.

Es war das erste Mal, das er mir verraten hat, an welchem Tag sie gestorben ist.

Wie hätte ich ihm vorwerfen können, dass er dieses Datum nicht mit mir teilen wollte, wenn ihr Tod ihn immer noch so traurig machte? Sein Vater ist vor Kurzem gestürzt. Austin ist sofort zu ihm geflogen und hat zwei Tage bei ihm im Krankenhaus verbracht. Ich glaube, das alles ist ihm durch den Kopf gegangen, der Gedanke, dass er nach dem Tod seines Vaters und meiner Rückkehr nach Hause und der Entscheidung Seiner Exzellenz, ihn nicht mehr zu uns ins Land zu lassen, vielleicht allein in Amerika leben und sterben würde.

Wenn meine Mutter heute hier wäre, würde sie zu dir sagen, du sollst einfach nur lieben und gut zu allen Menschen sein, hat er gesagt. Das hat sie jeden Tag zu mir gesagt, und ich habe erlebt, wie sie danach gehandelt hat. Ich habe erlebt, wie sie jeden angelächelt hat. Selbst wenn es kalt war, hat sie gelächelt. Sie hat gelächelt, obwohl die Leute im Laden sie angestarrt haben, weil sie nicht ausgesehen und nicht gesprochen hat wie sie. Als ihre Zeit gekommen ist, ist sie mit einem Lächeln im Gesicht gestorben. In den letzten Jahren hat die Welt mir einreden wollen, dass es eine bessere Art gibt, sein Leben zu leben; ich soll meinen Schmerz ausagieren, weil Menschen wie meine Mutter sich angeblich irren. Die Welt liegt falsch.

Ich habe die Nacht bei ihm verbracht, Schlaf war undenkbar, meine Gedanken in Aufruhr. Es hat sich angefühlt wie eine dieser schrecklichen Nächte unserer Kindheit, nur dass ich diesmal keine Angst vor dem Tod hatte. Ich war mir seiner nur übermäßig bewusst und habe gehört, wie er zu mir gesagt hat, Ich komme dich holen, Thula. Ich komme dich holen, mach dich bereit. Das alles hat mich zum Nachdenken gezwungen: Was, wenn Austin recht hat und das Leben ein endloser Kreislauf aus Schmerzen fühlen und Schmerzen verursachen ist? Ich will auch nicht mehr Teil eines solchen Kreislaufs sein. Die ganze Nacht habe ich mich gefragt: Ist unser Kampf gegen Pexton getrieben von Schmerz oder von Liebe? Könnte er von Liebe getrieben sein? Sollte er das?

Gestern, als ich wieder bei mir war, habe ich im Bett gelegen und mich in Gedanken in einen Raum voller schöner Dinge aus Glas gebeamt. Der Raum war riesig, so groß wie Kosawa. In ihm gab es nichts außer mir und Tellern und Tabletts und Gläsern und Vasen, Farben jeder Art, Blumenverzierungen, endlose Reihen kostbarer zerbrechlicher Dinge. Ich hatte Lust, alles zu zerschmeißen. Ich habe die Augen geschlossen und geschrien. Ich bin durch den Raum gerannt. Habe Sachen von den Regalen gerissen. Sie auf den Boden geworfen. Sie an die Wand geschleudert. Sie umhergekickt.

Geweint, während ich alles zerbrochen habe. Ich habe die Regale leer gefegt. Gewütet, bis in dem Raum nichts mehr übrig war außer mir und meinem Gebrochensein. Dann habe ich mich an eine Wand gesetzt und geweint, bis mir der Kopf wehtat und meine Wangen sich wie betäubt angefühlt haben. Ich habe mir die Augen getrocknet, bin aufgestanden und habe einen Besen in der Ecke stehen sehen. Ich habe die Scherben aus dem Raum gefegt. Dort haben sie sich in Luft aufgelöst. Ich habe die Tür geschlossen und mich allein in dem leeren Raum befunden. Wieder habe ich angefangen zu weinen, aber diesmal war es nicht nur weinen allein. Ich habe geweint und getanzt, irgendwann nur noch getanzt und gelacht, überflutet von Freude.

Die Liebe, die heute in meinem Herzen eingezogen ist, bleibt hoffentlich für immer, aber falls nicht, kann dieser Brief als Zeugnis dafür dienen, dass es einst einen Tag gegeben hat, an dem ich mir gewünscht habe, es möge der Frieden regieren. Vielleicht wache ich schon morgen voller Schmerzen auf, den Kopf voller Bilder von unserem Leid, und will nichts anderes, als Pexton bestrafen. Vielleicht werde ich mir wünschen, ich hätte euch diesen Brief nie geschrieben, aber dann ist es zu spät. Vielleicht habt ihr meine Worte dann schon gelesen und beschlossen, euch mir darin anzuschließen, Kosawa zu befreien, ohne irgendwem Schmerzen zuzufügen; ohne Worte, Gedanken oder Handlungen, die einen anderen zerstören. Vielleicht habt ihr dann geschworen, nie wieder etwas zu beschädigen oder niederzubrennen, weil ihr euch gefragt habt, ob ich mich geirrt habe, ob wir alle uns geirrt haben, als wir glaubten, wir könnten mit Zerstörung Frieden erwirken.

Vielleicht lest ihr diesen Brief aber auch und werft ihn ins Feuer, betrachtet ihn einfach nur als das Gefasel einer rettungslos verlorenen Frau und fragt euch, warum ihr meinen Worten je so viel Gewicht beigemessen habt. Ich bitte euch nur, eure Herzen zu befragen und in euch die Vorstellung zu bewegen, wie es wäre, wenn wir uns unser Land mit der in unseren Adern fließenden Liebe wiederholen.

Während ich das hier schreibe, ist mir völlig klar, was wir tun müssen. Ich sehe uns zu Pexton marschieren, vor den Soldaten singen und tanzen. Vielleicht werden wir weinen oder noch wütender werden, aber unsere Wut stammt dann von einem Ort der Liebe zu uns selbst, zu unserem Geburtsort. Aus dieser Liebe heraus werden wir einfordern, was uns zusteht, und ganz sicher gewinnen.

Wenn wir sterben sollten, dann lasst uns für Frieden gestorben sein.

Ich werde immer eine von uns sein.
Thula

In unserem letzten Brief an sie schrieben wir, dass es besser sei, ihren Vorschlag persönlich zu besprechen. Wir bewunderten ihre Intelligenz, aber wir erkannten, dass aus ihren Worten eine Frau sprach, die bald Abschied von ihrem Liebsten nehmen würde und so verändert war, dass sie von nichts anderem sprechen konnte als von Liebe. Keiner von uns glaubte, dass wir diesen Kampf mit Freundlichkeit und Gesang und Tanz gewinnen würden. Die Zeit für Freundlichkeit war vorbei.

Einer von uns war kürzlich von einem Soldaten angesprochen worden, der ihm zugeflüstert hatte, er könne uns Waffen besorgen. Waffen würden uns weit mehr als nur Beschädigungen und Brände erlauben – sie würden Kosawa sicherer machen. Wir hatten über das Angebot des Soldaten nachgedacht und beschlossen, dass es nach einer guten Investition klang. Trotzdem hielten wir es für das Beste, auf Thula zu warten und sie persönlich um das Geld für die Anschaffung zu bitten. Darum schrieben wir ihr nur wenig in unserem letzten Brief; wir schrieben nur, wir hätten alles gehört, was sie gesagt habe, und seien dankbar, dass sie Frieden gefunden habe.

Wir bestätigten ihr, dass wir sie am Tag ihrer Rückkehr am Flughafen willkommen heißen würden und dass wir unsere Frauen bereits darum gebeten hätten, unsere beste Kleidung zu stärken und zu bügeln. Als sie eine Woche nach ihrer Rückkehr Kosawa besuchte, um wahrhaftig wieder zu Hause zu sein, waren auch unsere Freunde anwesend, die das Dorf vor langer Zeit verlassen hatten, um Thulas Heimkehr mit uns zu feiern.

Unsere Frauen hatten schon festgelegt, wer was kochen würde. Es würden ein paar Ziegen geschlachtet werden, der Dorfplatz gefegt. Unsere Kinder, die geboren waren, nachdem sie fortgegangen war, wollten alles über Thula wissen, ihre Thula. Für Kosawa würde es ein Tag großen Jubelns werden. Und so war es auch, nur dass unsere Freude schon früher begann als die aller anderen, als wir am Flughafen in Bézam neben ihrer Familie standen und sie durch die Türen direkt auf uns zukommen sahen. Sie war mit siebzehn fortgegangen und war jetzt fast achtundzwanzig, den Jahren nach eine Frau, wenn auch nicht äußerlich, mädchenhaft wie sie wirkte, ihr Gesicht so glatt und faltenfrei. Sie war so dünn wie immer, auch wenn ihre großen Augen noch stärker hervorstachen, ihr Lächeln größer war und breiter, ihre Haare lang und in bauschige Strähnen aufgeteilt, was ihre Schönheit noch geheimnisvoller und verführerischer machte. Sie weinte, als sie uns umarmte. Ihre Mutter und ihr Bruder weinten. Es war so viele Jahre her, zehn Jahre, ein ganzes Leben.

Als sie und ihre Familie eine Woche später in Kosawa eintrafen, schlugen wir fest die Trommeln, Sonni und die Ältesten brachten Trankopfer dar, und wir alle staunten darüber, dass sie so anders zurückgekehrt war als das Mädchen, das Kosawa verlassen hatte, aber zugleich genauso wie das Mädchen, das Kosawa verlassen hatte, noch immer ausgestattet mit der schrecklichsten Singstimme weit und breit, aber dafür reicher an Worten, glücklicher, beim Tanzen mit den Frauen, beim Spielen mit den Kindern, frei, ein Vogel zurück in seinem Nest.

Die Notwendigkeit des Waffenkaufs sprachen wir am zweiten Tag ihres Besuchs an. Es war abends, nachdem eine unserer Frauen uns bekocht hatte und wir zum Dorfplatz weitergezogen waren, damit wir sechs ungestört unter dem Mangobaum sitzen konnten, über dem schrecklich einsam der Halbmond stand. Ein paar Tage, bevor wir nach Bézam gefahren waren, um Thula zu Hause willkommen zu heißen, hatten wir beraten, wie wir unsere Bitte am besten vortragen würden – als Gruppe oder in einem Gespräch unter vier Augen, je nachdem, wie viel Überzeugungsarbeit nötig wäre. Letztendlich hatten wir beschlossen, die Bitte zusammen vorzutragen, voller Hoffnung, dass die Verwandlung, von der sie geschrieben hatte, nur vorübergehend war. Wie lange würde sie den Glauben aufrechterhalten, dass uns Liebe zur Freiheit führen würde?

Wir merkten schnell, dass es ein Fehler gewesen war, an ihr zu zweifeln.

Als sie von den großen Männern erzählte, deren Leben und Wirken sie gründlich studiert hatte, Männer, die ihre Länder ohne einen Akt der Zerstörung und ohne Blutvergießen verändert hatten, sprach die volle Überzeugung aus ihren Augen. Auch wir könnten das schaffen, sagte sie, wenn wir unsere Feinde auf unsere Seite bekämen, die Wand zwischen ihnen und uns einreißen und ihnen zeigen würden, dass unsere Kinder ihre Kinder seien, ihre Kinder unsere Kinder; dafür sei ihr Vater gestorben, um den Menschen in Bézam diese Wahrheit zu vermitteln.

Sie hätte bis zum Morgen weitergesprochen, wenn nicht einer von uns sie unterbrochen und gesagt hätte, dass wir ihr zwar zustimmten – und sie in jedem Fall dabei unterstützen würden, Bürger zusammenzubringen, um Seine Exzellenz loszuwerden –, aber auch glaubten, dass es für Kosawa an der Zeit sei, sich Waffen zu beschaffen.

Wen wollt ihr töten?, fragte sie nach langem Schweigen.

Nur die, die uns Böses wollen, sagten wir. Soldaten waren nach Kosawa gekommen und hatten unsere Familie und unsere Freunde niedergemetzelt, und wir hatten nichts dagegen tun können. Unzählige Male hatten sie uns vor unseren Kindern gedemütigt, und jedes Mal hatten wir nichts tun können, weil sie Waffen besaßen und wir nicht. Sie drangen in unser Dorf ein, und wir hatten nicht die Macht, sie zum Gehen aufzufordern. Hielt sie es denn nicht für schlau, wenn wir uns in Zukunft gegen sie behaupten könnten?

Sie schüttelte den Kopf.

Nein, sagte sie. Das können wir nicht tun. Wenn wir für Frieden eintreten, müssen wir zu jeder Zeit für Frieden eintreten. Wie können wir sagen, wir wollen Frieden mit ihnen schließen, wenn wir unterdessen planen, sie zu töten?

Wir planen nicht, sie zu töten, sagten wir. Wir haben nicht vor, die Angriffe auf Gardens wieder aufleben zu lassen. Wir werden die Arbeiter nicht bedrohen. Die Waffen dienen nur zu unserem eigenen Schutz, falls man uns erneut angreift. Wir können nicht weiter von Frieden reden und zugleich wehrlos bleiben – das wäre leichtsinnig und absurd. Seine Exzellenz und Pexton haben keine Skrupel, unser Blut zu vergießen, um ihre Interessen durchzusetzen; warum sollten wir nicht dagegen kämpfen wollen? Wir hoffen, dass der Tag nie eintreten wird, an dem wir ihnen das Gleiche antun, aber wir müssen darauf vorbereitet sein.

Wenn sie die Mittel für die Waffen bereitstellen würde, würden wir alles in unserer Macht Stehende tun, um ihrer Vision einer

Revolution zum Erfolg zu verhelfen, versprachen wir. Sobald sie uns Bescheid geben würde, würden wir uns mit den Dorfoberhäuptern in unserem Bezirk und den umliegenden Bezirken treffen und uns die Leidensgeschichten ihrer Leute anhören: durch die Massenabholzung der Regierung verursachte Schlammlawinen; durch Dekrete beschlagnahmtes Land; sterbende Kinder; von Soldaten vergewaltigte Frauen; kurz vorm Einsturz stehende Schulen. Wir würden die Dorfoberhäupter fragen, ob sie sich uns im Kampf gegen unseren gemeinsamen Feind anschließen wollten. Gut möglich, dass ein paar von ihnen uns wegschicken würden, wenn sie erst mal hören würden, dass wir hofften, Seine Exzellenz durch Protestmärsche zu stürzen. Wir stellten uns vor, wie uns die Ältesten auslachen und sagen würden: O, ihr jungen Leute, ihr habt noch die Kraft, wütend zu sein, was für ein Luxus – wartet nur ab, wie viel wütender ihr erst werdet, wenn euch die ersten Zähne ausfallen. Aber wir würden beharrlich bleiben, ganz gleich, wie sehr sie uns verspotten würden, weil wir genau wie Thula daran glauben, dass der Sieg möglich ist. Aber ohne die Waffen könnten wir uns nicht für ihre Ideale einsetzen.

All die Freude, mit der sie nach Kosawa gekommen war, war am nächsten Morgen aus ihrem Gesicht gewichen.

Trotzdem lächelte sie tapfer bei dem Treffen mit dem gesamten Dorf, das unmittelbar vor ihrer Rückfahrt nach Bézam stattfand, wo sie ihren Job bei der Regierung antreten würde. Als sie dort neben Sonni auf dem Platz stand, sagte sie den Versammelten, dass die Zeit für einen letzten Vorstoß zur Rettung Kosawas gekommen sei. Sie sagte, jeder Einzelne müsse sich dafür den Bemühungen anschließen, soweit es die Kräfte zuließen. Das Dorf habe nur dann eine Chance, wenn wir zusammenhielten. Sie versprach, so oft wie möglich zu Besuch zu kommen.

Bevor sie im Anschluss an ihre Ansprache mit ihrer Mutter und ihrem Bruder in den Wagen stieg, nahmen unsere Frauen und unsere Kinder sie nacheinander in den Arm. Sie senkte den Kopf, um sich den Segen der Ältesten geben zu lassen, die ihr versicherten, dass sie hinter ihr stünden, dass die Vorfahren und der große Geist hinter ihr stünden, dass ganz Kosawa sich ihr mit seiner Kraft und Hoffnung anschließen werde.

Einen Monat später kam sie erneut zu Besuch, aber sie äußerte sich nicht zu der Sache mit den Waffen. Auch im Monat darauf erhielten wir keine Antwort. Obwohl wir ungeduldig waren, setzten wir sie nicht unter Druck, denn ihr Verhalten verriet uns, wie zerrissen sie in dieser Angelegenheit war. Die Lage in Kosawa verstärkte ihre Unentschlossenheit noch – die Anzahl der Gräber hatte sich in ihrer Abwesenheit verdoppelt; ein paar der Hütten, in denen früher dicht gedrängt Familien gewohnt hatten, standen leer und verfielen; in den großen Fluss war so viel Öl gelaufen, dass die kleinen Kinder ihn nicht mehr den großen Fluss nannten, sondern das traurige Wasser. Thula gab ihr Bestes, um ihre Verzweiflung nicht zu zeigen; es war ihr wichtig, dass das Dorf zu jeder Zeit ihren Optimismus sah. Immer wieder bat sie jeden, den Glauben zu bewahren. Aber was nützt Glauben allein? Ohne uns konnte sie wenig für Kosawa tun. Sie hatte die Vision und die Mittel, wir hatten die Muskeln. Unsere Freunde und Geschwister flohen oder beteten für ein Wunder oder ergaben sich resigniert in das Schicksal, das Seine Exzellenz für sie vorgesehen hatte – sie alle wünschten sich ein besseres Leben, aber keiner von ihnen war bereit, den höchsten Preis dafür zu zahlen.

Wir waren diejenigen, die keine Angst vor dem Tod hatten, diejenigen, die erkannten, dass wir, egal, ob wir uns zurücklehnen und nichts tun oder aufstehen und kämpfen würden, letztlich tot enden würden, warum also nicht kämpfen? Manchmal fragten wir uns, was uns von anderen unterschied, warum andere gleichaltrige Männer mit ausreichend Kraft nicht bereit waren, ihr Leben zu riskieren, um für das einzutreten, was über allem steht und gerecht ist. Wir konnten nur mutmaßen, dass es etwas in unserem Wesen sein musste, etwas, womit der große Geist nicht alle Menschen ausgestattet hat, aus Gründen, die wir gar nicht heraufzubeschwören versuchten. Aber dieses Etwas in unserem Wesen konnte uns nicht vor der Qual bewahren, Jahr für Jahr darauf zu warten, dass unser Leiden endlich ein Ende hätte.

Kosawa kämpfte gegen Pexton, seit wir Kinder waren; unser Land war vergiftet worden, noch bevor wir geboren wurden. Es gab nur wenige Tage ohne ausgelaufenes Öl und ohrenbetäubendes Gasfackelgebrüll in unserem Leben. Zahllose Stunden sprachen wir von kaum etwas anderem als Pexton. Wir hatten uns Sorgen gemacht und Hoffnungen gehegt und kleine Erfolge errungen und viele Verluste erlitten, trotzdem änderte sich nur wenig. Das Kosawa unserer Träume blieb eine Illusion. Während unserer Schulzeit in Lokunja hatten unsere Lehrer oft über das herannahende neue Jahrtausend gesprochen, wie anders die Welt dann sein würde, und wir hatten uns ausgemalt, dass das stimmen würde, denn in den Achtzigern kam uns das Jahr 2000 Millionen Leben weit weg vor, aber nun war es nur noch achtzehn Monate weit weg, und anstatt ihm mit erhobenem Haupt entgegenzugehen, krochen wir auf allen vieren.

Nur die Gnade des großen Geistes bewahrte uns davor, unsere Entschlossenheit einzubüßen, weil er uns Grund zur Freude schenkte: das Lachen unserer Kinder, unsagbar schöne Regenbogen, die Feierlichkeiten bei Geburten und Hochzeiten, die Kosawa in den Tagen davor und danach mit Freude erfüllten, die Euphorie der Vollmondnächte, wenn wir die Trommeln schlugen und unsere Kinder um den Platz hüpften, während die Ältesten jubelten und unsere Frauen ihre Hüften wiegten, was unsere Manneskraft weckte.

In solchen Zeiten dachten wir wenig daran, wie viele Jahre des Wartens wohl noch vor uns lagen; wir dachten vor allem daran, wie gesegnet wir waren, welche grenzenlose Verheißung das Leben barg. Solche Momente riefen uns in Erinnerung: Ganz gleich, wie lang die Nacht auch sein mag, es kommt immer ein neuer Morgen.

Wir dachten auch oft daran, welcher Segen es war, dass wir Thula hatten.

Wir hatten nie Angst, dass sie die Hände in die Luft reißen, Kosawa vergessen und nach Bézam zurückkehren und sich sagen würde, dass sie ihren Teil geleistet hätte und gescheitert sei. So war sie einfach nicht. Sie hatte die Stärke der Sonne – egal wie dunkel und dick die Wolken waren, sie war zuversichtlich, sie würde sie zur Seite schieben und in voller Pracht erstrahlen.

Sechs Monate nach ihrer Rückkehr gab sie uns das Geld für die Waffen.

Sie machte keine feierliche Sache daraus. Sie zog einfach einen Umschlag hervor, während wir in einer unserer Hütten saßen. In dem Umschlag befand sich der volle Betrag, um den wir sie zum Kauf von fünf guten Gewehren und ausreichend Munition gebeten hatten. Sie sagte nichts, als wir nacheinander aufstanden, neben ihr in die Hocke gingen und den Kopf senkten, ihre Hand nahmen und ihr unseren Dank aussprachen. Als sie dann sprach, war ihr Ton ernst. Sie sagte, wir dürften die Waffen nicht ohne ihre Erlaubnis benutzen. Wir dürften sie ausschließlich zur Verteidigung unseres Lebens und des Lebens unserer Familien und Freunde benutzen. Es dürfe niemand wissen, dass wir Waffen besäßen, bis zu dem Tag, an dem es unumgänglich sei, sie zu benutzen. Wir dürften niemals verraten, dass sie uns die Mittel gegeben hätte, um sie zu bezahlen. Wenn wir irgendjemanden damit töten würden, sei der große Geist ihr Zeuge, dass sie uns nie ihren Segen gegeben habe, einem anderen Menschen das Leben zu nehmen. Wir gaben ihr unser Wort.

Am nächsten Morgen fuhr einer von uns nach Lokunja, um sich mit dem Soldaten zu treffen, der ihn wegen des Waffenverkaufs angesprochen hatte. Der Soldat war einverstanden, uns fünf Gewehre zu besorgen, aber zuvor machte er klar, dass wir tot wären, wenn die Regierung herausfände, dass wir Gewehre besäßen. Er wäre auch tot, sagte er, und er würde ungern unseretwegen sterben; er sei nur ein Vermittler, der tue, was er tun müsse, um sein Gehalt aufzubessern und seine Familie zu versorgen. Ein Fehler von uns und er wäre ruiniert. Wir versicherten ihm, wir würden vorsichtig sein.

An dem Tag, an dem er die Gewehre brachte, trafen wir ihn tief im Wald. Als er die Gewehre aus seiner Tasche nahm, blieb uns der Mund offen stehen. Da waren sie endlich. Makellos glatt. Perfektes Gewicht. Schwärzer als Rohöl. Wir wendeten sie hin und her. Wir hielten sie umgedreht und schräg. Wir blickten uns an, der Blick von Männern, die innerhalb von Sekundenbruchteilen wiedergeboren worden waren. Der Soldat zeigte uns, wie man sie benutzte. Wie man sie reinigte. Wie man Ladehemmungen verhinderte. Das Wunder des Zielfernrohrs. Er erklärte uns, wie man mit dem Fernrohr und dem Schalldämpfer aus großer Entfernung lautlos töten konnte, ohne eine Spur der eigenen Schuld zu hinterlassen. Wir hatten nicht gewusst, dass so etwas möglich war. Der Soldat sagte, sein Dealer im Nachbarland habe die Gewehre eigens für uns angepasst; er habe ihm unsere Situation erklärt. Wir hätten die besten Waffen für unser Geld.

Wir staunten, wie gut es sich anfühlte, sie zu halten. Töten wirkte plötzlich absolut natürlich. Was für eine Vorstellung: ein Finger am Abzug, ein Feind weniger. Vier, fünf Kugeln in einem Körper; vier, fünf Schichten Schmerz weniger um unser Herz. Es würde ihr Blut fließen, irgendwann wäre Schluss mit Ölvergießen. Ihre Kinder vaterlos, unsere Kinder frei zu leben. An diesem Abend im Wald erhielten wir unsere Weihe als Schlächter. Der große Geist war da. Wir spürten ihn. Den Geist der Vier. Der Sechs. Sie waren plötzlich da, als uns dämmerte, dass der Kampf nicht länger zu ungleichen Bedingungen ausgetragen werden würde. Wenn unsere Chance käme – und das würde sie –, würden wir sie genauso abschlachten, wie wir einst gefürchtet hatten, von ihnen abgeschlachtet zu werden. Soldaten, Arbeiter, die Männer Seiner Exzellenz. Wie viele würden wir töten? Würden wir müde werden, sie zu töten, solange sie auf unserem Land blieben? Es war unfassbar, dass wir, die wir einst zitternde Kinder gewesen waren, uns nun dazu ermächtigt hatten, uneingeschränkt über anderen Sterblichen zu stehen, aber wir waren dessen würdig. Wir verdienten den Nervenkitzel, ihnen das Leid zuzufügen, das sie uns zugefügt hatten. Aber vorerst würden wir die Hände stillhalten. Wir hatten es Thula versprochen. Wir würden auf unsere Gelegenheit warten. Die Gewehre würden im Wald versteckt bleiben.

Nachdem der Soldat gegangen war, buddelten wir ein Loch und vergruben die Gewehre und die Munition.

An jenem Abend verließen wir den Wald mit dem aufregenden Gefühl, uns Thula nun anzuschließen, um den Grundstein für eine Revolution zu legen, denn wir wussten, wenn Marschieren, Singen und Tanzen keine Wirkung zeigten, würden wir einen Ausweg haben. Das Gefühl von Macht war unvergleichlich.

In den drauffolgenden drei Jahren kam Thula, sooft sie konnte, nach Kosawa, und wir reisten mit ihr in andere Dörfer und sprachen über ihre Vision. Wohin wir auch kamen, wirkten die Männer perplex, dass eine unverheiratete Frau – der Größe nach ein Mädchen – ihnen ohne jegliche Scheu sagte, dass ihnen und ihren Kindern eine strahlendere Zukunft bevorstünde, wenn sie sich ihr anschließen würden, das Land zu befreien. Einmal fragte sie ein alter Mann, wie viele Kinder sie habe. Als sie mit »keine« antwortete, fragte er sie, wann sie vorhabe, welche zu bekommen. Als sie mit »nie« antwortete, brach der Mann in Gelächter aus. Sieh dir nur an, sagte einer von ihnen, was die amerikanischen Bücher aus dir gemacht haben. Weißt du, fügte ein anderer hinzu, mein Sohn sucht eine Frau; er hat sie gern schmächtig, so wie du es bist, weil dann, wenn sie irgendwas Dummes anstellen, ein ordentlicher Schlag ausreicht, um sie wieder zur Vernunft zu bringen. Seine Freunde bogen sich vor Lachen. Ein Dritter fügte hinzu, dass er Thula gern zu seiner vierten Frau machen würde, wenn sie in einem Jahr noch immer Single sei. Es war offensichtlich, dass sie ihr übel nahmen, dass sie als Frau glaubte, ohne einen aus ihren Reihen glücklich werden zu können. Was bildete sie sich nur ein? Aber Thula, unsere Thula, ließ sich nicht anmerken, falls es sie demütigte. Sie zog nicht einmal die Braue hoch. Sie ließ sie reden, und wenn sie sich ausgelacht hatten, sagte sie, wenn unser Land endlich frei wäre, werde sie sich liebend gern gleich drei Ehemänner nehmen.

Nicht nur Fremde fragten, welche Pläne sie für ihren Unterleib hätte.

Unsere gleichaltrigen Freunde, vor allem die Frauen, gaben ihr immer wieder zu verstehen, dass sie ihr helfen könnten, einen guten Ehemann zu finden. Alle wussten von ihrer früheren Beziehung zu Austin, was Beweis genug war, dass sie immerhin dieselben Bedürfnisse hatte wie die anderen Frauen auch. Wann immer sie zu Besuch kam, in verrauchten Küchen irgendwo in den acht Dörfern saß, in Wohnzimmern und auf Veranden, die Kinder ihrer Freunde auf dem Schoß, versuchte sie ihnen zu erklären, dass sie mit ihrer Bestimmung verheiratet sei. Was soll das heißen, mit deiner Bestimmung?, fragten sie dann. Sie konnte es nur so erklären, dass sie mit dem von ihr geführten Leben im Reinen war.

Offizieller Start der Revolution wäre der Tag der Befreiung. An diesem Tag würden sich Männer und Frauen aus unserem Bezirk und den umliegenden Bezirken in Lokunja versammeln. Sie würde einen Zeitungsmann einladen, den Mann, der Austins Job übernommen hatte. Der Zeitungsmann würde Fotos machen und die Wiedergeburt unseres Landes festhalten. Wenn der Tag der Befreiung gut liefe, würden wir noch mehr Kundgebungen in anderen Städten und so vielen Bezirken wie nur möglich abhalten, bis wir so weit wären, dass Männer und Frauen am selben Tag aus Protest auf die Straße gehen würden, in jeder Kleinstadt, in jedem Dorf, im ganzen Land, mit erhobenen Fäusten und lauten Rufen, bis die Mauern des Regimes in sich zusammenfallen würden.

Sie glaubte, dass es möglich war, so abwegig es auch schien. Sie war sich bewusst, dass es womöglich mehr als eine Revolution oder mehr als ein Jahrhundert brauchte, um unser Land zu verändern, aber das schreckte sie nicht ab, sondern motivierte sie, das Werk fortzusetzen, das die Generation vor uns begonnen hatte, damit die Generationen nach uns es vollenden und nie aufhören würden, darauf aufzubauen. Sie sagte oft: Amerika und die wohlhabenden Länder in Europa sind nur deshalb zu dem geworden, was sie heute sind, weil Generationen von Menschen im Kampf für den Frieden gestorben sind.

Während der Jahre, in denen wir das Fundament für den Tag der Befreiung legten, blieben unsere Gewehre in ihrem Versteck. Gelegentlich waren wir versucht, sie hervorzuholen und damit nach Gardens zu ziehen, meist an Tagen, an denen Kosawa aufgrund von Tod oder schrecklicher Krankheit oder einem schlimmen Pipelinebruch jeder Freude beraubt war. In solchen Zeiten kam es uns vor, als würde der Morgen niemals kommen. Als müssten wir uns der Dunkelheit fügen. Jedes Mal, wenn unsere Frauen uns die magere Ernte ihres Ackers zeigten, jedes Mal, wenn wir zu den Gasfackeln schauten und vor uns sahen, wie das Gift unsere Kinder holen würde, stellten wir uns vor, wie es wäre, den Arbeitern Löcher in die Köpfe zu schießen. Unser Glaube wurde zu einem dünnen Faden, der jeden Moment zu reißen drohte, aber wir hielten an ihm fest, so gut wir konnten. Wir beteten zum großen Geist, er möge uns helfen, nicht einzuknicken, denn wir durften nicht einknicken; wenn wir hofften, uns in die Lüfte zu erheben, durften wir nicht einknicken. Und aus Liebe zu Thula durften wir die Gewehre nicht hervorholen. Unser Tag wird kommen, sagten wir uns, wenn wir spätabends zusammenkamen und Träume sponnen, während ganz Kosawa schlief.

Am Tag unterrichtete Thula in Bézam an der staatlichen Akademie für Führungskräfte der Regierung, und am Abend lud sie ihre Lieblingsstudenten zu sich nach Hause ein und sprach mit ihnen über Revolutionen. Das seien ihre neuen Village-Treffen, erzählte sie uns. Mit den Studenten sprach sie über ihre Lieblingsbücher; und sie schworen, sich ihr im Kampf für Kosawa anzuschließen. Wir waren glücklich, dass sie in Bézam Anhänger hatte, hielten das Interesse dieser Studenten an unserem Kampf aber nicht für uneigennützig. Keiner von ihnen kam aus einem Dorf wie unserem. Ihre Verbindungen zu mächtigen Männern hatten ihnen einen Platz an dieser Akademie beschert. Wann haben sich Menschen je erhoben, um ihre eigenen Privilegien abzuschaffen? Dennoch, die Vorstellung, die Herrschaft des Mannes zu beenden, als dessen Diener sie gerade ausgebildet wurden, des Monsters, vor dem ihre Väter tagsüber buckelten und das sie abends verfluchten, band sie offenbar an Thula.

Drei dieser Studenten begleiteten sie, als sie sich vier Jahre nach ihrer Rückkehr mit dem für unser Land zuständigen Geschäftsführer von Pexton traf, dem Mann, dessen Anweisungen jeder in Gardens und im Hauptbüro von Pexton befolgte. Vor dem Treffen hatte Thula unzählige Male um einen Termin gebeten und dem Bürokomplex von Pexton etliche Spontanbesuche abgestattet, nur um sich anzuhören, dass sich der Geschäftsführer in einer Besprechung befinde, außer Landes sei oder anderweitig verhindert – ob sie ihm etwas ausrichten lassen wolle?

An dem Tag, an dem sie endlich die Chance bekam, sich mit ihm zu treffen, erfuhren wir, warum der Liebe und der Süße Kosawa nur noch selten besuchten und was der wahre Grund für die Verzögerung bei der Auszahlung unserer Prozente war: Pexton hatte nun doch zugelassen, dass die Sache vor Gericht gelandet war, in der Hoffnung, die Forderung der Aktion Neuanfang, dass Prozente der Profite an uns ausgezahlt werden müssten, anfechten zu können. Der Fall wartete darauf, vor einem amerikanischen Gericht verhandelt zu werden. Er würde langsam von einem amerikanischen Gericht zum nächsten wandern. Und da sich das amerikanische Gerichtssystem ungefähr genauso schnell in Bewegung setzte wie eine fette Schnecke, wären unsere Kinder sicher selbst schon Eltern, ehe es dazu käme, dass ein Richter sich beide Seiten anhören und eine Entscheidung fällen würde.

Der Geschäftsführer von Pexton lehnte sich auf seinem Stuhl zurück und verschränkte die Hände hinter dem Kopf, als er zu Thula sagte, dass die Aktion Neuanfang genauso gut gleich aufgeben könne. Sie verfüge sicher nicht über die nötigen finanziellen Mittel, um einen derart langen und kostspieligen Kampf zu führen. Sie hätte bereits eine ganze Reihe anderer Prozesse gegen verschiedenste Unternehmen laufen und nicht genug Ressourcen, um jeden Fall bis zum Ende auszutragen. Es sei unwahrscheinlich, dass Kosawa irgendwann Prozente sehen würde. Der Geschäftsführer sagte, er könne nichts für uns tun.

Als Thula mit dieser Nachricht nach Kosawa kam, verstand keiner, warum die Aktion Neuanfang uns diese Wahrheit vorenthalten hatte. Sonni, der gebrechlich auf seinem Gehstock lehnte, versammelte die Männer von Kosawa auf dem Dorfplatz, um zu beraten, was nun zu tun sei.

Ein paar der Männer fanden, wir sollten den Lieben und den Süßen herbeirufen und für sich selbst sprechen lassen, aber die meisten fanden, dass das keinen Sinn habe – warum sollte man sie in Verlegenheit bringen, wo sie uns die schlechten Nachrichten wahrscheinlich einfach hatten ersparen wollen? Wir müssen direkt mit dem Aufseher sprechen, sagte einer unserer Väter. Keiner widersprach ihm, und wir mussten auch nicht lange diskutieren, um uns einig zu werden, dass es an der Zeit sei, ohne die Aktion Neuanfang weiterzumachen. Obwohl Thula seit vier Jahren zurück war, waren wir all die Zeit davon abhängig gewesen, dass die Vertreter der Aktion Neuanfang als Vermittler zwischen uns und Mr. Fish auftraten, weil der Liebe Thula geraten hatte, dass es das Beste sei, wenn er und der Süße den bereits in Gang gesetzten vielversprechenden Dialog mit dem Aufseher zum Abschluss brächten, ohne dass sie parallel dazu ein Gespräch beginnen würde. Thula hatte sich darauf eingelassen. Aber nun, in Anbetracht der Neuigkeit und wo Thula einen Draht zum größten Pexton-Mann im Land hatte, war die Zeit gekommen, das Gespräch anders aufzuziehen. Zu der Zeit, als Thula sich mit dem Geschäftsführer traf, hatten wir den Lieben und den Süßen neun Monate nicht gesehen, darum waren wir uns schnell einig, dass Sonni Thula bitten würde, eine Delegation zu einem Treffen mit Mr. Fish anzuführen. Sie würde so mit ihm sprechen, wie sie gelernt hatte, mit amerikanischen Männern zu sprechen, während sie in ihrem Land gelebt hatte. Wir hatten keine bessere Verbindung zwischen ihnen und uns als sie.

Wir gehörten nicht zu der Delegation für das Treffen mit Mr. Fish. Die Ältesten hatten beschlossen, dass Thula, weil sie eine Frau war, von den Ältesten der gesunden Männer im Dorf begleitet werden solle, um der Delegation Seriosität zu verleihen. Nach dem Besuch erfuhren wir von ihr, dass sie und Mr. Fish durch das Fehlen eines Dolmetschers frei und ausgiebig über ihre Zeit in New York geplaudert und sehr gelacht hätten, als herausgekommen sei, dass sie beide einen gemeinsamen Lieblingsladen gehabt hätten, der alte Kleidung verkauft. Thulas ältere Begleiter hätten keine Ahnung vom Inhalt des Gesprächs gehabt, aber mitgelacht.

Ja, es sei richtig, dass Pexton entschieden habe, die Gerichte entscheiden zu lassen, ob es Kosawa etwas schulde oder nicht, erzählte Mr. Fish, als die Zeit gekommen war, über das eigentliche Anliegen des Besuchs zu sprechen. Pexton habe uns nichts davon gesagt, weil es nicht Pextons Aufgabe sei, uns darüber zu informieren, sondern die der Aktion Neuanfang.

»Wenn es an mir wäre, würde ich Kosawa helfen«, sagte Mr. Fish. »Aber das ist es nicht. Wie du weißt, liegt das alles in den Händen der Anwälte in New York. Ich habe getan, was ich konnte, um eine Übergangslösung auszuhandeln, als ich hierhergekommen bin, aber ich darf meine Grenzen auch nicht überschreiten.«

»Wir haben uns jahrelang an unseren Teil der Abmachung gehalten«, sagte Thula. »Wir befinden uns in einer schrecklichen Situation, sie wird von Stunde zu Stunde schlimmer. Wir können nicht ewig auf ein Gerichtsurteil warten.«

Pexton könne nichts tun, um das Verfahren zu beschleunigen, sagte Mr. Fish. Er persönlich könne lediglich mit seinem Vorgesetzten sprechen, dem Geschäftsführer; er könne ihn bitten, sich in New York nach dem Stand des Falls zu erkundigen. Nicht dass das einen Unterschied machen würde, aber einen Versuch sei es wert. Helfen könnte auch, wenn Kosawa nicht länger von den Anwälten der Aktion Neuanfang vertreten werde, fügte er hinzu.

»Wenn euer Dorf für sich selbst spricht mit dir als seiner Sprecherin«, sagte er, »finden das die Typen in New York vielleicht aufregend und beschleunigen die Sache.«

»Klar«, sagte Thula, »denn wenn die Aktion Neuanfang aus dem Weg ist, sinkt die Wahrscheinlichkeit, dass irgendwelche neuen groben Schnitzer von Pexton an die Presse gelangen.«

»Ich tue einfach nur, was mir möglich ist, um deinen Leuten zu helfen.«

»Ich zweifle nicht an Ihrer Aufrichtigkeit.«

»Das hier ist mein Vorschlag: Du und ich und ein paar der Ältesten aus deinem Dorf treffen uns in Bézam mit dem Geschäftsführer. Klären, was getan werden kann, um die Sache in New York voranzutreiben. Der Geschäftsführer mag kalt auf dich gewirkt haben, aber er ist ein guter Mann; er hat kleine Kinder. Von den Kindern bei euch im Dorf zu hören, nimmt uns alle mit.«

»Ich bin offen für diesen Vorschlag«, sagte Thula.

»Aber dir muss klar sein, dass der Geschäftsführer und die Leute in New York nur dann Interesse an einem Gespräch haben, wenn ich ihnen im Voraus sage, dass ihr bereit seid, eine Vereinbarung zu unterschreiben, in der ihr jede Zahlung akzeptiert, die Pexton als Wiedergutmachung für die Todesfälle und Schäden für angemessen hält, und euch darauf einlasst, eine gemeinsame Erklärung abzugeben.«

»Auf gar keinen Fall.«

»Ihr habt kein Druckmittel. Es gibt keine Grundlage für die Klage, die die Anwälte der Aktion Neuanfang eingereicht haben. Ein Richter wird sie abweisen – Pexton hat Kosawa gegenüber keine vertraglichen Pflichten. Ich kann mich nicht zum Idioten machen, indem ich meine Chefs bitte, ihre Zeit mit dem Gespräch über eine Vereinbarung mit euch zu vergeuden, wenn ihr da reinspaziert und haltlose Forderungen stellt. Sie haben keine Zeit für so was. Ohne ein Gerichtsurteil zu euren Gunsten steht euch nichts zu. Ich meine es gut und biete euch eine Chance, wenigstens etwas für eure Leute rauszuschlagen.«

»Und was, wenn wir sagen, dass uns eine finanzielle Wiedergutmachung allein nicht reicht?«, fragte Thula. »Geld ist nur ein kleiner Teil des Ganzen. Wir haben es verdient, in einer gesunden Umgebung zu leben.«

»Ich bin nicht in der Position, irgendwelche Versprechungen in dieser Hinsicht zu machen.«

»Und wir sind nicht in der Position, weiter Jahr für Jahr zu warten.«

»Tut mir leid«, war alles, was Mr. Fish darauf antwortete.

Thulas Besuche im Dorf nahmen nach diesem Treffen zu. Nachdem drei weitere Treffen mit Mr. Fish keinen Kompromiss gebracht hatten und eine friedliche Einigung durch Dialog nicht mehr im Raum stand, wurde der Tag der Befreiung immer wichtiger. Fünf Tage die Woche verbrachte Thula in Bézam – die eine Hälfte der Abende widmete sie den Village-Treffen, die andere Hälfte ihrer Mutter, ihrem neuen Vater und ihrem Bruder – und zwei Tage bei uns. Ihr Fahrer brachte sie jedes Mal aus Bézam zu uns, mit dem Wagen, in dem wir dann andere Städte und Dörfer besuchten. Auf diesen Reisen begleiteten sie nie mehr als zwei von uns; wir wechselten uns ab mit der Jagd, der Versorgung unserer Familien und der Planung der Revolution.

In jeder Stadt und jedem Dorf, das wir besuchten, schauten die gleichaltrigen und älteren Menschen sie verwirrt an, aber die jungen waren begeistert. Sie setzten sich zu ihr, sie wollten sie über ihre Vision sprechen hören. Sie amüsierten sich, wie sie die Haare trug und wie sie im Schneidersitz dasaß, als wäre sie ein angesehener Mann. Sie waren neugierig auf das, was sie in Amerika gesehen und gelernt hatte. Warum würde irgendwer nach Amerika gehen und dann in dieses hässliche Land zurückkehren?, fragten sie. Die Frage entlockte ihr jedes Mal ein Lächeln. Wollt ihr nicht, dass unser Land eines Tages so beeindruckend ist wie Amerika?, antwortete sie immer. Sie musste ihnen nicht erklären, welch düstere Zukunft ihnen unter Seiner Exzellenz mit Sicherheit bevorstand. Sie musste ihnen nicht erzählen, dass sie genau wie ihre Eltern nur wenig Mitspracherecht über ihr Leben haben würden, weil das Land nicht ihnen gehörte und ihnen nie gehören würde, solange ein einzelner Mann darüber herrschte. Erzählen musste sie ihnen aber sehr wohl, und außerhalb der Hauptstadt wussten nur wenige davon, dass Seine Exzellenz, der immer älter und ängstlicher wurde, in letzter Zeit noch an Rücksichtslosigkeit zugelegt hatte.

Thula hörte überall in Bézam, dass Seine Exzellenz spürte, dass das Ende seiner Herrschaft nahte, weshalb er keine Gnade gegen Freunde und Feinde kannte. Obwohl er mehrere Putschversuche überlebt und all jene hatte hinrichten lassen, die heimlich seinen Untergang geplant hatten, war die Zahl seiner Feinde weiterhin groß. Aus diesem Grund besetzte er alle zwei Jahre sein Kabinett neu und ließ ehemalige Untergebene bei jeder noch so kleinen Kritik ins Gefängnis sperren, damit sie nicht auf dumme Gedanken kämen. In dem Gefängnis, in dem man die Vier festgehalten hatte, saßen nun dieselben Männer, die sie damals dorthin befördert hatten. Es machte das Gerücht die Runde, dass der Präsident nie in seinem Bett schlafe und niemals irgendwem verraten würde, wo er schlafe, damit es nicht mitten in der Nacht zu einem Putsch käme. Der erste Putschversuch, den er überlebt hatte, war vom Kommandeur der Präsidentengarde eingefädelt worden. Am meisten sorge ihn wohl, dass er nie wissen konnte, wer alles ihn hasste. Bézam war voller Aasgeier, die sich als Tauben tarnten.

Die gesamte Stadt betete an seinem Schrein, sang ein Hohelied auf ihn bei der jährlichen Feier seines Aufstiegs, und doch wünschte sich nahezu jeder dieser Anhänger seinen Tod. Den Erzählungen nach traute Seine Exzellenz nicht einmal seinem Koch, weshalb der Koch ein Mitglied seiner eigenen Familie mitbringen musste, das in der Gegenwart Seiner Exzellenz jede Speise kostete, ehe Seine Exzellenz sie aß. Sein unterwürfigstes Kabinettsmitglied hatte mit der Rückendeckung einer europäischen Regierung, die nicht länger mit einem Verrückten in Verbindung gebracht werden wollte, seinen Tod geplant, der vorsah, sein Flugzeug so abschießen zu lassen, dass es wie ein Absturz aussehen würde; die Intrige lief, während die Tochter Seiner Exzellenz im Begriff war, den Sohn dieses Kabinettsmitglieds zu heiraten. Wenige Tage vor der Hochzeit hatte Seine Exzellenz von dem Komplott erfahren. Die sofortige Hinrichtung des Kabinettsmitglieds hatte zur Mittagszeit an der belebtesten Kreuzung von Bézam stattgefunden, unter den Blicken Hunderter von Zuschauern, die alle Angst hatten zu weinen.

Bei der nächsten Feier seiner Regentschaft, während Soldaten und Regierungsangestellte und Schulkinder aller Altersgruppen strammstanden und in der sengenden Hitze des Nachmittags schwitzten, hielt Seine Exzellenz eine Rede, in der er sich selbst zum Vater der Nation ernannte, zum Löwen, vor dem sich alle anderen Kreaturen zu Boden warfen. Wer auch immer vorhabe, ihn zu töten, habe vor, seine Kinder zu verletzen, indem er ihnen den Vater nehme, sagte er. Die Strafe dafür werde beispiellos sein. Die Personen würden zerhackstückt und gekocht und ihm in einer Silberschüssel vorgesetzt werden.

Wer sich gegen mich erhebt, erklärte er, wird sich nie wieder erheben.

Sechs Jahre nach Thulas Rückkehr stand das Datum für den Tag der Befreiung noch immer aus. Wir reisten weiter umher, um die Menschen zu informieren und wachzurütteln, besuchten manche Orte mehrmals, aber abgesehen von riesigen Gruppen faszinierter Jugendlicher interessierten sich nur wenige für unsere Sache. Unsere Zeit wird kommen, sagte Thula zu uns, als wir abgekämpft zurück nach Kosawa fuhren, aber ihre Worte halfen nicht groß dabei, unsere Zweifel und Ängste zu zerstreuen, dass sich nie etwas ändern würde.

Es gab Monate, in denen wir keine Dörfer besuchten, unser

Glaube an die Mission wild ins Wanken geriet, aber ihrer nie. Sie war die geborene Missionarin für Gerechtigkeit und lebte vom Glauben allein. Sämtliche Einkünfte aus ihrem Job, alles, was sie nicht zur Deckung ihrer Kosten ausgab oder an ihre Mutter oder ihren neuen Vater weiterreichte, ging an Freunde und Verwandte zur Unterstützung deren Familien und an uns für unsere Reisen. Sie kaufte Bücher für unsere Kinder und ließ die Kleinen in ihren Wagen klettern und auf die Hupe am Lenkrad drücken. Ihr dürft nie vergessen, dass wir das alles für sie tun, sagte sie. Wenn wir sie fragten, wie lange wir noch weitermachen wollten, ehe wir den Traum von der Revolution aufgeben würden, sagte sie: Wir haben Samen in den Köpfen gesät; die Samen werden keimen und sprießen; wir müssen nur geduldig sein, die Menschen werden erwachen. Wenn sie solche Dinge sagte – meist saßen wir gerade bei einem von uns im Wohnzimmer und dachten darüber nach, was alles passiert war, seit Konga uns dazu aufgefordert hatte, uns zu erheben –, wirkte sie wie eine neue Version ihrer selbst. Sie hatte dann diese leicht irre Ausstrahlung, so als wäre ein Teil von Kongas Irrsinn auf sie übergegangen.

Vielleicht hätten wir unsere Gewehre für immer in ihrem Versteck gelassen und auf Thulas Segen gewartet, um sie benutzen zu dürfen, wenn nicht einer von uns nach dem Besuch eines Verwandten in einem anderen Dorf nach Hause gekommen wäre und seinen Sohn tot vorgefunden hätte.

Wir können nicht sagen, ob dieses Kind an Pextons Gift gestorben ist – der Junge hatte weder Husten noch hohes Fieber, hatte sich aber zwei Tage lang übergeben. Wir konnten aber sagen, dass er vielleicht verschont geblieben wäre, wenn die Kräuter zur Heilung von Magenleiden nicht alle durch das Gift von Pexton verschrumpelt wären. Wir konnten ohne Übertreibung sagen, dass Pexton den Jungen an dem Tag getötet hatte, an dem unser Boden so giftig geworden war, dass er die einst in Hülle und Fülle gewachsenen Heilkräuter nicht mehr mit Nährstoffen versorgen konnte.

Unser Freund weinte wie ein Kind, als er neben der Grabstelle saß und uns zusah, wie wir die letzte Ruhestätte seines kleinen Jungen aushoben. Während der Beerdigung brauchten wir alle Kraft, um seine Frau davon abzuhalten, ihrem Sohn hinterherzuspringen, nachdem sein Sarg in die Erde gelassen worden war.

An dem Abend nach der Beerdigung beschloss unser Freund, dass er nicht mehr länger warten würde.

Besessen von einer bösen Macht, die lange in ihm geschlummert hatte, ging er in den Wald. Er grub sein Gewehr aus und zog ins Gebüsch an der Grenze zu Gardens. Aus seinem Versteck hinter einem Baum beobachtete er durch das Zielfernrohr drei Arbeiter, die in der lauen Abendluft Pfeife rauchten und sich wahrscheinlich über das eine oder andere unterhielten, das ihnen am Tag widerfahren war.

Er tötete alle drei.

Dem Ersten schoss er in den Kopf. Den zweiten Mann traf die Kugel in die Brust, ehe er einen Schrei ausstoßen konnte. Dem dritten Mann schoss er in den Rücken, als er sich gerade umgedreht hatte, um davonzurennen. Niemand in Gardens hörte etwas; der Schalldämpfer am Gewehr sorgte dafür. Die Leichen fand man erst, als unser Freund sich bereits zurück zum Versteck geflüchtet hatte. Dort blieb er, als die Dunkelheit hereinbrach, schluchzend, das Gewehr in der Hand.

Nachdem er die Waffe wieder vergraben hatte, kam er zu einer unserer Hütten, um uns zu erzählen, was er getan hatte. Er weinte und zitterte noch immer, hatte blutunterlaufene Augen.

Sein Sohn war sein erstgeborenes Kind, sein einziger Junge. Sein Name würde mit ihm sterben, wenn seine Frau ihm keinen weiteren Jungen schenken würde.

Zwei von uns hatten bereits Kinder begraben, jeder von uns hatte mehr Miniatursärge getragen, als wir zählen konnten, aber etwas an dem Anblick unseres Freundes, der vor Trauer verging, machte uns bewusst, dass unsere Zeit des Tötens gekommen war. Wir hatten genug. Wir hatten genug Tränen vergossen. Wir hatten genug Begräbnisse erlebt. Unsere Feinde sollten endlich für unser Leid bezahlen.

An diesem Tag beschlossen wir, dass wir Thulas Segen nicht brauchten, um das zu tun, was wir für unsere Familien tun mussten. Wir würden weiter mit ihr umherreisen, um die Menschen vom Tag der Befreiung zu überzeugen, und wir würden anfangen, jedes Kind zu rächen, das Kosawa verloren hatte.

Nach den Morden warteten wir tagelang, dass Soldaten eintreffen würden. Was sie nicht taten. Wie wir später herausfanden, hatte Pexton beschlossen, mit den Morden nicht an die Öffentlichkeit zu gehen, aus Angst davor, welches Licht die Nachricht auf das Ölfeld werfen könnte. Später erfuhren wir, dass die Aufseher den Familien der Ermordeten erzählt hätten, die Männer seien bei einem Unfall an einem Bohrloch umgekommen und ihr Tod sei so schaurig gewesen, dass ihre Leichen besser nicht angeschaut werden sollten. Wir erfuhren, dass den Familien die Überreste in versiegelten Särgen übergeben wurden, damit der wahre Grund für den Tod der Männer nie herauskäme. Wie hätte Pexton den Tod seiner Arbeiter durch Gewehrschüsse erklärt, wo doch nur Soldaten Gewehre besaßen?

Wie die Nachricht durchgesickert ist, wissen wir nicht, aber nach kürzester Zeit sprachen Menschen im ganzen Bezirk von den Morden. Manche sagten, einer der Arbeiter habe mit der Frau eines Soldaten geschlafen und aus Rache habe der Soldat ihn und seine Freunde getötet. Andere sagten, Pexton habe Soldaten bezahlt, die Männer wegen etwas hinzurichten, das sie sich dem Aufseher gegenüber erlaubt hätten. Einer von uns hörte, wie auf dem großen Markt eine Frau ihrer Freundin erzählte, dass es der Geist von jemandem gewesen sei, den einer der Arbeiter verraten habe. Geister hatten inzwischen Gewehre. Das kam der Wahrheit am nächsten, denn dazu waren wir geworden: Phantome, die in der Dunkelheit Leichen zurückließen.

Einen Monat nach den Morden gingen drei von uns zu einem Haus, in dem zwei Soldaten wohnten, und jagten ihnen im Schlaf eine Kugel in den Kopf. Der Nächste war ein Regierungsmitarbeiter im Hauptbüro in Lokunja, zusammen mit seiner Frau, in ihrem Wagen. Keinen dieser Menschen kannten wir. Wir richteten sie nur hin, um ein klein wenig von unserem Schmerz an unsere Peiniger weiterzugeben.

Nach jedem Mord bekamen jene von uns, die an dem Akt beteiligt gewesen waren, Palmwein von den anderen. Während die Mörder sich betranken, überlegten die Nüchternen, wen sie als Nächstes ermorden würden.

Nun waren wir die Speere unseres Volkes.

Nach unserem zwölften Mord nahmen die Soldaten die Verfolgung auf. In allen acht Dörfern suchten sie unter Betten und in Küchen nach Waffen, suchten in Bergen aus schmutziger Kleidung nach Spuren von Blut. Sie trieben die Männer auf den Dorfplätzen zusammen und befahlen ihnen, sich zu stellen. Ihre Warnung war klar: Wenn die Mörder sich nicht stellten und später geschnappt würden, würde man alle Männer im Dorf hinrichten. Geständnisse erwirkten sie keine, nur Schweigen.

In manchen Dörfern zwangen sie mit vorgehaltenen Waffen Dutzende Frauen auf ihre Laster und brachten sie nach Lokunja. Dort im Gefängnis lagen die Frauen abwechselnd auf dem Rücken in einem schummrigen Raum, während die Soldaten sie verhörten und jedes Detail über den Verbleib ihrer Ehemänner und Söhne in der Nacht des letzten Mordes verlangten. Alten Frauen, die nur Gerüchte gehört hatten, verpassten sie Schläge auf den Kopf und drohte ihnen mit einem qualvollen Tod, wenn sie nicht ausführlich genug antworteten. Junge Frauen kehrten nach Hause zurück und berichteten, wie ihnen die Unterwäsche vom Leib gerissen und ihre Beine von drei oder mehr Soldaten auseinandergestemmt worden waren. Einige Frauen konnten sich nicht erinnern, wie viele Soldaten sie bestiegen hatten. Die Schwester von einem von uns war darunter. Eine Cousine, eigentlich noch ein Mädchen, aber mit dem Körper einer Frau, wurde tagelang blutend liegen gelassen, ihre Gebärmutter in Gefahr, ihren Sinn zu verlieren. Unsere Frauen weinten, genau wie unsere Mütter, aus Angst, sicher als Nächstes an die Reihe zu kommen. Sonni traf sich mit den Wojas der anderen Dörfer, um nach einer Lösung zu suchen. Sie gingen zum Bezirksbeamten, der sagte, solange die Mörder noch nicht ausgeliefert worden seien, könne er nicht für die Sicherheit unseres Volkes garantieren.

Thula kam mit einem Zeitungsmann aus Bézam. Sie nahm ihn mit in alle acht Dörfer, um dort mit den Frauen zu sprechen, die man geschlagen und vergewaltigt hatte. Der Zeitungsmann fragte die Frauen, ob sie glaubten, dass die Mörder aus unseren Dörfern kämen. Die Frauen schüttelten die Köpfe; sie schworen bei ihren Ahnen, dass kein Mann aus unserem Volk zu etwas Derartigem fähig wäre. Thula schwor dasselbe, obwohl sie es besser wusste. Sie hatte es nach den ersten Morden herausgefunden. Sie hatte uns angefleht aufzuhören, und wir hatten sie gefragt, ob sie Beweise dafür habe, dass wir es seien. Sei es nicht möglich, dass noch andere Männer in den acht Dörfern Gewehre besäßen? Nicht einmal ihr konnten wir die Wahrheit verraten; wir konnten nicht erwarten, dass sie uns verstand.

Nachdem der Zeitungsmann gefahren war, schluchzte Thula, als sie uns das Gesicht einer vergewaltigten Frau beschrieb, die sie besucht hatte, geschwollen von den Schlägen, die Augen geschlossen. Vergewaltigt zu werden, sei ihre schlimmste Angst, gab sie zu. »Denkt an die Frauen«, schrie sie, »bitte. Denkt an eure Ehefrauen und Töchter, ich flehe euch an, hört endlich auf.«

Wir hatten bereits innerhalb unserer Gruppe darüber gesprochen. Für wen mordeten wir, wenn unsere Taten unsere Kinder ohne Mütter zurückließen, unsere Schwestern ohne Kinder, unsere Eltern ohne Töchter? Wir hassten unsere Feinde noch mehr dafür, dass sie uns diese Chance auf Blutsühne nahmen, aber wir wussten, wir mussten eine Pause einlegen. Wir schworen uns, mit neuen und besseren Taktiken weiterzumachen.

Als wäre der große Geist zufrieden mit unserem Waffenstillstand, starb in den folgenden sechs Monaten niemand in Kosawa, sodass unser Bedauern, die Waffen niedergelegt zu haben, etwas schwand. Der Riss, der infolge der Morde zwischen Thula und uns entstanden war, fing an sich zu schließen.

Irgendwann um den siebten Jahrestag ihrer Rückkehr verkündete sie, dass sie das Datum für den Tag der Befreiung festgelegt habe. Als wir einwandten, dass das schon in drei Monaten sei, viel zu bald, sagte sie, dass das in Ordnung so wäre und wir eben mit den Menschen weitermachen müssten, die unserer Botschaft bislang Beachtung schenken würden. Wir hielten das Ganze für keinen klugen Zug und warnten sie davor. Wenn wir die Bewegung mit einer kümmerlichen Kundgebung starten würden, würden wir uns lächerlich machen. Wir brauchten mehr Zeit; eine explosive Revolution entzündete man nicht mit einem schwachen Funken. Zudem ließen die Soldaten seit den Morden keine Gnade walten. Wollte sie sie zu einer Zeit provozieren, in der sie versessen darauf waren, ihre Waffen einzusetzen? Es werde keine Waffen geben, sagte sie. Sie hatte ihre Position an der Akademie und ihre Privilegien als hochrangige Regierungsmitarbeiterin genutzt, um ein Schreiben vom Präsidentenpalast zu erwirken, das ihr erlaubte, in Lokunja eine Kundgebung mit jungen Leuten abzuhalten, die das Land feiern wollten. Dem Bezirksbüro lag eine Kopie des Schreibens vor; jeder bei der Kundgebung anwesende Soldat wäre zu unserem eigenen Schutz da. Über diese Ironie hätten wir am liebsten gelacht – zu unserem Schutz angeforderte Soldaten –, aber das taten wir nicht, so besorgt, wie wir noch immer wegen der Teilnehmerzahlen waren und darüber, ob sie bereit war, zu einer Menge zu sprechen und sie aufzufordern, sich auf eine Revolution einzustellen. Und was würde die Regierung unternehmen, wenn sie von ihren wahren Motiven erfuhr?

Wir glaubten, dass der Tag der Befreiung noch ein, zwei Jahre Vorbereitung brauchte. Nur wenige, wenn überhaupt, würden sich, so tief der Hass auf Seine Exzellenz auch saß, so verzweifelt sich viele auch nach Wandel sehnten, einer Bewegung anschließen, die von einer Frau angeführt wurde, schlimmer noch, einer unverheirateten, kinderlosen Frau. Wir konnten die Menschen nicht bitten, über das Defizit einer nicht vorhandenen Familie hinwegzusehen. Wir konnten ihnen nicht sagen, dass das nichts bedeutete – es bedeutete alles. Es bedeutete, dass Thula zu viele Defizite hatte, zu viele, als dass ein Mann sie akzeptieren konnte. Wir hofften, dass sie im Verlauf der Zeit einen Mann finden und ein Kind mit ihm haben würde, damit sie zu einer richtigen Frau wurde, da nur Mutterschaft und Ehe ihr Respekt verschafften.

Wir durften sie nicht verletzen, indem wir ihr das sagten, und wir konnten ihr auch nicht sagen, dass es schwer genug war, anderen zu erklären, weshalb wir die Anhänger einer Frau waren – wir hatten uns mit dem Spott abgefunden –, aber genauso wenig durften wir zulassen, dass der Widerstand scheiterte, weil unsere Anführerin entschlossen war, ein wandelndes Mysterium zu bleiben. Trotzdem stimmten wir dem von ihr festgelegten Tag zu, nachdem sie vorgebracht hatte, dass es keinen Sinn habe, auf den perfekten Augenblick zu warten, weil er vielleicht niemals käme, und nachdem wir Rücksprache mit den Zwillingen Bamako und Cotonou gehalten hatten.

Obwohl sie noch Kinder waren, verfügten die Zwillinge bereits über Fähigkeiten, die fast so gut waren wie die von Jakani und Sakani, und wir wussten, dass wir nicht ohne einen Besuch bei ihnen und ohne die Zustimmung des großen Geistes mit Thulas Plan fortfahren konnten.

Im Tausch gegen geräuchertes Wildfleisch zeigten sie sich einverstanden, Fürbitte für uns zu leisten. Ein paar Tage später überbrachten sie uns die Nachricht, dass der große Geist mit dem von Thula festgelegten Termin für den Tag der Befreiung einverstanden sei. Außerdem habe der große Geist ihnen Anweisungen für das Ritual gegeben, das sie durchführen müssten, um Thula zu wappnen.

Bei Thulas anschließenden Besuchen in Kosawa machten wir uns an die Vorbereitungen für den Tag der Befreiung. Nun, da unser Glaube an die Bewegung erneuert worden war, dank der Hoffnung, die uns die Zustimmung des großen Geistes geschenkt hatte, wuchs unsere Begeisterung, je näher der Tag rückte. Das Hochgefühl, das uns durch diese Wochen trug, belebte ganz Kosawa. Ohne dass wir sie darum gebeten hatten, trugen unsere Familien die Neuigkeiten in die anderen Dörfer. Alte und Junge sprachen vom Tag der Befreiung, begannen runterzuzählen zu dem Tag, an dem wir endlich das seit langer Zeit ersehnte Licht erblicken würden. Das sprach sich rum in den Städten und Dörfern der umliegenden Bezirke. Wir waren schwer beschäftigt: dachten uns die Reden aus, die jeder von uns halten würde, machten aus unseren Kindern einen Chor für das Unterhaltungsprogramm, überredeten Freunde, ihre Trommeln mitzubringen, damit wir, wenn Thula den neuen Tag ausrief, alle tanzen könnten, bis die Sterne herauskamen und die Grillen sich unserem Chor anschlossen und es nichts mehr gab, womit wir unsere Freude sonst noch hätten ausdrücken können.

Sechs Tage vor dem großen Tag kehrte Thula zurück nach Kosawa. Sie hatte sich freigenommen, um in der Gegend präsent zu sein und bei den letzten Vorbereitungen zu helfen. Sie schlief in einer unserer Hütten, als eines späten Abends die Zwillinge kamen und sagten, es sei Zeit für das Ritual.

Zunächst betäubten die Zwillinge sie, sprühten etwas in ihr Zimmer und schlossen die Tür. Danach trug einer von uns sie auf dem Rücken zur Hütte der Zwillinge, die er ohne eine Erinnerung an das Gesehene wieder verließ. Er brauchte nichts zu sehen, die Zwillinge hatten uns erklärt, was sie mit ihr machen würden, und wir hatten zugestimmt, ihnen dabei zu helfen, wenn auch erst nach einem Streit.

Es war die schlimmste Auseinandersetzung, die wir je hatten: zwei von uns waren dagegen, drei dafür. Der Abend, an dem wir uns trafen, um in der Sache eine Entscheidung zu fällen, wurde überfrachtet mit Bitten und Beschuldigungen und Bedrohungen. Die zwei von uns, die dagegen waren, fanden, dass wir nicht das Recht hätten, über ihren Körper zu bestimmen – wir waren weder ihr Vater noch ihr Ehemann. Auch wenn wir den Zwillingen vertrauten, dass das Ritual zu Thulas Bestem sei, dass es die Bewegung stärken werde, hielten wir es dennoch für richtig, sie über den Vorgang in Kenntnis zu setzen, sodass sie selbst entscheiden könne, ob sie ihm zustimmte oder nicht. Wir beharrten darauf, dass wir es nicht unterstützen würden, Derartiges mit ihr zu machen. Doch einer der drei, der dafür war, sagte in einem langen Gespräch zwei Abende vor dem Ritual, dass es unsere Pflicht sei, den Zwillingen zu helfen. Er sagte, wir könnten Thula nicht vertrauen, in dieser Sache die richtige Entscheidung zu treffen; Thula sei bereit, für ein besseres Land zu sterben, aber niemals würde sie das Recht auf die Kontrolle über ihren Körper hergeben. Diese Entscheidung müssten wir für sie treffen, zu ihrem Wohl, zum Wohl ihrer Träume.

Als der Abend des Rituals gekommen war, waren wir uns alle einig, dass wir es zu ihrem Wohl geschehen lassen mussten. Wir hatten keine Freude daran, etwas Derartiges mit ihr zu machen, aber es mussten Opfer gebracht werden – hatte sie das nicht selbst oft gesagt?

Die Zwillinge, die mit uns redeten, als wären wir die Kinder und sie die Erwachsenen, hatten uns erklärt, was sie mit ihr machen würden. Der Samen wäre von einem jungen Mann aus dem Dorf, jemandem, den der große Geist dazu bringen würde, in die Hütte der Zwillinge zu schlafwandeln, seinen Samen in eine Schüssel zu geben und noch immer ohne volles Bewusstsein in sein Bett zurückzukehren. Obwohl der Samen von diesem jungen Mann wäre, wäre das Kind darin vom großen Geist, denn der junge Mann wäre nur ein Gefäß.

Die Zwillinge würden die betäubte Thula von der Taille an abwärts entkleiden. Einer der beiden würde ihre Schenkel spreizen und auseinanderhalten, während der andere ihr den Samen einführen, ihr dabei den Bauch reiben und die Ahnen anrufen würde, sie zur Siegerin erklären und verkünden würde, dass das Kind in ihr sie zur Frau über allen Männern mache und sie zur Mutter eines Volkes salbe, das im Begriff war, wiedergeboren zu werden. Nach diesem Vorgang würden wir sie zurück in ihr Bett tragen und sie auf die Seite legen, damit der Samen nicht wieder rauslaufen würde. Nach weniger als zwei Tagen würden alle, die auf sie herabgesehen hatten, sehen, was der große Geist vollbracht hatte.

Wir bemerkten die Veränderung als Erste, so gespannt wie wir auf das Ergebnis waren, von dem doch so viel abhing. Ihr Körper war unverändert, und dennoch hatte sie etwas an sich, ein Leuchten und eine Würde, die nur von dem Kind herrühren konnte, das in ihr wuchs. Endlich war sie eine Frau, sogar weit mehr als eine Frau, und alle konnten sehen, auch wenn sie nicht wussten warum und es nur erahnen konnten, dass sie Ergebenheit verdiente. Sie war nicht länger das kinderlose alte Mädchen, über das ungehobelte Alte lachten, oder das wandelnde Mysterium, das ihre Freunde verheiraten wollten; durch die Macht des Geisterkindes in ihr war sie nicht mehr bloß ein Körper, sondern etwas Größeres.

Die Zwillinge hatten gesagt, sie würde nie davon erfahren, und wir sahen, dass dem so war. Der Samen in ihr würde schlummern, und sie würde sich nie fragen, warum sie plötzlich so viel Achtung und Bewunderung von Männern und Frauen, Alten und Jungen erfuhr. Als wir die Zwillinge nach dem Kind fragten, das sie in sich trug, sagten sie, dass es das Kind nicht eilig habe, die Schar der Ungeborenen zu verlassen. An einem vom großen Geist auserwählten Tag, sagten sie – noch Monate oder gar Jahre entfernt –, wann immer Thula in den Armen eines schönen Mannes erwachen würde, werde der große Geist den Samen in ihr reifen lassen.

Die Revolution begann wie von ihr erträumt an einem Novemberabend 2005 auf dem Hof unserer früheren Schule in Lokunja. Wir stellten Hocker hin, damit die Alten sich setzen konnten, und Tische, hinter denen wir stehen und sprechen würden. Unsere Brüder und Schwestern und Freunde, Mütter und Väter und Verwandte, von denen wir nie geglaubt hätten, dass sie sich für unsere Botschaft interessierten, kamen aus allen Ecken der acht Dörfer. Junge Männer stiegen in weit entfernten Städten in den Bus; junge Frauen machten sich so hübsch wie für eine Hochzeit, in der Hoffnung, einen Ehemann zu finden. Die Geschäftstüchtigen brachten das eine oder andere zum Verkauf mit. An einem Ende des Schulhofs übten Trommler für den Ausklang der Kundgebung, während kleine Kinder dazu tanzten. Wir hatten kein Festival geplant, und auch keinen Tag, an dem Verwandte mal wieder aufeinandertreffen und Freunde sich den neuesten Tratsch erzählen würden, aber in den ersten Stunden war es genau das. Der gesamte Bezirk schien gekommen zu sein, die Menge ragte über die Grenzen des Schulgeländes hinaus. In der Ferne standen Soldaten mit verkniffenen Gesichtern, die Gewehre im Anschlag. Niemand hatte Angst vor ihnen; unsere Freude machte sie unsichtbar.

Wir begrüßten die Menschen mit den Worten, dass dieser Tag ihr Tag sei, der Tag, an dem sie sich bereit zeigen könnten, ihr Leben zurückholen zu wollen. Ihr Gebrüll hätte all unsere Toten auferstehen lassen. Unsere Kinder hatten wochenlang ein Lied geprobt, wollten es nun aber nicht mehr aufführen, darum brachte eine unserer Frauen die Menge dazu, im Chor zu singen, wie herrlich es ist, am Leben zu sein, und alle klatschten und bewegten sich im Rhythmus. Drei von uns stiegen auf den Tisch, um Thula Nangi anzukündigen, unsere Schwester, zurück aus Amerika, vom großen Geist dazu bestimmt, uns zum Sieg über unsere Widersacher zu führen. Die Menschen schrien vor Freude, als wir Thula auf den Tisch hoben und ihr das Megafon reichten.

»Power to the People. Alle Macht dem Volk«, schrie sie mit erhobener Faust.

»Alle Macht dem Volk«, schrie die Menge zurück.

»Wer ist das Volk?«

»Wir sind das Volk.«

»Ja«, sagte sie, »wir sind das Volk, und unser Augenblick ist gekommen.«

Die Menge grölte. Bei jeder weiteren Verkündung grölte sie noch lauter und reckte mit ihr die Fäuste in die Luft.

»Das ist unser Land.« Grölen.

»Wir holen es uns zurück, ob es ihnen gefällt oder nicht.« Grölen.

»Wir werden nicht länger zulassen, dass sie uns hinrichten, vergiften oder auf uns herumtrampeln.« Grölen.

»Warnt alle, die sich unserem Frieden und unserem Glück in den Weg stellen. Richtet ihnen aus, dass wir durch die Straßen von Lokunja und die Bezirkshauptstädte im ganzen Land marschieren. Wir ballen die Fäuste, bis wir nach Bézam gelangen. Wir brüllen, bis sie uns unsere Würde wiedergeben. Unsere Stimmen sind das Feuer, das jedes System der Ungerechtigkeit niederbrennt, und aus der Asche errichten wir eine neue Nation.«

»Feuer«, rief jemand.

»Feuer«, sang die Menge.

»Ja«, schrie Thula, »wir sind das Feuer, das alles Unmoralische niederbrennt. Für uns gibt es keine Rückkehr zur Finsternis. Wir sind erwacht, und wir erheben unsere Stimmen, bis jeder Mann, jede Frau und jedes Kind in diesem Land frei ist.«

JUBA

Was heißt es, frei zu sein? Wie verhalten sich Menschen, wenn sie plötzlich glauben, dass ihre Definition von Freiheit greifbar ist? An dem Tag in Lokunja sah ich wie. Ich sah Männer, die sich aufrichteten und stolz nach Hause gingen. Ich sah kleine Mädchen, die Soldaten winkten und zulächelten, als würden sie sagen, hallo, guck mal, was für ein hübsches Kleid ich habe. Ich sah Frauen, die beim Lachen den Kopf weit in den Nacken warfen. Ich spürte, wie die Luft von der Last vibrierte, die den Menschen in diesem Augenblick von den Schultern fiel. Neue Möglichkeiten waren in den Gesichtern der Menge zu lesen, eine ungebremste Vorfreude auf die Zukunft. Ich sah es wieder und wieder, bei jeder weiteren Kundgebung in jedem weiteren Bezirk, zu der ich meine Schwester begleitete, als wir den Westen des Landes bereisten. Ich hörte es, als die Menschen ihre Stimme erhoben und eine demokratische Wahl forderten, als sie von Seiner Exzellenz das Recht forderten, ihren Präsidenten selbst zu wählen und so ihr eigenes Traumland zu erschaffen. Freiheit war im Gesicht meiner Schwester zu lesen, ganz gleich, vor welcher Menschenmenge sie stand.

Ihre Faust blieb geballt. Ihr Entschluss blieb bestehen. Ihr Glaube, dass Kosawa eines Tages wieder heil sein würde, blieb unbeirrt. Sie führte ihre Leute nach Gardens, zum Vorgarten von Mr. Fish. Sie forderten Entschädigungen. Sie forderten Respekt. Als die Wachen die Gewehre hoben, befahl Mr. Fish ihnen, sie zu senken, und skandierte, niemand dürfe verletzt werden. Dieses Land ist unser Land, sangen sie. An manchen Tagen saßen sie mitten in

Gardens. Mütter mit Babys auf dem Schoß. Großeltern auf Hockern. Viele, die geflohen und für den Kampf zurückgekommen waren. Sie erzählten Geschichten aus vergangenen Zeiten, von einem Kosawa in vollem Glanz. Sie sangen: *Sons of the leopard, daughters of the leopard, beware all who dare wrong us, never will our roar be silenced. Söhne des Leoparden, Töchter des Leoparden, gebt acht vor jedem, der uns Unrecht will, nie bringt man unser Gebrüll zum Schweigen.* Das Öl sei ihr Erbe, sagten sie. Sie hätten das Recht, Gardens zu besetzen. Einmal besetzten sie es eine Woche lang ohne Unterbrechung, übernahmen Schichten. Sie gaben nicht nach. Selbst wenn Pexton sie weiter ignoriere, sagten sie, würde ein amerikanisches Gericht ihnen eines Tages den Sieg einräumen.

Ich war dabei, als meine Schwester das erste Mal mit Kosawas neuem Anwalt sprach. Sie hatte einem früheren Professor geschrieben und ihn um Rat gebeten, nachdem die Gespräche mit Mr. Fish in eine Sackgasse geraten waren. Der Professor erzählte ihr von seinem Neffen, einem Mann namens Carlos, der Partner in einer angesehenen New Yorker Anwaltskanzlei war. Carlos' Kanzlei würde Leute wie Pexton vertreten, hatte der Professor gesagt, nicht Leute wie Kosawa, aber ein Gespräch mit ihm könne nicht schaden.

Eine halbe Stunde vor dem vereinbarten Telefontermin mit Carlos saß sie bereits am Schreibtisch, ging ihre Liste mit vorbereiteten Fragen durch und blätterte in den Notizbüchern, in denen sie über die Jahre Gedanken und Ideen festgehalten hatte. Die Dose mit Essen, die ich ihr zum Mittag mitgebracht hatte, war noch ungeöffnet. Gut möglich, dass sie den ganzen Tag über nichts gegessen hatte.

»Nimm doch wenigstens ein paar Bisse«, sagte ich.

»Ich habe keinen Hunger«, sagte sie, ohne aufzuschauen.

»Es gibt noch andere Anwälte in Amerika«, sagte ich. »Wenn er Nein sagt, findest du einen –«

»Ich will keinen anderen Anwalt. Wenn wir ernsthaft gegen sie antreten wollen, brauchen wir einen von den großen New Yorker Jungs. Carlos ist unsere beste Chance.«

Kaum dass es klingelte, hatte sie den Hörer schon in der Hand. Den Großteil des Gesprächs hörte sie zu. Als sie auflegte, waren weder Erleichterung noch Aufregung auf ihrem Gesicht zu sehen. Carlos hatte lediglich dafür gesorgt, dass sie sich noch mehr Sorgen machte.

Kosawas Klage gegen Pexton sei schwach, hatte der Anwalt gesagt; seinen vorläufigen Recherchen nach sehe der Vertrag von Pexton mit unserer Regierung vor, dass Pexton das Rohöl fördere und unsere Regierung die Verantwortung für alle negativen Begleiterscheinungen übernehme. Wenn der Fall vor Gericht landen würde, erklärte er ihr, würde Pexton nicht abstreiten, dass seine Praktiken zu auslaufendem Öl führten, das den Boden von Kosawa auslauge. Pextons Anwälte würden gar nicht bestreiten, dass der Giftmüll auf dem großen Fluss von ihrem Ölfeld stamme. Sie würden gar nicht behaupten, dass der Tod der Kinder nichts mit ihnen zu tun habe. Sie müssten lediglich beweisen, dass unsere Regierung sie im Austausch für einen Teil der Öl-Einnahmen von jeglicher Verantwortung gegenüber dem Land und seinen Menschen freigesprochen habe.

»Heißt das, dass er den Fall nicht übernimmt?«, fragte ich.

»Er braucht Zeit, um darüber nachzudenken.«

»Und was kostet er uns?«

»Das ist die andere Sache. Er arbeitet nicht für Prozente, und er weiß, dass wir ihn uns nicht leisten können. Er will mit seinen Partnern sprechen und klären, ob einer von ihnen uns *pro bono* vertreten kann. Wir müssen einen Weg finden, um alle Kosten zu decken.«

Ein paar Wochen später erhielt sie einen Anruf von Carlos, der sagte, dass er beschlossen habe, den Fall auf Honorarvereinbarung anzunehmen. Zunächst jedoch müsse Kosawa die von der Aktion Neuanfang angestrengte Klage fallen lassen; Thula würde mit der Aktion Neuanfang sprechen und sie darüber informieren müssen, dass das Dorf beschlossen habe, Carlos zu beauftragen, einen neuen Prozess zu führen. Sobald die alte Klage fallen gelassen wäre, würde Carlos eine neue Klage einreichen, in der er Pexton der Verabredung zur Verübung einer Straftat nach dem sogenannten Alien Tort Statute beschuldigen würde. Sein Argument würde lauten, dass Pexton beim Eingehen der Partnerschaft mit der Regierung Seiner Exzellenz gewusst habe, dass diese Regierung sich keinen Deut um das Wohl ihres Volkes schere. Pexton habe das ausgenutzt, gegen internationales Recht verstoßen und dabei in Kosawa unsägliche Schäden an Eigentum und Leben verursacht.

Pexton würde den Richter sicherlich dazu auffordern, die von ihnen als schikanös betrachtete Klage abzuweisen, sagte Carlos, aber er würde die schriftliche Vorladung sämtlicher internen Unterlagen zu Kosawa beantragen, und zwar zurück bis zu dem Zeitpunkt, als die ersten Pexton-Arbeiter ins Tal gekommen seien. Bei der Verhandlung würde er das Gericht dazu auffordern, substanzielle Schadenersatz- und Strafschadenersatzzahlungen zu verhängen. Mit nichts von alledem wolle er andeuten, dass es leicht oder angenehm werden würde, warnte uns der Anwalt. Wahrscheinlich würde es Jahre dauern, Klagen gegen mächtige Konzerne seien nahezu unmöglich, Kosawas Aussicht auf einen Sieg vor einem amerikanischen Gericht sei verschwindend gering. Er wolle nicht, dass das Dorf alle seine Hoffnung darauf setze, auch wenn er sich mit allen Mitteln für seine Bewohner starkmachen werde.

Meine Schwester hatte nie zu denen gehört, die schnell vor Freude in die Luft springen, aber als sie mich in meinem Wohnzimmer auf den neuesten Stand brachte, hüpfte sie unablässig umher und sagte, ich kann nicht glauben, dass es wirklich passiert, dass es endlich passiert. Sie hatte in Amerika gelebt, sie wusste, wie die Gerichte dort tickten, trotzdem legte sie das Schicksal von Kosawa vollständig in ihre Hände, denn in wessen Hände hätte sie es sonst legen sollen?

Als sie das Dorf auf dem Platz versammelte, um ihm von seinem neuen Anwalt zu erzählen, jubelten alle und fielen sich in die Arme, manche vergossen sogar Freudentränen, erstaunt, dass Thula nur vier Jahre nach ihrer Rückkehr aus Amerika bereits dabei war, Kosawa zu retten. Sie versuchte gar nicht erst, die Euphorie zu dämpfen – die Freude der Dorfbewohner war ihre Kraft –, aber nichtsdestotrotz erzählte sie ihnen, dass die Chancen nicht gut standen, dass Pexton ein ganzes Heer an Anwälten beschäftige, aber auch Carlos furchtlos sei; er habe noch nie einen großen Fall verloren, und auch er sei eingestiegen, um zu gewinnen. Einer der Fünf erhob sich und hielt eine flammende Rede darüber, dass Pexton endlich in die Ecke getrieben werde. Wenn alles vorbei sei, würden sie sich wünschen, sie hätten nie einen Fuß auf unser Land gesetzt.

Nach dem Treffen mit dem Dorf informierte Thula die Ältesten bei einem geheimen Treffen in Sonnis Hütte darüber, dass Carlos zwar auf Basis einer Honorarvereinbarung arbeiten werde, aber dennoch Geld für die anfallenden Kosten brauche, einschließlich der Zahlungen für die Experten, die zu Untersuchungszwecken anreisen würden. Ohne eine größere Summe Geld könne Carlos keine Unterlagen einreichen, darum habe er Thula an jemanden verwiesen, der dem Dorf das Geld leihen könne, jemanden bei einer Hedgefondsorganisation. Die Organisation werde Carlos das nötige Geld geben, und wenn Kosawa den Prozess gewinnen würde, würde es den Hedgefonds-Leuten Prozente von dem Pexton-Geld geben. Wenn Carlos und die Hedgefonds-Leute ihre Prozente erhalten hätten, hätte Kosawa noch ungefähr ein Drittel der zugesprochenen Schadenersatzzahlungen für sich.

»Wie viel Geld ist das dann?«, fragte einer der Ältesten.

»Ich weiß es nicht«, sagte Thula. »Carlos sagt, dass man das unmöglich vorhersehen kann. Aber wenn diese Hedgefonds-Leute bereit sind, uns Geld zu leihen, dann nur, weil sie glauben, dass wir starke Argumente haben, um unseren Anspruch geltend zu machen, und darauf vertrauen, dass ihre Prozente viele Male so hoch sind wie das, was sie uns geliehen haben.«

Eine ganze Weile waren alle still. »Verstehen diese Leute in Amerika, dass Geld überhaupt nicht das ist, worum es uns geht?«, fragte ein anderer.

»Geldzahlungen sind das Einzige, wozu die Gerichte in Amerika Pexton zwingen können«, sagte ich, ehe Thula das Wort ergreifen konnte. Sie wirkte nie, als würde sie es als Last empfinden, allen alles erklären zu müssen, aber ich hatte das Bedürfnis, ihr diese Aufgabe abzunehmen, wann immer es ging.

»Juba hat recht«, sagte sie. »Die amerikanischen Gerichte können nur dafür sorgen, dass Pexton uns Geld gibt, und dann können wir entscheiden, ob wir das Geld dafür verwenden, das Dorf wieder in einen sauberen Zustand zu versetzen oder nicht. Wenn die Summe groß genug ist, können wir Leute aus Amerika bezahlen, die sich damit auskennen, wie man den Boden und das Wasser und die Luft sauber macht, damit sie zu uns kommen und sich unser Dorf ansehen und uns sagen, welche Möglichkeiten wir haben.«

»Aber warum können die Gerichte nicht einfach dafür sorgen, dass Pexton geht?«, sagte der erste Älteste. »Ich weiß, du hast gesagt, dass es so nicht funktioniert, aber in den amerikanischen Büchern muss doch irgendwo stehen, dass Menschen das Recht haben, in Frieden auf ihrem Land zu leben. Kann dieser Carlos nicht in seinen Büchern nach einem solchen Gesetz suchen und den Richter bitten, es auf unsere Situation anzuwenden?«

»Ich werde ihn darum bitten, Big Papa«, antwortete Thula. »Carlos versteht, dass es uns vor allem um einen Neuanfang für das Dorf geht, und ich vertraue ihm, dass er alles tut, um genau den zu erreichen.«

»Wenn du ihm vertraust«, sagte Sonni, »gib ihm unsere Erlaubnis, das zu tun, was er tun muss.«

Der Tag, an dem Carlos die neue Klage einreichte, verging mit weniger Tamtam. Ich holte Thula nach einer ihrer Lehrveranstaltungen direkt vom Seminarraum ab, und sie zeigte mir das Fax von Carlos, in dem er schrieb, sie solle sich anschnallen, die Fahrt gehe los. Ich umarmte sie; wir fuhren zu unseren Eltern, die sie umarmten und ihr rieten, sich etwas auszuruhen. Wer wusste schon, wie lange sich der Rechtsstreit von einem Gericht zum nächsten schleppen würde? Sie baten sie, sie solle versuchen, nicht an den Prozess zu denken, oder an unser Land.

Das konnte sie nicht. Es gab zu viel zu tun.

Nach dem Tag der Befreiung (dessen Vorbereitungen sie sich in jeder freien Minute gewidmet hatte und über den sie in den drei Jahren, nachdem Carlos die neue Klage eingereicht hatte, ununterbrochen sprach) gründete sie eine politische Partei, damit Seine Exzellenz unter Druck geriet, eine Wahl abhalten zu müssen, die erste Präsidentschaftswahl in der Geschichte unseres Landes. Sie nannte ihre Partei die Vereinte Demokratische Partei, auch wenn ihre Anhänger sie die Feuerpartei nannten, weil sie so oft mit erhobener Faust »Feuer« rief. Sie hatte die Hoffnung, genug Mitstreiter im ganzen Land zu finden, um lokale Ortsgruppen der Partei zu gründen, die letztlich zu einer starken landesweiten Präsenz führen würden. Aus den Reihen der Partei würde sich jemand erheben, der es mit Seiner Exzellenz aufnehmen und ihn bei einer demokratischen Wahl schlagen würde. Wahlen im Land waren noch immer eine Fantasie – Seine Exzellenz behielt sich das Recht auf die einzige politische Partei vor –, aber meine Schwester fand es entscheidend, ihre Bewegung zu einer Partei zu erklären, wenn auch einer illegalen; es war dringend erforderlich, dass ihre Partei bereit war, gegen Seine Exzellenz ins Rennen zu gehen, wenn er endlich Wahlen ausrufen würde.

Zusammen mit den Fünf und ihren Studenten vom Village-Treffen hielt sie in einer Stadt außerhalb von Bézam eine Kundgebung ab, wo sie Menschen dazu aufrief, sich ihr anzuschließen und das Feuer zu sein, dass das Regime in den Wahlkabinen niederbrennen würde. In jenem Jahr verbrachte sie ihren Urlaub, den gesamten Monat arbeitsfreie Zeit, mit ähnlichen Veranstaltungen im ganzen Land, aber ihre Partei konnte sich nie außerhalb des westlichen Landesteils etablieren. Bei ein paar der Zwischenstopps im Norden und im Osten kamen allenfalls ein Dutzend Menschen. Landesweit wimmelte es plötzlich von Nachahmern, von denen viele hofften, ähnliche Bekanntheit zu erlangen wie sie und sich auf diese Weise zu bereichern. Aus Angst vor Seiner Exzellenz wagten es in Bézam und im Südosten nur wenige Menschen, sich öffentlich mit ihr zu verbünden. Auch anderen Völkern gingen plötzlich die Augen auf; sie wollten einen Anführer aus ihren eigenen Reihen, einen Mann mit einem vertraut klingenden Namen, nicht diese Frau, die sie kaum kannten. War es nicht an der Zeit, dass sich jedes Volk um sich selbst kümmerte?, fragten sie sich. Meine Schwester versuchte, solchem Denken zu widersprechen. Sie rief den Menschen in Erinnerung, dass das Land zwar aus mehreren Völkern bestehe, aber trotzdem eine Nation sei, ein Garten mit Blumen verschiedener Formen und Farben und Düfte, deren Zusammenspiel die allerfeinste Schönheit ergab. Wenige hörten ihr zu – Solidarität schien ihnen ein ordinäres Konzept zu sein.

Mama und ich machten uns jeden Tag Sorgen um sie. Manchmal steckte ich ihrem Fahrer Geld zu, wenn sie mal wieder auf Reisen ging. »Sie ist meine einzige Schwester«, sagte ich. »Bitte, passen Sie auf sie auf.« Der Fahrer nickte. Er hatte sieben Töchter; die Sorge um sie nahm seine Frau völlig ein.

Jedes Mal, wenn Thula vor Zuhörern stand und sie aufforderte, sich ihrem Traum anzuschließen, bekam ich feuchte Augen, aus Angst und vor Stolz. Wir begleiteten sie, sooft wir konnten – Mama, unser neuer Papa, meine Freundin und ich. Ein paar ihrer Freunde aus Amerika kamen zu Besuch, andere schickten

Postkarten mit Durchhalteparolen. Sie war eine Taube, die sich durchs Feuer kämpfte, die sich in die Lüfte erhob, obwohl sie brannte.

Ein paar Jahre nach dem Tag der Befreiung kam Carlos mit seinem dreiköpfigen Team nach Bézam. Noch am Flughafen sagte er Thula, dass er ihr dringend etwas erzählen müsse, es ihr aber nur persönlich habe mitteilen wollen. Erst kürzlich sei er einem alten Freund über den Weg gelaufen, der im Justizministerium arbeite, und diesem Freund habe er von seinem Rechtsstreit mit Pexton erzählt. Der Freund habe ihm anvertraut, dass es im Justizministerium bereits eine Akte zu Pexton gebe; das Ministerium habe seit dem Massaker Beweise gesammelt, die belegen würden, dass Pexton gegen amerikanisches Recht verstoße, indem es ausländischen Beamten Bestechungsgelder zahle. Die Beamten hofften, den Konzern wegen Verstoßes gegen den Foreign Corrupt Practices Act vor Gericht zu bringen. Wenn das Ministerium gewinne, sagte Carlos, würde Pexton womöglich dazu gezwungen werden, Entschädigungen an Kosawa zu zahlen.

Als Thula all das beim Abendessen mit Carlos und seinem Team im Haus von Mama und Papa wiederholte, jubelten wir.

Es bestehe wenig Aussicht auf Erfolg, warnte Carlos – die Chance, dass für Kosawa irgendetwas dabei herausspringe, sei winzig –, woraufhin Thula vor Euphorie strahlend sagte: »Man kann nie wissen, manchmal geschieht das Unmögliche; das ist das Schöne am Leben.« Darauf stießen wir an, ehe wir uns über die Pfeffersuppe mit Ziegenfleisch und die Landschnecken in Tomatensauce mit Reis hermachten.

Nach dem Essen, während alle anderen vor dem Fernseher meiner Eltern hockten und amerikanische Sitcoms sahen, saßen Carlos und ich auf der Veranda, um unser Bier zu trinken und die spätabendliche Bézamer Brise zu genießen.

»Ich kann mich nicht erinnern, wann ich zuletzt so viele Sterne gesehen habe«, sagte der Anwalt mit Blick zum Himmel.

»Wenn du hierherziehst, siehst du sie jede Nacht«, sagte ich.

Er lachte leise. »Ich bin nicht geschaffen für diese Art von Leben«, sagte er.

Ganz offensichtlich nicht, wollte ich sagen, und sah ihn von der Seite an. Wenn mir jemand gesagt hätte, dass er gerade einem Film entstiegen war, hätte ich es geglaubt, wenn ich mir sein makelloses Profil und seine dichten Stoppeln so ansah, diese überwältigende Attraktivität, die durch die seidig glänzenden Haare noch unterstrichen wurde. Er trug eine teuer aussehende Uhr am Handgelenk und einen Ehering am Finger, obwohl die Art, wie er meine Schwester ansah, und die Häufigkeit, mit der er ihr während des Essens Komplimente gemacht und sich zu ihr rübergebeugt und ihr über die Schulter gestrichen hatte, für mich darauf hindeutete, dass er nur zu gern bereit wäre, seine Treueschwüre zu vergessen, wenn Thula ihm eine Chance geben würde. Wenn er es darauf anlegen sollte, würde er herausfinden, dass weder er noch irgendein anderer Mann eine Chance bei Thula hatten, solange Austin noch am Leben war. Thula bräuchte nur von einem früheren Erlebnis mit Austin erzählen, und Carlos würde wissen, dass er verloren hatte.

»Ich weiß, dass du das nicht von mir hören musst«, sagte ich, »aber ich möchte dir trotzdem danken, dass du den Fall übernommen hast. Kosawa bedeutet meiner Schwester alles.«

»Mein Onkel hat es mir erzählt«, sagte er.

»Professor Martinez?«

Er nickte. »Er spricht immerzu von seiner Star-Studentin, die ihr Land verändern wird. Stell dir vor, da sitzen wir zusammen bei einem Familienessen – er, meine Eltern, die ganze Familie –, und er sagt: ›He, Carlos, was hältst du davon, wenn du diesem Dorf hilfst?‹ Und plötzlich reden alle über die vielen schrecklichen Dinge, die in der Welt passieren, und dass ich etwas dagegen tun könnte – ›Ach komm schon, Carlos, hilf diesem einen armen Dorf.‹«

»Dann bist du hier, weil deine Familie dich unter Druck gesetzt hat?«

Er lachte. »Natürlich nicht«, sagte er. »Es macht mir Spaß, die Großen zu vertreten, aber ich dachte mir, einmal könnte ich ruhig für die Kleinen kämpfen, mal etwas anderes machen. Meine Eltern werden sich freuen. Mein Vater ist früher jeden Tag vierzehn Stunden Taxi gefahren, damit meine Geschwister und ich aufs College gehen konnten, und als ich Jura studiert habe, hat er seinen Freunden erzählt, dass ich die Bösen hinter Gitter bringe. Ich habe nicht vor, eine Karriere daraus zu machen, aber wenigstens können meine Eltern an dem Tag, an dem Kosawa gewinnt, ihren Freunden den Zeitungsausschnitt zeigen.«

Ich bekam Carlos und sein Team nicht mehr zu Gesicht, bevor sie nach Kosawa aufbrachen, und auch nicht danach, aber Thula erzählte mir, dass ihre Reise erfolgreich gewesen sei. Üppig ausgestattet mit Interviewmaterial, Fotos und Boden- und Wasserproben flogen sie nach Amerika zurück. Ihre Anwesenheit hatte auch das Dorf belebt. Sie hatten Geschichten aus einem Amerika im Jahr 2007 mitgebracht: Wie eine Frau dort gerade zur drittmächtigsten Person in der Regierung ernannt worden war; und wie manche Männer um das Recht kämpften, einander heiraten zu können, worüber die Ältesten so heftig lachten, dass sie fast noch die letzten Zähne verloren. An dem Abend vor ihrer Abreise war reichlich Palmwein geflossen, die Amerikaner hatten getrommelt, die Kinder dazu getanzt und die Erwachsenen geklatscht.

Am Tag darauf trat Kosawa in eine neue Phase des Wartens ein. Die Frauen legten weiterhin stundenlange Wege zurück, um fruchtbare Böden zu finden. Die Mütter kochten das Wasser für ihre Babys ab. Der Wald lieferte Wildfleisch, das Geld für das Nötigste einbrachte. Die Kinder starben wegen Pexton und aus Gründen, die nichts mit Pexton zu tun hatten. Neugeborene

Kinder nahmen ihren Platz ein. Familien flüchteten. Familien kehrten zurück, oft wegen der Großeltern, die sterben wollten, wo sie geboren waren. Heitere und düstere Tage wechselten sich ab.

In all dieser Zeit geriet Thula nie ins Wanken, auch als die Jahre ins Land zogen und die Studenten von ihrem Village-Treffen ihren Abschluss machten und neue Studenten kamen und ihren Abschluss machten. Auch als sie eine Beförderung erhielt und zur Leiterin ihrer Abteilung ernannt wurde, woraufhin sie ihre Parteiaktivitäten einstellte und sich auf ihre Studenten konzentrierte, weiter eine ihrer besten Chancen, ihre Vision zu verwirklichen.

Sie reiste noch immer durchs Land, um bei sporadisch stattfindenden Versammlungen ihrer Anhänger zu sprechen, jungen Leuten, die selbst in der Gegenwart von Soldaten die Schultern strafften und sich mit erhobener Faust begrüßten. Sie reiste auch, wenn sie in Briefen gebeten wurde, doch bitte zu kommen und zu dieser oder jener Gemeinde zu sprechen, die – ermutigt von ihrer Geschichte – beschlossen hätte, vor Regierungsbüros und Konzernfabriken zu protestieren. Sie ermahnte die Protestierenden, dass sie nie aufhören dürften, daran zu glauben, dass sich etwas ändern werde. Immer wenn sie irgendwo ankam, hießen die Frauen sie mit beschwingten Tänzen willkommen. »Seht nur, was eine von uns vollbringt«, sangen sie. »Seht, was eine Frau vollbringen kann.«

Sie wusste, dass es viele gab, die ihren Untergang planten, aber sie sorgte sich nicht. Nicht einmal, als sie bemerkte, dass ihr ein Mann mit dunkler Sonnenbrille durch Bézam folgte, den sie in einem Auto vor ihrem Haus sitzen sah; bei der Beschattung im Supermarkt; mit einem Handy am Ohr vor ihrem Büro. Es überraschte sie nicht – natürlich würde Pexton versuchen, ihr Angst einzujagen. Aber sie schätzten sie falsch ein. Sie rechneten nicht damit, dass sie dem Mann zulächeln würde, wann immer sie ihn sah, manchmal sogar zuwinken. Sie erzählte Carlos und den

Fünf von dem Mann, und sie waren sich einig, dass sie zu ihrem Schutz Vorsichtsmaßnahmen ergreifen sollte. Aber meine Schwester hatte noch nie eng mit der Angst getanzt; sie weigerte sich, einen privaten Leibwächter einzustellen. Als ich bei ihr war, sah ich den Stalker ein- oder zweimal und bat sie, vorsichtig zu sein. Sie lachte und sagte, ich solle aufhören, mir Sorgen zu machen. Eines Tages hörte der Mann auf, ihr zu folgen. Als sie Mama erzählte, sie könne sich entspannen, der Mann sei weg, weinte Mama vor Erleichterung.

Nach Thulas Rückkehr aus Amerika nahm Mama mich anfangs oft zur Seite, um mich daran zu erinnern, dass auch ich wichtig sei, dass sich nicht alles um meine Schwester drehe, ich mich nicht immer verpflichtet fühlen dürfe, meine eigenen Bedürfnisse ihretwegen hintanzustellen. Mama sah, wie nur eine Mutter es kann, dass ich in Thulas Gegenwart oft vergaß, dass auch ich eine Geschichte besaß, dass Mama und ich beide Geschichten besaßen, die nichts mit Thulas Vision für Kosawa und unser Land zu tun hatten.

Manchmal, wenn wir bei ihr in der Küche saßen, erinnerten Mama und ich uns an die Zeit, als Thula nach Amerika gegangen war und es in der Hütte nur noch Yaya, Mama und mich gab, Yaya nicht aus dem Bett aufstehen konnte, Mama und ich auf der Veranda saßen und unsere letzten Tage in der Hütte genossen. Wir beide weinten an dem Morgen, als wir die Hütte verschlossen und nach Bézam aufbrachen, um dort mit meinem neuen Vater zusammenzuleben. Wir verließen Kosawa, nachdem wir Yaya keine Woche nach ihrem Umzug zu Malaika beerdigt hatten. Was wir besaßen, verschenkten wir an Freunde und Verwandte; die Hütte, die wir zurückließen, war so nackt wie an dem Tag, als Big Papa sie gebaut hatte, und würde wahrscheinlich für immer leer stehen, nun, da Kosawa immer weiter an Einwohnern verlor.

In Bézam trafen wir mit einem Bambuskoffer voller alter Kleidung, geräuchertem Fleisch, sonnengetrocknetem Gemüse und in Blätter gewickelten Gewürzen ein. Mama hatte den Koffer auf dem Kopf von einem Bus zum nächsten getragen, noch zu skeptisch, um dem Essen der Großstadt zu trauen. Bei jedem Besuch, den sie Bongo im Gefängnis abgestattet hatte, hatte sie Essen mitgebracht – nie hatte sie etwas gegessen, das nicht von zu Hause stammte.

An unserem ersten Abend in der Stadt, nachdem uns mein neuer Papa umarmt und verköstigt und mit Eiswürfelwasser versorgt hatte, bat er uns, ihm alles von der Reise zu erzählen. Dann sagte er: »Ab heute seid ihr hier zu Hause, jetzt und für immer.« Mama nickte. Sie bat mich, meinem neuen Papa zu danken, doch vorm Schlafengehen flüsterte sie mir zu: »Vergiss nie deinen alten Papa.« Ich sagte, »Ja, Mama.« Ich schwor ihr, dass ich Papa immer im Herzen behalten würde. Ich schämte mich, ihr zu erzählen, dass ich Papa und auch Bongo bereits vergaß. Meine Erinnerungen an sie schwanden, sosehr ich auch dagegen anging.

Eine Woche nach meiner Ankunft nahm mich mein neuer Papa an die Hand und brachte mich zu meiner neuen Schule. Er schlängelte sich mit mir zwischen grünen, roten und gelben Autos hindurch; kaufte mir Süßes auf dem Weg. Er gab mir Geld für das Mittagessen und wischte mir mit seinem Taschentuch den Schweiß aus dem Gesicht. Er hatte nie Kinder gehabt; sein Herz war voll mit Liebe, die er unbedingt weitergeben wollte.

Die Jahre kamen, die Jahre gingen. Die Gesichter von Kosawa verblassten, auch das meines alten Papas. Wenn uns meine neuen Freunde besuchten, sahen sie, dass Mama noch immer in Kosawa lebte, sich kleidete, als wäre sie nie fortgegangen. Anders als die Eltern meiner Freunde, von denen die meisten für die Regierung arbeiteten, sprach Mama kein Englisch. Mama dachte oft an ihr früheres Leben, fragte mich, ob ich mich an diese oder jene Person erinnern würde, oder an den Tag, an dem dieses oder jenes passiert sei, erfand Lieder über die Hütte, in der wir früher mit meinem alten Papa gelebt hatten, traurige Lieder, die immer dann abbrachen, wenn mein neuer Papa aus dem Büro kam. Wenn sie die Schritte meines neuen Papas hörte, wurde Mamas Melodie plötzlich heiter. Ihre Stimme wurde kräftiger, als sie ihm sein Essen auf den Tisch stellte. Sie tat das Gleiche für ihn wie für meinen alten Papa: Sie rückte ihm den Stuhl zurecht und sah ihm lächelnd zu, wie er aß und sagte, kein Mann habe je ein köstlicheres Mahl auf seinem Teller gehabt. Sie brachte ihm Wasser, damit er sich am Tisch die Hände waschen konnte, und half ihm dabei, es sich nach dem Essen auf dem Sofa bequem zu machen, damit er so entspannt und zufrieden war, wie ein Mann es sein sollte.

Papa sorgte dafür, dass Mamas Portemonnaie immer schwer in der Hand lag. Er gab ihr alles, was sie brauchte, damit sie das Haus sauber halten, sich um eine üppige Auswahl an Speisen kümmern und für sich selbst genug Geld zurückbehalten konnte, um in andere Stadtteile zu fahren und mit Frauen aus ihrer Gegend zu lachen, die sie auf dem Markt miteinander plaudern gehört hatte, nicht in einer der Verkehrssprachen unseres Landes, sondern in der für Kosawa und seine Geschwisterdörfer unverwechselbaren Sprache. Das reichte als Basis für Freundschaften.

Nach den Besuchen bei Freundinnen stieg Mama aus Bussen, die vollgepackt waren mit schnoddrigen Stadtmenschen, und traf im Wohnzimmer auf Papa, der auf sie wartete, seine Trophäe. Jedes Mal, wenn sie hereinkam, stand er auf, um sie mit leuchtenden Augen zu küssen. Obwohl seine Haare schon grau waren, konnte er sie hochheben, und sie kicherte, wenn er sie zum Schlafzimmer trug und zu mir sagte, ich solle schlafen gehen, ehe er die Tür schloss.

Allein in meinem Schlafzimmer dachte ich an die Nacht, in der ich von den Toten zurückgekehrt war. In dieser Nacht habe ich etwas verloren; ich weiß nicht was. Ich habe etwas dazugewonnen; ich weiß nicht was. Ich weiß noch alles von dieser Reise, nur nicht, was ich verloren und dazugewonnen habe. Mein alter Papa legte mich in Mamas Arme, nachdem ich die Augen geöffnet hatte. Er musste schnell hinter die Hütte laufen, um seine Tränen zu verstecken – er konnte seinen Schmerz nicht zurückhalten. Mama hielt mich fest und weinte vor Erleichterung. Yaya weinte. Thula weinte. Sie streichelten mich, wollten wissen, wie ich mich fühlte. Ich antwortete nicht, sondern sah mich im Wohnzimmer um und suchte nach dem, das ich aus dem Wald auf der anderen Seite mit zurückgebracht hatte. Ich wollte Mama von etwas anderem erzählen, das ich zurückgelassen hatte, aber ich konnte mich nicht daran erinnern, irgendetwas fallen gelassen zu haben, bevor ich über den ewigen Fluss gesprungen war. Es leuchtete ein, dass ich mit nichts als meinem Körper gereist bin, trotzdem liege ich noch heute im Bett, Jahrzehnte nach diesem Tag, und wälze mich schweißgebadet hin und her, immer auf der Suche. Tagsüber überkommt mich die Sorge und der unerträgliche Drang, nach dem zu suchen, was ich mit zurückgebracht habe. Es muss irgendwo sein, dieses Etwas, das ich verloren habe. Was war es? Wie kann ich ohne dieses Etwas leben? Nach jahrelangem Grübeln habe ich akzeptiert, dass ich immer tot und lebendig sein werde, beides und keins von beidem.

Mein alter Papa sollte mir helfen zu verstehen, was an jenem Tag passiert war, wie Jakani es geschafft hatte, mich zu finden und zurück nach Hause zu holen – Papa war gut darin, Unerklärliches verständlich zu machen –, aber kurz nach meiner Wiederkehr ging er nach Bézam. Ich habe Respekt vor dem Opfer, das er gebracht hat, sein Inkaufnehmen des Todes, damit ich möglichst lange lebe. Trotzdem hätte ich ihm zu gern vor seiner Abreise erzählt, dass ich, wenn Jakani mich nicht zurückgerufen hätte, gern weiter auf unsere Ahnen zugegangen wäre. Ich hatte ihre Stadt auf dem Hügel erblickt, die schimmernd in der Ferne lag, und konnte es kaum erwarten, dorthin zu gelangen.

Als Kind mit wenigen Freunden, einer von Sorgen geplagten Mutter, einer oft zerstreuten Schwester und einer gebrochenen Großmutter sah ich zu, wie das Leben um mich herum weiterging, nachdem Papa und Bongo gestorben waren. Ich saß in einer Ecke im Wohnzimmer und füllte ganze Notizbücher mit meinen Zeichnungen. Der Drang zu zeichnen überkam mich, kurz nachdem ich wieder ins Leben zurückgekehrt war. Ich hatte noch nie zuvor gezeichnet, aber eines Abends schnappte ich mir Thulas Bleistift und ein Blatt Papier. Bilder nahmen Gestalt an, als sich meine Hand über die Seite bewegte. Nach dem Massaker hatte ich nicht das Bedürfnis zu weinen, nur das Bedürfnis zu zeichnen, was ich gesehen hatte.

Am liebsten würde ich mein Leben mit dem Zeichnen und Malen der Welt um mich herum verbringen.

Wären da nicht die Verpflichtungen, die mir die Liebe auferlegt hat, würde ich eine Möglichkeit finden, nach Europa zu ziehen, wo meine Lieblingskünstler herkommen, und zu erkunden, was das Leben mir dort zu bieten hat. Nur wenn ich zeichne, finde ich Antworten auf meine Fragen, Antworten, die Sprache nicht transportiert. Nur in meinen Bildern ergibt das, was in Kosawa passiert ist, die Absurditäten des menschlichen Daseins, einen Sinn. Die Welt so wiederzugeben, wie ich sie sehe, ist mein einziger Ausweg aus der Sinnlosigkeit des Daseins. Eine Welt, in der aus Realem vor meinen Augen Surreales wird, so habe ich das Leben seit dem Tag meiner Rückkehr erlebt. Im Büro verwandelt sich der Kopf eines Kollegen während unseres Gesprächs in Glas. Ein Buch erhebt sich von meinem Regal in die Luft und verbrennt. Eine Krone senkt sich auf Mamas Kopf. Die Haut meiner Liebsten wird plötzlich durchsichtig, ich sehe, wie das Blut durch ihren Körper fließt. Nichts davon macht mir Angst, auch wenn ich nach dem ersten Mal, als es passierte und sich Woja Bekis Zunge bei einer Ansprache vor dem Dorf in einen Hundeschwanz verwandelte, Fieber bekam. Derzeit passiert es wahllos, aber wenn ich die Augen schließe und auf meinen Atem achte, ist alles wieder real. Ich kann niemandem davon erzählen, nicht einmal Mama und Papa, nicht einmal der Frau, die ich liebe. Sie könnte mich für irre halten. Ich akzeptiere es als den Preis, den ich für ein zweites Leben zu bezahlen habe.

Den besten Schlaf als erwachsener Mann hatte ich in den vier Nächten, bevor meine Schwester aus Amerika zurückkam. Ich war endlich bereit, jemandem von meinem Leiden zu erzählen, und es konnte nur Thula sein, die mich gefüttert und gewaschen hatte, nachdem unser Vater verschwunden und meine Mutter von der Trauer um ihn und das in ihrem Bauch verstorbene Baby völlig eingenommen war.

Ich stellte mir vor, dass Thula über mein Geständnis lachen und mir sagen würde, dass mein Leiden normal sei, alle Menschen in einem Land zwischen Leben und Tod lebten, die Welt nur so chaotisch sei, dass die meisten Menschen das nicht mitbekämen. Vielleicht würde sie gar nichts sagen. Es wäre egal. Ich wollte nur endlich wieder am Tisch neben ihr sitzen und ihre Reste verputzen. Ich wollte, dass sie mir von den Gesprächen erzählte, die sie früher mit unserem alten Papa über die großen Fragen des Lebens geführt hatte. Ich wollte neben ihr gehen, voller Ehrfurcht vor ihrer Einzigartigkeit, so wie früher in Kosawa.

Noch immer erinnere ich mich an unsere Umarmung am Flughafen an dem Tag ihrer Rückkehr.

Sie sah sich mein bartbewachsenes Gesicht an, lachte und sagte: He, was ist aus meinem hübschen kleinen Bruder geworden? Sie hatte Austin und Amerika für Mama und mich verlassen. Für Kosawa, ja, aber auch für ihre Familie. Für uns hatte sie die Dozentenstelle an der staatlichen Akademie für Führungskräfte schließlich angenommen, obwohl sie deren Angebot zuvor immer wieder abgelehnt hatte, weil sie mit Leuten, die sie für seelenlos hielt, nichts zu tun haben wollte. Die Regierung blieb hartnäckig, versprach ihr, dass sie die Freiheit haben werde zu unterrichten, was immer sie wolle. Kluge Köpfe wie sie waren selten, und die Wissenschaften, die sie studiert hatte, waren unverzichtbar für die Zukunft der Kinder der Republik. Sie boten ihr einen Wagen und einen Fahrer und mehr Geld, als sie je brauchen würde. Geld, das Kosawa brauchte; Geld, das ihre Bewegung brauchen würde.

Genau wie Papa sich mit Woja Beki verbündet hatte und nach Bézam gegangen war, obwohl er Woja Beki und Gono gehasst hatte, genau wie Papa getan hatte, was er nicht tun wollte, schüttelte meine Schwester der Regierung die Hand und arbeitete für sie, nachdem sie aus Amerika zurückgekommen war.

Wir lebten und arbeiteten in verschiedenen Teilen der Stadt, aber wir verbrachten viele Abende zusammen, vor allem in diesen ersten Jahren nach ihrer Rückkehr, als sie mich brauchte, um sie in der Stadt herumzuführen. In Amerika hatte sie aufgehört, Tierprodukte zu essen, weil Austin keine aß, aber in Bézam fing sie wieder an, Fisch zu essen. An manchen Abenden fuhren wir mit meinem Wagen durch die Stadt und suchten nach Frauen, die an den Straßenecken gebratenen Fisch verkauften. Meine Schwester genoss die abendlichen Essen im Haus von Mama und Papa – sie liebte es, wie sie sich um sie sorgten und sie baten, doch bitte mehr zu essen, mit so wenig Fleisch auf den Rippen würde der erstbeste starke Wind sonst ihr Ende bedeuten –, aber sie fand auch großen Gefallen an der Straßenküche von Bézam. Sie liebte das Geplänkel mit den anderen Kunden am Fischstand, die Gespräche über die Hitze, die vielen herumstreunenden Hunde, die

Fußballmannschaft des Landes, die gerade ein Spiel gewonnen hatte – endlich etwas, worauf man in unserem Land stolz sein konnte. Manchmal, wenn die Bratfisch-Lady einen Ghettoblaster besaß, erhob sich meine Schwester und tanzte mit anderen Gästen zur Musik, ihre Bewegungen so unansehnlich wie in Kosawa, sie selbst unbeschwert, wenn auch nur für wenige Minuten. Einmal, als ich sie an ihrem Haus absetzte, sagte sie, dass sie nicht gedacht hätte, das mal zu sagen, aber sie fände es herrlich, in Bézam zu leben.

Nur nicht so herrlich, dass sie Kosawa vergaß.

In den Monaten nachdem Carlos die Klage eingereicht hatte, sprach sie täglich von diesem inneren Ringen.

Ich hörte ihr zu und versuchte, ihr so sanft wie möglich zu sagen, dass sie ihren Teil geleistet hatte, um unser Dorf zu retten. Niemand würde es ihr verübeln, wenn sie sich zurückziehen und einfach das Gerichtsurteil aus Amerika abwarten würde. Sie war anderer Meinung: Der Kampf um Kosawa sei ihr Geburtsrecht.

Mein Geburtsrecht war der Kampf um Kosawa nicht. Darum fasste ich nach dem Tag der Befreiung den Entschluss, mich aus der Verstrickung mit meiner Schwester und ihrem Traum zu lösen. Ich war es leid: das Reisen, das Warten, das Getrenntsein von meiner Liebsten, das ständige Grübeln meiner Schwester über die Strategie, das Gependel zwischen Hoffnung und Verzweiflung. Ich hatte alles in meiner Macht Stehende für Kosawa getan. Ich hatte alles in meiner Macht Stehende für meine Schwester getan. Ich konnte mein Leben nicht in den Dienst der Sache eines anderen Menschen stellen, auch dann nicht, wenn dieser Mensch meine Schwester war. Ich habe es ihr nie explizit gesagt – wir fuhren weiter gebratenen Fisch essen, ich besuchte sie weiter in ihrem Büro, sie war meine Schwester –, aber ich wusste, dass ich nicht mehr Teil ihrer Revolution sein konnte. Ich war nicht sie; ich würde nie sein wie sie; ich musste meinen eigenen Weg gehen. Es tröstete mich, dass sie die Fünf hatte, und ihre Anhänger von den Village-Treffen, an denen ich nie teilnahm. An Tagen, an denen sie vor Erschöpfung nicht vom Sofa hochkam, wünschte ich, sie hätte einen anderen Lebensweg gewählt. Ich wünschte, sie hätte statt Kosawa Austin gewählt. Ich wünschte, sie würde für andere nicht so viel opfern, nicht nach allem, was unsere Familie ertragen hatte.

In einem Brief viele Monate vor ihrer Rückkehr hatte ich ihr geschrieben, wie glücklich ich sei, dass sie nach Hause komme. Wir würden wieder eine vollständige Familie sein – sie und ich, Mama und unser neuer Papa. Ich schrieb ihr, dass meine Freundin Nubia und sie sich sicher wahnsinnig gernhaben würden. Sie war begeistert von der Vorstellung, sich meiner Freundin so verbunden zu fühlen, dem Gedanken, endlich so etwas wie eine Schwester zu haben. Sie fand die Geschichte schön, die ich ihr von dem Tag erzählte, an dem ich Nubia kennengelernt hatte, wie ich zu Nubia gesagt hatte: »Heißt du wirklich Nubia? Unglaublich, als ich klein war, haben mein Onkel und meine Schwester immer ein Buch über Nubien gelesen und mir die Bilder darin gezeigt.« Thula hatte Nubia eine Karte geschickt und ihr dafür gedankt, dass sie mich liebte. Kurz bevor Thula zurückkam, schrieb sie Nubia, wie sehr sie sich auf das Kennenlernen mit ihr freue. Als sie sich schließlich zum ersten Mal gegenüberstanden und in Gänze sahen, war klar, dass eine Freundschaft zwischen ihnen niemals zustande kommen würde – sie waren sich so ähnlich wie Berg und Tal.

An meinen Gefühlen für Nubia änderte es nichts.

Ich hatte beschlossen, den Rest meines Lebens mit ihr zu verbringen, als sie mir ihre Geschichte erzählt und zu mir gesagt hatte: »Väter – sind sie nicht der erste und der letzte Schmerz unseres Lebens?«

Nubias Vater hatte einen Traum für unser Land, und er benannte sie nach diesem Traum. Ihr Name sollte ihn und alle anderen daran erinnern, dass, so sicher wie die Wellen des Ozeans sanft und mächtig geboren und wiedergeboren werden, alles, was einmal existiert hat, zurückkehren wird, um seinen rechtmäßigen Platz einzunehmen, sei es dort, wo es vorher gewesen ist, oder dort, wo es nach der Rückkehr einen geeigneten Platz findet. Indem er sie Nubia nannte, drückte er die Überzeugung aus, dass es kein Ende gebe, sondern nur neue Anfänge, wie die Samen, die herabfallen und Bäume hervorbringen, die wieder Samen fallen lassen, die weitere Bäume hervorbringen, wie das Wasser, das von oben fällt, nur um von unten wieder hochgezogen und dorthin zurückgeschickt zu werden, wo es herkommt. Nubien hatte existiert, Nubien würde zurückkehren.

Als sie noch ein Kind war, hatte ihr Vater ihr von dem Land Nubien erzählt, und von einer Zeit, die so weit zurücklag, dass sie es nicht begreifen konnte. Er sagte, die Frauen von Nubien seien auf schwarzen Panthern über die mit Rosenblüten bedeckten Straßen geritten, und die Männer seien mit gestrafften Schultern umherstolziert. Er erzählte ihr diese Geschichten, wenn er bei ihr am Bett saß, in den Nächten, in denen sie nicht schlafen konnte. Er sprach Englisch mit ihr, die einzige Sprache, die bei ihnen zu Hause gesprochen wurde, damit sie und ihre Brüder und Schwestern vorbereitet wären, wenn sie irgendwann in Amerika leben würden. »Warum ist unser Volk aus Nubien weggegangen, Papa?«, fragte sie. »Die Menschen waren wie besessen«, sagte er. »Sie wollten ein neues Nubien erschaffen, unsere Herrlichkeit in die Welt hinaustragen.« »Warum sind sie gescheitert?« »Sie sind nicht gescheitert«, sagte er, »sie kämpfen weiter durch uns.«

Eines Tages wirst du erwachen, sagte er, und wir sind wieder in Nubien. Du wirst eine nubische Prinzessin sein. Du wirst in einem Königreich leben.

Als sie erwachte, hatte er sich schon auf den Weg zur Arbeit im Präsidentenpalast gemacht. Er gehörte zu einem Dutzend Männer, die unter der Leitung des Kommandeurs dafür zu sorgen hatten, das Leben Seiner Exzellenz zu schützen. Vom Kommandeur hatte er von Nubien erfahren; für die Vision des Kommandeurs verlor er sein Leben. Hatte ihr Vater jemals darüber nachgedacht, wie lächerlich diese Geschichte war? Sie bezweifelt es. In der Nacht, als der Kommandeur den Palast stürmte, um Seine Exzellenz zu töten, seinen Platz einzunehmen und unser Land in Nubien umzubenennen, war ihr Vater dabei, wurde vom Leibwächter zum Verräter. Er tötete zwei Männer, als er nach Seiner Exzellenz suchte, an der Seite des Kommandeurs, eines Mannes, der nach all dem Irrsinn im Palast beschlossen hatte, dass er die Geschichte unserer Nation neu schreiben und uns von unserem Geiselnehmer befreien würde. Nubias Vater und die anderen fünf Leibwächter wollten dasselbe. Für ein neues Land namens Nubien waren sie bereit, ihr Leben zu geben. Und das mussten sie auch, alle sieben. Sie wurden gefangen genommen und vor den Toren des Palastes hingerichtet, ihre Leichen als Fraß für die Krähen liegen gelassen, als Schmunzler für Seine Exzellenz. Die Leichen wurden tagelang zur Schau gestellt, damit jeder im Land sah, wie dumm es war, einen Putsch zu wagen. Nubia sah die Leiche ihres Vaters, wenn auch nicht mit den Augen. Ihre Familie verbarrikadierte sich in ihrem Haus. In Gedanken sieht sie noch immer die Leiche ihres Vaters. Jedes Mal, wenn Seine Exzellenz im Fernsehen spricht, hört sie seine Stimme.

An diesem Tag war alles vorbei. Ihr Leben als amerikafixierte Kinder mit einer vom Reichtum strahlenden Haut. Ihr Leben als gern gesehene Gäste bei Poolpartys in den höchsten Kreisen von Bézam. Die Verwandten ihres Vaters überbrachten eine Nachricht aus ihrem Dorf: Ihre Mutter habe das Haus zu verlassen, das nun dem ältesten Bruder des Vaters gehöre, dem Familienoberhaupt. Ihre Mutter bettelte nicht. Sie verriet nicht, dass Seine Exzellenz das gesamte Geld ihres Mannes einkassiert hatte, sodass sie nichts mehr außer dem Haus besaßen. Die Mutter packte die Sachen der Kinder und verbarg ihre Tränen. Sie ging mit den Kindern zum Haus einer Freundin und hörte zu, als die Freundin erklärte, warum sie sie nicht aufnehmen könne. Die Freundin erzählte ihr alles Mögliche, aber nicht die wahren Gründe, weshalb sie nicht länger mit ihnen verkehren könne, der Familie eines Feindes der Republik. Sie konnte nicht sagen, dass sie Privilegien zu verteidigen, die Stelle ihres Mannes zu schützen und die strahlende Zukunft ihrer Kinder zu sichern hatte. Und so zogen sie weiter zur nächsten Freundin, und zur nächsten, bis niemand mehr übrig blieb und Nubia lernte, dass die Welt voller Frauen war, die Angst hatten, Schlampen zu sein. Sie schwor sich, nie so zu werden wie diese Frauen.

Die Einzige, die ihrer Familie einen Topf zum Auslecken anbot, war eine Frau, die ihre Mutter mal auf einer Party kennengelernt hatte. Im Vorbeifahren sah sie sie an einer Bushaltestelle stehen und hielt an. Da sie nach einer neuen Bediensteten suchte, bot sie ihnen das Bedienstetenzimmer an, einen Verschlag an der Rückseite ihres Hauses, ein Zimmer für sie alle, eine Mutter und fünf Kinder. Das Essen würden sie umsonst bekommen, aber ihre Mutter würde für die Familie kochen müssen – den Mann, die Frau und eine Tochter in Nubias Alter. Nubias Mutter würde die Einkäufe auf dem Markt erledigen, das Haus putzen, mit der Hand die Kleidung der Familie waschen, die Mahlzeiten servieren, das Geschirr spülen müssen, all das, was Bedienstete einst für sie getan hatten. Ihre Mutter willigte ein. So lebten sie im Verschlag. Sie schliefen auf einem einzigen Bett, legten sich quer, damit sie alle Platz fanden. Dazu hatte ihr Vater sie an dem Tag verdammt, an dem er sein Leben für einen Traum hergab.

Weinend erzählte sie mir von der Nacht, als sie siebzehn gewesen war und die Frau und Tochter des Hauses zu Verwandten gereist waren und der Mann allein zu Hause war. Wie sie das Schlafzimmer des Mannes betreten, die Tür hinter sich geschlossen und ihre Sachen abgestreift hatte, während der Mann sie überwältigt ansah. Wie sie Dinge mit ihm gemacht hatte, von denen sie in Schmuddelheften gelesen hatte. Er stöhnte so laut, dass sie Angst hatte, seine Frau könne ihn im Nachbarbezirk hören. Noch drei Mal kehrte sie nachts zurück. Sie trafen sich erneut, als er einen Grund gefunden hatte, um seine Frau und seine Tochter für zwei Wochen wegzuschicken, in denen sie nach der Schule zu ihm ging und ihrer Mutter erzählte, sie müsse lernen. In seinem Rausch versprach er ihr, alles in seiner Macht Stehende zu tun, um ihr und ihren Geschwistern zu helfen. Er hielt sein Versprechen und verschaffte ihr einen Platz an der Akademie für Führungskräfte, wo ich darauf wartete, dass sie mich auf meinem Weg an die Spitze der Regierung begleiten würde.

Als sie zu Ende erzählt hatte, schwor sie, wenn sie eines Tages Kinder haben würde, würde sie Städte niederbrennen, um ihnen alles zu geben, und jedem das Herz herausreißen, der es wagen sollte, ihnen irgendetwas von dem zu nehmen, das ihnen gehörte. Da wusste ich, dass sie der Fels sein würde, auf dem ich eines Tages die nächste Generation der Familie Nangi errichten würde.

Ich war noch ein kleiner Junge, als Mama mir das erste Mal erzählte, dass es an mir sei, den Namen der Familie Nangi weiterzuführen; sie sagte, ich müsse alles tun, um unsere Blutlinie fortzusetzen. Auch Yaya erinnerte mich oft daran, dass ich eines Tages heiraten und Kinder haben müsse und dass ich meinen Kindern von denen zu erzählen hätte, die vor mir gekommen seien. Dafür, dass ich bei allem nickte, was Yaya sagte, segnete sie mich mit Glück.

Mein neuer Papa hatte seine eigenen Träume für mich.

Er war überzeugt, dass ich dazu bestimmt sei, ein großer Mann zu werden, weshalb er mich, obwohl er nicht reich war, auf die besten Schulen schickte. Ich habe ihm nie erzählt, dass ich mein Leben mit Zeichnen verbringen wollte. Da Thula mit ihrer Mission verheiratet war, war ich die einzige Chance meiner Eltern auf einen freudvollen, stolzen Lebensabend, und den wollte ich ihnen unbedingt schenkten. Papa nahm sich stundenlang Zeit, um mir bei meinen Hausaufgaben zu helfen, und wenn ich meine Prüfungen bestand, schenkte er mir Geld. Als es Zeit für mich wurde, in eins der karriereorientierten Ausbildungsprogramme reinzukommen, ging er auf der Suche nach Hilfe für seinen begabten Sohn zu den größten Männern in der Regierung, die er kannte. Allein war es nicht zu schaffen, weil er nur einer von tausend kleinen Männern war, die ganz unten saßen und ihre Söhne nach oben bringen wollten. Mama kochte und stellte Obstkörbe zusammen, und Papa brachte sie diesen Männern nach Hause, zusammen mit Spirituosen, Ziegen vom großen Markt und prall gefüllten Umschlägen. So gelangte ich an die einzige staatliche Akademie für Führungskräfte im ganzen Land.

Während meiner Tage an der Akademie schrieb ich Thula von dem, was ich lernte, und von den Gesprächen, die ich mit den anderen Studenten führte. Ich erzählte ihr, wie ich Dörfern wie Kosawa helfen könnte, wenn ich erst mal in der Regierung wäre. Was das Land brauche, sei eine Regierung aus Menschen wie uns, die unter den Konsequenzen schlechter Politik gelitten hätten und wüssten, wie die Dinge laufen müssten. Wir bräuchten einen Führer, der die Bürger an die erste Stelle rücken würde, der alle Unternehmen in Staatseigentum überführen würde. Alle Gelder aus dem Export müssten in die Staatskasse geleitet werden. Wenn wir Maßnahmen ergreifen würden, die verhinderten, dass die Kassen geplündert wurden, würden sie irgendwann überfließen. Wir würden unseren überbordenden Reichtum für die Gesundheitsversorgung, für Bildung und die Schaffung von Arbeitsplätzen verwenden. Es gebe keinen Grund, warum es den Bürgern an irgendetwas fehlen solle, wo doch das Land im Norden Aluminium-Erze habe, im Westen Öl, im Osten Holz. Mit einem Visionär als Anführer sei ein wohlhabendes Land möglich. Liege es nicht auf der Hand, fragte ich, dass eine gute Regierung die Lösung für die Missstände unserer Nation sei? Ich sagte ihr, dass ich überzeugt sei, dass unsere Generation es schaffen könne. Wir könnten für Auftrieb und Ausgleich sorgen, kein

Bürger wäre größer oder kleiner als der andere. Wir könnten ein schönes Land erschaffen. Aber zuerst würden wir warten müssen, bis wir an die Reihe kämen; noch sei die alte Generation an der Reihe. Unsere derzeitigen Führer seien Männer, bei denen das Wort »Veränderung« Gelächter auslöse, aber es gebe nicht viel, was wir tun könnten, um sie und ihre archaische Mentalität zu verdrängen, wir würden warten müssen, bis ihre Ära zu Ende sei. Die Vergangenheit würde bald vorbei sein, und wir würden die Zukunft gestalten.

Thula tat meine Hoffnung nicht ab, auch wenn sie sagte, dass es unwahrscheinlich sei, dass einem Land wie unserem ein müheloser Übergang von einer miserablen Regierung zu einer aufrechten gelingen würde. Sie sagte, unserer Nation fehle die Grundlage für eine solche Entwicklung, weil sie keine Verfassung habe. Jedes Land brauche eine Erklärung des Volkes, des gesamten Volkes, darüber, in was für einem Land es leben wolle, damit das Volk dieses Land gemeinsam aufbauen könne. Wenn man sich Länder mit einer Geschichte stabiler Regierungen anschaue, schrieb sie, würde man sehen, dass sie ein solides Fundament hätten, das von denen geschaffen worden sei, die vor ihnen gekommen seien. Die Amerikaner stünden auf einem Fundament, das von ihren Gründervätern geschaffen worden sei. Europäische Monarchen hätten Fundamente für die Arten von Ländern geschaffen, in denen ihre Nachkommen leben sollten. Habe irgendwer ein Fundament für unser Land geschaffen? Nein. Wir seien verschiedene, zusammengewürfelte Völker ohne einen gemeinsamen Traum. Man habe uns gezwungen, auf Treibsand zu bauen, und jetzt würden wir von innen heraus zerfallen.

Trotz der Skepsis meiner Schwester malte ich mir während meiner Jahre an der Akademie aus, was ich in der Regierung bewirken würde. Meine Mitstudenten waren wie ich davon überzeugt, dass wir nie korrumpierbar wären wie die ältere Generation, fest entschlossen, an dem Ideal festzuhalten, dass Beamte vor allem Diener der Bürger seien.

Als ich zu arbeiten anfing, dauerte es nicht lange, bis ich begriff, dass meine Hoffnungen sich nicht erfüllen würden. Schon an meinem ersten Tag, an dem ich Budgets ausglich, konnte ich sehen, dass die Vergangenheit und die Zukunft unseres Landes identisch waren. Wiederholt wurde mir gesagt, dass mein Job darin bestehe, Zahlen zu bereinigen, und nicht, Fragen zu stellen, warum große Geldsummen nicht verbucht werden könnten. Als ich fragte, was passieren würde, wenn das Defizit entdeckt würde, wurde mir gesagt, das sei ein Problem für später, meine Aufgabe sei es, mich um die Gegenwart zu kümmern.

In meinem ersten Berufsjahr lernte ich, dass politische Theorien und ihre Anwendungen in verschiedenen Sphären existierten. Und dass Thula recht gehabt hatte. Unserem Land fehlte das Fundament, auf dem man ein besseres Land hätte erbauen können. Langsam akzeptierte ich, genau wie meine Kollegen, dass wir letztlich das tun mussten, was uns am ehesten entsprach. Nur dass ich damals nicht wusste, was mir entsprach. Ich wusste nicht, was ich eigentlich wollte.

Nubia wusste, was sie wollte: Fünf Kinder, die irgendwann in Amerika studieren würden, Gesundheit und Wohlstand, Zufriedenheit für sich, für mich, für unsere Familien. Das Land bedeutete ihr nichts. Was bringt dieses Land irgendwem?, fragte sie mich oft. Während unserer Zeit an der Akademie erwiderte ich immer, dass das Land eine Chance hätte, wenn wir ihm eine geben würden. Dann ging ich in die Regierung und merkte, dass in meinem Büro niemand, vom rangniedrigsten Kollegen bis hin zum größten Boss, dem Land eine Chance gab. Sie leiteten sämtliche Gelder, die irgendwie verfügbar waren, auf private Konten um, nahmen alles an Büromaterialien mit, was ihre Kinder für die Schule gebrauchen konnten, schickten den Bürofahrer los, um ihre Frauen durch die Stadt zu chauffieren, kamen so spät wie möglich zur Arbeit und gingen, wann es ihnen beliebte, weil sie der Meinung waren, es stünde ihnen zu. Meine ehemaligen Mitstudenten von der Akademie lachten über den Schutz vor Strafverfolgung, wenn wir zusammensaßen, und dass es noch viel schlimmer zugehe, als sie erwartet hätten, aber auf die bestmögliche Art. Ich weigerte mich, bei alldem mitzumachen. Jahrelang kassierte ich nur mein Gehalt, weil ich an den Traum meiner Schwester glaubte. Weil ich glaubte, dass es nur einen aufrichtigen Mann bräuchte, um die Welt zu verändern. Aber ich wusste, dass mein Gehalt Nubia und mir niemals ein Leben mit großem Komfort ermöglichen würde. In vielen Nächten dachte ich darüber nach, ob ich meine Frau und die Zukunft meiner Kinder zum Wohle des Landes verriet.

Als der Tag der Befreiung kam, hatte ich Jahre damit verbracht, Thula bei ihrer Mission zu helfen, und Nubia hatte viele Abende allein zu Hause verbracht, weil sie verstand, wie sehr ich meine Schwester unterstützen wollte, und ihr nichts so heilig war wie die Familie. Sie hielt Thulas Kampf noch immer für aussichtslos, weshalb sie mich küsste, als ich ihr ein paar Monate nach dem Tag der Befreiung erzählte, dass ich bereit sei, Kosawa gehen zu lassen, und sie sagte, dass sie bereit sei, neu anzufangen.

Ich war mit meiner Schwester durchs Land gereist, ich hatte miterlebt, wie wenig sich trotz ihres Eifers geändert hatte, und ich hatte begriffen – als ein paar Männer Thulas Rede bei einer kläglich besuchten Kundgebung im Osten mit Zwischenrufen störten –, dass meine Nubia von Anfang an recht gehabt hatte: Unsere Nation verrottete mit uns in ihrer Mitte, und man konnte sich nur noch möglichst schnell mit möglichst viel davonstehlen. Aber wir stehlen uns nicht davon, sagt Nubia gern, wir nehmen uns nur, was uns gehört; es ist unser Recht. Meine Liebste bezeichnet sich selbst als die Superschlampe. Sie spricht mit amerikanischem Akzent und bevorzugt europäische Modedesigner für uns beide. Für mich hat sie getan, was eine Superschlampe tun muss, damit ihr Mann bekommt, was ihm ihrer Meinung nach zusteht.

Um mir an die Spitze der Regierung zu verhelfen, hat sie für meine verheirateten Chefs Rendezvous mit jungen Frauen arrangiert; für die Rendezvous gab sie ihnen unser Bett und servierte ihnen danach ein Abendessen. Sie hat Freunde von Freunden in Regierungsbüros dafür bezahlt, dass sie meine Geburtsurkunde ändern, damit ich nicht mit dem vorgeschriebenen Rentenalter von fünfundfünfzig Jahren aufhören muss zu arbeiten. Warum so früh mit dem Arbeiten aufhören, wenn es so viele Gelder abzusahnen gibt?

Zusammen haben sie und ich ein Vermögen aus Schmiergeldern angehäuft, die ich mir geben lasse, sobald sie mir sagt, was ein erbetener Gefallen wert ist. Sie lässt nie zu, dass ich mich mit weniger als dem Maximum zufriedengebe; sie erinnert mich daran, dass ich aufhören soll, über Gerechtigkeit nachzudenken. Wir besitzen Ländereien im ganzen Land, die Unternehmen und lokale Herrscher mir zum Dank für erbetene Dienste überschrieben haben. Unsere Kassen sind prall gefüllt mit Finanzmitteln, die ich mit ihrer Hilfe zu uns umleite, nun, wo ich der Leiter der staatlichen Steuerbehörde bin.

Wir haben ein Haus für Nubias Mutter und ihre Geschwister gekauft. Wir haben ein Auto für ihre Mutter gekauft, und ein weiteres Auto für ihren Albinobruder, damit er sich beim Warten auf den Bus nicht mehr so lange der Sonne aussetzen muss; wir haben ihm einen gut bezahlten Job besorgt, damit junge Frauen über seine Hautfarbe hinwegsehen. Wir haben ein zweistöckiges, bewachtes Haus für Mama und Papa gekauft und eine Frau eingestellt, die sich um Papa kümmert, jetzt, wo sein hohes Alter zu einer Krankheit geworden ist. Wir haben ein Haus gebaut – sieben Schlafzimmer, eines davon für Gäste, die anderen für unsere Kinder, von denen das erste jeden Moment auf die Welt kommen dürfte. Mama und Papa haben den Namen des Babys für uns ausgesucht. Ich habe geweint, als ich ihn erfuhr, und am selben Abend Nubias Bauch gestreichelt und geflüstert: Malabo Bongo.

In dem Monat, den Nubia auf Anordnung des Arztes im Bett verbringen musste, kam Thula zu Besuch. Sie saß bis zu der Stunde bei Nubia, zu der ich von der Arbeit zurückkommen sollte. Sie erzählte Nubia, dass Malabo Bongo in einer besseren Welt leben würde, die Menschen würden langsam die Wahrheit erkennen. Thula wusste von Nubias Vater; sie war länger auf der Welt als Nubia, hatte schon mehr gesehen, und trotzdem glaubte sie noch immer an den Sieg des Guten. Nubia hielt es für sinnlos, ihr zu sagen, dass die Welt nach Gesetzen funktionierte, die Thula nie ändern würde, und dass wir einzig uns selbst verpflichtet waren, unserem Glück und dem Glück der Menschen, die wir liebten. Nachdem Thula sich mit einer Umarmung von Nubia verabschiedet hatte, um nach Hause zu fahren und für den nächsten Aufenthalt in Kosawa zu packen, drehte Nubia sich um und legte sich im Bett zurück, in einem Schlafzimmer, das größer war als das Schlafzimmer, das sie sich in den Nächten im Verschlag erträumt hatte. Sie schaute verstohlen zu ihrem Kleiderschrank, zu den Sachen, die ich ihr von meiner letzten beruflichen Amerikareise aus einem Geschäft auf der Madison Avenue mitgebracht hatte. In dem Augenblick kam ich nach Hause, schlüpfte zu ihr ins Bett und schlang die Arme um sie, während unten unsere Bediensteten das Essen für uns zubereiteten.

Obwohl wir uns in verschiedene Richtungen entwickelt haben, gebe ich meiner Schwester noch immer Ratschläge, wenn sie mich darum bittet. Und sie gibt mir, was sie kann: ihre Zusage, dass wir uns, obwohl meine Wege nicht mehr die ihren sind und ihre nicht mehr die meinen, eines Tages am selben Ort wiedersehen, einem Ort, wo mein Fokus auf Familie und ihr Fokus auf ein besseres Land uns allen Zufriedenheit schenken werden. Wird es je dazu kommen? Warum kämpfen die Menschen, wenn wir doch alle dieselben Dinge wollen? Was wird mein Kind, Malabo Bongo, wollen? Mama sagt, es wird ein Junge, ein glücklicher Junge. Wie sehr ich mir eine Welt voller glücklicher Jungen wünsche. Wir alle haben gelitten, sagte ich zu meiner Schwester. Warum weiter leiden? Warum sich nicht mehr von den Annehmlichkeiten des Lebens gönnen? Aber Thula glaubt nicht daran, dass die Annehmlichkeiten des Lebens sie auf dieselbe Weise befriedigen, wie es ihre Bestimmung tut. Sie sagt, ihr Sinn im Leben bestehe darin, das zu tun, was sie tun müsse, auch wenn es Leiden bedeute.

In meiner Villa leide ich noch immer.

Ich stehe jeden Tag im Morgengrauen auf, um mich mit meinem Skizzenbuch ans Fenster zu setzen. Ich lese meine alte, abgegriffene Ausgabe von Nietzsches *Jenseits von Gut und Böse*, aber die meiste Zeit zeichne ich Bilder aus meinen Träumen, die Gesichter von Papa und Bongo und Yaya. Sie lächeln mich immer an, glücklich in der nächsten Welt. Oder jedenfalls zwinge ich mich dazu, das zu glauben, damit ich wenigstens etwas Frieden finde. Ich bin sicher, dass ich wahren Frieden fände, wenn ich nicht geworden wäre, was ich einst verabscheute, aber ich sehne mich nicht mehr wie einst nach Frieden. Ich habe akzeptiert, dass ich, genauso wie ich zwischen den Toten und den Lebenden lebe, außen immer ganz sein werde und innen immer gebrochen. Die Hoffnung darauf, je frei zu sein, habe ich aufgegeben.

Warum gibt Thula nicht auf? Diese Frage stelle ich Nubia. Sie hat keine Antwort parat. Jeder von uns trägt seine Last, sagt sie, und sucht nach einem Ort, um sie abzulegen. Kluge Schlampen wissen, wie man seine Last mit Stil trägt und wie man sie ablegt. Sie sagt, sie habe immer gewusst, dass sie ihre Last erst dann würde ablegen können, wenn sie ihrer Mutter und ihren Geschwistern das Leben zurückgegeben hätte, das ihr Vater ihnen genommen hatte. Erst dann würde sie Seiner Exzellenz und den

Frauen, die sie damals abgewiesen hätten, den Stinkefinger zeigen können. Und sie habe gewusst, der Stinkefinger mache sich am besten, wenn sie dazu rote Stöckelschuhe tragen würde und die neuesten Entwürfe europäischer Designer.

Vor vielen Jahren, als Nubia gerade erst mein Mädchen geworden war, fand ich heraus, dass der Vater einer ihrer Freundinnen der Anführer war, den Kosawa einst gefangen genommen hatte. Nubia und ich waren einmal bei diesem Mann zu Besuch. Ich gab ihm die Hand, wir unterhielten uns, aber ich erwähnte nicht, dass ich an dem Abend des Dorftreffens anwesend gewesen war, und an dem Nachmittag, als die Soldaten ihn gerettet und meine Freunde und Verwandten hingerichtet hatten. Nachdem wir das Haus verlassen hatten, erzählte ich Nubia davon, aber bat sie, ihrer Freundin auf gar keinen Fall etwas davon zu sagen. Da erzählte mir Nubia die Geschichte, wie die Frau des Anführers und die zwei ältesten Kinder gestorben waren, elf Monate, ehe er anfing, zu den Dorftreffen zu kommen. Sie erzählte mir, wie der Wagen, in dem die Frau und die Kinder gesessen hatten, in den Fluss gestürzt war. Die Brücke war unter ihnen zusammengebrochen; Regierungsmänner, die für die Instandhaltung verantwortlich waren, hatten die Gelder für die Reparatur der Brücke auf ihre eigenen Konten umgeleitet. Ein paar von ihnen waren Freunde des Anführers gewesen, Menschen, mit denen er getrunken und gelacht hatte. Sie trösteten den Anführer bei der Totenwache, als seine Kinder und seine Frau Seite an Seite in passenden Särgen lagen, ganz in Weiß gekleidet. Als der Führer nach der Beerdigung zur Arbeit zurückkehrte, dachte er nicht mehr darüber nach, was das Richtige zum Wohle anderer sei. Er dachte nur noch an seine noch lebenden Kinder.

Er arbeitet hart für sie, um sie nach Amerika zu schicken, überzeugt, dass es für unser Land keine Hoffnung gebe, einem Land, das bei seiner Geburt verflucht worden und nicht mehr zu retten war. Er klapperte Dörfer ab, verrichtete seine Arbeit für Pexton und plapperte für Geld nach, was man ihm vorgeplappert hatte. Wenn er nach Hause kam, umarmte er seine Kinder, bügelte ihre Wäsche, briet ihnen jeden Morgen Eier zum Frühstück. Er heiratete nie wieder, entschieden, selbst für sich und seine Kinder zu kochen und das Haus zu putzen. Nubias Freundin hatte ihr erzählt, wie sie einmal abends sein Zimmer betreten und er schluchzend auf dem Boden gelegen habe, ein Foto von ihr und ihrer anderen noch lebenden Schwester an die Brust gedrückt.

Ich hatte geseufzt, als Nubia mir die Geschichte erzählte, und sie hatte gefragt, warum ich geseufzt hätte. Ich sagte, dass es auf allen Seiten zu viele Tote gebe – auf der Seite der Besiegten, auf der Seite der Sieger und auf der Seite jener, die sich nie für eine von beiden Seiten entschieden hatten. Wozu waren Seiten gut? Wer hatte Grund zu jubeln, solange diese Seiten existierten? Vielleicht gibt es eines Tages, wenn alle Toten gezählt sind, eine Zahl, über die die Lebenden nachdenken können, auch wenn die Zahl niemals die ganze Geschichte von dem erzählt, was alles verloren gegangen ist.

Gestern Abend dachte ich an das Gespräch.

Ich dachte an Kosawa. Wie lange wird es noch standhalten? Mama erinnert mich daran, dass unser Volk das Blut des Leoparden in sich trägt, aber sie scheint zu vergessen, dass Leoparden langsam aussterben; es gibt nur noch wenige in unserem Teil der Welt. Zwölf Jahre sind seit Thulas Rückkehr vergangen, fünf seit dem Tag der Befreiung, doch das Dorf bleibt vergiftet.

Ich habe neulich in den Nachrichten gesehen, dass Pextons Gewinne im Vergleich zum letzten Quartal im zweistelligen Bereich gestiegen sind. In der kommenden Woche wird Seine Exzellenz voraussichtlich ein neues Kabinett ernennen. Im vergangenen

Jahr hat er endlich die erste Präsidentschaftswahl im Land zugelassen; seine europäischen Hintermänner hatten darauf bestanden und gesagt, er müsse zeigen, dass er die Ideale der Demokratie hochhalte. Über Nacht gründeten sich Oppositionsparteien, die bei der Wahl antraten. Thula hatte das Ganze als eine einzige Farce bezeichnet. Als die Ergebnisse bekannt gegeben wurden, war niemand überrascht.

Anfang des Jahres erhielt Thula in einem Anruf von Carlos die Nachricht, dass das Justizministerium Pexton nicht unter dem Foreign Corrupt Practices Act anklagen würde. Als Thula mich darüber informierte, erzählte sie mir nicht warum; sie wollte kaum darüber sprechen. Carlos hatte gehofft, dass eine Anklage durch das Ministerium die anhängige Klage des Dorfes bekannt machen und Pexton zu einem Vergleich zwingen würde. Ein ideales Szenario, denn Carlos glaubte nicht, dass das Dorf vor Gericht gute Chancen hätte. Und Pexton hatte Carlos tatsächlich ein Angebot gemacht, aber Carlos fand es zu niedrig. Da die Gefahr einer Anklage durch das Justizministerium nicht mehr bestand, waren die Gespräche über einen Vergleich vom Tisch. Kosawas einzige Chance auf Wiedergutmachung hängt nun von der Entscheidung eines Richters ab.

Meine Schwester geht auf die vierzig zu. Der Kampf hinterlässt nun doch Spuren in ihrem Gesicht – weiche Falten zeichnen sich darauf ab, ihre Wangenknochen treten hervor. Selten rufe ich den großen Geist an, aber gestern Abend, als ich über Kosawa nachdachte, über meinen Weg von dort nach hier und alles dazwischen, betete ich für meine Schwester und für alle, die noch immer an dem Ort unserer Geburt leben.

DIE KINDER

Wir sind die gleichaltrigen Freunde von Thula und den Fünf, diejenigen, die sich schon vor langer Zeit aus der Gruppe verabschiedet haben und verstummt sind. Dieser Teil der Geschichte kann nur von uns erzählt werden.

Ein paar von uns lebten noch immer in Kosawa, als wir von dem Urteil der Richterin erfuhren, aber viele von uns waren längst weg. Wir waren wegen neuer Ehemänner weggegangen, wegen unserer Familien, weil wir uns nicht länger die Vorwürfe unserer Verwandten anhören wollten, dass wir eine Mitschuld am Tod unserer Kinder tragen würden, dieselben Worte, mit denen wir später unserer Familie und unseren Freunden zusetzten, die in Kosawa blieben. Wir hatten neue Hütten gebaut, Kinder bekommen und Land von Verwandten gepachtet, das wir bewirtschaften.

Die von uns, die in Kosawa blieben, taten es voller Stolz.

Unsere Feinde haben die Tiefe unserer Entschlossenheit unterschätzt. Sie haben nicht erkannt, wie weit wir gehen würden, um das zu schützen, was unsere Vorfahren an uns weitergegeben haben.

Als wir mit den Protestmärschen begannen, schickten sie lediglich Soldaten, die uns beobachten und ihnen Bericht erstatten sollten. In den Berichten muss gesagt worden sein, dass unsere Aktionen harmlos seien, denn sie ließen uns gewähren. Was konnten Protestierende einem Regime schon anhaben? Haben erhobene Stimmen je ein System gestürzt? Als Thula einen Zeitungsmann dazu bekam, die Neuigkeit von unserer Bewegung in Übersee zu verbreiten, als sie Delegationen aus Dörfern, die von Soldaten niedergebrannt worden waren, zu Treffen mit großen Männern in Ministerien mitnahm, seufzten die Leute in Bézam. Die Frau war eine Plage. Sie haben ihr nie gedroht, ihr den Job wegzunehmen, wenn sie nicht aufhören würde. Wenn sie ihren Studenten Dinge beibrachte, von denen die Regierung nicht wollte, dass ihre künftigen Führungskräfte sie lernten, ignorierten sie sie, ließen sie gewähren. Frauen, die in Amerika studiert hatten, waren manchmal schwer zu kontrollieren. Sie hätten es lieber gesehen, wenn sie nur das gelehrt hätte, wofür sie bezahlt wurde, aber sie mussten ihr diesen Spielraum lassen, denn ihre akademischen Leistungen waren beispiellos. Vor begeisterten Studenten schimpfte sie über Seine Exzellenz, über seine sinnlosen Kumpane, deren Unfähigkeit und schamlose Missachtung der Moral. Die Regierung gähnte, als sie von den Village-Treffen hörte, die in dem Haus stattfanden, das die Regierung ihr gestellt hatte. Was soll eine einzelne wütende Frau schon tun?, sagten sie.

Eine einzelne wütende Frau tat alles, und scheiterte.

Hat sie allein in ihrem Haus geweint, als der Anwalt aus Amerika mit der Nachricht anrief, dass wir von dem amerikanischen Gericht keine Gerechtigkeit zugesprochen bekämen? Oder ist sie zu ihren Eltern geflohen, um sich eine Umarmung abzuholen? Hat sie sich gewünscht, sie hätte sich für Austin entschieden, und nicht für Kosawa?

Die Richterin, die das abschließende Urteil gefällt habe, habe nicht abgestritten, dass Pexton unser Land ruiniert habe, erzählte uns Thula, als wir uns auf dem Dorfplatz versammelt hatten, um die Neuigkeit zu hören. Die Richterin habe gesagt, dass Pexton und unsere Regierung sehr wahrscheinlich zusammengearbeitet und dadurch zahlreiche Verbrechen ermöglicht hätten. Aber genau wie Pexton sei sie der Meinung, dass amerikanische Gerichte sich aus dieser Sache herauszuhalten hätten und Gerichte in unserem Land entscheiden müssten, ob Pexton und unsere Regierung uns Unrecht getan hätten. Sie habe gesagt, sie bedauere sehr, wenn wir vor einem Gericht in unserem Land keine Gerechtigkeit erfahren würden, aber Amerika müsse die Grenzen anderer Länder respektieren. Die Richterin, erklärte Thula, meine damit, dass ein Mann nicht einfach in das Haus seines Nachbarn gehen und ihn verprügeln könne, nur weil ihm nicht gefalle, wie der Mann seinen Haushalt führt.

Als wir das hörten, wussten wir nicht, wer uns mehr leidtat – wir selbst oder Thula. Die Lippen unserer Freundin bebten, als sie sprach, aber sie erlaubte sich nicht zu weinen. Es ist nicht vorbei, sagte sie immer wieder. Aber wir wussten, dass es vorbei war. Wir hatten unsere letzte Chance auf eine Wiedergutmachung verloren. Eine Klage gegen die Regierung und Pexton bei einem Gericht in Bézam einzureichen, wäre grotesk. Die Leute, denen diese Gerichte gehörten, waren die gleichen, die Pexton unser Land gegeben hatten. Die Richter, die unseren Fall verhandeln würden, wären vielleicht dieselben, die die Vier zum Tode verurteilt hatten. Dort hatten wir keine Chance auf Gerechtigkeit.

An jenem Tag und am Tag darauf war es, als habe sich eine ewige Nacht über das gesamte Dorf gelegt und als würde die Sonne nie wieder aufgehen. Wir gingen auf unseren Acker und in den Wald und auf den Markt, aber selten waren wir mit den Gedanken bei dem, was unsere Hände verrichteten, oder dort, wohin unsere Füße uns trugen. Etliche Fragen wirbelten in unserem Kopf umher: Wie konnte das sein? Was sollten wir jetzt tun?

Bei jedem anschließenden Besuch wirkte es, als würde Thula immer tiefer in derselben Dunkelheit versinken, die sie nach dem Verschwinden ihres Vaters verschlungen hatte. Sie sprach wenig und aß nichts, obwohl wir ihr anboten, ihr ihre Lieblingsgerichte zu kochen. Wenn die Kinder zu ihr rannten, schaute sie sie ausdruckslos an. Bis spät in die Nacht saßen sie und die Fünf flüsternd auf dem Dorfplatz. Von einer der Frauen der Fünf erfuhren wir, dass es noch viel schlimmer stand, als Thula uns gesagt hatte. Pexton hatte eine Klage gegen Kosawa eingereicht. Kosawa sollte die Anwälte des Konzerns bezahlen, da es unsere Schuld sei, dass Pexton sich Anwälte haben nehmen müssen. Wenn wir die Klage verlieren würden, würde Pexton alles erhalten, was wir an Wert besaßen.

Bei einem Treffen sagte Thula, dass wir uns wegen der Klage keine Gedanken machen müssten: Niemals würde uns ein Richter eine solche Strafe auferlegen. Pextons Klage diene nur als Warnung an jene, die es wagten, unserem Beispiel zu folgen. Dorfbewohner sollten nicht denken, dass sie sich ungestraft gegen Konzerne erheben könnten. »Glaubst du wirklich, dass sich ein amerikanischer Richter auf unsere Seite stellt und verhindert, dass Pexton sich alles nimmt, was uns gehört?«, rief jemand. Hatte uns eine Richterin nicht gerade zu ewigem Schrecken verdammt? Thula sah nicht aus, als ob sie wisse, was sie glauben solle; sie klang nicht überzeugt. Es lag wenig Hoffnung in ihrer Stimme, als sie erzählte, dass sie viele Gespräche mit ihren Freunden in Amerika geführt habe, die noch immer an ihren Traum glaubten, und dass sie auch mit Carlos gesprochen habe. Sie alle hätten ihr in Erinnerung gerufen, dass es andere Gerichte gebe, vor die wir Pexton bringen könnten, Gerichte in Europa, deren Aufgabe darin bestehe, Völker vor ihren Regierungen zu schützen. Aber wer von uns hatte noch Vertrauen in Gerichte?

Während wir mit gebrochenen Herzen umherliefen, saßen die Fünf an der immer gleichen Stelle und wetzten in Gedanken ihre Macheten. Wann immer wir ihnen in der Woche nach Thulas Eröffnung über den Weg liefen, hatten sie nicht die Geduld für belangloses Geplänkel – sie wollten schleunigst zur nächsten Phase von Kosawas Krieg übergehen. Obwohl uns ihr Einsatz für Kosawa immer beeindruckt hatte, hatte es uns nie überrascht, dass sich ausgerechnet diese Fünf Thulas Idealen verschrieben hatten. Schon als Kinder hatten sie am meisten gelitten von uns allen, hatten sie gezählt, wie oft in einem bestimmten Monat Öl ausgelaufen war, hatten sie ihren Vätern und Onkeln geholfen, die Hacken und Schaufeln zu tragen, wann immer es wieder Zeit wurde, ein neues Grab auszuheben. Zugleich sah man sie fast nie weinen, wenn wieder ein Tod verkündet wurde. Wir merkten schon damals, dass ihr Schmerz irgendwann in Gewalt nach Erleichterung suchen würde. Als wir älter wurden, wuchsen sie durch den gemeinsamen Entschluss, Kosawa retten zu wollen, immer enger zusammen.

Wie wir hatten sie davon geträumt, eines Tages in Kosawa zu sterben, nachdem sie ein Leben ohne Einschränkungen durch giftige Stoffe und ohne die Unerbittlichkeit von Männern gelebt hätten, die unsere Werte mit Füßen traten. Anders als wir konnten sie jedoch nicht akzeptieren, dass uns ein solches Schicksal vielleicht nie vergönnt sein würde. Wir bewunderten die Frauen der Fünf, die bei ihnen blieben, obwohl wir wussten, da wir mit ihnen befreundet waren, dass ihre Ehen voller Schweigegebote und unausgesprochener Qualen waren, beherrscht von der schlimmsten Form der Einsamkeit.

Wenn wir gewusst hätten, dass sie kurz vorm Explodieren standen, hätten wir etwas gesagt – irgendwas –, um es zu verhindern. Aber wie hätten wir es wissen können? In den Monaten nach dem Urteil aus Amerika waren unsere Herzen noch immer schwer, aber Thulas Besuche bei uns im Dorf zauberten ein zaghaftes Lächeln auf unsere Gesichter, obwohl sie selbst fast aller Hoffnung beraubt war. Die meisten von uns hatten beschlossen, jeden Tag so zu nehmen, wie er kam, und alles dem großen Geist zu überlassen. Wer wusste schon, ob Pexton nicht jeden Moment beschließen würde, dass es sich alles Öl genommen hatte, das es brauchte, und es nun an der Zeit sei zu gehen? Aber Fantasien wie diese unterhielten die Fünf nicht. Während wir langsam, aber sicher in Richtung Resignation marschierten, arbeiteten die Fünf an einem Plan.

Thula war an dem Tag im Dorf, als die Fünf explodierten.

Nichts an dem Morgen war außergewöhnlich. Wir schickten unsere Kinder zur Schule. Wir gingen zur Arbeit. Ein paar von uns kümmerten sich um Verwandte, die aus anderen Dörfern zu Besuch gekommen waren. In ein paar Tagen stand eine Hochzeit an – einer unserer jungen Männer heiratete ein Mädchen in einem der Geschwisterdörfer –, und die Frauen von Kosawa redeten über dieses neue Mädchen, das nach Kosawa ziehen würde. Vielleicht wären ja schon bald alle Hütten wieder belegt, sagten sie; dem großen Geist sei Dank dafür, dass Liebe blind mache.

Auch Thula freute sich über die Hochzeit. Es war das erste Mal in all den Monaten seit dem Urteil, dass sie glücklich aussah. Ihre Augen wieder leuchten zu sehen, war so, als würde man aus einer verräucherten Küche ins Freie treten. Thula und Sonni und zwei der Fünf nahmen am Nachmittag an einem Treffen im Bezirksbüro in Lokunja teil, von dem uns Sonni beim nächsten Dorftreffen im Detail berichten wollte. Thula aß mit der Frau und den Kindern von dem einen der Fünf, in dessen Hütte sie immer übernachtete. Nach dem Abendessen half sie den Kindern bei den Hausaufgaben. Sie lachte aus voller Kehle, als eines der Kinder ihr einen Aufsatz darüber vorlas, warum jedes Land so sein sollte wie Amerika – es klang wie ein Ort, an dem jeder alles hatte. Thula ging mit einem Lächeln zu Bett. Die Wahrheit über das, was danach geschah, werden wir nie erfahren.

Wir glauben, dass die Fünf Thula geweckt und ihr gesagt haben, dass sie Mr. Fish und seine Frau in ihrer Gewalt hätten.

Wir wissen nicht, wann die Fünf Kosawa verlassen haben und nach Gardens gegangen sind und Mr. Fish und seine Frau entführt haben. Die Fünf waren am Morgen im Dorf: Ein paar von ihnen sahen wir zur Jagd gehen. Wir sahen sie am Abend auf ihren Veranden oder bei Verwandten. Sie müssen aufgebrochen sein, als der Großteil des Dorfes schlief.

Wie groß muss Thulas Enttäuschung und ihr Schock gewesen sein, als sie es herausfand?

Was hat sie gesagt? Was hätte sie sagen können?

Hat sie versucht, sich herauszuhalten, weil sie nichts mit einem Verbrechen zu tun haben wollte? Haben die Fünf ihr befohlen, sich ihnen anzuschließen, ihr womöglich gedroht? Das hätten sie nicht getan. Sie verehrten sie. Aber Thula hätte Mr. Fish und seine Frau niemals der Gnade wütender bewaffneter Männer überlassen. Mr. Fish war ein Ölmann, aber wir hassten ihn nicht; er war nie unfreundlich zu uns gewesen. Thula achtete und schätzte ihn für das, was er zu tun versucht hatte. Es schien ihn zu bedrücken, dass er seinen Lebensunterhalt aus unserem Leid bezog. Wir wünschten uns alle, er hätte mehr tun können, als nur zu sagen, dass die Entscheidung über die Säuberung unseres Bodens und Wassers bei der Zentrale in New York liege, aber niemals hätte Thula ihn tot sehen wollen.

Drei Tage lang befanden sich Mr. Fish und seine Frau in der Hütte von Thulas Familie, ohne dass wir davon wussten. Sahel hatte Thula den Schlüssel für die Hütte gegeben, und Thula hatte ihn bei einem der Fünf hinterlegt, damit sie in die Hütte hineinkäme, wann immer sie wollte. Niemals hätte sie sich vorstellen können, dass die Fünf die Hütte als Versteck für Mr. Fish und seine Frau nutzen würden. Was mag Thula wohl zu den Amerikanern gesagt haben, die wahrscheinlich noch ihre Schlafsachen trugen, als sie in jener Nacht die Hütte ihrer Familie betrat und sie dort sah? Hat sie dem Paar das Schlafzimmer ihrer Eltern angeboten, das sie mit einem Bett und einem Tisch und einem Stuhl eingerichtet hatte? Hat sie die Fünf zur Seite genommen und sie angefleht, die Amerikaner zurück nach Gardens zu bringen? Hat sie die Lösegeldbriefe wirklich geschrieben, oder haben die Fünf sie geschrieben und ihren Namen druntergesetzt? Thulas Handschrift erkannte man an den eng gesetzten, grazilen Buchstaben; die Handschrift in den Briefen, die die Regierung veröffentlichte, wirkte klobig und klaffte auseinander.

An dem Morgen, nachdem die Fünf die Amerikaner entführt hatten, stand die Ehefrau von dem einen der Fünf auf, in deren Hütte Thula einquartiert war, und machte das Frühstück. Als sie in Thulas Zimmer ging und das Bett leer vorfand, sagte ihr Mann, dass sie sich keine Sorgen machen solle, Thula habe das dringende Bedürfnis gehabt, in der Morgendämmerung aufzustehen und schon ein bisschen zu schreiben. Thula wolle etwas Zeit für sich in der Hütte ihrer Familie haben, fügte er hinzu. Der Mann schnappte sich Thulas Sachen und brachte alles zur Hütte der Nangis, zusammen mit zusätzlichem Kerosin, angeblich für Thulas Lampe. Seine Frau schöpfte keinen Verdacht. Es war nicht überraschend, dass Thula während ihrer Besuche in Kosawa die Hütte ihrer Familie bezog, Zeit alleine dort verbrachte und in ihre Notizbücher schrieb.

In unserer Vorstellung haben Thula und Mrs. Fish in diesen drei Tagen über New York geplaudert, während sie darauf warteten, dass die beiden Lösegeldbriefe in Lokunja und Gardens zugestellt wurden und die Regierung und Pexton ihren Zug machten. Thula hat sicher das Bedürfnis gehabt, eine möglichst freundliche Stimmung in der Hütte aufrechtzuerhalten, damit die Amerikaner nicht die ganze Zeit in einem Zustand der Angst verharren würden. Ganz gleich, wie ihr Zustand auch war, wir sind sicher, dass sie gut versorgt wurden, denn die Frauen der Fünf stellten ihren Männern jeden Tag Essen beiseite, das die Männer mit zur Hütte der Nangi-Familie nahmen und sagten, es sei etwas dazwischengekommen und sie müssten mit ihren Freunden essen, um es zu besprechen. Die Frauen werden mit den Schultern gezuckt haben; sie hatten derlei schon zu oft gehört. Thula kam in diesen drei Tagen kein einziges Mal aus der Hütte. Das war sicher die Entscheidung der Fünf. Wenn Thula gekonnt hätte, wäre sie am Ende eines jeden Tages bestimmt gern herausgekommen. Sie fand es herrlich, abends mit ihren Freundinnen und deren Kindern auf der Veranda zu sitzen.

Während sich Mr. Fish und seine Frau in der Hütte befanden, müssen die Fünf sich damit abgewechselt haben, sie zu bewachen, wahrscheinlich immer zu zweit, die Gewehre in der Hand. Die anderen mischten sich unter uns und machten weiter wie bisher, damit wir keinen Verdacht schöpften. Und das taten wir auch nicht; nichts wirkte irgendwie auffällig; sie verhielten sich völlig normal. Wir haben es nicht gemerkt, als sie nach Gardens und Lokunja gingen, um die Lösegeldbriefe abzugeben, von denen die Regierung behauptet, Thula hätte sie geschrieben.

Pexton wollte die Warnung in den Briefen ernst nehmen und die Soldaten aus den Verhandlungen heraushalten; Pexton wollte, dass sein Mitarbeiter und seine Frau freikämen, um zu ihren Kindern in Amerika zurückzukehren; es wollte nicht noch mehr Blut an seinen Händen. Pexton war nicht in unser Land gekommen, um sich an unserem Wahnsinn und unserem Gemetzel zu beteiligen. Wir hörten, dass die Männer Seiner Exzellenz in Bézam den Männern von Pexton sagten, dass es nicht an Pexton sei, diese Entscheidung zu treffen: Seine Exzellenz nehme keine Befehle entgegen, schon gar nicht von Frauen. Es heißt, der Pexton-Chef in New York hätte Seine Exzellenz angerufen und ihn noch einmal gebeten, keine Soldaten nach Kosawa zu schicken, Pexton werden den Entführern geben, was immer sie verlangten. Manche sagen, der Pexton-Chef habe Seiner Exzellenz gedroht: Wenn er die Soldaten schicken würde und es zu einem Blutvergießen käme, würde Pexton die Geschäfte mit unserem Land einstellen müssen – Pexton hätte die größte Achtung vor allem menschlichen Leben. Seine Exzellenz soll gelacht und dem Pexton-Chef gesagt haben, er solle die Zeit Seiner Exzellenz nicht mit dummen Bluffs vergeuden.

Da Pexton keine Wahl blieb, schickte es seine Männer zusammen mit den Soldaten nach Kosawa.

Sie trafen mit einem Laster ein und parkten am Eingang zum Dorf. Als wir sie sahen, strömten wir verwirrt aus unseren Hütten und trauten uns nicht, ihnen entgegenzugehen. Wir nahmen unsere Kinder an die Hand, obwohl wir uns keine Sorgen machen mussten, dass sie auf sie zugehen würden. Sie waren mit der Angst vor Soldaten geboren, sie wussten von Geburt an, was Männer mit Gewehren ihnen antun konnten.

Ein Mann von Pexton in einem schwarzen Anzug sprach in ein Megafon. »Wir haben gehört, ihr habt unsere Leute«, sagte er. »Bringt sie jetzt raus, und wir geben euch, was immer ihr wollt.«

Es war früher Abend. Panik kam auf. Wir begriffen nicht, was er meinte.

Wer war im Dorf? Arbeiter? Aufseher? Warum sollten sich Arbeiter von Pexton in Kosawa befinden? Niemand dachte, es könne Mr. Fish sein. Erst später merkten wir, dass keiner der Fünf aus seiner Hütte gekommen war, als der Laster ins Dorf einfuhr.

Ein Soldat übernahm das Megafon. »Alle raus aus den Hütten, sofort, und die Hände hoch«, sagte er. »Kommt raus, ehe wir schießen.«

Thula muss sie gehört haben. Hat sie überlegt, die Hütte mit erhobenen Händen zu verlassen? Sie wusste, was die Regierung tun würde, wenn sie das täte. Sie wusste, die Soldaten würden die Amerikaner nicht einfach befreien und den Fünf sagen, sie sollten das bitte nie wieder tun. Ihr war bestens vertraut, wie man die Dinge in Bézam regelte, und sie wusste, welche Strafen sie bekommen hätten: sie eine kurze Gefängnisstrafe, ihre Freunde die

Hinrichtung. Sie muss gewusst haben, dass die Fünf sich nicht kampflos ergeben würden.

Als wir vor den Soldaten standen, sahen wir es kommen. Ein weiteres Massaker. Nur dass wir diesmal gewarnt waren. Sonni, der kaum noch sehen konnte und seinen Gehstock in der Hand hielt, ging auf den Laster zu und fragte die Männer: »Können Sie uns sagen, was hier vor sich geht? Nach wem suchen Sie?«

Der Soldat mit dem Megafon sagte: »Ich sage es ein letztes Mal: Holt euch, was ihr braucht, und räumt sofort das Dorf.«

Wir rannten in unsere Hütten und packten zusammen, was wir zu fassen bekamen.

Wir schrien unsere Frauen an, nicht herumzuheulen, schrien unsere Kinder an, sich Schuhe anzuziehen. Die Alten und Kranken vergaßen das Langsamsein. Auf dem Rücken ihrer Mütter quengelten und gähnten Babys; ihr Hunger würde warten müssen. Wir warfen Gegenstände in Körbe und Basttaschen. Manche von uns packten zu viel ein, andere zu wenig. Jedem von uns fiel etwas ein, das wir vielleicht brauchen würden, ohne dass wir die Zeit gehabt hätten, danach zu suchen: Die Soldaten hatten uns fünf Minuten gegeben.

Wir rannten halb nach Gardens, unsere Halbseligkeiten auf dem Kopf.

Hinter den Häusern der Arbeiter breiteten wir unter freiem Himmel unsere Decken aus. Ein paar der Arbeiter boten uns Wasser an, als sie uns Fragen stellten, auf die wir keine Antworten hatten; andere sahen uns misstrauisch an, wussten nicht, was sie von uns halten sollten. Wir waren niemand für sie, so wie sie niemand für uns waren, einfach nur Menschen am selben Ort.

In dieser Nacht schliefen wir wie die Tiere, der Natur völlig ausgeliefert. Der Mond zeigte sich nicht, so als hätten wir kein Licht verdient. Die Kinder wichen uns nicht von der Seite. Wir teilten miteinander, was wir an Essen mitgenommen hatten. Wir spürten Steine unter unseren Köpfen, als wir uns schlafen legten. Die von uns, die wach blieben, hörten Schüsse in der Ferne. Inzwischen war uns klar geworden, dass das Ganze mit Thula und den Fünf zu tun haben musste, aber unter freiem Himmel trauten wir uns nicht, davon zu sprechen. Noch in dieser Nacht wussten wir, dass wir nie wieder in unseren Hütten schlafen würden.

Am Morgen brachten uns die Busse von Gardens nach Lokunja, und von dort schlugen wir uns zu Verwandten in den anderen sieben Dörfern durch, auf der Suche nach einer Zuflucht, so müde, dass wir kaum sahen, wohin unsere Wege uns führten. Wir hörten die Neuigkeiten, ehe wir in den Dörfern eintrafen. Wir hörten sie von denen, die aus ihren Hütten traten, als sie uns schwerfällig vorbeiziehen sahen. Sie erzählten es uns. Die Fünf waren tot. Vier Soldaten waren tot. Mr. Fish und seine Frau waren tot. Thula war tot.

Die Geschichte, die die Welt über die letzten Tage von Kosawa zu hören bekam, ging so: Thula und die Fünf seien mit Gewehren nach Gardens gezogen, hätten sich an mehreren Wachen vorbeigeschmuggelt, das Haus von Mr. Fish gestürmt, seien in sein Schlafzimmer eingedrungen und hätten ihn und seine Frau, die gerade zu Besuch aus Amerika gekommen war, entführt. Die Regierung erzählte, dass Thula und die Fünf Mr. Fish und seiner Frau die Augen verbunden hätten, als sie um Gnade flehten, und sie dann nach Kosawa gebracht hätten. Sie erzählten nicht, wie es sein konnte, dass niemand in Gardens Alarm geschlagen hatte. Sie fragten sich nicht, so wie wir, ob Mr. Fish und seine Frau aus freien Stücken mit nach Kosawa gekommen waren. Sie zeigten einen von Thulas Briefen an Pexton, in dem stand, sie hätten lange genug gewartet. Sie unterstrichen den Teil, in dem stand, wenn zum Verhandeln nicht eine Delegation zu Fuß aus Gardens käme, würden sie Mr. Fish und seine Frau töten und ihre Leichen in den großen Fluss werfen. Unterstrichen war auch eine andere Zeile, in der stand, wenn statt der Verhandlungsdelegation Soldaten kämen, würden sie die Gefangenen nackt knebeln und auspeitschen und dann hinrichten. In Geschichten in Zeitungen bei uns und im Ausland hieß es, sie sei eine Extremistin gewesen. Sie nannten sie die Feuerlady.

Niemand wird uns je davon überzeugen, dass diese Geschichten wahr sind.

Unsere Thula war wütend, aber zu Hass war sie schon längst nicht mehr fähig. Als ein paar unserer jüngeren Brüder anfingen, Pexton zu beklauen, Pipelines aufzubrechen und Rohöl in Eimer abzufüllen, das sie auf Märkten irgendwo weit weg verkauften, hielt Thula es ihnen bei einem Dorftreffen vor und sagte, wir müssten uns so verhalten, wie wir es uns von unseren Feinden wünschten. Aber die Fünf – man kann uns sehr wohl überzeugen, dass sie getan haben, was die Regierung ihnen unterstellt. Die amerikanische Richterin hatte ihnen die Erlaubnis dazu erteilt.

Erst nach ihrem Tod erfuhren wir, dass sie hinter den Phantommorden steckten.

Wir hatten überlegt, ob das der Fall sein könnte – wir hatten leise darüber gesprochen, für den Fall, dass die Bäume Spione der Regierung waren –, aber wir hatten keine Beweise, dass sie Gewehre besaßen, und wie hätten wir darauf kommen können, dass unsere Freunde zu ebenso heimtückischen Mördern geworden waren wie unsere Feinde? Die Frauen der Fünf litten am meisten unter diesem Grübeln. Aber welches Recht hatten sie, ihre Männer zu fragen, ob sie Mörder waren? Welche Ehe würde solche Zweifel an der Rechtschaffenheit des anderen überstehen? Die Frauen entschieden sich wie wir, die Gerüchte über rachesüchtige Geister zu glauben. Wann immer Soldaten zu uns ins Dorf kamen, um Geständnisse aus uns herauszupressen – womit sie noch Jahre nach den letzten Phantommorden weitermachten –, erfanden die Ehefrauen zum Wohl ihrer Männer alle möglichen Geschichten. Viele Abende, an denen ihre Männer nicht zu Hause waren, verbrachten sie damit, sich gegenseitig zu besuchen und zu bemitleiden. Sie erzählten ihren Kindern, dass ihre abwesenden Väter sicher bald mehr Zeit zu Hause verbringen würden und ihnen die Aufmerksamkeit schenken würden, nach der sich die Kinder so sehnten, alles würde gut werden.

Oft befielen uns Zweifel, ob Thulas Bewegung Seine Exzellenz und Pexton eines Tages besiegen würde, aber das hielt uns nicht davon ab, in Lokunja zu demonstrieren oder Gardens zu besetzen oder an den von ihr organisierten Planungstreffen teilzunehmen. Thula glaubte an die Entschlossenheit der Fünf, und obwohl an manchen Tagen unser Kopf viel eher als unser Fleisch dazu bereit war, aufzustehen und mit hochgereckter Faust im Chor zu rufen, taten wir es Jahr für Jahr, weil Thula fest daran glaubte.

Die Soldaten brachten die Leichen der Fünf nach Lokunja. Sie legten sie an den Eingang zum großen Markt, damit Vorbeikommende das Bild abspeichern und die Kunde verbreiten würden. Die Augen unserer Freunde waren noch geöffnet, ihre toten Körper mit Staub und Blut bedeckt. Wir hüllten sie in Laken und trugen sie auf unseren Schultern fort.

Wir fragten nach Thulas Leichnam.

Sie hatten Thulas Leichnam nicht.

Wir trauerten ohne ihren Leichnam um unsere Thula.

Manche sagen, sie sei in den großen Fluss gesprungen und von Kugeln durchlöchert auf den Grund gesunken. Andere sagen, sie sei in den Wald gerannt, weil sie allein sterben wollte. Wir durchkämmten den Wald und suchten nach ihr. Von morgens bis abends riefen wir, Thula, Thula. Nie fanden wir ihren Leichnam. Thula, Thula. Thula antwortete nicht. Thula war fort.

Die Zwillinge Bamako und Cotonou gingen in der Hütte ihres Onkels, zu dem ihre Familie geflohen war, zu ihrem Vater. Sie erzählten ihm von dem Kind, dass sie Thula eingepflanzt hatten. Sie waren ein Medizinmann und ein Medium, aber sie waren auch Kinder, die ihr Zuhause verloren hatten. Kann es sein, dass sie sich gefragt haben, so wie Kinder das nun mal tun, ob sie verantwortlich waren für das, was uns passiert war? Ihr Vater, der einer von uns war, erzählte uns, was die Kinder und die Fünf getan hatten. Wir machten ihnen keine Vorwürfe; sie hatten getan, was der große Geist ihnen aufgetragen hatte. Wir weinten um Thula und um ihr Baby. Wäre es zu unserem Retter herangewachsen? Ein vom großen Geist gezeugter Mann – wer hätte es gewagt, sich ihm zu widersetzen? Manchmal malen wir uns aus, wie Thula tief in den Wald gerannt ist und der große Geist ihren Bauch hat wachsen lassen, sich Vögel und Leoparden um sie gekümmert haben, ihr die Stirn abgewischt und ihre Lippen benetzt haben, als sie das Kind herausgepresst hat, und alle Lebewesen gemeinsam gesungen haben: *Denn uns ist ein Kind geboren.* Könnte dieses Kind irgendwann zu uns zurückkehren und uns das zurückholen, was uns gestohlen worden ist?

Sahel, Juba, Nubia und Thulas neuer Papa kamen aus Bézam. Wir hatten keinen Leichnam für sie. Wir beerdigten die Fünf, doch Thula konnten wir nur beweinen. Wir hielten Sahel, flehten sie an, stark zu sein. Immer wieder wurde sie ohnmächtig. Sie bat um einen Becher Gift; wir verweigerten ihn ihr. Nubia erzählte, dass sie, nachdem sie die Nachricht erfahren hätten, alle Messer vor Sahel versteckt habe. Der große Geist wird für Wiedergutmachung sorgen, sagten wir zu Sahel. An jenem Tag glaubten wir nicht daran, aber wir sagten es aus Verzweiflung. Drei Mal im Laufe eines Lebens. Drei Mal die Botschaft vom Verschwinden für eine Frau. Juba versuchte, stark zu sein für seine Mutter, aber sein eigener Herzschmerz erlaubte es ihm nicht. Nubia hatte den einen Arm um ihren Mann gelegt, und den anderen um ihren Sohn, Malabo Bongo.

Unsere Väter erzählten uns, dass Malabo Bongo das Ebenbild von dem Big Papa seines Vaters sei – die gleichen kleinen traurigen Augen. Wir weinten auch um dieses Kind, so wie wir um unsere eigenen Kinder weinten, denn auch der Junge würde die Last der Dinge tragen müssen, die denen vor ihm angetan und vorenthalten worden waren. Sein Leben würde genau wie die Leben unserer Vorfahren, im Guten wie im Schlechten, nur eine Fortsetzung unserer Geschichte sein – nichts konnte ihn davor bewahren.

Man verweigerte uns eine letzte Chance, Kosawa noch einmal zu betreten und unsere Hütten zu räumen. Die Regierung hatte beschlossen, dass das Land zu vergiftet sei für die Anwesenheit von Menschen. Seine Exzellenz ordnete an, Kosawa niederzubrennen. Was einst unsere Hütten waren, wurde zu Asche. Die Hütten unserer Mütter, Asche. Unsere Scheunen und Ställe, Asche. Der Stolz unserer Vorfahren, Asche. Von Kosawa blieb nur, was wir in unserem Herzen trugen. Stunde für Stunde, Tag für Tag, Jahr für Jahr kamen Winde aller Art und verwehten die Asche von dem, was einst unser Zuhause war.

Pexton brachte den Leichnam des Aufsehers und seiner Frau zurück nach Amerika. Erst einen Monat später erfuhren wir ihre vollen Namen: Augustine und Evelyn Fish. In Geschichten, die bei uns im Land gedruckt wurden, fanden sich Bilder von ihnen, die sie lächelnd zeigten, mit ihren Söhnen. Ein Paar, dass das Leben liebte: hingerichtet. Ihre Söhne: verwaist. In jeder Hinsicht eine Tragödie. Thulas Tod bezeichnete niemand als tragisch. In den meisten Zeitungen fand man kein Bild von ihr. Oder den

Fünf. Sie war die Feuerlady. Die Fünf, ihre Jünger. Feuerlady, Feuerlady: Wie viele Leser dieser Geschichten interessierten sich für ihren echten Namen, ihre wahre Geschichte?

In der Geschichte, die über sie erzählt wurde, ging es hauptsächlich um ihre Zeit in Amerika, wie sie dort wegen diesem oder jenem Vergehen kurze Zeit im Gefängnis gesessen hatte. Manche schrieben, die freiheitsliebende Regierung Seiner Exzellenz habe ihr und ihren Anhängern Kundgebungen und Märsche erlaubt. Sie hätte dieselben Privilegien gehabt, die allen Bürgern des Landes zustünden – warum habe sie zu Gewalt greifen müssen? Die Zeitungen in Amerika schrieben, dass New York der Ort sei, an dem sie Gewalt gelernt habe; sie sei nicht die Erste und würde nicht die Letzte sein, die nach New York käme und die Stadt als Extremistin wieder verlasse. Sie schrieben davon, wie sie in einer Gegend namens Village an Treffen teilgenommen habe, an Zusammenkünften von Menschen, die nicht gelernt hätten, ihre Wut in positive Bahnen zu lenken. Andere argumentierten, dass sie Gewalt im Blut gehabt hätte, lange bevor sie nach Amerika gereist sei. Unsere Regierung bestätigte denjenigen, die nachfragten, dass Thulas Onkel Bongo tatsächlich zu den Männern gehört habe, die Jahrzehnte zuvor für die Entführung von Pexton-Arbeitern verantwortlich gewesen seien. Thula wäre noch einen Schritt weiter gegangen, indem sie Waffen beschafft und Morde angeordnet habe. Eine gewalttätige Familie – wie traurig.

Ihre ehemaligen Studenten und ganze Busladungen von Anhängern aus dem ganzen Land kamen zu ihrer ein Jahr andauernden Totenfeier, die im Dorf ihres Big Papas stattfand. Wir hatten inzwischen aufgehört zu weinen, aber Sahel nicht, obwohl sie nun auch um ihren neuen Ehemann weinte. Er war wenige Monate nach Thula gestorben und hatte Sahel allein in einem großen Haus zurückgelassen. Nun, da sie in die letzte Phase ihres Lebens eintrat, sehnte sie sich danach, in das Dorf ihrer Geburt zurückzukehren. Sie wollte auf der Veranda sitzen und mit Lulu und Cocody das Lachen alter Frauen lachen. Aber Juba und Nubia wollten, dass sie in Bézam blieb, damit sie ihr Gutes tun, sie oft besuchen und bei ihr übernachten konnten und Sahel die Gelegenheit bekam, Malabo Bongo und seine kleine Schwester Victoria zu füttern, zu baden und zu betüdeln.

Juba sagte, Austin habe ihm einen Brief geschrieben und seine Anteilnahme ausgedrückt und erzählt, wie sehr Thula sich gewünscht habe, dass alle Gelb bei ihrer Totenfeier tragen würden. Darum trugen wir alle Gelb. Die Frauen wehende gelbe Kleider, eigens für diesen Anlass genäht, zusammen mit gelben Haartüchern und gelben Ohrringen. Die Männer gelbe Hosen und gelbe Hemden aus Leinen.

Auf dem Dorfplatz, wo Big Papa einst in der Ecke gesessen hatte, schlugen wir die Trommeln rings um ein gerahmtes Foto von Thula. Austin hatte es aufgenommen. Es zeigte Thula, wie sie in einem weißen Kleid durch die Straßen von New York lief, die Haare oben auf dem Kopf zu einem Knoten zusammengebunden, und lächelte.

Wir spürten ihren Geist in unserer Mitte, als wir sangen und tanzten, bis die Sonne uns für eine Weile verließ. Bevor wir auseinandergingen, dankte uns Juba dafür, dass wir seine Schwester liebten. Er sagte, dass er die Totenfeier gern mit einem Gedicht beenden würde, das Austin für seine Prinzessin geschrieben habe.

Von Thula hatten wir erfahren, dass Austin Priester geworden war und in einem unserer Nachbarländer lebte. Er hatte Amerika im selben Jahr verlassen wie Thula, wenige Monate nachdem er seinen Vater beerdigt hatte. Thula hatte uns erzählt, dass er sein neues Leben als die freudvollste Form der Existenz beschrieben hätte, die er je erlebt habe – frei von jedem Besitz, in absoluter

Stille, mit täglicher Arbeit im Garten, um dabei zu helfen, die Kinder in einem nahe gelegenen Waisenhaus zu ernähren. Auch ohne die Möglichkeit eines gemeinsamen Lebens tauschten die beiden Liebesbriefe aus, in denen sie beteuerten, dass ihre Seelen für immer vereint seien und dass ein Leben nach ihrer jeweiligen Bestimmung ihnen die Freiheit geschenkt habe, einander bedingungslos zu lieben.

Juba, der die Hand der schwangeren Nubia hielt, las mit zittriger Stimme Austins Gedicht:

verabschiedet die Revolution, weint nicht, die Stille
währt eine Nacht
erhebt euch Kinder, stellt euch auf, der Wahnsinn ist
entfacht, ballt die Fäuste
brennt, brennt, brennt; erhebt die Stimme, lebendig und
stolz, oder schenkt uns den Tod
Tausende Systeme schlürfen an unseren Seelen,
trotzdem kämpfen wir, bis wann
lang mögen wir leben, den glorreichen Morgen zu sehen,
wenn das Licht aufbricht
wenn wir uns versammeln, am Fluss, im Dorf, rein und
sauber
kein Weinen mehr ist, kein Blut, keine Krankheit, nur
noch Glückseligkeit
oh grenzenlose Liebe, wir sind müde, komm doch raus
und führ uns heim

Zu Ehren des Aufsehers und seiner Frau stiftete Pexton ein Stipendium, das Augustine und Evelyn Fish Gedenkstipendium für Frieden und Wohlstand. Das Stipendium war nur für unsere Kinder gedacht. Es ermöglichte ihnen, die besten Schulen zu besuchen und irgendwann so gebildet zu sein wie Thula. Es gab kein Land mehr, um das wir hätten kämpfen können, darum hatte Pexton keine Angst mehr, dass unsere Kinder später einen Krieg gegen sie anzetteln könnten. Als sie die Nachricht von dem Stipendium verkündeten, hatten sie dort, wo sich einst unser Dorfplatz befunden hatte, bereits mit den Arbeiten für ein neues Bohrloch angefangen. Sie hatten bereits entwurzelt, was von dem Mangobaum übrig war, unter dem wir gespielt hatten – alles, was noch nicht zu Asche geworden war.

Die meisten unserer Kinder bekamen das Stipendium.

Wir zahlten nichts für ihre Schulbildung; Pexton sorgte dafür. Nachdem sie die Schule in Lokunja abgeschlossen hatten, zogen sie in größere Städte oder nach Bézam, wo sie weiterführende Schulen besuchten und am selben Ort wohnten und aßen. Ein paar von ihnen schafften es an die staatliche Akademie für Führungskräfte, andere an weniger bekannte Ausbildungsstätten. Viele reisten nach Europa und Amerika, um dort mit anderen Stipendien zu studieren oder um ein neues Leben anzufangen.

Heute, im Jahr 2020, vierzig Jahre nach dem Abend, an dem Konga uns dazu aufgefordert hat, uns endlich zu erheben, haben unsere Kinder gute Jobs bei der Regierung oder bei Unternehmen in Europa und Amerika. Sie wohnen in herrlichen Häusern. Sie fahren neue Autos. Sie haben uns Enkel geschenkt. Viele von uns sind in Amerika gewesen. Unsere Kinder kaufen uns schöne Dinge, als Ausdruck ihres Danks.

Manchmal stellen wir unseren Kindern Fragen über die Autos, die sie fahren. Die Autos sind offenbar größer als je zuvor und brauchen mehr Öl. Machen sie sich darüber Gedanken? Denken sie an die Kinder, die leiden, wie wir einst gelitten haben, damit sie so viel Öl haben können, wie sie wollen? Machen sie sich Gedanken darüber, ob vielleicht irgendwann der Tag kommt, an dem kein Öl mehr übrig ist unter der Erde? Sie lachen über unsere Fragen. Sie sagen, dass es noch tausend Jahre dauern werde, ehe das Öl erschöpft ist, bis es so weit ist, wird niemand mehr welches brauchen. Wir nicken. Wir stimmen ihnen zu, dass tausend Jahre zu weit weg sind, als dass sich irgendwer Sorgen machen müsse.

Wir sind jetzt in unsere letzte Lebensphase eingetreten.

Es verwundert uns, wie viel Leid wir und unsere Eltern und unsere Vorfahren ertragen haben, damit unsere Kinder Autos besitzen und Kosawa vergessen können. Sie sprechen nicht in unserer Sprache mit ihren Kindern. Sie sprechen mit ihnen nur auf Englisch. Sie erkennen unseren großen Geist nicht an, eine Zurückweisung, die unsere Vorfahren sicher schrecklich unglücklich macht. Wenn sie überhaupt ein Bewusstsein für eine höhere Macht haben, gehen sie in Kirchen. Sie glauben an einen Geist im Himmel, obwohl unserer doch in ihnen lebt. Ein paar von uns hatten bei unserer Flucht aus Kosawa das Nabelschnurbündel unserer Familien mitgenommen, in der Hoffnung, es an unsere Kinder weiterzureichen, aber sie haben keine Verwendung dafür. Sie feiern Geburten und Tode und Hochzeiten auf dieselbe Art wie unsere früheren Herren. Sie tanzen zu ihrer Musik, als wäre unsere nur ein Relikt, das man bestaunen könne. Hin und wieder kommen sie zu Dorftreffen zusammen, aber nicht, um zu besprechen, wie sie den Geist ihrer Vorfahren lebendig halten oder wie sie Kosawa in irgendeiner Form wiederbeleben können. Nein, ihre Treffen drehen sich um die Organisation von großen Abendessen, bei denen sie über Dinge lachen, die wir nicht verstehen. Eines Tages, das wissen wir, werden unsere Welt und unsere Weisen ganz verschwinden.

Alle sieben Dörfer haben jetzt Strom. Die meisten von uns wohnen in Steinhäusern. Viele von uns haben Handys und Flachbildfernseher. In Lokunja kann man sich diese Sache namens Internet ansehen und dort über uns lesen oder sich Hütten wie die anschauen, in denen wir geboren sind.

Kosawa mag schon lange tot sein, aber wir werden es nie vergessen, dieses prächtige Stück Erde, das es einst war. Wir können es nicht vergessen, denn dort waren unsere Seelen heil. Inmitten von Ölteppichen und Gasfackeln blickten wir hinter uns und sahen grüne Hügel, in denen Zwillingsmambas vergnügt zischten, kräftige Maulwürfe und Stachelschweine im Zickzack liefen, bevor sie der Präzision des Jägers zum Opfer fielen. Wir lebten an einem Ort, an dem die Raupen doppelt so lange brauchten, um sich in mächtige Schmetterlinge zu verwandeln. Unser Dorf war eins, in dem der Himmel in der Trockenzeit donnernd Lieder sang, bei denen wir unsere Beine um unsere Geschwister schlangen, vor Angst und vor Freude. Es gab heftige Regentage, an denen die Flüsse drohten, unser Hab und Gut mit sich zu reißen, und harte Dürretage, an denen der Boden in den Hügeln vor Durst knackte und die Palmen frohlockten. Durch all das hindurch blieb Kosawa ein einzigartiger Ort – wenn nicht wegen der Schönheit der Umgebung, dann wegen der Menschen, die ihn ihr Zuhause nannten. Wie könnten wir nicht zurückkehren wollen zu diesen Vollmondnächten, in denen wir auf dem Platz tanzten? Auch als wir dem Kindesalter langsam entwuchsen und erkannten, wie entschlossen der Tod war, uns kein hohes Alter zu gönnen, lachten wir immer noch auf Veranden und hüpften über Pipelines. Wir saßen unter dem Mangobaum, faulenzten und schwatzten, als ob das Morgen immer uns gehören würde, ein leuchtendes Morgen. Wir hofften und glaubten, dass wir dort sterben würden, wo wir geboren waren.

Oft, wenn wir unsere Kinder in Bézam oder in Amerika oder in Europa besuchen, sitzen wir auf dem Sofa, schauen auf den Fernseher, aber sehen ihn nicht. Wir sind da, aber wir sind nicht da. Wir sind ganz woanders, denken an Kosawa, denken an Thula. Wir fragen uns, ob Thula weiter kämpfen würde, wenn sie noch am Leben wäre. Es sind solche Momente, in denen die Kinder unserer Kinder zu uns kommen und sagen, bitte, Yaya, bitte, Big Papa, erzähl uns eine Geschichte.

DANKSAGUNG

Mein Lektor, der unvergleichliche Andy Ward, und meine verstorbene Verlegerin, Susan Kamil (du fehlst mir so sehr), haben beide daran geglaubt, dass ich diese Geschichte erzählen kann; sie haben mich gefördert und gefordert und mir nie erlaubt, mich Selbstzweifeln hinzugeben. Ich danke auch Andys Assistentinnen, Chayenne Skeete und Marie Pantojan, und dem brillanten Team von Rachel Rokicki, Melissa Sanford, Katie Tull, Taylor Noel, Avideh Bashirrad und Barbara Fillon für ihre harte Arbeit und Hingabe. Tief empfundene Dankbarkeit gilt meiner Literaturagentin, Susan Golomb, und meiner Speakeragentin, Christie Hinrichs, die mich beide mit allergrößter Leidenschaft und Tatkraft vertreten. Mein ehemaliger Lektor, David Ebershoff, ist der beste Mentor, den sich eine Schriftstellerin wünschen kann, und ich danke ihm für seine Liebenswürdigkeit. Großer Dank gilt meinem Produktionsredakteur, Steve Messina, und meiner Korrektorin, Terry Zaroff-Evans, die beide hervorragende Arbeit geleistet haben. Jaya Miceli hat erneut ein großartiges Buchcover entworfen, und ich danke ihr.

Meine Freunde Howard Shaw, Lloyd Cheu und Douglas Mintz, Mark Salzman, Warren Goldstein, Zadie Smith und Christina Baker Kline haben Entwürfe meines Manuskripts vollständig oder in Auszügen gelesen – ohne ihre umwerfende Kritik wäre diese Geschichte nicht das, was sie ist, und ich bin ihnen zu Dank verpflichtet. Das Gleiche gilt für meinen Landsmann und anglophonen kamerunischen Autorenkollegen Dibussi Tande, der zusammen mit Joyce Ashuntantang ein unglaublicher Verfechter meiner Arbeit gewesen ist. Vielen Dank auch an Fiammetta

Rocco, die mir mit Rat zur Seite stand, als ich ihn brauchte. Zwei aufeinanderfolgende Sommer hat Mary Haft meiner Familie und mir ein wunderschönes Cottage in Nantucket zur Verfügung gestellt, wo ich in Meeresnähe arbeiten konnte, und ich danke ihr für ihre Großzügigkeit.

Ich danke auch Greyson Bryan und Bob Kohn, die mir geholfen haben, Teile des amerikanischen Gesellschaftsrechts zu verstehen. Und herzlichen Dank an mein deutsches Team (Mona Lang, Eva Betzwieser, Maria Hummitzsch) *et mon équipe française* (Caroline Ast, Diane Du Perier, tout le monde à Belfond).

Die Fertigstellung dieses Romans war aufreibend, und ich bin meinem spirituellen Berater und Vertrauten, Rick Weaver, auf ewig dankbar für seine Weisheit und seinen Witz und dafür, dass er mich daran erinnert hat, wer ich wahrhaftig bin. Mein Dank geht auch an Donna Schaper von der Judson Memorial Church, Justin Epstein vom Unity Center of New York City und Pater Frank Desiderio von der Church of St. Paul the Apostle für die sicheren Räume zum Beten.

Jahr für Jahr haben meine wunderbaren Freunde mich nie gebeten, etwas anderes zu sein als das, was ich bin. Welches größere Geschenk kann ein Mensch einem anderen machen? Ich danke ihnen, dass sie mich zum Lachen gebracht haben, dass sie zu mir gereist sind, weil ich sie brauchte, und dass sie mich mit endlosen Textnachrichten vom Schreiben abgelenkt haben.

Als ich ein Kind war, gab mich meine Mutter in die Obhut meiner Tante, eine Entscheidung, von der ich nicht begeistert war, die mich aber auf diesen Weg gebracht hat, denn im Haus meiner Tante entdeckte ich die Literatur. Ich danke meiner Mutter für ihre Liebe und ihren Mut, und ich danke meiner Tante, dass sie mich aufgenommen hat und mich gedrängt hat, zur Bethel Baptist Church in Kumba zu gehen. Die Lehren, die ich dort empfangen habe, haben bewirkt, dass ich die Welt hinterfrage, und dieselben Lehren haben mich zu der gläubigen Person gemacht, die ich heute bin. Ich bin auch all meinen Verwandten, blutsverwandt oder angeheiratet, die kleine und große Rollen in meinem Leben gespielt haben und auf so viele verschiedene Weise freundlich zu mir waren, zutiefst dankbar. Besonders dankbar bin ich meinen Cousins und Cousinen, die mich bei meinem letzten Besuch in meiner Heimatstadt mit ihrer Zuneigung daran erinnert haben, dass, egal wie weit ich reise, meine Nabelschnur immer in Limbe, in Kamerun, in Afrika begraben bleibt.

Und meinem wunderbaren Ehemann. Und meinen atemberaubenden Kindern. Euch möchte ich sagen: Danke, danke, danke. Für eure Liebe und ein Zuhause, das vor Freude nur so überschäumt. Für Tanzpartys und unzählige andere Gründe, beim Schreiben eine Pause einzulegen. Dafür, dass ihr mich auf dieser Reise begleitet und mich anfeuert, durchzuhalten, sodass ich mich am Ende eines jeden Tages zu den Worten schlafen legen kann: Recht so, du guter und treuer Knecht.

Der Verlag Kiepenheuer & Witsch hat sich zu einer nachhaltigen Buchproduktion verpflichtet. Gemeinsam mit unseren Partnern und Lieferanten setzen wir uns für eine klimaneutrale Buchproduktion ein, die den Erwerb von Klimazertifikaten zur Kompensation des CO_2-Ausstoßes einschließt. Weitere Informationen finden Sie unter www.klimaneutralerverlag.de

MIX
Papier | Fördert gute Waldnutzung
FSC® C014496

1. Auflage 2023

Titel der Originalausgabe How Beautiful We Were

Aus dem Englischen von Maria Hummitzsch

Covergestaltung FAVORITBUERO, München
Covermotiv © Shutterstock.com / MURRIRA
Gesetzt aus der Aldus und der Parisine, entworfen von Jean François Porchez
Satz Buch-Werkstatt GmbH, Bad Aibling
Druck und Bindung GGP Media GmbH, Pößneck
ISBN 978-3-462-00484-7